經典新版

# 汪政權的開場與收場

（下）

# 旁白

我幾乎以一個人的力量，來寫汪政權的這一幕往史。為什麼再要有這一冊類乎蛇足的補篇呢？我有著太多的感想：

首先，我想對自己的寫作有所聲明。當我一開始撰述本書時，開宗明義就曾坦白地說過：「現在純憑記憶來追寫，相信一定會發生很多的錯誤」。果然，就有人出了專書，批評我為「向壁虛構」，為「公然說謊」。我檢討了我所寫的前文，十九被指為虛構為說謊的，我卻都有所本。惟英國對滇緬公路的封鎖，確是已在汪氏離渝之後，我不得不承認這一點記憶上的錯誤。但我並不是在蓄意造謠，假如我要以此來為汪先生辯解的話，對如此一件大事，我又何至留下這樣一個漏洞，以供別人的吹求？但是，雖然沒有被別人指出，而我自己卻發現了不無有些無心之失，這冊的刊行，就是為了要自動更正前書中若干的疵謬。

其次，最初我自己不敢對此書有能夠完篇的信心。在以煮字療飢的處境下，文債山積，不暇週諮博訪，故每出於倉卒成章。更加以我當年微不足道的地位，十分狹陋的見聞，而又以「知之為知之」的態度，大體上所寫出的僅限於我個人親見親聞的一角。若干重要情節的遺漏，自屬難免，我也以此引為莫大的遺憾。在這年餘中，我不斷訪問了現猶羈旅在香港而又確信其當年曾對某一件事曾身親的舊侶，以窮其隱微曲折。無如朋好凋零，半已作古，即或猶健在人間的，亦以幾經世變，百感縈懷，對此陳跡，形同隔世。更有以「往事可待成追憶，只是當時已惘然」的心情，不願再有所贅述。這一冊的續印，原是為了補漏，而一鱗片爪，仍然遠難滿足我所祈求的願望。

戰後十餘年，在我之前，國人中似還不曾有人寫過對這一幕往史較為完整的記述。不意拙著一經問世，拋磚引玉，竟爾風起雲湧，似以寫汪政權為一時的風尚。就我所能見到的，已不一而足，對我有批評的，更實繁有徒。當我一一誠心誠意地拜讀之後，我有些驚詫，也有些慨嘆。在我所見到的許多鉅著之中，有些人並不在想供給史料，也並且不能供給史料。他們都對汪政權是全無關係的人，有些當年又並不曾處身在淪陷的地區，現在也不想發掘真實的資料。他們只是摭拾一些不經之談，加上自己神奇的構想，以大造其空中的樓閣。而他們卻有著一個共通的原則，是先挾了一個成見，立意要把這一幕時代的悲劇，儘量醜化，儘量歪曲。好像不罵汪政府，就不足以顯出作者的忠貞；不多指出幾個「漢奸」，也就不足以顯得中華民族史上的「光榮」！

有些人寫的不僅是小說，而且簡直是神話，異於我所聞，異於我所見，自不足為怪。但竟有與我同姓同名的人，在書中出現。若說是我，那麼他所描繪的情節，連我夢也不曾做過；若說不是我，何以對這同名同姓的人，我竟會無緣識「荊」！

也有人想以栽贓的手法，指主和者即為漢奸，而主和的也僅為汪氏。不料他所剽竊得來的資料，處處顯得當年主和者卻另有其人，弄巧成拙，我只有憐惜他處境的艱難。

更有人指我前書中所寫，可信者不足一百字，其人且自命為「史家」，而居然一筆抹煞，乃有此像是苛論的妙論，我鄙薄他這無知的武斷。至於有人說：凡是參加過汪政權的人，都在可殺之列，我又代扼腕於他們的未能得居高位，得以誅盡異己！

真是夠熱鬧的！引來了各式各樣的「珠玉」，實非我始料之所及也！

我一直留心著有關這一幕的記載，有些他山之石，確足用為攻錯。在日本出版的書籍，與報刊上有些國人的著作中，也常常發現我所不克知與不獲知而認為可信的資料，不辭抄襲，標明出處，盡力搜羅，雜之本冊，以補我書之不足。

這一段近史，我前後雖已寫了六十萬言，定知遺缺者尚多，而錯誤也定不在少，自己於校閱中，感到因初稿於匆忙中陸續寫成，太多辭意重複，層次凌亂之處，更安得以餘年重加整理呢？甚願讀者諸君的不吝指正，所有一切善意的批評，我自將樂於承教。

西元一九六四年元旦　著者金雄白寫於香港旅次

# 目次

# 汪政權的開場與收場（下）

# 汪政權的開場與收場（下）

# 一七一、南京寧海路軍統看守所

勝利之後，政府對於所謂「敵」「偽」人員，不知基於何種心理，何種原因？決定了分別處理的辦法。這辦法矛盾紕繆得令人可啼可笑，又誰能測其高深？對於敵人，經過八年進侵，蹂躪及於半個中國，殺害了千萬軍民，而且幾至顛覆國祚，然而政府偏說「以德報怨」，耗費了多少國帑，動用了無數人員，經過了多少周折？把留在中國境內的數百萬軍民一一遣送回日。結果贏得了敵人的歡呼：「寬大的蔣委員長！偉大的蔣委員長！」

而對於「偽員」，其中不能說全無仇事、作為覥顏虎倀之輩，但畢竟有許多人密電輸誠，虎穴效命，以敵對的形式，在敵後作呼應，雖蒙形跡之嫌，詎全無可原之處？然而政府瓜蔓株連，雷厲風行。「偽軍」、「偽員」、「偽民」、「偽學生」，本是政府遺棄於淪陷區苟延的人，而政府認為無一不偽，亦無一不應受懲。而其間卻又有不同之處。偽滿成立在先，而政府下令：偽員不究，偽軍不收。所謂不究，是有罪而不予追究呢？還是無罪而不便追究？偽軍不收，適以資共，而林彪卻人棄我取，照單全收，乃成為國民黨所送一筆最大的禮物，而資為共產黨一筆最大的資本。循理說法，汪政權中人即不說什麼雙簧；也不談什麼反正，若論「罪惡」，較之暴敵，究應罪減一等；若論時期，較之偽滿，也落後多年。而結果獨對汪政權人治罪者以萬計，處死者以千計。此中與偽滿又有不同處，如有實力的「偽軍」是全收，而無實力的「偽員」則全辦，弄得收復區內鴉飛雀亂，匕鬯難安，又是一番景象！在東南地區，大部份汪政權中人被羈禁的，都在京滬兩地。在上海，則由軍統之楚園與南市看守所而集中到提籃橋；在南京，則由寧海路而改送至老虎橋。

南京城北住宅區的寧海路二十一號，戰前本是馮玉祥的住宅。汪政權建立前，已由「七十六號」的特工總部用作南京的特工站，蘇成德、馬嘯天等曾經先後在那裡主持過。

勝利以後，軍統局接收之後，改為看守所，就像上海的楚園優待所與南市看守所。軍統局是一個軍中附屬機構。名義上所管的是有關軍事方面的「調查」與「統計」事項，它本身應否設立看守所，與能否成立一個看守所？以及他在法律上有沒有逮捕人犯之權，尤其是逮捕非軍人的人犯，本已成為疑問。即使命令可以改變法律，而賦予以逮捕人犯與查抄財產的職權，但政府明令公佈「懲治漢奸條例」為民國卅四年的十二月六日，而軍統開始拘禁那個未公佈條例中的「漢奸」，是同年的九月底。事先沒有可以依據的法律，事後羈押嫌疑人犯，絕大部份都在半年以上，也不依照約法、提審法等於拘捕後應在二十四小時內解交審判機關的硬性規定。但是到今天沒有人曾經提出過疑問，自然更沒有人曾表示過疵議。幾個劫後餘生的「偽員」何足惜！政府方食勝利之果，不旋踵而終見神州陸沉！

這一所由要人住宅而為犯人監房的寧海路二十一號，開始收容人犯是在民國三十四年的十一月初，而第一批的來客是由穗解京的陳璧君與褚民誼等人。那裡分為前後兩院，後院較小而前院較大，陳璧君等先被安頓於後院之內。首任所長是徐文祺，原是汪政權周隆庠任「行政院秘書長」時代的「庶務科科長」！他竟有孫悟空的通天法術，搖身一變，忽然由偽員而為真官，由昔日的僚屬，變為此時的獄官。當陳璧君等解到時，徐所長還臨場監視，一位與陳褚同被押解來的看見了徐文祺，以為是同難的難友，還用惋惜的口吻招呼著他：「老徐！什麼你倒先來了？」徐所長聽到了有些忸怩，尷尬地說：「我們不談這些！」

我說陳璧君等是來客，並不過分，她們還應該稱為貴客呢！初到時真是極盡其優待之能事，一日三餐，都是從外面酒肆中叫來的，下午且還供應茶點，室門並不下鎖，在裡面行動也極自由。而一兩月之後，南京陸續拘捕的梅思平、岑德廣、周學昌、李謳一等來了。又一月之後，由日本提回的陳公博、陳君慧、林柏生、何炳賢等一批又來了。北平方面的重要人物，如王蔭泰、汪時璟、唐仰杜、周作人等一批也移解到了。最後則重慶土橋畔的特客周佛海、丁默邨、羅君強等也來匯合了。濟濟一堂，人數已增加到二百多人。待遇從此就逐漸降低，尤其伙食變得最為厲害，一度曾經用黑色的麵粉製成麵疙瘩作囚糧，犯人至稱之為「原子彈」。室門也加鎖了，而且終日並不開放，這時，來客與特客，才真正在渡牢獄生涯了。

到了翌年的四月，陳公博、陳璧君、褚民誼、繆斌等已經又改移到蘇州獅子橋監獄，寧海路看守所的組織也變更了。汪政權中人全部改移到前院，後院則變為軍統局內部人員的禁閉之所。法院也對羈禁多時的人，開始提訊了。

在此之前，在押的汪政權中人，還對自己未來的命運，抱著無窮幻想，他們陶醉於政府寬大的諾言，又相信戴局長政治解決的保證。因為，當戴笠在撞機身死之前，數度赴京，到京也必到寧海路探問。他於談話中表示：很諒解汪政權中人的苦衷，況且一部份還與他曾經有過直接聯繫，這既然是一個政治問題，最後當然應以政治手段來解決。每次談話，在押諸人都推陳公博為代表，兩人也常常長談至數小時之久。戴笠離去後，公博即與李聖五、梅思平、胡毓坤諸人交換意見。

有些人深信以戴氏所負當局付託之重，而諸人且已身入牢籠，自不必再以假言相紿，因此十九都充滿了樂觀情緒。其中唯有一人卻抱著不同的見解，那是褚民誼。他平時為人好似糊塗，而此刻對其本身命運，則看得反比別人為清楚。他說得很妙，他說：

「早有人處心積慮，想把一隻臭馬桶套在汪先坐的頭上了，這次是千載一時的機會，既經動手了，也決不會就此輕輕放過。汪先生雖然死了，還要讓他於蓋棺之後，再給他以一個定論。因此，追隨汪先生的人，心理上應該先作出一個犧牲的準備。」褚民誼的這一番話，政府的最後決定，也許真因為戴笠橫遭慘禍而有所改變，但終於讓他不幸而言中了。以後他自己在法庭上的一再求死，也無非基於這樣的一種心理所形成。

當局初期的所謂政治解決，也並不完全徒托空談。有一次，戴笠到寧海路去，曾經提出過先就在押諸人中挑選一部份人，來組織一個對於中共問題的研究所。軍統方面且已在南京陰陽營佈置好了兩所房屋，作為所址。

初步的人選有梅思平、林柏生、郭秀峰（曾任宣傳部次長、中央電訊社社長等職）等多人。梅思平有冷靜的頭腦，文學上的修養，以及有些見解的理論。林柏生為留蘇留法學生，且國民黨第一次代表決定容共政策時，曾任蘇聯顧問鮑羅廷的秘書多年。郭秀峰則為留日學生。戴氏的這一項建議，似認汪政權中真還有幾個人才，而政府也確有愛惜借重之意。然而最後經諸人的共同商討，認為對國家出些力是應該的，但本身的問題未曾解決，「漢奸」罪名未曾洗刷以前，一誤不容再誤，於是終於向戴氏婉辭謝絕了。以後戴氏撞機身死，此事也就無人再提。

這個寧海路的軍統看守所，第一任所長徐文祺調離後，繼任的為一姓張的人，他是首都警察廳長樂幹的部下，大約還是中央警校畢業的，他年紀很輕，而卻懂得怎樣要錢。汪政權中人的家屬，只希望能減少一些在押者的痛苦，自然千方百計地向他走門路。也許他錢拿得太多了，引起了別人的眼紅，因此與看守所門前的法警發生了意見，更由於不同機構派來的人，更容易形成對立的現象。

按照所方的規定，人犯接見家屬，既然有一定的時間，當然也一定是在白天的時間。接見的地點，家屬則在門口的一間小室中，律師則在客廳裡。而「南京市長」周學昌的太太，有一天到晚間才去寧海路，而竟然准與學昌接見，而且兩人談話的地點，就在所長的辦公室。這種破例的與特殊的待遇，顯得無私有弊。

此事自然逃不過門警的耳目，本有積怨，就向上級機關檢舉，張所長立時被扣，經解送法院審判結果，證實了他確有貪污的事實，而且不僅這一事為然，於是判處了兩年半的徒刑以後，送進老虎橋的首都監獄執行。這一所監獄，本來是準備著「接待」汪政權中人的，而不料第一個入獄的，卻反而是執行法律管理「漢奸」的堂堂所長。

那時本是怪狀百出，罄竹難書，張所長則只是一個倒楣的蒼蠅。勝利後的劫收審判，黑幕重重，所謂功罪是非，錢不失是萬能的東西，就在神聖莊嚴的法界之中，對法官則可說通神，而對獄卒則只是使鬼，偏偏張所長囊橐未豐，即邀嚴懲，他可說是千萬人中最不幸的一個了。

在寧海路的一段時期中，即自一九四五年十一月起至一九四七年的五月止，其中被執行死刑的，較重要者，文的有梅思平與林柏生，武的有凌霄（海軍部次長）、胡毓坤與李謳一（首都警察廳長、警衛師師長），其中以李謳一死得最慘，執行時被連擊十餘槍，打得腦殼破裂、面目模糊。胡毓坤因臨死前沿途詬罵，也讓政府多費了好多顆寶貴的槍彈。其他在陸軍監獄中的齊爕元，於送往雨花台刑場時，罵得最凶，甚至說：死後做了厲鬼也要報仇。自然更要讓他們多受些痛苦了。

# 一七二、丁默邨殷汝耕虎橋畢命

一九四七年五月，汪政權中人大部份已經都草草判決了，讓政府完成了一件大事。人犯就陸續移送至老虎橋監獄執行，寧海路二十號的看守所，也告結束。

老虎橋才是一所正式的監獄，在淪陷時期，是日本憲兵隊的牢房，一代新人換舊人，尤其政壇與牢獄，這情形尤為顯著。那裡規模宏大，植立著無數監房。最初汪政權中人判決確定之後，移送老虎橋，與普通刑事犯的竊盜等混合羈禁。以後才算騰空了一部份，將普通刑事犯遷往另外的幾所建築，讓汪政權中人隔離集中羈禁。

周佛海口中的「虎牢探奸記」，這一部分共有著五所監房，稱為「溫」、「良」、「恭」、「儉」、「讓」，像扇形那樣地整齊排列著。每一所有著十餘間囚室，各半對峙著，中間是一條長廊，以便禁卒的監視，室門是木質的，倒不像上海提籃橋監獄的真是鐵窗，門上有一個大洞，監飯從那裡送進，禁卒的眼光由那裡窺察。每一所最頭上的一間是黑房，沒有透入光線的窗，於是室中更暗無天日，那是禁閉滋事的人犯之處。監房前面是獄方的辦公室，再進有一處是犯人接見家屬的鐵籠，在監房的最後是晨起洗面的地方。東面有一處操場，作為收封時散步之用。靠北有一處禮堂兼飯廳，南邊的一所監房是單人室。普通監房每一室囚三至六人，當然沒有床榻的設備，所有從北平解來的一批，如王蔭泰、汪時璟、周作人、潘毓桂、鄒泉蓀等都在「良」監中。刑場就在獄內東邊曠場，執行時，獄中人還可以聽到清晰的槍聲。

獄內的生活規律，晨六時起身，洗臉後仍押解回室。一天兩餐，是上午八時與下午四時，每餐一飯一湯，湯是菜葉加滾水。早飯後放封半小時，下午飯後再放半小時，至晚間八時即須就眠。由於獄內的伙食過分惡劣，有人發起要求自己出資包飯，終於獲得了獄方的核准，出得起錢的，可以在飯廳中用膳，能吃得好一些，也多了兩次開封的機會，以後有部分較為重要的人，如周佛海、王蔭泰等都遷往單人室去。

看守對待犯人的態度是因人而異，並不全是如狼似虎。經常有好處給他們的，犯人可以頤支而氣使，看守則反而逆來而順受。有時「服務」得不周到，有些性情較暴躁的犯人，可以瞋著眼大聲呼叱：「要錢，好好的說，用不到這樣！」看守們卻總是低聲下氣懼怯地搖著手說：「別大聲，別大聲！」獄卒地位低，就經不起風浪，他們真是懷著竊鉤般的一副可憐心理。而獄中終因待遇的不善與不平，曾經引起一度鼓躁暴動，秀才造反且不成，更何況於監犯？有幾個人而且因此受到了懲戒。

老虎橋監獄中最受人注意的人物，自然是周佛海，他由特赦而抱病，終且瘐死，二十八晝夜的慘叫，曾經激動了同難人的心肺。著名文學家周作人，他因擔任了「華北政務委員會」的「教育總署督辦」而獲罪，在平被捕，移解南來，雖為獄囚，仍然受人尊敬。他安詳地度著獄中生活，以讀書自遣，做過不少詩，別人在文學方面有向他請益的，也總是虛心指教。更難得的是在橫遭縲絏之餘，而口中卻從未稍出怨言，風度自有不可及處。

在老虎橋監獄時代，被處死刑中較重要的人物，有丁默邨與殷汝耕。

丁默邨原為特工中的舊人，當國民黨中央黨部調查統計局成立之初，他就與戴笠同任處長。且以CC關係當選為國民大會代表。汪氏等由渝出走，他銜命由重慶來港，任務是勸止若干人的行動，結果反而隨周佛海赴滬參加，領導「七十六號」的特工總部。「七十六號」的前身，本是日本大特務土肥原所指揮的李士群的特工組織，位址在上海億廷盤路諸安濱十號，為李士群的既成之局。李投汪以後，才遷到極司斐爾路，名義上改歸「中央黨部特務委員會」主任委員周佛海管轄，而實際上則由丁默邨與李士群分主其事。

在汪政權成立之前，丁李之間就以權力上的衝突，雙方形成水火，互相在佛海前攻訐，使佛海大感頭痛。汪政權創建時人事上的安排，也煞費躊躇。本來內定特務性質之「警政部」，由默邨任「部長」，士群任「政次」，而以士群不願為默邨之輔，且以全力反對默邨的出任「警政部長」，迫得警政部由佛海兼任部長，另設社會部以位置默邨。此後，默邨過去雖與佛海的關係較親，而士群反而後來居上，且以羅君強之拉攏，加入為佛海的十人組織之一。佛海與默邨之間，日趨於貌合神離之境。以後無形中丁且已脫離了汪政權的實際特工任務，「七十六號」由士群大權獨攬。迨士群被人毒斃，始與佛海間的關係又稍為好轉。因為默邨與戴笠之間，過去有著同僚共事之誼，當時亦早已暗通聲氣，所以在勝利前不久，竟得由「交通部長」而出任「浙江省長」，為佛海佈置策應大反攻的一個前哨環節。

默邨患有肺病，身體荏弱，面容蒼白，殊不類為一個特工首腦，而以如此身體，偏還性喜漁色。與鄭蘋如的數度繾綣，幾至送命於槍彈之下，以後又與女伶童芷苓打得火熱，豔事頻傳。在汪政府六年之間，事實上丁默邨並不得意，聲勢且遠在李士群之下。

而勝利來臨，戴笠飛滬以後，丁與數度接洽，戴笠極盡其撫慰之能事，默邨以為有此奧援，或可苟全性命。故民國三十四年九月三十日周佛海專機送渝時，默邨受戴之邀，欣然隨機同往，也一起做著重慶的土橋特客。也許戴笠之死，對他也有著很大的影響，因此以後又解送南京，受首都高等法院審判，初審判處死刑，覆判仍加核准。本來那時的法官要表示出他們的大義凜然，以苛刻為能事，判刑之前，庭上的呼叱譏諷，司空見慣，而首都高院中，以推事金世鼎尤為兇辣，獄囚為其恭上徽號曰「金剝皮」。如默邨的曾為汪政權特工首領，又何能逃其必死的命運？

他在老虎橋獄中被判處死刑以後，一直就沮喪、焦慮，懸懸於朝夕的被拖出執行。在民國卅六年七月五日的正午，終於到了他畢命的日期，那天法警去提他時，他已知道了是執行的時候到了，面色立刻慘白得了無一絲血色，兩腿也癱瘓得已不能行走。由兩個法警左右夾持著他的雙臂，挾著他提出獄門，迨行至二門時已經神志模糊，知覺盡失。所以他在法庭上無遺言，也無遺書，就匆匆送赴刑場槍決。

所有汪政權中人被執行槍決的，幾無一不表示出從容鎮靜，陳公博、褚民誼等固無論矣，即我所目擊的梁鴻志、傅式說、蘇成德等，亦都有視死如歸之概。最使我感動的是曾任「行政院秘書長」「廣東省長」的陳春圃，他是完全一個文弱書生，當他初審判處死刑後剛回獄室，我去慰問他，看到他竟然神色自若。不料我尚未開口，他卻先對我說：「你放心，我將來被槍斃時，不會讓同志們丟臉的。」一生死大事，竟能處之泰然。而唯獨平時以殺人為業者，至一旦被人所殺時，反而驚惶失措，醜態百出。上海既有「黃道會」的常玉清，而南京又有特工領袖的丁默邨。

另一個在老虎橋監獄中被執行死刑的是殷汝耕。他以「冀東防共自治政治」首長的身分，被判極刑。我認識他很早，還是在一二八淞滬抗戰時期，他任上海市長吳鐵城的參事，專辦停戰協定前後的對日交涉與收回失地諸事。「九一八」以後，他到了華北，竟然做了「冀東長官」，那時一般人總認為他甘為傀儡，是一個道地的漢奸。但勝利以後，與他同獄的人告訴我，他在獄時所表現態度之好，出人意外，終朝念佛，了無嗔意。及至被提出執行槍決時，還是從容自若。他臨命前在法庭上，檢察官問他有無遺言時，他說：「我很奇怪當初要我組織冀東政府的人，為什麼竟是今天要槍斃我的同一人？」說到這裡，檢察官立即阻止他的說話了。

他寫了一封給家屬的遺書，另外寫了一封給曾同囚室的潘毓桂與韋乃綸（宣傳部司長），信上只寥寥兩句：「我先去了，請多多保重！」就這樣被送往刑場。我與他無深交，不知最後他在法庭上的兩句遺言，到底是怎樣一段微妙的內幕？

# 一七三、又一個未曾揭開之謎底

寫到這裡，全書事實上真應該結束了！如我在本書的第一章中說過：「我目睹了這一幕悲劇中許多重要腳色，當初怎樣忍淚登台，最後又怎樣從容赴死！」現在，連讀者也已看到了。汪先生病逝扶桑，汪夫人瘐斃滬獄，陳公博在獅子橋既完成了殉葬的心願，周佛海亦且在老虎橋抱遺恨於九原，真正已到了「曲終人渺」的時候，而其間在汪政權中地位僅次於陳公博周佛海的梅思平與林柏生，他們的死難經過，就我所知道的，也有為他們一寫的必要。因為在整個汪政權中，除陳公博與周佛海為汪氏的兩大柱石而外，論地位之重要，則梅思平應列為第三位。至林柏生則號稱為那時「公館派」之中堅，雖未握大權，但以關係之親，對汪氏自有其相當的影響力。

梅思平為浙江溫州的永嘉縣人，北京大學政治學系畢業，戰前曾歷任江寧實驗縣長、江寧區行政督察專員等職，甚著政聲，職位雖不甚高，但卻是CC系重要幹部之一，而且被認為學問、才具傑出的人物。論理，梅思平與汪氏向無淵源，何以竟在汪政權中始終居高位、握實權？其經過情形，也頗為奇特。

在追述梅思平隨汪組府原因之前，不能不補敘最早促成「和平運動」而又最先與陶希聖叛離「和平運動」之高宗武。高留學日本北海道帝國大學，研習歷史，於一九三四年返國，時在

「九一八」事變之後，中國與日本間之關係，已趨於極度緊張。高回國後，即赴南京活動。以一個初返國門的留日學生，而且還充滿著一身土氣的人，自難有所發展。會李聖五方主中央日報筆政，高與他素不相識，而投刺請見，自陳願撰文投稿，李姑令一試，投來一文，尚覺可用，略為潤飾之後即予披露，這是他初露頭角之始。以後他又在吳頌皋主編之外交評論上寫稿，竟引起了汪氏的注意，事為陳立夫所知，立即先邀其擔任參謀本部設計委員會委員，辦理有關日本方面的事務。

汪氏任行政院長兼外交部長時，聖五已轉任外交部總務司司長，再由他的汲引，高宗武遂得任外交部亞洲司科長，並加幫辦銜。那時政府的外交，以對日為主，高宗武諳日語，熟悉日本情形，時勢造英雄，一時在壇坫之上，頓見活躍。在這一段時期中，中日關係始終無法打開僵局，而一九三五年十一月一日，汪氏在中央黨部遇刺，赴法治療，對日政策從此尤趨混亂，甚至有過聯俄抗日之議。張群時出任外交部長，與日本駐華大使川樾茂間愈搞愈壞，川樾茂甚至公開聲明，以後不與外交部直接談商，遇有必需交涉之事，概與時已任亞洲司司長之高宗武接洽。由於日方對高宗武的重視，至政府方面也對他刮目相看。一次他往廬山晉謁蔣氏，蔣且備致優寵，親為斟茶。然而高宗武的得志，卻為時不久。抗戰既起，最初雖未與日本宣戰，但外交關係已告斷絕，因為戰前他與日本間的聲勢，且凌越部長之上，此時也就被摒之於部外了。

而蔣氏卻認為戰爭雖起，高宗武對日尚有可用之處，於是每月給以八千元的經費，令其來港專辦與日本聯絡事務。他在香港太子行五樓成立了一處日本問題研究所，對外則以「宗記洋行」出面。他與日本駐港的外交、特務人員，以及同盟社的松本等經常有密切聯絡。從日本人的口中，窺悉對於這次侵略戰爭陷於泥足的結果，乃有早謀結束之意。一九三八年的春季，他偕同原任外交部亞洲司科長董道寧潛行赴日，此行事先是否獲得蔣氏的同意，我不敢臆測，但我敢於斷言，此行卻並非由於汪氏的授意。

他與董道寧由港抵達東京之後，立與參謀本部的「支那課長」影佐禎昭會面，表明尋求和平的意向，並且由影佐的居間，還得到了當時參謀次長多田中將的同意，對結束戰爭，原則上獲得了初步的協議。

高宗武回抵香港以後，更積極從事於此項工作之進行。那時他住於香港銅鑼灣現在灣景酒店的原址，李聖五則就住在相距密邇的摩頓台。這樣重大的一件事情，他希望能獲得蔣汪雙方的同意，但要向汪氏轉陳此事，必須有一個向為汪氏所信賴者作橋梁，而李聖五不但為高宗武騰達的最早提攜者，而且他更深信與汪氏有著深切的關係，認為是一個最適當的人選。

李氏是山東人，畢業於英國牛津大學，民國九年加入國民黨，初任商務印書館編譯所主任，並主編當年風行一時的「東方雜誌」，在文藝界馳名於國內。在抗戰之前，他已先後參加了「國難會議」，與奠定蔣汪重新合作的洛陽會議。在會議中，聖五的言論意見，得見賞於汪氏，數加延攬，乃出任中央政治會議外交專門委員等職，抗戰前夕，又膺選為國民參政員。自汪氏卸任外交部長，他也來港參加國際問題之研究，而與汪氏之間，仍保持著密切的聯繫。

至一九三八年的秋季，高宗武向李聖五率直提出了與日進行交涉結束戰爭的意見，而進行方法，說是由他代表蔣氏，而由聖五代表汪氏，共同赴滬與日本駐華的軍事首長談商，必要時並同往東京，與日本參謀本部作進一步的接洽。當時聖五的意見，認為中國的抗戰，既是應戰，那末如能在公平合理條件下結束戰爭，自是求之不得。但是政府的真正態度不可知，此事雖有可為之道，而應出之以萬分鄭重。他們兩人既然都是政府的官吏，如此行有其必要，應先取得政府的密令；否則擅自行動，結果犧牲無益。而以後高宗武並不能做到聖五所提出取得密令的先決條件，因此謝絕合作，於是高宗武乃改邀梅思平共同進行。

東南淪陷之後，政府播遷漢口，思平已告賦閒，僅由中央宣傳部給他一個專員名義，來至香港，住於黃泥涌道，為蔚藍書店主編國際叢書。恃每月二百五十元的微薄鶴俸，過著清苦的生活。因為他與高宗武是溫州同鄉，而且向日方草擬結束戰爭條件，以思平的學養，亦有丐其參加意見的必要。當思平久蟄思動之時，高與他一談，即欣然同意。他們於數度研究之後，於是年秋，乃連袂赴滬。與他們談判的人，就是以後代表岡村寧次赴芷江洽降的今井武夫，他們提出了共同擬訂的「中日和平條件草案」，由今井帶著飛回東京，由日本陸軍中央部根據已往制定的「中日關係調整方針」加以修正，再由今井於十一月十九日帶往上海，交給高梅兩人。他們更以中國方面的立場，又修正了幾點。這就是十二月二十二日近衛所發表三原則聲明的藍本。

高梅兩人攜帶了日方修正的條件，回抵香港之後，不久又相偕搭機飛赴重慶了。他們把這所謂草案初步呈送汪氏，以窺意向。而汪氏最初認為兩人對國家的和戰大計，竟敢如此輕舉妄動，當面指斥甚厲。於是高又挽出了陶希聖周佛海等人向汪反覆進言，而且暗示事前獲有指示，汪氏始為意動。以後汪蔣之間對此的如何交換意見，以及蔣氏何以卒加拒絕的原因，在本書開場時，已經寫過，這裡不再贅述。

我認為汪政權之成立，除了一般所傳雙簧以外，這裡更有一個難以索解之謎。即使局中人的我，也且莫明究竟。因為汪氏所領導的「和平運動」，以及以後汪政權之出現，無可否認，高宗武與陶希聖是直接的促成者。因為「和平運動」之發動，是由於近衛三原則之聲明，而三原則則竟出於高宗武的向日方提出試探，獲得日本軍部同意之後，汪氏在渝最初還加拒絕，更由於陶希聖之力勸，才使汪氏改變意向。起先汪是一個被動者，但千秋萬世之後，又將其誰信之？像這樣一件甘冒天下大不韙的事，原來汪氏左右的兩大將顧孟餘與陳公博卻都力持反對，一向為汪系幹部的陳樹人、彭學沛、谷正綱等也概不參加，這是為了什麼？以後由慫恿而醞釀而組織，所有汪政權之重要台柱，竟無一而非蔣系人物，且最早之促成者高宗武與陶希聖，一等鑼鼓喧天，汪氏騎虎難下之際，立即遠走高飛，叛離而去，造台人一變而為拆台人，這又是為了什麼？

汪政權之出現，與日方之進行接洽，既非出於汪氏之動意，參加汪政權的主流，亦非汪氏的嫡系，汪氏離渝時致蔣之函件中有云：「今後兄為其易，而弟為其難」，覩於這一段的離奇經過，實在也應該說：蔣為其始，而汪為其繼。至豔電既發，周佛海林柏生等已在港公開活動，最初三萬元之經費，卻又為與汪向乏淵源之錢新之杜月笙等所出，如此迷離撲朔的內幕，如非汪氏真有容人之量，即為政治上一種高明的策略。褚民誼所說有人要將一隻臭馬桶套到汪氏頭上，豈褚真有感而發耶？現在，事隔數十年，汪氏犧牲了，汪政權也早已覆亡了！往事雖已成塵，而雙簧之傳說而外，此實在為又一尚未揭開之謎底。

# 一七四、梅思平從廬山得來凶訊

高宗武與梅思平在渝對結束戰爭的原則，獲得了汪氏的同意，並作出初步決定之後，即重行返港。汪氏離渝赴河內，梅與林柏生代表在港發佈豔電之後，梅又一度專程赴越往謁，以後即在港展開活動。梅與周佛海陶希聖等更為汪氏在港之機關報「南華日報」輪流撰寫社論。直至二十八年的夏末，始與佛海等買棹赴滬，正式策動全面和平或進行組織政權。

在上海的醞釀時期，先之以「第六次全國代表大會」，繼之以成立「中央黨部」，其下先設三個部與兩個委員會，「組織部長」梅思平，「宣傳部長」陶希聖，「社會部長」丁默邨，「財務委員會」與「特務委員會」主任委員周佛海，一開頭這四個汪氏的中堅人物，竟是清一色的蔣系ＣＣ人士，而梅思平卻擔任了最重要的「組織部長」，其地位且僅次於周佛海。而在汪政權還在籌備時期，梅已由汪氏內定為實業部長，如陶希聖等對此席雖覬覦者不止一人，而卒無法動搖汪氏之屬意。

梅思平在汪政權中，風雲際會，紅極一時。最初在滬的對日談判，高陶去後，汪方出席的即為周佛海、梅思平、林柏生，而他任「實業部長」前後達五年左右，其間又一度兼任「浙江省長」，直至和平之前一年，始調任「內政部長」，則以東南淪陷以後，華人在日軍部卵翼之下，設立宏濟善堂，公然販賣鴉片，時汪政權決定厲行禁煙禁毒政策，此事歸內政部管轄，梅之調任，主要就是為了主持禁政。其他，他以「部長」身分，自得出席「行政院」會議，而汪政權重要機構，也無不有他在內，其兼任之職務，如國民黨中央執行委員會常務委員、中央政治會議委員、全國經濟委員會、清鄉委員會委員等，名義之多，不勝枚舉。汪政權六年之中，即其部下的司長，如顧寶衡者，亦且經其扶掖而早已任為糧食部長。

據我所知道的，梅思平在汪政權中之力量，尚不僅為名義上之所表見，汪氏雖有領袖欲，而確有為領袖之風度，有時雖不免衝動，但大體上能信賴部屬，從善如流，並不集大權於一人一手，自加專斷。汪政權的一切，汪氏僅作原則性之決定，而一切委之於周佛海。幾乎每一天晚上，公餘之後，陳公博、周佛海、梅思平與岑德廣四人輒相聚談商，一切政策之制訂，人事之更迭，都內定於此，竟不啻形成一小型閣議。梅思平之為人，也真為綸巾羽扇型的人物，他與佛海之間，表面上如水乳交融，一切推重佛海，如佛海左右有十人組織，思平表示願意參加，而以佛海的謙遜，請其任為十人組織之顧問。當十人組織初次在「七十六號」集會宣誓時，思平亦曾列席參與。且有過一次，就在他的京寓舉行。其實思平饒有野心，頗欲從佛海系統之外，另樹一幟，其私人每有作為，也唯恐為佛海所知。六年之中，兩人曾數度發生誤會，而思平發覺佛海有不慊之後，常能於談笑間使佛海釋然於懷。終汪政權之局，周梅之間，得保持親密之關係，在他人亦且認兩人為一體，所以李士群系之「國民新聞」因內部的摩擦而出之著論攻擊，對陳、周、梅三人且無分軒輊焉。

我個人對思平的印象，病其自視過於高岸，又佩其手腕極為靈活。他任中政會法制專門委員會的主任委員，我為副主任委員，為了我知道他的自命不凡，所以我先則從不出席，終且堅決辭職。

我在上海主辦的「平報」，他也是董事之一，有時他會在佛海處對我的報紙加以指摘，佛海把他的話轉述給我後，我那時還年少氣盛，立即把他有關的言論消息，在我報上一律封鎖，而他知道了我對他的報復行動，反會設宴相處，雖終席不提此事，終使我不好意思再為已甚。

日本投降以後，思平似乎完全不作避禍之計，仍然安居京寓。在民國三十四年的十月初，他為軍統所逮捕，即羈押於寧海路看守所。也許政府認為他在汪政權中的地位較為重要，所以一經首都高等法院檢察處略事偵查，即被起訴。翌年的五月三日在刑庭公開審訊，此為汪政權中在南京受審的第一人。思平在庭上的供辭，除在其職務範圍內有關實業、內政、禁煙方面多所辯白外，因為他是與高宗武最初與日本接洽結束戰爭的人，關於這方面他在庭上供得較為詳盡，他承認奔走和平，係自動主張，至汪政權之成立，以為對非常的事變，不得不出以非常之手段。反正那時之法庭，被告人任何抗辯，都不足以挽回政府內定的處置，因此，同年五月九日，即對思平宣告了死刑的判決。

思平與他的家屬對一點是極為清楚的，不管他之是否有罪，要救他一命，決非遵循法律途徑所能生效，於是由他的胞弟仲協，專程趕往廬山，求援於李濟深。李於聽取了全部經過之後，立即滿口承諾。允於晤蔣時乘機緩頰，並留仲協暫留幾天，等候消息。當勝利之後，政府有團結內部以共同對付中共之意。因李濟深對西南方面具有實力，所以經蔣氏邀往廬山，朝夕相晤，甚見倚重。當時對汪政權中人除政府蓄意排除外，其他方面尚認為其中不乏有才具之士，亟謀爭取，李濟深肯對思平幫助，也涉有此種因素在內。而仲協在廬山鵠候數日，李濟深向他作了絕望的表示，仲協黯然離山返京，並於暗中通知了思平作最後準備。

思平從廬山得來了凶訊之後，已知決無生望，從此放棄了一切營救的企圖。他雖然仍能持以鎮靜，也始終不出怨言，但他本不善飲，自此即托看守員暗中陸續帶白乾進來，每晚飲至半醺，使他白皙的皮膚，酒後變成遍體通紅，乘著酒意，始頹然就枕。他不得不以酒精來麻醉自己，也足以反映出他內心的何等痛苦。

到了民國三十五年的九月初，思平尚在聲請覆判期間，一天獄中於放封之後，收封時間未到，突然將各人驅回囚室，重行加鎖。移時獄吏來傳喚思平了，他以為如此嚴重之形勢，定然已到了執行的時候，他與同室的李聖五、余晉龢、王謨諸人一一握手訣別，並將事前準備好的遺書一束，授給聖五，要求於他死後轉給其家屬。當時聖五卻對他說：「你是懂得法律的人，今天絕不可能會是執行的，因為依照法律的程序而言，初審雖經判決，既已依法聲請覆判，在終審判決書尚未送達之前，程序並未終結，即無遽爾執行之理。即使終審的判決書已經送達了，依法還可以提起非常上訴。況且案子一經確定，即需移送牢獄，法治國家，決無人犯猶羈押在看守所時，即執行死刑之理。」果然思平去後，不久又安然而返，只是檢察官的傳出問話而已。

事後大家猜測，為什麼當局要故佈疑陣，做成槍斃人犯那樣嚴重的形勢，思平是在京獄第一個被處決的人，而法院用的竟然是特工手段，要看看汪政權中人的反應，是否會有反抗的舉動。不知政府既已把汪政權中人一網打盡，而且均已一一投諸牢獄，何以尚需懷此不必要的鬼胎？

聖五是一個書生，乃不免有了書生之見，他以為政府即使要用嚴刑峻法，也一定會遵守司法必要之程序，安知大謬不然。到了九月十四日的上午七時，照平時的規定，室門應該開封了，而那天竟毫無動靜，思平向外一望，從木門的小洞中看到有兩名法警駐在門口，這是以前所沒有的現象。

正在疑訝中，看守所長已來到了室外，高聲說：「檢察官請梅先生問話。」思平就起立向同室諸人說：「這回是真的了。」他亟亟穿齊了衣服，外面是一件紡綢大褂，腳登緞鞋，手裡挾了一卷遺書，他又與同室諸人分別握手，口裡不住說：「來生再見，保重保重！」就安然步出囚室。

他到了庭上，取出預先寫就的函件，一封呈給蔣氏，對國是尚有所獻替，一封寫給他過去的朋友——當時任司法行政部長的謝冠生，與次長洪陸東、謝瀛洲三人，一封給他的胞弟仲協、祖蔭。一封給他夫人的遺書，是宣紙的橫幅。另一給子女的字條，上書「努力讀書，忠貞報國」八字。臨時又在各函上補填了年月日。最後向法官要求行刑時勿多予痛苦，並請轉告家屬，遺體即就近葬於南京。手續完了，即由檢察官陪同走向刑場。在行走時，執行的法警即在其腦後瞄準開放一槍，彈自後腦入，從右鼻穿出，立時畢命。

梅思平雖為在京被執行死刑之第一人，而汪政權中死難者，梅已為第四人——繆斌最先，死於民國卅五年五月廿二日，陳公博為六月三日，褚民誼為八月廿三日，梅思平則後於褚者又二十二日，又三週而林柏生亦死。

# 一七五、周作人吟詩哀悼林柏生

在汪政權中，正如一般政權會發生的情形一樣，也不免有著派系糾紛，其間所謂ＣＣ與公館派就不時有些摩擦。而公館派中，陳公博明識大體（事實上公博與汪在師友之間，並不能算為公館派），褚民誼優遊自適，曾醒不問外事，陳耀祖遠處百粵，陳春圃守己隨和，陳君慧則依傍較遲，其他陳氏諸侄，又以地位較低，對外不甚有直接之接觸，其間自以林柏生鋒芒較露，與佛海之間，不時意見相左。但他以能獲得汪氏夫婦之信任，隱然為公館派中之中堅人物，在汪氏左右，代替了昔日曾仲鳴的地位。

他於汪政權在滬醞釀時期，佐陶希聖而負責「中央宣傳部」，自陶叛汪，即升任「中宣部長」。汪政權成立，轉任「行政院宣傳部長」前後達五年之久，勝利前一年，以羅君強辭「安徽省長」而改任周佛海「上海市長」時代之滬市府「秘書長」，柏生乃調任「安徽省長」，僅八個月而日軍投降。他隨陳公博飛日，以後又同機回國，即被羈押於南京寧海路軍統局之臨時看守所。

我與柏生論理交非泛泛，我的所以參加汪政權，為了中華日報之故，引起重慶方面的誤會，為許多原因之一。以後汪氏在滬召開「第六次全國代表大會」，柏生更電保我為粵省代表。不幸以後因我為佛海籌備之南京「中報」，柏生欲改稱「中央日報」直隸於中宣部，為羅君強所反對，而他以為是我從中作梗，遂生芥蒂。從他拒絕我擔任「宣傳部」次長以後，直至汪政權之顛覆，我為了避嫌，與他乃少往來。但我相信柏生尚具有一股朝氣，為挽救頹風，對新國民運動、青年運動與禁毒運動，都能不恤引起日方之反感，努力進行，且私生活亦極為嚴肅。

我認識柏生，已在民國二十一年之後，其過去經歷，不甚詳盡。但知他是廣東高州信宜人，民國三十五年死難時，年四十五歲。初畢業於嶺南大學，又先後留俄留法，國民黨第一次全國代表大會決定容共政策之後，他回抵廣州，任蘇聯顧問鮑羅廷之秘書，因此獲識汪氏，漸被見重。一度曾擔任執信女校的訓育主任，不久又率領了一批中國學生赴蘇留學，其間就有以後的中共聞人王明、張聞天等在內。

清黨後的武漢分共時代，柏生仍留居蘇聯，而以汪氏電召，兼程回國。嗣汪氏赴法，他亦與曾仲鳴等隨同前往。於留法期內，先辦「留歐通信」刊物，後改稱為「歐美通信」。至民國十七年底，國民黨美洲總支部所屬兩大機關報，三藩市的美洲國民日報與紐約的民氣日報，要求中央派人指導宣傳，柏生即銜汪氏之命而往。直至民國十八年夏來港，先辦南華通信社，至翌年的二月，為汪氏創刊南華日報，更有一「胡椒」三日刊的發行，至民國二十一年又往上海創刊中華日報，自二十二年起，並任立法院的立法委員。

「八一三」抗戰事起，淞滬淪陷，中華日報休刊，柏生又由滬回抵香港，經營南華日報外，任中央宣傳部的香港特派員，更辦理蔚藍書店。所謂蔚藍書店，是為了避免香港政府注意作政治活動之故，乃出之以書店的形式，事實上就是軍事委員會的國際問題研究所。柏生任主任，而以梅思平（ＣＣ）、樊仲雲（ＣＣ）與張百高（政學系張群關係）為幹事。另有研究員多人，為朱樸（汪系）、連士升（陶希聖關係）、李聖五（汪系）、高宗武（CC）、龍大均（汪系）、胡蘭成（林柏生關係）。這個表面上為汪氏系統的機構，既然容納了汪系以外的人士，內部意見就頗見龐雜。

豔電發表以後，汪系的龍大均即表示反對。尤其可怪的是，連士升受了陶希聖的影響，拒絕參加。在重慶時期，陶希聖對汪氏所發動的「和運」，慫恿最力。在香港時期，奔走宣傳，尤異常熱心。去滬以後，他出任了「中宣部長」，而他所手擬之宣傳大綱，分為五點：曰「一、汪先生出國後仍期待重慶幡然改計，停戰講和，因此為結束戰事之順利方法。二、蔣以國殉共，以黨殉人，挾持軍民，誣主和者為漢奸，以暴力相摧毀。此種期待，已無可能。三、今後惟有在汪先生領導之下，以和平運動挽救國家，恢復主權行政之完整。此種運動，現已從理論進於具體實現之初步。四、在汪先生堅苦奮鬥之下，凡和平反戰剿共運動所到之處，即日方撤兵還政之地。五、現在戰區半毀於焦土政策，而非戰區尚為蔣氏所劫持，因之，此種運動，必須全國軍民同心協力，從各地各區一點一滴做起。」（見香港創墾出版社印行《周佛海日記》一書中陶希聖電版手蹟。）其指摘蔣氏，態度之凌厲，且遠過於汪氏本人，又誰知數月之後，竟叛汪歸蔣！

他於盜取「中日關係調整綱要草案」赴港公開發表時，其與高宗武聯名致函大公報之原函如下：

記者足下：武，聖一介書生，行能無似，然自束髮受書，略聞愛國大義，認為國民報國，當不辭犧牲一切以赴之。中日國交失調以還，奔走國事，一秉此旨。抗戰既起，私念日方當不乏悔禍之有識者，戰事應終有結束之途徑，苟能貫徹抗戰目的，克保我主權與領土行政之完整，則曲達直達，不妨殊途同歸。爰不顧外間毀譽，願奉微軀以期自效。去年之夏，武承汪先生相約，同赴東京，既見彼國意見龐雜，軍閥恣橫，罕能望其覺悟。由日返滬以後，仍忍痛與聞日汪雙方磋商之進行，以期從中補救於萬一，凡有要件，隨時紀錄。

十一月五日影佐禎昭在六三園親交周佛海梅思平及聖等以「日支新關係調整要綱」之件，當由汪先生提交其最高幹部會議，武亦予焉。益知其中條件之苛酷，不但甚於民國四年之二十一條者不止倍蓰，即與所謂近衛聲明，亦復大不相同，直欲夷我國於附庸，制我國之死命，殊足令人痛心疾首，掩耳而卻走。力爭不得，遂密為攝影存儲，以觀其後。其間日方武人頤指氣使，迫令承受，或花言巧語，涕淚縱橫。汪先生迷途已深，竟亦遷就允諾。嗣於十二月三十一日簽字。

武，聖認此為國家存亡生死之所關，未可再與含糊，乃攜各件乘間走港。離滬時曾囑人通知日方，告以此種和平方案，為中華民國國民任何人所不能接受。抵港後即函電汪先生及其他各位，請其懸崖勒馬，勿再受日閥之欺騙與利用，以冀公私兩全。除將攝影與抄錄各件，送呈國民政府外，茲送上「日支新關係調整要綱」，暨附件之原文攝影整份。（另附譯文），又汪方提出「新政府成立前所急望於日本者」之去文，及同件日方覆文各一份，敬請貴報即予披露，俾世人皆知，勿使真相長此掩沒，以至於不可挽救。更有須附陳者，「日支新關係調整要綱」附件二第二關於共同防衛原則之事項下共有七條，其第四第五兩條日文原件內未列，此因當時該兩條原文，汪方認應修改，後由板垣臨時修正，囑影佐口述與周隆庠君紀錄，今照所紀錄者在譯文內補正，特並陳明。區區之意，並不欲借此以求政府及國民之諒解，不過略表我人主張和平之初衷耳。書不盡意，即頌　撰祺！

高宗武陶希聖謹啓。

民國二十九年正月廿一日

看看高宗武陶希聖這封給大公報的公開信，忠義奮發，何等冠冕！試重讀同出一人之手為汪政權所擬宣傳大綱的原文，前後不過數月時間，而矛盾悖謬一至於此！究竟忽而罵蔣，忽而罵汪，讀者能指出那項才是他們的真意呢？這是文人的狡獪嗎？不，恐為文人之無行耳！甚至蔚藍書店研究員中陶希聖關係之連士升，以最先反對參加和運而留港，可能是陶希聖為日後叛汪留下的一著棋子。則陶自民國二十七年秋，以迄二十九年初春的一切表演，不能不令人懷疑是政治上一項有計劃的陰謀。

在豔電發表前後，荷李活道四十九號之南華日報，為汪氏在港之主要宣傳機構，其他華人行六樓之蔚藍書店出版有國際叢書（梅思平主編）與國際週報兩種（樊仲雲主編）。湯良禮亦主編英文的民眾論壇發行，各機構胥由林柏生負其總責。

柏生由日飛回羈押於寧海路後，不久即被提起公訴。首都高等法院於民國三十五年五月廿五日開庭審理，同月三十一日即對之作死刑之判決。論柏生在汪政府之所為，決無判處死刑之理，法院方面的處以重刑，或許仰承了政府決定「省長」判處死刑的原則。此外，因為柏生那時是汪氏的親信，除了「宣傳部長」與「安徽省長」兩項實際職務以外，他更是「國民黨中央執行委員會常務委員」之一，當時常務委員七人，為陳公博、周佛海、梅思平、丁默邨、焦瑩、何世楨（始終並未參加），其間汪系人物，就僅公博與柏生兩人。又「中央政治會議」中，他以國民黨中央執行委員會代表資格出席。

「中央政治委員會」之當然委員除汪氏外，為陳公博（立法院長）、溫宗堯（司法院長）、梁鴻志（監察院長）、江亢虎（考試院長）、王揖唐（華北政務委員會）。指定委員為周佛海、褚民誼、陳璧君、梅思平、陳群、林柏生、劉郁芬、任援道、焦瑩、陳君慧、陳耀祖、李聖五、葉蓬、丁默邨、傅式說、楊揆一、鮑文樾、蕭叔宣。延聘委員為齊燮元、朱深、卓特巴札布、殷同、高冠吾、趙正平、繆斌、趙毓松、諸青來、趙叔雍、岑德廣、王克敏諸人，林柏生又是其中之一。以他在汪政權中之地位，以及與汪氏之關係，於是而政府必欲置之於死地。

他於五月卅一日判決後，與梅思平一樣，正在聲請覆判中，終審判決書既未送達，人也還押在臨時看守所中，而民國三十五年的十月八日下午二時半左右，竟把他從囚室中提出執行。首都高等法院檢察官陳立祖已率同書記官法警等在監獄佈置了臨時法庭，柏生那天穿了中式灰色短衣褲，戴眼鏡，著灰色襪，黑便鞋。手持紀念冊及英文書各一本。到庭後，檢察官告訴他奉命執行，問他有無遺言，他說：「今天，我不想再有什麼話說了，請庭上放心吧！這既然是為了國家的事，那對個人的生死，就不必抱什麼遺憾了。」最後又要求寫幾個字，經准許後，即趨公案前，於所持西文書前面的扉頁上寫著：「余妻徐瑩及諸兒留念：春來春去有定時，花落花開無盡期，人生代謝亦如此，殺身成仁何所辭！」下署柏生，十月八日下午二時五十五分。

遺書中的四句詩，是摘錄自雙照樓集中「飛花」一詠之結語，足見他臨命前猶念念不忘於汪氏。復於書籍封面裡頁書「革命救國，科學救國」八大字，簽名畢，對檢察官說：「我事先並沒有接到確定的判決書，遽付執行，似乎法律手續太有些欠缺。現在我對家裡沒有話說，自己也並無財產，執行時希望不要用專制時代的綑綁，死後並望能及時通知家屬。」說完，取下所戴的眼鏡交給檢察官，從容步向刑場。迨行至監獄空地，執行的法警在他身後開放一槍，彈由後腦入，前額穿出，柏生已應聲倒地，復以兩手支地，上身離空半起，怒目四顧。執行的法警又續發一槍，始偃臥血泊中氣絕，時為下午三時零一分。

柏生與周作人同羈一處，當其死後之六日，曾作七絕一首以哀之云：

**感逝詩**　知堂老人

當世不聞原庚信，今朝又報殺陳琳。
後園慟哭悲涼甚，領取偷兒一片心。

詩後附以短跋云：「林石泉同室有外役余九信，聞石泉死耗，在園中大哭。余年十九歲，以竊盜判徒刑三月。十月十四日作。」石泉，是柏生發表文字時的別署。

柏生夫人徐瑩女士，現留港，一子在美，一子在港侍母，一子及兩女現均在大陸。

# 一七六、一個閒角也終被起訴了

勝利以後，我既已失去自由，對汪政權中諸舊侶的悲慘結局，除了滬獄諸人，曾經目擊而外，其他都於事後得之於家屬之泣訴，或為同囚者所轉告，雖失之簡略，但均為實況。

其實，我在汪政權中，僅是一名微末的閒角，雖然那時曾掛了數不清的名義，但從未擔任過一項實際職務。汪政權人事上之安排，十九為佛海所決定，我以近水樓台之故，本可無求不得，即遇有空缺，佛海也不時問我是否願意一試，而我則總予謝絕。當時朋友們都羨慕我的閒散，以為我辦幾張報紙，創一家銀行，可叨汪政權之光，而不蒙汪政權之禍。在我自己，也滿以為無官一身輕，若說我「通謀敵國」，未免太抬舉了我，若說我「圖謀反抗本國」，也覺近乎滑稽。至勝利以後，雖然查封接收，已經搞得我頭昏腦脹，岌岌可危，而既激於佛海的未曾告語而飛渝，亦且自恃六年中尚無力為非作歹。更為「國無信不立」一語所陶醉，為「法無明文不罰」一語所迷亂，棄家自投，「以身試法」！本來像我這樣的一個人，最後之遭遇如何，殊不值得書告讀者，但我「試法」的結果，使我親身體味出了政治與法律到底是怎樣一回事。因為別人怎樣受鞫，如何被判，其中曲折，或不免有所隔膜，迨自己一經對簿公庭，才知道勝利之後如何「厲行法治」，以及如何「整飭紀綱」，於是深以區區一身之被毀，反覺不暇自惜了。

當我羈身於楚園之時，但知接收真同劫搜，連祖宗的廬墓，妻子之妝奩也一併籍沒，半入國庫，半飽私囊。而由「漢奸」一變而為軍法官者的嘴臉，也覺實在難看。其後既信任主持者戴笠親口告訴我們，當局將苦心為我們洗刷，最後也必出之以政治解決之保證。以後軍統局本部秘書袁惕素又奉命特來押所通知我將獲得自由的喜訊，盛情稠疊，高興得我不住地唸著：「帝德乾坤大，皇恩雨露深！」然而戴笠撞機身死，重擔無人承挑，情勢一變，全部在押諸人，乃如商店之出清存貨，一概送至提籃橋監獄處理。我是做過律師的人，自然明白號稱持衡維平的法官大老爺們，又是怎樣的一副心腸。勝利勛章當然領不成了；而「漢奸」官司倒勢且吃定了。

許多人都先被起訴了，大家庸人自擾，一番忙亂，延聘律師，撰狀辯訴，孜孜於鑽進了法律的牛角尖裡，從各人的家信中，也不時透露了一些消息，因為對「漢奸罪」的處罰，高至死刑，低至五年徒刑，而另有規定：有早經自首者，可以免刑，有「協助抗戰，有利人民」者，得減輕其刑，有於民國三十二年以前退出者，或情形可以憫恕者，又得減輕其刑。種種為法官預留地步，讓其能上下其手，出入其刑。不問對誰，也不問如何判決，從死刑到徒刑一年三個月，法有明文，也總是不錯的。而判得愈重，愈顯得法官弊絕風清。家屬們聞風喪膽，於是別出奇謀，上至司法院、司法行政部，下至法院院長、法庭法官，或靠人事上之關係，或以金條為武器，各顯各的神通，各走各的門路，法律之外，濟之以賄求，其間幕後交易，掂斤播兩，討價還價，五花八門，千變萬化。而黃金的代價卻又不是罪責之有無，而只是量刑之輕重。我冷眼旁觀，會心微笑，忘自身之疾苦，但願同難者真能通神。又以曾經執業為律師，難友們紛紛請我寫狀，我也落得與人方便，讀讀大學時代未曾讀過的法律妙文，消遣著這牢獄中的無聊歲月。生意興隆，不暇應接，是為律師時所未有之盛也。

在我正式入獄以後，大約過了一個多月的時間，我與梁鴻志一起解送獄內的偵查庭，檢察官略略問了我在汪政權的官銜之後，倒是大方得很，並不苦苦追求，仍然押回獄室，聽候發落。幾天之後，檢察處認為我有罪的起訴書終於送來了。起訴書也只短短幾行，倒像是我在汪政權中的一紙履歷而已，僅記得其大略如下：

查該被告曾任偽組織中央委員、中央政治委員會法制專門委員會副主任委員、邊疆委員會常務委員、上海市政府市政諮詢委員會委員等職。並先後在南京上海創刊「中報」、「平報」，又開設南京興業銀行。跡其所為，實有通謀敵國，圖謀反抗本國之罪嫌，合依懲治漢奸條例第二條第一項第一款之規定，提起公訴，請予依法判決。此致本院刑庭。

我收到了起訴書之後，真是迴環雒誦，越讀而越有丈二和尚摸不著頭腦之感。我不知道是檢察官的辦事草率呢，還是在故意為我開脫？依照法律規定，必須有如何通謀敵國之事實，以及如何圖謀反抗本國之證據，始足為起訴的根據。現在對此一字不提，從好處說，是犯罪證據不足；從壞處想，是參加了汪政權即為「通謀敵國，圖謀反抗本國」。簡言之，是想當然，也就是「莫須有」也。

我懂得中國的法律，不同於其他民主國家。別的國家要指一個人民犯罪，必須由檢察官先行提出犯罪之證據以為證明，而後嫌疑人始有抗辯之義務，有提反證之義務。中國則不然，法院說你有

罪，即無須有積極的與法定的證據，你說沒有犯罪，就得提出不犯罪的證據來。因為我當律師的時候，不知看到多少刑事簡易庭中，常常可以遇到三分鐘判決一起案子的怪事。舉一個最普通的例子來說，檢察官起訴一名嫌疑人犯了竊盜罪，推事覺得案情太輕微了，就不必浪費精神。照例問了姓名年歲籍貫之後，就接著問：「你是不是於某月某日在某處偷了某家的某物？」嫌疑人答：「大老爺！這是冤枉的！」「哼！為什麼不冤枉別人而單要冤枉你！判你有期徒刑三月。」推事一說完，如狼似虎的法警，已在後領一把抓住，押下法庭去了。是的，竊鉤者而不誅，已經是法官的宅心仁厚了。我接到起訴書後，回想過去法庭上目擊的怪狀，心中一凜，自己就連叫不好。

身在牢籠，自然一籌莫展，於是通過獄吏，偷帶家書，要妻子準備法律上的應辦事項。過了幾天，收到覆信，告訴我已請定了兩個律師，一個是當年上海律師公會的同事陳霆銳，一個是大學時代的同學黃濟元。家信中還問我有什麼有利於我自己的證據，需要收集，我又覆信去一一告訴了她。幾天之後，濟元倉皇來接見我，他說：他已閱過全卷，對於起訴各點，倒並沒有什麼要緊，就是卷裡夾著一封匿名信，說我是「大漢奸」，曾經國民政府先後三次明令通緝，要法院千萬不要輕放了我。濟元的意思，政府對我的三次通緝既然是事實，那就會影響法官的觀感。法官們但求保持祿位，如被指為「大漢奸」的，就不敢輕判了。

同時，卷裡還附著一張小報，上面有一段紅筆鉤出的記載，那是筆名「老鳳」寫的，說我是周佛海左右的紅人，不知搜括了多少財產。他就曾經連到我銀行中兩天，親眼看見我每天收進現金條三千條。濟元問我小報上的記載，是否是事實？我對他說：「非但不是事實，而且顯得那個人也太無常識。即使上海是一個大埠，全滬現金條的買賣，每天的總數，也無進出三千條之鉅。」濟元又問我，那為什麼他要對你捏造中傷呢？我有些啼笑不得，我告訴了他結怨的簡單經過是這樣的：

「老鳳就是朱鳳蔚，吳鐵城任上海市長時代的科長。有一年農曆年底，他來信向我告貸，因為我適巧沒有去銀行，及看到來信時，已經是新年了，急忙著人如數送去。不料老鳳接到借款，就哼了一聲說：『好！他真是辣手，知道我不能過年，偏偏拖到了新年再送來，這是故意向窮人開玩笑！』不料牆倒眾人推，他趁我家破人亡之際，還忍心投井下石。」

濟元說：「現在事已至此，此將如何應付呢？」我告訴他：「如法官問到這件事，可以要求傳他到庭對質。」濟元亦以為然，但他總以為政府的通緝，顯得我地位的重要；小報的記載，渲染出我財富的豐厚，案情本身以外，卻在在與我不利。其實，他不說，我也豈有不知之理？即使沒有這種攻訐的書函與文字，一般的形勢如此，家中已被接收一空，也再無餘力滿法官之意，前途的凶多吉少，自不待言了。

# 一七七、一紙起訴書忙壞了家屬

如真是就法論法，那參加汪政府就並不能即認為有罪。捨「雙簧」「反正」等一切五花八門的奧妙於不談，就算汪政權真是一個叛逆的組織吧！懲治漢奸條例中規定得很清楚：「漢奸」也者，要具備「通謀敵國」與「圖謀反抗本國」兩個條件。所以儘管參加了汪政權，而其行為上如既不曾「通謀敵國」，也無意於「圖謀反抗本國」，尚不足入人於罪。如其不問原因，不究事實，認為一經參加汪政權就是「漢奸」的話，那麼，勝利後主持「肅奸」案中的軍法官，如唐生明、程克祥、彭壽、李時雨、余祥琴，以至毛森等人，他們有些久事汪朝，有些為敵服役，那就無一而非「漢奸」了！也無一而不應受「漢奸條例」之懲治了。然而不然，政府也以為他們雖參加「敵偽」，因係奉令，就不算是「漢奸」，也不必要受懲。政府自己就否定了參加汪政權就是「漢奸」的原則。其他，除了「奉令」者而外，如無犯罪之故意與犯罪之事實，或有所為而為的，豈真全是喪心病狂之徒？若說對外戰爭時，遍地都是「漢奸」，何必定欲造成中華民族史上永遠洗不清的污點？政府好像「只許州官放火，不許百姓點燈」，自己可以因有所為而派人參加汪政權，人民因為所為而自動以參加為掩護，或以在淪陷區中為避免生命上的危險而參加汪政權的，就必需嚴懲嗎？

其次，即算這個人真有通謀敵國，圖謀反抗本國之事實，但法律上還要有證據才得起訴。要有證據才得判刑；如其有事實而提不出證據，叫作犯罪事實不能證明，政府雖明知其為鉅奸大惡，只能眼睜睜的讓他逍遙法外了。所以在法治國家中，入人於罪，要有可以依據的法例（事後添造的，當然不足為據），要有確實的證據，在法院沒有提出犯罪的積極證據之前，嫌疑人絕無提出無罪反證的義務。這不是什麼高深的法理，而只是普通的常識而已。

然而，我卻不幸而為中國人，而且不幸而為現代的中國人！江蘇高等法院第二分院檢察處對我的起訴，雖絕無有罪的證據，但我不得不有證據以證明我的無罪。於是就苦了家屬，到處求情，到處磕頭，希望取得些證明，也只是為了稍盡人事。

妻收到我從獄中寄給她一封可以讓我在庭上作為「丑表功」事實的書信以後，她開始奔走。又誰知政治行情一變，連友誼行情也全變了。中間果然有投桃報李的好人，但也有反面無情的忍人。我自己知道官司是吃定了，安坐牢中，靜候怎樣判決都好，而家人偏偏癡心妄想，還用全力在為我搜求不通敵不叛國的反證。

正在那時，領導八年抗戰的統帥蔣委員長來到上海了，歡迎的盛況自然是空前的。犯人的家屬雖然不配參加歡迎的行列，但在報紙上還是可以看到這空前的盛況。蔣氏首先接見上海一批當地的父老，面加撫慰，而代表父老發言的是顏惠慶。這一則新聞曾使上海五百萬居民感到興奮，因為從這一點可以看出最高當局並不曾把所有遺留在淪陷區的人，視為「偽民」。但是我的家人卻有著另外的一種感想。她們已看到了我的起訴書，罪狀之一是曾經擔任過「上海市政諮詢委員會委員」的名義，而那位前北京政府時代的國務總理，現為上海市父老代表的顏老先生，在淪陷時期卻是周佛海所聘任上海十九名市政諮詢委員之一（顏老先生並沒有出席過會議是事實；但也並未辭去這名義也是事實），在同一法律之下，為什麼一個為階下之囚，而一個成座上之客？

另一件新聞是：蔣先生更接見了抗戰時期中派在上海的地下工作人員，面加獎勵。地下鑽出來大大小小的人員中，功勳列為第一的是蔣委員長的駐滬代表蔣伯誠，那天他以病廢在床，由他的夫人杜麗雲女士代表謁見。報紙上更把蔣代表的工作詳細列舉，什麼營救、掩護工作人員，什麼供給地下經費等等，勛績彪炳，誰也得承認他實在無愧為功勳的第一！

上海的市民們當然不會想到蔣伯老多年來早已半身癱瘓，連飲食起居都需人扶持，從日憲那裡保釋以後，仍在被監視之中，他有什麼無邊法力，能夠大顯神通？千千萬萬市民中，惟有我妻是明白的，她在報上一條條讀著所列舉蔣伯誠的功勛，再與我在投案時自白書上所寫的工作經過，核對之下，好像是我預先抄襲了他似的。她想：原來蔣代表竟是臥享其成？妻既然要為我搜集證據，自然應以蔣伯誠為第一個目標了。

她去到了「國民政府軍事委員會委員長代表公署」，仍蒙蔣太太另眼相看，殷勤招待，陪著她到了蔣伯誠的病榻之前。妻開口了：「伯老，我丈夫在淪陷時期，頗承賞識，得供驅策，他有時回來告訴我，你曾不斷向他保證將來一定向當局證明他的心跡，幾年來督促他為你冒險效力。勝利後自首之前，你當著我承認只要有一個陷身羅網中的人被保釋了，你會把我丈夫保出的。今天，他被法院以漢奸罪起訴了，基於你一向對他的愛護，我懇求你由代表公署出具公函，證明他過去的事實。」

蔣伯誠沉吟了半晌，以低弱的聲音說：「你丈夫在敵偽時期太紅了，我無能為力。」妻一向反對我參加汪政權，她只希望我做一個安份的百姓，對國家事用不到我來瞎起勁的。而且她一向有神經衰弱症的，在我生死關頭之際，向一個比較瞭解我的人請求，不但受到了峻拒，而且語氣中還含著譏諷的口吻，她只說了一句：「伯老！那時你是唯恐他不紅吧！」說完，她以精神上受不了刺激，就昏厥在沙發上了。

也許蔣伯老面對著這淒慘的情形，也不免為之感動了，等我的妻子蘇醒的時候，居然承他於無可奈何中改變了態度，他說：「不要難過了，但我已經記不起他曾經為我做過些什麼事？」妻從衣袋中取出了登載有蔣伯誠地下工作的報紙，她以哀求的目光看著他說：「這上面登載著你為國家效忠的功勛，這其間或許有幾件是我丈夫為你代勞的，就請你隨便挑幾件寫一紙證明書吧！」蔣伯誠忸怩地點了一下頭，要她先自回去，等飭人寫好後再送給她。幾天以後，趕著在我開庭之前，就把代表公署的證明文件送來了，倒承他不是含糊籠統地寫幾句官樣的文章，也許怕我家人再去騷擾，竟蒙列舉了十幾項事實：什麼營救地下工作人員王維君、曹俊等五百餘人；掩護毛子佩等轉赴內地；保釋他自己以及王先青、萬墨林等多人；接濟三民主義青年團、上海市黨部經費兩年；供給地工人員槍械若干。以他委員長代表身分，仗此一紙靈符，畢竟把我從有期徒刑十年，讓法官好為我消災而減為兩年六月。

希望能獲得更多的證明書，不能不求地位較高者，讓法官容易採信。當年在上海工作的，除蔣伯誠以外，自然應推一度號稱「上海黨皇帝」的吳開先了。儘管我們是小同鄉，而家人對他卻並不相熟，新聞報的嚴諤聲因我曾經營救過他的太太，自告奮勇，願向吳局長（勝利後吳開先又回任上海市社會局長）請命。當他看過了吳開先回來以後，黯然作出了效勞不周的表示，他見過他，也求過他，而吳開先的回答，直截痛快，他說：「我不知他幫過我什麼忙。」諤聲自然無法再行強求，結果徒著痕跡，反使我增添了想冒「功」的一份慚愧。

我是望平街出身的人，在汪政權建立前後，雙方對新聞從業員的彼此殘殺，總覺得有些惻然於懷。他們都是我的同業，我的朋友，因此，凡是我見聞所及，棉力所及，實在不忍他們遭池魚之殃，由於良心的驅策，暗中多少有些照顧。家人想到這一點，在上海四馬路杏花樓邀請了一批我曾經幫過一些小忙的人，請他們為我證明。那天到的似乎有嚴諤聲、趙君豪、何西亞、嚴服周、毛子佩、唐世昌、倪瀾深、陸以銘、王堯欽等十多人。一經我家人提出請求，他們都坦然簽名在證明書上，而其中何西亞與唐世昌兩人，態度都有些與眾不同，而且這兩人過去與我的關係，要比其他諸人為親密。

何西亞任上海時事新報總編輯，前後達二十餘年，戰後一度任香港的國民黨黨報「國民日報」的總編輯。太平洋戰起，在港被日軍所俘，被釋後來滬，先在我所辦的「平報」上寫稿，我又陪他謁見周佛海與李士群，因為他們原係老友，頗受資助。他來滬後，又與第三戰區搭上關係。第三戰區高參章鴻春來滬與佛海見面，即係他與我先行聯絡。顧祝同要辦一個「墨三圖書館」，我幫他在滬籌集經費，他有時暗中來往，事先我也為他掩護。甚至他在浙江開了兩家店舖，還是我出的資本。在汪政權時代，他無日不在我處。勝利後，潘公展出任申報社長，他做了申報秘書。那天別人都坦然簽了名，惟有他說要考慮後再作決定，使闔席的人為之驚訝不已。

至唐世昌一向是申報的夜班經理，他是杜月笙的得意門生，杜對上海報界用金錢有所賄托，總是由他經手。他銜杜月笙之命與佛海間聯絡，也一向由我轉手。逢到「七十六號」要對付新聞界人士時，十九我托他秘密轉告防範。至於這幾年中他藉故向我要錢，還是小事。而那天杏花樓席上，

# 一七八、屈辱的生不如乾脆的死

此外，吳紹澍為我證明「平報」改出「正言日報」時一切設備的完整，王維君、曹俊等為我證明被日憲判押在鎮江監獄時經我營救出險，而在勝利以前，前北平市長袁良，自稱奉有蔣氏手諭，從事敵後工作，我參加了他的組織，而且為他奔走，此時他囑咐我家人不宜提出，杜月笙代表徐采丞在滬設立民華公司，以大批戰略物資運送抗戰區，我為常務董事，他曾經告訴我們曾去電向蔣委員長備案，而此時也說不必提出。真相如何，一切使我如墮五里霧中。我們真是可憐的一群，也是處處被人玩弄的一群！

即使這一些證明文件，已經使家中人於聲淚俱下中，疲於奔命。在我想來，肯為我作證的，是對「漢奸」的一份同情，盛誼可感！不肯為我作證的，則是不欲對「漢奸」有所包庇，也覺大義足欽。不投井下石，已為叔世所難，對人一味苛求，將是我太糊塗的奢望了。

到了三十五年的冬季，江蘇高等法院開庭的傳票送達了。主任推事是邱煥瀛，他是江西人，戰前僅任上海特區地方法院做一名民事簡易庭的推事，上海淪陷後，他仍留滬未走，不知何以吃了幾年「敵偽」配給的戶口米，勝利後竟升任了高院的刑庭推事。家裡知道了這消息，認為他是與南京的金世鼎一樣的尖刻，如徒恃證據，將是無用的。初步不得不謀人事上的救濟。據別人傳言，他與羅家衡律師不但是同鄉，而且有著深厚的友誼，於是除了已聘定的陳霆銳、黃濟元以外，更以法幣五百萬元的代價，加聘了羅家衡為我的辯護人。

開庭的正確日期我記不起了，我但記得是與周佛海的開審是同一天。所以當我被提出庭時，我還笑著對同難的人說：「明天報上應該這樣做標題：京滬兩大『漢奸』，同日開審！」法庭就在提籃橋監獄以內，我到庭以後，邱煥瀛升座了，案下的庭丁，還是我做律師時的舊人，過去我辦案出庭，他們叫慣我金大律師的，那天我非但已經不再是保障人權的大律師，而是不再享有人權的囚犯了，而當他們傳喚我時，竟脫口而叫出了：「金大律……」一想不對，「師」字沒有喊出就縮了回去，但又不好意思直呼我的姓名，用手指了一指我應站的地位，我緩緩的走向案桌之前，肅立待鞫。不料記者席上，坐著四位採訪記者，他們一望到我，其中三位竟又起立向我鞠了一個躬。我一看，原來其中兩人是我辦「平報」時的記者，另一位則是當初曾經由我訓練過的舊屬。邱煥瀛見到我這犯人的「聲勢不凡」，臉上顯出了一面孔不高興的神氣。

事實上我並不應該怪他的，他也是上命差遣，身不由己，起訴書上只有我在汪政權中的職位，既未開明事實，亦未提出證據，除了吹求以外，實在也無話可問。而邱煥瀛卻不愧為老吏，他能別出心裁，也隨時對被告表露出做法官的在判決以前不應有的成見。有若干的問答，虧他匪夷所思。事過境遷，不必再說什麼痛定思痛的話，到今天還覺有些笑定思笑倒是真的。讓我追寫幾句在下面，以作為我個人永遠的紀念吧！

問：「你很早就參加偽組織，是不是想做開國元勛？」答：「那時國家到此地步，但求不做亡國大夫。」問：「既然你不想做亡國大夫，為什麼不到後方去？」答：「假如淪陷區不需要人工作，那為什麼後方還要派人來？」問：「周佛海是由留日學生而做大漢奸，你怎樣夤緣與他相識的？」答：「十二年前，由蔣委員長好意所介識。」法官沉著臉道：「胡說！」我肅然改容，恭聲回答：「不敢，請打電報去問。」問：「我看到你呈案的證據裡面，你曾經營救過五百多人，是嗎？」答：「我已記不清確數了。」邱煥瀛臉一沉，他大聲說：「可見你那時的勢力真是不小！」我有些震悚了，淒然道：「今天我萬分後悔，當時真不該去救那些人的。」問：「周佛海是大漢奸，你為什麼幫他？」答：「我不知道他是大漢奸，我只幫他做重慶命令他做的事。」法官又說：「又是一派胡言！」我急了，我說：「假如我是胡說的話，難道我所目睹由秘密電台上傳來用蔣委員長名義發來的千百通電報，竟是有人揑造的嗎？」法官說：「你當時幫一些小忙，不過為後來想免罪留些地步罷了。」我說：「審判長！那時的成敗恐還未可知呢！」「……」「……」

邱煥瀛看到我愍不畏法的態度，不想再與我徒作口舌之爭，教我退坐一旁，傳證人到庭詢問。而為我作證的人，卻少得可憐，一個是毛子佩，一個是蔣伯誠的兒子蔣宇鈞。

毛子佩勝利前是押犯，是逃犯，在押是我保他的，逃走是我幫他的，而勝利以後為市黨部委員，為三民主義青年團市委。我送給了他海報，他改名為鐵報，仍留用著我辦理時的班底，也保持著我辦理時的銷路。我讓給了他福履理路我的一所洋房住，他住了後面的一宅，還把前面的一宅送給章士釗住，轉眼之間，他已聲勢大異。法院傳他到庭，承他侃侃作證，怎樣他被憲兵隊拘捕，由我去與蔣伯誠等一起保釋，又怎樣憲兵隊要二次加以逮捕，我給了他一張「平報」職員證，始得脫險逃往內地。並將有我簽名的職員證呈給法官看，法官要他附卷作證，他說這是他當年靠它救命的東西，要保留作終身的紀念。

關於毛子佩的那所洋房，確然是我的。有一天，曾經有檢察官傳我去詢問，要證實這所房子是否是我的，我當然否認，因為一承認就成為「逆產」，即在充公之列。而檢察官與法官卻一樣糊塗可笑，他說出了太沒有常識的話，他說：「不是你的，你有什麼證據？」我答：「假如檢察官定要說連跑馬廳也是我的，我怎樣能提出不是我的證據呢？」檢察官碰了我一鼻子的灰，總算又逃過了一關。

法院本來要傳蔣伯誠到庭的，因他癱瘓在床，所以派他的兒子宇鈞做了代表。庭上先發下他父親的證明書，問他是否是真的，他當然說是真的。又問他證明函中列舉的各項是否事實？他說：「雖然我並不知道全部詳細情形，但我父親是委員長的代表，不可能說假話的。」又問：「你既不知道你父親的事，怎樣又說是事實呢？」宇鈞答：「在淪陷時期，我和我父親等被敵軍憲兵拘捕了，以後由金先生來保釋的。那時我父親早已半身不遂，不能行動。恢復自由後，仍奉中央命令在滬工作。每逢有事，我父親就要我請金先生來，請他幫忙。因為我是晚輩，而他們談的又是最機密的事，所以我陪了金先先到我父親的病榻之前，我父親就教我迴避退出了。」宇鈞庭上的證言，確是完全照事實講的。他與毛子佩的作證，雖然對我並無多大幫助，但我在投案時「自白書」中所寫的，最少證明了我並非全是「一派胡言」。

這一庭，也就草草了結，最後檢察官論告，只背了我在汪政權中一連串的履歷，並沒提出罪證，承辦推事也不著邊際地又問了幾句，完成了他們職務上的例行公事。

第二天，妻子偷送給我的家書，卻顯得萬分嚴重，她無限地抱怨我，為什麼要在口頭上求一時之快？家裡到處求人，到處磕頭，就被我在庭上幾句話完全斷送了，即使不為我自己，也得可憐可憐家屬呀！尤其為什麼要一再提到蔣委員長呢？為了我說的「用蔣委員長名義發來的千百通電報，竟是有人捏造的嗎？」這兩句，家裡人又向所有報館裡的朋友，要求登載時把這兩句刪除掉。她信中的結論說：「事到今天，要儘量隱忍，被指為『漢奸』就『漢奸』吧！先留著一條命再說。」她知道我太衝動的性格，禍從口出，所以向我提出了嚴重的警告。但江山好改，本性難移，那時在我的心理上，是與其屈辱的生，不如乾脆的死！我只想在公開的法庭上，宣洩我的一腔冤氣，其他，什麼都不再是我所顧慮的了。

# 一七九、協助抗戰有利人民者罰

當然，在宣告判決以前，儘管法官成竹在胸，總還得裝點出一番形式，以進行所謂言辭辯論。明知我不管怎樣言之成理，持之有故，既然自投羅網，就不必妄想脫罪。因為如對我一經宣告無罪，最大的問題，難道把已經入官或私吞的財產，再重新吐出？匹夫無罪，懷璧其罪！這原是最淺顯的道理。況且我既不能像佛海太太那樣還好拼湊出一百五十根金條為贖命之計，而又沒有近侍之臣如陳布雷者，肯為上達天聽。所以自知萬無可以僥倖之理，能有「委座」代表肯屈尊證明，已算得來非份。而家人偏還不肯死心，因為知道該管的江蘇高等法院第二分院院長郭雲觀，與上海市商會會長徐寄廎是溫州的小同鄉，憑著我與寄廎一些小小淵源，於是去向寄廎懇求，只要郭院長能夠法外容情，我們更願唯力自視。

寄廎倒很坦白，他表示他深知郭雲觀的為人，為了要博一個清正之名，以保持他上海的優缺，乃以嚴厲苛刻，顯出他為廉吏為能吏。剛與首席檢察官杜保祺的為人大異其趣。如由他去求情，空口說白話，當然不會生效，若輸金納賄，則投鼠忌器，更為不妙。寄廎一說，家人也只好知難而退。

辯論庭的開審，剛在我入獄將近一年半的時候。審判長是劉毓桂，我因以前執業為律師之故，與他本屬相識，連他的女婿主審岡村寧次等日本戰犯的軍法官石美瑜，他的千金劉玉琴為律師，也都在淪陷時期頗有往來。彼此雖具兩代交誼，而一旦局面一變，過去的關係，自然就全不可恃了。

開庭那天，劉毓桂略略問了幾句之後，就命我作最後陳述。我概括地提出了如下的幾點。我說：什麼叫漢奸？漢奸是出賣國家民族的敗類。那末，如其是漢奸，就毫無可以憫恕之理，如其是漢奸，而只須輕判幾年徒刑，那太便宜了出賣國家民族的敗類了。但是，如果既沒有反抗本國的行為，也無通謀敵國的證據，漢奸這罪責不是好玩的，漢奸這惡名更不是好受的，法院持衡維平，就有為民昭雪的責任。

其次，若說我真是觸犯懲治漢奸條例，那末，我參加汪政權時還沒有這個條例，依照刑法總則第一條就有明文規定：「行為之處罰，以行為時之法律有明文規定者為限。」再退一步言，怎樣才應負刑事責任呢？依照刑法原則，必須犯罪的意思與犯罪的行為合致而成。就算我參加了汪政權，名義就算是罪行，那末怎樣證明我有犯意呢？檢察官對此並未提出證明，而我卻有無數的反證。這樣多的證人證明我營救、掩護還不夠嗎？他們是抗敵的，他們與我們表面是敵對的，我為什麼要營救他們、掩護他們？我的如此做，就足以證明我的並無反抗本國之意思。犯意與犯行不一致，依法就不能判我有罪。我還要反問一句：政府為什麼還要特派人員冒險到淪陷區做工作？他們自然是有功的，但有人在淪陷區自動地盡匹夫之責冒險為國家工作，政府也且曾經密電獎勉，烏盡之後，難道就變為有罪嗎？假如我不能取得汪政權的名義，我如何能營救地下人員？難道政府一面派人工作，一面公然敢向日本憲兵直接交涉嗎？政府如徒逞一時之快，以後再逢對外戰爭時，試問有誰再敢挺身效命？

我說完了這一段廢話，我的三個辯護律師也依次辯論過了，就宣告終結，定期宣判。

家人在這一段時期中，還是為我在作最後努力，憑藉了我與劉庭長過去的兩代交誼，家人居然能夠不時去到劉家，陪劉庭長的太太打個八圈衛生麻將，逢到他家有生日等事，也准許犯人的家屬參加慶祝。為了我，家人的敷衍巴結，無所不為。總之，是想盡了方法以博取他們的歡心。

此外，對我生殺有一半權力的主任推事邱煥瀛，更通過了兩重關係向他疏通，一個是他朝夕相見的朋友，也與他有著同事關係的某人，一個是我的辯護律師羅家衡，與他有鄉誼而又有交誼。但邱煥瀛對我的量刑問題，總是唯唯諾諾，永不表示出一絲明確的態度，使人無法揣度他的真意所在。

到辯論終結以後，已經到了我的生死關頭。家人積極向某一法官求情，希望以他們於勝利前也處身在淪陷區內耳聞目擊的所得，給我一絲同情的斟酌，家人而且說過，如其能宣告我無罪，只要把這一頂「漢奸」帽子摘掉，願意把所有查封的財產奉獻給國家，為接收人員「劫收」去的東西，概不追究。

某法官似乎很同情我，也表示願意幫忙，他說：他可以盡義務，但合議庭是三個法官組成的，其他兩位，總得點綴一下，使他更便於說話，代價是黃金五十兩，在那時確實是一項最公道的交易，已多承推情放盤，在「肅奸」案件中，這自然是罕有的低價。不過，黃金也並非萬能，宣告無罪是做不到的。他說我儘管沒有罪行，但那時我在上海太活動，名聲太響，人家總以為我有著不少的錢，一經宣告無罪，他們所擔的責任太大，最大的幫忙，按照條例中五年的最低刑，再打對折，判個兩年半徒刑吧。

家人又苦求他判個一年半，那末，一宣判我已坐滿了刑期，就可出獄。而法官終於為了避嫌之故，還是說，反正一年的時間過得很快，委屈些，將就多坐一年吧！幕後交易的結果，確定了我「漢奸」的罪責，也決定了我兩年半的刑期。

在宣判前兩日，家人已經秘密通知了我，我回想到當年秘密電台上傳來的嘉勉之辭，我痛恨自己的既蠢又愚！誰教我那樣天真？那樣糊塗？死完了淪陷區所有的「順民」，死完了從事地下工作的「民族英雄」，又關我什麼屁事？太不自量力了！短短兩年半的薄懲，對一個不懂政治玄妙的糊塗蛋而言，真是千該萬該！

宣判的那天，劉毓桂起立宣讀主文：「金雄白通謀敵國，圖謀反抗本國，處有期徒刑兩年六個月。褫奪公權兩年。全部財產，除家屬必需生活費外，沒收。」我毫無感想，只覺得暗盤與明盤是相符的。讀完主文以後，劉毓桂簡單宣示判決理由，他說：「你在『偽組織』中擔任重要職務，顯見通謀敵國，圖謀反抗本國，構成懲治漢奸條例第二條第一項第一款之罪。本來要判處你有期徒刑十年。但經本院斟酌委員長代表公署的公文書，以及其他證人到庭的證言，確認你有『協助抗戰，有利人民』的行為，依照處理漢奸案件條例第三條第一項的規定，特別為你減了兩減，從輕判處你有期徒刑兩年六個月。如不服判決，可於判決書送達後十日內聲請覆判。」我抗聲說：「我不服！」

我重回監獄，許多難友為我慶倖。因為能判處兩年半，以全案一般的情形而論，那是算得最輕的了。固然也有判兩年與一年三個月的，上海一千餘人中，也僅得一二人而已。有些難友還說我到底是律師出身，才能獲得這樣的結果，但我怎樣可以告訴別人，談法律有什麼用？我還是靠了「五子登科」中的兩子，是「條子」與「面子」。

我更感謝上海新聞界的許多舊友，他們除為我作證外，第二天「申報」的本埠新聞中，登載了我判決的消息，標題這樣寫的：

**金雄白協助抗戰有利人民**
**高院判處有期徒刑兩年半**

我看到了這張報紙，使我慚愧，也使我感奮。朋友是為我不平，也在對當局譏刺。因為標題是根據劉毓桂當庭的宣示要旨而來，但粗看則成為我的被判處徒刑，是為了「協助抗戰，有利人民」。在患難之中，這是很難得的公道了，最少讓我在不盡低徊之際，為之開顏一笑。

收到判決書以後，我自己寫好了理由書聲請覆判，而且已經依限呈遞了。但劉毓桂卻對我萬分關切，暗囑我家人說，我被判兩年半，已是法外容情，上訴決無希望，又何必多此一番手腳。經他一提醒，我也想到陳璧君的話，儘管不服，儘管我自認有理由，但上訴相信還是無望的。考慮了幾天幾夜之後，我終於忍痛自動聲請撤回。案子從此確定，讓我在牢獄中前後渡過了九百十二天的悠長歲月，也終身戴定了一頂漢奸的帽子。

我在汪政權中沒有擔任過任何的實際公職，事實上本是一個閒角。而周佛海是汪政權的最重要台柱，他所擔任的地下策反工作，以他表面的立場來說，本是在多管閒事，而我卻為他在這方面稍供奔走，更是名副其實的幫閒了，不料卻以此換來了九百十二天的縲絏之災，正如我在序文中說：「無意得之，豈不快哉！」到今天為止，我對汪先生的抱負與處境，是欽佩的，同情的！周佛海對我的推誠共事是欣慰的。他們都先後為國事犧牲了，我能夠也為他們分擔一些責任，我再有什麼遺憾呢？

# 一八〇、滿紙荒唐言一把辛酸淚

我終於寫完了汪政權的一代史實，以一人之力，而且在幾於全無參考資料的羈旅之中，要寫出一個政權的往事，非但不能求其完整，自也不免於有太多疵謬。除了本書已寫者以外，值得一書的當然還有許多，有些是寫本書時所遺漏的，也有些是見到此書以後，由當事者的向我剖述，只有等待他年有機會時再為追補罷。

我寫這本書，最大的目的，僅在想為歷史作證，自信尚無揑造之處，亦並無攻擊別人的存心。汪政權的功罪，其實曾身歷其境的淪陷區人民，都可以為之作證，又何必我來嘵嘵多說！身後是非誰管得？功也罷，罪也罷，忠也罷，奸也罷，當讀者們看完了全書之後，應該對這個被目為「偽組織」的政權，自會有一個公正的判斷。

我更願在本書結束之前，純以客觀的立場，平心靜氣地對汪政權的開場與收場，抒寫出我一些自己的感想：

汪氏的所以創建這一個政權，不應完全否認他個人的具有領袖欲，以及與蔣氏之間的雜有若干意氣。但也不應完全抹煞了他以跳火坑的精神，為淪陷區收拾善後，為國家擔當大任的苦心。他的離渝，因為他是中樞僅次於蔣氏的領袖，對內，他比別人更明白國家的實力與戰爭的形勢；對外，希特勒在東西歐正有席捲之勢，而英美與日本也方在眼去眉來，英政府的封鎖國際唯一通道的緬滇公路，給了他一個最大的刺激。他認為國家的存亡，已間不容髮，是否應該僅僅為了個人之利益而出之以孤注之一擲？正於此時，陶希聖、梅思平、高宗武等加以煽惑，他以為德國駐華大使陶德曼調停的一次機會錯過了，使政府已由漢口再遷至重慶，如這一次再錯過的話，政府勢必遠遷到西康，而勝利的希望也愈趨渺茫。及至在河內準備赴法時之高朗街的行刺案件發生了，無可否認某方面在手段上是無異迫其走向極端，而汪政權之出現，直接原因多少是為著意氣所激成。

那末，汪氏的赴日軍佔領區創建政權，有什麼把握呢？汪氏離渝時給蔣氏的私函中就說「弟為其難」，他早已知道了前途的艱險，至他臨終赴日療病前，又對他公子所說：「一定要有準備家破人亡的勇氣，國家才能有救。」可見他始終沒有作過「成功」的打算。他於民國二十八年八月九日在廣州廣播「怎樣實現和平」中，有一段話說得最為明白，他說：「有人說我一到淪陷區的地方，就會失去自由。我既然下了決心，走到這地方來，難道連『三軍可奪帥，匹夫不可奪志』的道理也不懂得？我只會死，絕不會失卻自由。不但此也，我時時刻刻準備著以我的生命，以我的自由，換取同胞的自由。」在日軍占領地區他能發表這樣的言論，他真是甘心媚敵嗎？

汪先生於抗戰中途主和的看法對不對呢？當然沒有全對，卻也並不全錯，他是對了一半，而又錯了一半。他對抗戰的局面太悲觀了，如原諒他的話，可以說是救亡之心的過於沉重。他於民國二十八年九月十七日致重慶諸同志篠電有云：「以抗戰勝利之希望，寄託於國際援助，弟等久已痛言其非。歐戰既起，情勢愈顯，論者猶謂英法雖無暇東顧，蘇聯仍可恃；今則德蘇夾攻波蘭又告急矣。強國之風雲變幻，其不測既如彼；弱國之遠交近攻，其受禍又如此，瞻念前途，能不慄然！」

汪氏對當前國際形勢的論斷，不能不說言之成理，但汪氏既知「強國之風雲變幻，其不測如彼」，而短短數年之後，德蘇由締約互不侵犯而至生死搏鬥，希特勒在獄中所著《我的奮鬥》一書中，曾力言第一次大戰德國之所以失敗，完全犯了兩面作戰的兵家大忌，而希特勒一經當政，居然再蹈覆轍，德蘇而不戰，二次大戰之鹿死誰手，正不可知。

以中國的命運而論，太平洋戰爭發生前之美日談判，已有接近協議之可能，而以日外相松岡洋右由歐返國，途經莫斯科時，以史大林的趕往車站送行，且與松岡擁抱時說：「我也是亞洲人呀！」而松岡乃為其所迷惑，破壞了日美協議垂成之局，正如陳璧君於蘇州高等法院就鞫時在法庭上所云：「假如『一二八』日本之炸彈，不投於珠珍港而投於西伯利亞，試問今日又將是何等的局面？」戰後日本出版過一本行銷達百萬冊的二次大戰秘史，作者為日本「每日新聞」報的社會部長森正藏，係根據日本政府戰時的秘密檔案所寫，其中有一段有關美日諒解方案的內幕，原文云：

「一九四一年四月十八日，美國外交當局提出了一些和平條件，一共是七項，其中最重要的一項，就是羅斯福總統就中日戰爭部份承認下列條件，如日本政府願意接納，則美國政府將進而對中國政府（指重慶政府）進行和平。這一項包括了六個條款，即：一、中華民國獨立。二、中日間成立協定，日軍應自中國領土撤退。三、不賠款。四、恢復門戶開放政策。五、重慶政府與南京政府（指汪政府）合流。六、承認滿洲國。」

假如希特勒不向蘇聯進攻，二次大戰史勢將完全改寫，如松岡洋右不破壞美日談判，則上述羅斯福所承認的美日諒解方案中「重慶政府與南京政府合流」一款，勢將如雅爾達會議中的秘密條款，非壓迫重慶接受不可。如此，則汪政權的命運，也將完全改變，又何來順逆與真偽？而強國不可測之風雲變幻，汪氏明知之而躬蹈之，抗戰終且倖得慘勝，汪氏之誤，其在此乎？

汪氏主和一面為了國際形勢與戰局的不利，而另一面則為抗戰持續，必使中共坐大。他所主持的「國民黨第六次全國代表大會宣言」中，已說的很透澈。他於民國二十八年七月九日廣播「我對於中日關係之根本概念及前進目標」中說：「抗戰以來，軍隊和人民都已充分的表現了民族意識，這是不可磨滅的；然而同時我們又必須知道，這種民族意識，如今已被共產黨完全利用了。利用民族意識，在民族意識的掩護之下，來做摧殘民眾斷送國家的工作。在共產黨是以為當然的，他們只知道接受了第三國際的命令，要把中國來犧牲，犧牲的地方越大越好，犧牲的時間越長越好，犧牲的人數越多越好。中國固然犧牲個精光，日本也必受創，這在第三國際看來，真個是一舉兩得。何況天從人願，抓著了蔣來做幌子，以盡情發洩十六年以來『剿共』的仇恨，等到盡情發洩之後，他們自然會回到第三國際老家去，用不著一些留戀。因為這樣，所以三番幾次得著了恢復和平的機會，偏要說抗戰到底。這就是說：中國永遠得不著和平的，非替第三國際犧牲到底不可。」

汪氏這番沉痛的言論，不料十一年後，無一不如他的所料，雖然他看錯了國際上的風雲變幻，但對國內的未來情勢，是看得千真萬確。抗戰勝利了，只是為共產黨造了機會。到今天，毛澤東可以昂然地說：「最後勝利，乃屬於我！」

況且，汪氏等的離渝，其原意本在和平而不在組府，自赴滬以後，周佛海等仍在奔走和平，所謂和平，自希望由蔣氏領導的和平，而非汪氏所領導的和平，以是汪政權之建立，且以等待和平而一再延展。那末，蔣氏究竟有沒有和平的意思呢？汪氏除舉出了民國二十六年十二月至二十七年一月，德國駐華陶德曼大使調停經過之國防最高會議第五十四次常務委員會議紀錄外，他於上述廣播詞中，更透露出一項外交秘密：「善鄰友好，共同防共，經濟提攜三原則，固然在近衛聲明中方才輪廓明白，但是數年以前，日本已經有此提議了。二十四年十一月二十日，日本有吉大使與蔣會見，曾提出以三原則為改善中日關係之基礎，蔣表示贊同，並表示無對案。其後忽然反覆：一則曰：那時他是軍事委員長，不是行政院長，所說的話，不能算數；二則曰：那時是以私人資格談話，不是以公式談話；三則曰：所謂贊成者，乃是贊成對於三原則之討論，不是贊成三原則；四則曰：所謂無對案者，乃對於三原則之實施而言，絕非無條件的贊同。這是二十五年整整一年中日交涉反覆停頓之原因，也是二十六年中日衝突終於爆發之原因。」汪氏對由蔣領導之全面和平的期待，終於落空，卒使汪政權之出現，成為時代之悲劇。

汪氏以次諸人，自以陳公博與周佛海為兩大柱石，陳公博不信日本對和平有誠意，更反對政權之建立。他的參加，只是以身殉友，為知己者死耳。至於周佛海，雖然我與他關係較密，而迄猶無法確定其真正之立場，他的事汪而通蔣，有國民政府之皇皇赦令，其為事實，已不待於作進一步之說明。所留下的疑問是佛海的追蹤汪氏，是否係奉命之行動？按說，佛海的離渝，既如其於民國卅四年春呈蔣函中所謂「職離渝經過，惟（陳）布雷知之最詳。」布雷知，蔣未有不知之理。另一項旁證，是周佛海經首都高等法院判處死刑後，周太太楊淑慧去看周恩來，周恩來除切囑她萬不可透露曾與其見面的消息而外，又曾經對周太太說：「佛海手裡有沒有蔣先生的憑據？如其有，立刻秘密繳還，或可尚有一線生機。」

事後周太太對周恩來之言，越想越覺有理，據說她手裡確實握有蔣氏給佛海的一紙親筆手諭，名字當然不是寫的周佛海，而改為「蔣信」。「蔣信」兩字卻用得很妙，也很有深意。淑慧就偷

偷地把它送給陳布雷，布雷也一聲不響地放在蔣氏的辦公桌上。及至蔣氏看到了這一個秘密文件，他心裡當然有數。就對布雷說：「你看佛海在抗戰中對國家是否多少有過一些貢獻？」布雷與佛海為至交，當然為他說了許多好話，蔣氏說：「那末你就擬一個特赦令的稿給我斟酌一下吧！」布雷擬就後，送給蔣氏，又經蔣氏加減了一些，其間有些顯得與事實有些矛盾之處的，即為蔣氏親筆所改，而為布雷所不敢再改的。如這事經過是真實的話（告訴我的，是出於有關係者的言之鑿鑿），那末，周佛海根本就談不到是什麼漢奸，自更不應受什麼漢奸罪的懲治了。

汪政權既然結果覆敗了，那就不必再談什麼功罪是非。但國民政府為什麼要對汪政權的人嚴行處治，而且瓜蔓株連？說是為了整飭國家紀綱，那末接收與審判人員的弄得煙霧瘴氣，接收則「五子登科」，審判為「有條有理」，民怨沸騰，又幾曾像有過一絲國家紀綱？而政府且熟視而無睹，豈為了順我者昌，逆我者亡，而紀綱猶在其次耶？

在淪陷地區，為國家權力所勿及，而且人民亦不再能獲得國家之保護，其與敵人合作，依世界文明國家的法例，應不為罪。即中國的刑法上也規定「因避免自己生命、身體、自由、財產之緊急危險而出於上述不得已之行為」，亦且在不罰之列（刑法第二十四條第一項）。淪陷區人民而與敵人合作的，可說很多都是出於上述不得已之行為。甚至若干文明國家，到撤退的時候，會命令前線的軍隊投降，使官吏或平民能保全他們的生命、財產、或自由而准許其附敵。以亞洲各國而論，菲律賓最受崇敬的劉禮博士以及連任十餘年的泰國前任總理鑾披汶，不是都曾於戰時與日人密切合作過的嗎？戰時因赴日開會而中途以飛機出事殞命的印度鮑斯，迄今印人且稱之為民族英雄。同樣是民主國家，這不是一反中國當時的措施嗎？

這本書我是在香港寫的，那就以英國與香港為例吧！戰時向日軍投降的香港總督楊慕琦，不但戰後英廷令其迅即回香港原任，向市民宣慰。而一九四六年元旦，英政府且認其勞苦功高，特授予G・C・M・G勛章。又一九四六年四月二十一日，英政府公佈：凡在東南亞被指有助敵之罪者，倘無殘暴行為，即不能對其提起刑事之訴。

香港人迄今耳熟能詳的大爵紳羅旭龢，現在香港半山還有一條紀念他的「旭龢路」呢，而他於香港淪陷後，且是與日軍密切合作的香港華人四代表之一。假如香港仍然是中國領土的話，他的遭遇將是怎樣？而一九四六年六月六日，倫敦新聞處發佈消息稱：「英國上議院昨曾有一問題提出，香港獲得解放後，何以羅旭龢爵士曾被督轅招待，及羅氏是否將因曾與日人合作受審？窩克頓勛爵代表政府答稱：羅爵士之與日人合作，乃由港政府高級官員所示意，而為中國居民謀福利者。總司令認羅爵士雖然或有欠缺審斷之處，但渠之忠誠，為無可非議者。」

上述數例，投降之總督猶稱為勞苦功高，附敵之爵紳，且指為忠誠無間。而國民政府與眾不同，凡涉有形跡之嫌，即處以漢奸之罪。然陳公博等之從容赴死，反使民間寄予同情，周佛海、陳璧君等當庭供述，竟使聽者報以滿堂掌聲，紀綱未整，威信全隳！僅及四年，而風雲又變。我寫這汪政權的一幕，或有人認為是滿紙荒唐之言，而我對於自己的悲劇，朋友們的悲劇，實際卻是國家的悲劇，迄今於痛定思痛之餘，是彈出的一把辛酸之淚耳！汪氏雙照樓詩有云：「良友漸隨千劫盡；神州重見百年沉！」又云：「忽忽餘生恨；茫茫後死憂。」拊膺一慟，我尚何言！

# 一八一、沒有打早就有人談和了

汪政權經千迴百轉而終於創建，眾口鑠金，一般人都深信當時的政府要人中，惟汪精衛與何應欽為始終主和的人物。因有此先入的成見，更以與日本穿針引線者為高宗武，汪氏任行政院長兼外交部長時，高為外交部的亞洲司司長，自更易附會於高之與日方暗通款曲，必係出於汪氏之授意。究諸事實，其然，又豈其然耶？

假如真是眾「醒」獨「醉」，主和者確惟汪氏一人的話，則南京猶未陷落，而卻有德國駐華大使陶德曼之出任調停。民國二十六年十二月六日在漢口舉行之國防最高會議第五十四次常務委員會議，一聞蔣氏有接納條件之意，袞袞諸公，隨聲附和，何以全場竟無一人表示反對？如主和即為賣國，則滿朝且盡成醉漢。固然有以「大炮」聞名，且不久前以言行無狀，曾被台灣當局管訓多年之龔某其人，寫了一本《汪兆銘降敵賣國密史》，罵汪罵周，兼又罵我，而所依據的卻又並不是他耳聞目擊的資料，僅剽竊了日本人出版的三本書中的記載。他認日人所說的為絕對可信，而指我所寫的則為向壁虛構，這一份奉日人的言論為金科玉律的態度，煞是可驚！我寫了五六十萬言，而他在標題上卻大書「金雄白向壁虛構者」有三，五六十萬字中如其所稱虛構者僅有三點，那他不是在罵我，實在是在捧我了。而這三點中記佛海之家世及清黨時在滬被捕經過，我則錄自其生前所著《往矣集》中之「苦學記」及「盛衰閱盡話滄桑」兩文（香港馮平山圖書館中有收藏），實有所本，我並不是向壁。至於上述的最高國防會議記錄，他說是我寫書時捏造的，他眼中只有日本人，連汪氏在河內親自起草曾經在港滬報紙發表的「舉一個例」也不知道，還治些什麼史？那麼，政府方面偷偷地想與日本談和，究竟是誰發動？如何談法？這千絲萬縷的經過，前書未盡其詳，有先加以補充的必要了。

在抗戰開始之前，中央的決策是十分明顯的，廬山會議的文告，曾有傳誦的警句，說得最為明白，即「和平非至絕望時期，決不放棄和平；犧牲非至最後關頭，決不輕言犧牲」是也。那時日人雖步步進逼，而當局鑑於國力未充，「安內攘外」是當時一再堅持的國策，文告中還把抗戰說成是一種犧牲，而不是「必屬於我」的勝利。這抗戰史上最重要的文獻，到今天仍深印於國人的腦中，是誰主和？自決非一二人可以憑宣傳方法來抹煞事實，改寫歷史的。

正因為當局內心之決不輕言犧牲，故當中日兩國關係處於極度緊張之際，就有人出而暗中奔走和平。那時與日本談和的既不是文的汪精衛，也不是武的何應欽，而是蔣氏的最高智囊黃郛的日本同學吳震修。吳震修那時是中國銀行的南京分行經理。當時，我與他尚未相識，以後淪陷區的中國與交通兩行由汪政權命令復業了，改制以董事長為實際的負責人，交通銀行由原任該行的總經理唐壽民出任董事長，中國銀行周佛海本屬意於周作民，他因有不能出任的苦衷，而改推北京時代中國銀行的總裁馮耿光，馮又堅辭，只肯擔任董事名義，於是卒由吳震修承乏。

這位人稱吳二爺的留日前輩，因為我以後也備位於中國銀行的董事之列，與他有過兩年的同事關係。我個人對他的印象：是機智、沉著而又明識大體，確是一個難得的人才。他不但與黃郛有著同學的關係，與宋子文更有著密切的淵源，他的終於出任中國銀行董事長，也許並不是真正與汪政權合作，而是為了保護中國銀行在淪陷區的資產，為宋子文看家而已。所以勝利以後，上海高等法院第二分院的檢察處，居然不查背景，冒昧行事，首席檢察官杜保祺以為他只是有錢的銀行家吧，對他發了傳票，要以「漢奸罪」偵查起訴。他於接到傳票後向法警說：「傳我，我是不去的，一定要我到庭就鞫，那麼就來拘我罷。」那時宋子文方任廣東省政府主席，他有時飛穗去作貴賓，回滬以後，仍安居原處，法院也就法外施仁，秋毫無犯，這是所謂「肅奸」案中唯一不敢肅的特例。我所以不嫌求詳地敘述我所知於他的事實，因為他是奔走中日和平的第一人，也是與當局極有關係的一個人。

早在抗戰發生的前兩年，日人西義顯奉南滿鐵路總裁松岡洋右之命（按松岡最後出任日本外相，美日談判之破裂，日軍南進政策之促成，均負有極大之責任。故勝利後，盟軍遠東軍事法庭將其列入甲級戰犯二十八名之內，在審判中病死東京巢鴨監獄），擔任南京辦事處主任。那時東北早已淪陷，南滿鐵路在南京有什麼設立辦事處之必要？而且政府又何以竟然准其設立？足見西義顯的銜命南來，也必附帶有更重要的使命。

可以相信吳震修倒決非是一個親日媚敵的人，為人淡泊自甘，一生絕不奔競於名利，但以與當局為近水樓台之故，必然明白此時的國力還不能與日本作戰；而此時最高當局的意志，也尚還不願與日本立時破裂。他與西義顯為同住在南京江蘇路的近鄰，因之過往極密，對於挽救中日間當前危險的局勢，在半公半私下就不時作深切的密談。微風起於蘋末，誰也不會料到這兩人像是私人間的行動，以後會演變而拉扯到當時毫無關係的汪精衛身上，最後竟至挺身號召和平，終且出現了汪政權的一幕。

真正的發動和談，則是在蘆溝橋事變發生之後。時任外交部亞洲司司長的高宗武，一向以日本通自命，出入於CC及汪派之間，為一時最露鋒芒的人物。他與吳震修的相識，也許由於當時外次唐有壬的介紹。吳高均認為局勢已到了最嚴重的階段，如一旦演變而成為全面戰爭，中日有同歸於盡之勢。經高宗武與吳震修不斷交換意見之後，決定由高向當局建議，由他擔負起說服日首相近衛的任務，早日恢復和平，以避免戰事的擴大。高宗武的自效，竟獲得最高當局的默許，乃即著手進行既定的步驟，即由吳高邀請西義顯在吳宅會面，促其遄返大連，通過松岡洋右而向近衛進言。西義顯返抵大連，並將南京實際情況詳為分析之後，松岡終為西義顯所說動，既濟以鉅款為此後的活動費用，且又寫了一封懇切的介紹信著其回日面向近衛陳說。不幸當西義顯返抵東京，上海的戰事也已爆發，局勢一發而不可收拾，軍人又氣焰方張，連近衛也乏旋轉乾坤之力了。

當「八一三」淞滬發動全面抗戰後不久，英國駐日大使與德國駐華大使，都曾先後出任調停，英國方面的調停，曾由駐華大使與蔣氏夫婦當面談判，在原則上蔣氏表示可以接受，問題僅在日外相廣田所提出的條件中的非武裝區問題，此事卒以日本軍人的反對而終止。其後德國駐華大使陶德曼的調停，中國雖表示接受，而又以耽誤了日方的最後限期，再歸泡影。

局勢演變至此，秘密談和似可告一段落了，而高宗武以受當局付託之重，仍不甘於半途而廢。一九三八年的一月，政府已西遷漢口。而奇峰突起，西義顯方寄寓於上海南京路口外灘的惠中飯店，外交部亞洲司的第一科科長董道寧，突然去叩門訪問，此舉使西義顯大吃一驚。他認為以一個政府的外交官員，而潛身至淪陷地區與敵國人員接觸，當必有所為。他立刻想到這時正在德國陶德曼大使的調停期間，很可能就是為了想使日本所提出的條件能有所讓步。

一經見面，董道寧也坦率承認了係奉高宗武之命確是為此而來。西義顯是對和談有興趣的人，就慫恿他親自赴東京一行，俾與日政府當局直接磋商。董道寧也欣然同意，經過一切必要準備後，於同月的十四日抵達日本。而兩日以後，日政府因漢口延誤了德使調停的限期，宣布了「不以蔣介石政權為交涉對手」的聲明。高宗武方銜命在秘密進行和談，而日本竟出之以不與蔣氏談判的聲明，雖原因不在高宗武本身，但在工作上則無疑證明了高宗武的澈底失敗。其後高改而拉攏陶希聖、梅思平相與沆瀣一氣，轉向汪氏勸誘，除了無法證明的別有其他政治上的謀略而外，至少因他無法向蔣氏交代，乃為個人的功利而另謀出路，這是一個最關重大的轉捩點。

這裡可以附帶談一談董道寧這個人，我看到他已經很晚了，已在我參加和運之後，且已搬入愚園路一一三六弄六十號與羅君強同住在一起。他那時已隨同汪氏去過日本回來，而且不再做什麼外交部的科長，表面上係在上海的金城銀行做事。他幾乎每天必到我們那裡來，分別與汪周談話。他操著一口寧波的土話，胖胖的身裁，饒有商人的氣息，決不像是一個搞政治或外交的人物。自高宗武對汪氏叛離以後，他的蹤跡，也就此在愚園路上消失了。

董道寧的赴日，也並不是全無收穫，他由西義顯的介紹，得以晤見時任參謀本部專辦對華問題的第八課課長影佐禎昭，董對之大談其中日全面和平問題。以董道寧當時的地位而論，自不會產生積極的效果，但以敵國的外交官吏，而秘密間關赴日，實予日方以極佳的展望。故當董道寧由日於三月初啟程赴大連，再經港折回當時政府所在地之漢口時，影佐即寫了一封親筆信託其帶交張群與何應欽兩氏。函中備述董道寧來日所傳達中國謀和之誠意，更望繼起有人云云。影佐的致函張何，當然其目的在蔣，故董道寧回抵漢口，即以之交於蔣氏侍從室的周佛海，而由周直接呈交於蔣氏。

蔣氏當時對此如何表示，當年我雖與佛海朝夕相見，深悔未及一詢其究竟。但有一點是值得注意的，高宗武公然敢遣其部屬，於戰爭當時赴敵國通謀，如未奉有命令，自不至膽大妄為，一至於此。但假如這是出於汪氏的授意，則影佐之函即應逕致汪氏，又何至托董道寧呈給毫不相干的蔣氏之腹心？所以不論在抗戰以前，及至南京淪陷的一段時間為止，所有吳震修、高宗武、董道寧的活動謀和，均與汪氏無絲毫關係。英德兩大使之調停，亦均直接與蔣氏談商。當時政府的態度，也僅有條件上的磋商，絕未對原則上有所拒絕。是則主和謀和者，不論為下令者或奉行者，在蔣委員長領導之下，又豈能一律目之為通敵叛國乎？

# 一八二、高宗武坦承奉蔣命謀和

因為董道寧的赴滬轉口，又折往大連，稽延了過久的時日，使奉命辦理對日談和的高宗武，有了迫不及待之情。他於一九三八年春，由漢口啟程取道香港直達上海，又與戰時日本官方通信社同盟社上海支局長松本重治密談和平條件。松本不僅為日本首相近衛的私人駐華代表，亦且與孔祥熙之間有聯絡。不久高宗武又回香港，而松本即將高宗武的接洽情形轉呈給近衛後，在三月二十七日那一天，高宗武、董道寧、西義顯、松本重治與伊籐芳男五人，相約在香港淺水灣酒店進一步談商和平問題。所談論的已經從和平的原則談到了條件的細則。五人會商後，日方即派伊籐攜帶高宗武送來之意見，直赴東京，高宗武與董道寧則又回漢口向當局報告。

至四月十六日，高董又回到了香港，高約西義顯單獨見面，他鄭重聲明：「係奉蔣委員長之命，向日方傳達中國方面的意見。並謂影佐致張群、何應欽的密函，經蔣委員長閱讀後，對影佐表示欽敬與感激。對於中日的和平條件，蔣委員長認為：東北與內蒙問題，可留待他日再談，惟河北省應即交還中國，長城以南中國的領土與主權之完整，日方應予尊重。上項條件，如獲日方之諒解，則先行停戰，再行談商細則，請西義顯立即轉告影佐。」

西義顯於四月二十七日返抵東京，在參謀本部次長室將蔣氏之和平條件提出。此時徐州會戰，正達決定階段，戰事的勝利，更增加了日人的狂妄，恰好又不是談和的有利時機。日首相近衛且在地方長官會議席上，公開有澈底膺懲蔣政權使之潰滅的強硬表示，卒使高宗武又遭到了第二次的失敗。所應引為惋惜的，這謀取和平的動議卻都出之於我方的政府官員，而換來的只是日方蠻橫無禮的峻拒，而且近衛內閣竟兩次表示了不與蔣氏妥協的決意，遂使奉命談和的高宗武陷於最狼狽的境地。

高宗武似乎是對中日和平特別感到興趣的一個人，他雖被日方的一再拒絕，卻並不曾使他灰心，如此鍥而不捨，是為了他個人的功利或者竟是出於政治的因素，我不敢武斷。不過他這時正奉軍事委員會的命令，在香港太子行以宗記洋行名義表面辦理商務，實際則代蔣氏負擔對日聯絡與覓取情報的工作。經與日方一再接觸，深知要日方直接與蔣氏談判已經絕望，於是眼光就轉注到地位權力僅次於蔣氏的汪氏身上。他先與汪氏有深切淵源的李聖五在港商量合作，他自稱代表蔣氏，而請聖五代表汪氏，既為聖五所謝絕，於是乃轉商於他的溫州同鄉梅思平。思平此時正在港擔任蔚藍書店的編輯，渡著清苦的生活，靜極思動，因此而一拍即合。

一九二八年的七月五日，高宗武忽由港乘日本皇后號船抵達神戶，與日方再謀接觸。即由影佐引見板垣陸相與近衛首相，高竟提請以汪氏為交涉和平的對象，並要求近衛寫一親筆信給汪氏，申述日本之誠意，希望汪能出面主持和運，最後此函是由板垣代寫。高宗武這一著是高明的，他要挾日方負責當局的書函為證，用以說服汪氏。但也可證這次高宗武的赴日，仍非出於汪氏的授意。即龔某雖大罵汪氏，而在他書中引述張群對他的談話，也一再說：「汪在開會時從未發表反對戰爭主張和平的言論，且舉出一重要證明說：『二十六年十二月中旬，南京已經失陷，蔣委員長由南京經盧山到漢口，決定發出繼續抗戰決不講和的宣言。在發表之前，由我親自持往汪之寓所請汪閱看，以徵求汪之同意。汪當時毫不猶豫，就在宣言稿上簽字。』」所以說汪自始主和，這是不公道也且不符事實的話。

在影佐的遺稿中，也有如下的一段記載：「高宗武來到東京，我以參謀本部支那課長的資格見了面，他表示此來的目的是既然日本政府否認了國民政府，那麼尋求和平的就只有求諸蔣氏以外的人了：這個人就捨汪精衛莫屬。」這可見當時還是高宗武一廂情願的私人意見，不過捧人上台以求攀龍附鳳的一種政客行徑而已。

但高以此行竟獲得了板垣陸相的私函，於是在愉悅性情中返港，即與梅思平積極商量，但因高宗武奉有蔣氏的命令在港工作，不便隨時赴漢，於是由梅思平擔負起怎樣疏通蔣氏與打通汪氏的任務，就不時往來於香港漢口之間。本來以高宗武的地位，尚不夠資格可以隨時謁見蔣氏，如有請示報告之處，已往都經周佛海之手轉呈。關於高宗武此次赴日的問題，據周佛海在滬時與樊仲雲無意中談到了這一點，周說：當高宗武赴日後，他曾向蔣氏報告，只說到高宗武去了日本，還來不及說別的話，蔣氏連聲說：「荒唐！荒唐！」蔣氏口中的「荒唐」，不知是否係指近衛既有兩度聲明而高宗武依然進行，因此而表示出極大的不滿？

因為與蔣談和之路既已為日方所阻斷，故梅思平的按照與高宗武商定的計畫，在渝轉向汪氏進攻。梅思平與汪氏過去也是缺乏淵源的人，但因他與陶希聖有私人間的良好交誼，因將日方意向托陶慫恿汪氏出而主持。陶希聖為改組派舊人，又是周佛海寓中所稱「低調俱樂部」裡的常客，他與汪有說私話的資格，乃力勸汪氏出而負此大任，浸潤既久，汪氏竟為所動。至周佛海之參與此項活動，相信初因職務上的關係，過去屢為高宗武代呈蔣氏，因得備悉與日秘密謀和的內幕，以後又受了高陶鼓勵之影響。至此，周佛海、梅思平與陶希聖三人，遂成為事實上主和的核心份子。佛海在滬時也曾親口告訴別人，因汪氏從陶希聖那裡獲悉了高宗武談和的經過，曾召他與梅思平同往謁見，當時他們二人尚心懷疑懼，以為或是汪氏的故意試探。而最後由周梅二人的反覆陳說，汪氏始決意出面。但汪氏以高宗武年紀太輕（那時不過卅三四歲）且學養不足，竟委派梅思平為正式代表，以與日方進行談和。

高宗武最後一著是成功了，梅思平再回香港後，即積極草擬和平方案！適近衛亦於十一月三日發表了「善鄰友好，共同防共，經濟提攜」的三原則。梅思平乃與高宗武於一九三八年的十一月同赴上海，與日方的參謀本部中國班班長今井武夫及伊籐芳男兩人開始談判，中國方面即以梅思平為首席代表，高宗武為副，周隆庠任翻譯。初步談判後，今井以之報告於參謀本部，由日方作成了對案，名為「中日關係調整方針」，十一月十九日，影佐偕犬養健飛上海，又與梅高等繼續磋商，就雙方同意各點，先行簽字。以後汪氏所領導的和平運動，就在張冠李戴的情況下出現了。

本節的資料，除我所直接知道者以外，其他係參考犬養健與西義顯所出版書籍中的記載。

## 一八三、秘密談和者有些什麼人

和與戰，本來只是一時的策略，可戰則戰，應和則和。論理，和戰的決策，只應為了國家的存亡利害著想；假如因被迫而甘受利用，至不得不出於一戰；或者藉戰事而用為固權位，息內爭的方法，這又豈是忠誠謀國者所應爾？而我國自宋以來，以國勢衰弱，外侮侵凌，民憤難平，乃不問能戰與否，視乾坤為孤注，求一擲以逞快一時。此風至清代而尤甚，李鴻章的忍辱負重，迄猶不為世人所諒，循至釀成了一種個人英雄主義的心理，以為主戰即為愛國，而談和就是漢奸。

從第一次世界大戰以後，日本軍人氣焰囂張，對我國步步進逼，既有鯨吞蠶食之心，田中奏摺的內容，證明了侵略者的陰謀；北大營事變的倖成，更增熾了侵略者的野心，中日之間的必將出於一戰，終將無可避免，問題僅在如何選擇一最適當最有利的時間耳。當時叫囂戰爭的，有些確是激於愛國熱情；而有些則不能不說另有其為了國家以外的政治作用。但是國力的虛實，事關國防機密，知之者惟當政之人。未戰時，犧牲是否已至最後關頭；既戰後，勝利是否能必屬於我，蔣知道，汪也應該知道，不論為和為戰，相信都出於謀國之心。而有人以事後有先見之明，以國際形勢的變化，因而獲致的慘勝，於是以成敗論人，定欲以談和者為「漢奸」，而且強以談和者惟汪精衛一人的主張，別有用心，蓋亦可憐甚矣！

龔某就是認為汪氏主和而專門寫了一本《汪兆銘降敵賣國密史》，先刊載於台灣的「時與潮」雜誌，以其不祥之身，竟不俟完篇，即禍延該雜誌奉令停刊。又自費刊印單行本，摭拾了日人早已出版、行銷已歷多年盡人皆知的書籍，密於何有？而猶自詡為「密史」，已覺令人失笑。他本意是要加罪於汪氏的談和為「降敵賣國」，而書中他所認為信而有徵的事實，卻弄巧成拙，反而處處證明了戰前談和的並不是汪，戰時政府已一退至漢口，再退至重慶，而仍有人談和的還不是汪。因為這書是在台灣出版的，他所寫當時談和的人，又是現在台灣最有權勢的人，龔某自由方復，覆轍堪虞，我倒相信他不敢再信口雌黃、「向壁虛構」了，姑先照抄他筆下所指出的幾段政府當局怎樣與日本談和的秘密，再說我所知道的事實吧。

龔某原書第六一至六三頁登載：「這時（按指一九三八年）近衛內閣之外相宇垣一成，以組閣未成之總理大臣，降任外相。中國的政界要人張群，雖在交戰中，亦曾致電宇垣道賀，他們有心謀和，自不待言。……宇垣之謀和，發源於張群致宇垣出任外相之一賀電。其後經宇垣提議：由孔祥熙經手，較為便利。宇垣要孔經手，一是孔當時方任行政院長，在名義上較為正當；而孔在中日戰爭爆發後，由英美回國，曾發表中日不應作戰之言論，為宇垣所注意。故宇垣指名要孔出面交涉。孔乃派其秘書喬輔三為代表，日本則派香港總領事中村豐一為代表，於二十七年（一九三八）六月二十六日夜，在香港中村官舍開始談判。日本不堅持『不以蔣介石為交涉對手』之宣言，所有重要條件，都有相當諒解。本已決定由孔親赴長崎，與宇垣作最後之談判。宇垣乃向閣議報告，要求政府予以全權，而海相米內亦願派巡洋艦一艘接孔赴長崎。不料此宇垣孔祥熙將在長崎談判之消息，由閣員洩漏出去，遭軍閥之極力反對，而近衛為其所動，不再支持宇垣，故宇垣只有提出辭職了。」

又該書第二四至二五頁載：「據原田文書（按指原田熊雄所著《西園寺公與政局》一書）所載：九月間（按指一九三七年）上海戰爭正在如火如荼之際，英國駐日大使即向日外相廣田詢問講和條件。廣田以私人之意見答稱：第一、在北平、天津稍南劃一線，作為非武裝地帶，中日雙方均不駐兵。第二、排日侮日之停止。第三、防共。第四、華北對外機會均等。

「但英國不願觸及思想問題，對防共問題感覺困難，主張此點須中日間另結條約以解決之。十月初，英駐日大使告廣田：英國駐華大使曾將日本條件告知蔣委員長，由蔣夫人宋美齡任翻譯，對於其他條件，均不反對，惟對於非武裝地帶之設定，非常反對，而蔣夫人尤其反對。英大使提議：非武裝地帶附以期限如何？

「到十一月初，英駐日大使又向廣田探詢，廣田以日本原擬打到保定為止之條件告之（其具體條件未知）。但英駐日大使以密電拍到中國之英國駐華大使館，被日軍閥偷聽到，認為廣田以「打到保定為止」之條件告知英方，未合戰局進展講和條件應隨時增嚴之原則，對廣田非常不滿，竟有主張打死廣田者。……而外務省從此不敢再向英國請其調停了。」

又龔書第七四頁載稱：「有些文人，亦內心深抱反戰思想，很希望與日妥協，以求苟安一時。他們以武漢太平洋學會派為首，與西南聯大若干教授，在二十七年（一九三八）八月即武漢失陷前，參政會第一次開會時，已發傳單，主張放棄東北，與日本講和。幸經張彭春、孔庚等在參政會怒吼，始不敢再有所活動。」

這是龔某從日文書中錄來的所謂「密史」，卻證明了與日秘密講和，有直接談判的，也有出於第三國調停的，上至主帥，下迄行政院長，似均以談和為當務之急。誰主其事？事實昭然，應該決不是汪精衛。那末，我要問：為什麼別人談和，像是忠誠謀國，而汪精衛談和，就是降敵賣國？我又要問：在上海沒有失陷以前，蔣先生夫婦原則上且已同意談和，那末京滬淪陷之後，德使陶德曼的出而調停，國防最高會議且予以通過，足證是政府一致的意思，而龔某能篤信日本人之記載，卻一定要否認汪氏所發表的國防會議之紀錄：龔之言曰：「中國對於日本所提的條件，根本沒有與之開始交涉之意。但金雄白在其書中則誣稱國防最高會議與日本開始談判，更誣稱蔣委員長亦有談判之意，更捏造出國防最高會議第五十四次常務委員會紀錄」「我（按龔某自稱）為更進一步證實此事，特訪當時國防最高會議秘書長張群，張氏斬釘截鐵地對我說：絕對沒有該項紀錄，除居覺生（正）一人外，也絕對沒有人主張與日本講和，即汪精衛亦不作此主張。汪在逃出重慶之前，從未主張與日本妥協。」（以上見龔書第三一頁）

龔某一定要指和談者為漢奸，而且一定要說談和是「只此一家，並無分出」的唯汪氏一人，而他書中卻絕大部份是寫的汪以外的人怎樣在與日本偷偷摸摸地談，每一次的失敗，又都不是重慶的不願和，而是日本的不願談。在他書裡第十二章中所譯西義顯書中另一上通於天的和平運動，更是朝野風從，精彩百出，原文太長，姑節錄其經過如下：

一九三九年的十一月中旬，曾任張公權鐵道部長時代的財務司司長張競立（按：即影星葛蘭之父），突到香港找尋西義顯，想與日本談和，未能相遇。以後經盛沛東與沈恆的尋訪而終於在翌年一月在香港會面了。西義顯告張競立，他的意思要找張公權，而張競立心中的對象，則為錢新之

（按：即錢永銘，為號稱江浙財閥之一，頗得蔣氏信任，時任國家銀行之一的交通銀行董事長）。錢新之最初以為對和談之可能性很少把握，姑請王正廷赴渝試探，王赴渝後僅與孔祥熙晤談，未及見蔣氏而回港。錢新之又繼之而赴重慶，住了相當久的一個時期，始於七月間返抵香港。因為西義顯已去了東京，所以命張競立派盛沛東去日促西義顯回港。在西義顯啓程前，更曾與松岡洋右詳談，而且做了松岡的非正式代表，這情形亦為錢永銘所瞭解。因此西義顯在港與錢會面四次，又經過了三日之考慮，錢新之提出了三項和平條件：

一、重慶南京兩政府合併為一，成為真正統一政府。

二、日本政府以新中國統一政府為對手，從前派來中國之軍隊，由中國完全撤退。撤兵實施之具體的技術條件，留俟將來締結停戰協定時決定之。

三、日本政府與新中國政府訂結防守同盟條約。

西義顯與張競立即攜帶了這項條件同赴東京。他們先到上海，西義顯並赴南京向汪精衛說明這次主動和談的經過，立即獲得汪氏的同意。西再訪周佛海，希望獲得表示贊同的書面證明，也由佛海代汪出立了。他們辦完這手續後趕抵東京，已是七月十七日，這時米內內閣已倒，近衛再起，松岡也出任了外相，而德國所派特使斯妥瑪已先到東京，正在開始日德意的三國同盟談判。

當晚西義顯即會見松岡，報告與錢新之的交涉經過，並呈出由周佛海代筆的汪氏同意書。松岡並托西義顯代擬一奏摺，以便面呈日皇。張競立與松岡經兩度會談後，松岡在錢新之所提出之條件上簽字，並對張競立與西義顯說：「我無條件信任錢永銘。希望此項交涉，於兩星期內辦妥。」並加派時任駐香港總領事之田尻愛義及前任駐上海總領事的船津辰一郎會同負責辦理。日本參謀本部並特派運輸機把他們專送上海。

因為錢新之堅主邀周作民合作之故，故張競立轉滬請周作民一同赴港，周張於十二月二十六日始抵香港。錢新之當時因患風濕病不能過往重慶，乃繕一親筆信，將其決心從事和平運動，及交涉之經過，並附曾經松岡外相簽字的他提出的談和先決條件的文件，直函蔣委員長。另由周作民致函於張群、吳鼎昌請其從旁協贊。錢之專差於十一月二日飛渝，至十二日返港，攜回由張群代筆之中樞覆函，據錢新之告西義顯，內容如左：

「在此次戰爭中，外間雖盛傳日本與重慶間有謀取意見上之疏通，但真能直達蔣委員長之手者，此為第一次，尤其日本外務當局之意見而能到達蔣氏之手者，更屬創舉，我對松岡外相之毅然有此一舉，表示滿腔之敬意。」

錢新之接到重慶初步表示後，又再函中樞懇詞勸告，重慶乃派大公報主筆張季鸞赴港，傳達重慶作成之兩個條件，同意以下兩點：

一、在中國的日本軍全部撤兵之原則。

二、撤銷承認汪氏在南京建立政權。

此兩項條件於十一月十七日晚十一時始送交西義顯，由西義顯立即轉給田尻愛義，當晚由香港日總領事署以密碼拍發東京。鵠候一星期，仍無音訊，二十三日錢新之問船津對此的看法，船津認為松岡要變更御前會議所決定的政府既定政策，恐有困難。張季鸞以為無望，遂於二十四日飛返重慶。其實，日政府於十一月二十三日在首相官邸召開了五相會議，決定承認重慶所提出之條件，但附以「重慶政府須迅速任命正式代表，日本政府始可延期承認南京政府」之建議。此電拍至香港時，正張季鸞由啓德機場起飛時也。

錢新之於接到日本承認重慶條件之消息後，為慎重起見，派張競立向日本總領事館索閱原電，經證明無誤，乃由錢新之寫一詳函，托杜月笙赴重慶傳達。二十五日杜赴機場，香港政府正嚴查旅客行囊，杜以身上帶有不足為外人道的密件，即行折回。二十六日無班機，至二十七日始得成行，故要二十八日前答覆日本，事實上已不可能。

此時離日本承認汪政權已只有三日，日軍閥知松岡欲延緩承認，故陸軍省軍務局長武籐章，企劃總裁鈴木貞一，代表駐南京特使阿部信行回東京催促承認南京政權之影佐禎昭，向松岡示威，武籐章竟要拔刀相向。二十八日午後，在首相官邸又開閣議，松岡詢問，是否再行等待重慶之覆電，各閣員無一人發言。因此十一月三十日承認南京政府之既定國策，自無可改變了。重慶政府任命許世英為首席代表，張競立為正式代表之電，於二十九日始抵香港，然日本閣議既已決定如期承認南京政權，中日間遂再無進行交涉之餘地。

這是重慶繼德國大使調停坐誤時機之又一例。龔某於章末發為感嘆說：「數小時之差，竟造成了中日兩國兩敗俱傷之命運！」原來龔某的內心裡亦是主和的，他書上說：「金雄白書中也有真話。」於此，我也不得不承認龔某筆下，倒也有幾句真話的。

好了！好了！這位龔大炮前言不對後語，倒成為無的放炮，既稱「中國對於日本所提的條件，根本沒有與之開始交涉之意」，而自己卻引用了上面日人所透露的幾段事實自證。開始交涉的就有蔣氏夫婦、有張群、有孔祥熙、有王正廷、有錢新之、有張季鸞、有杜月笙、有吳鼎昌，主和的還

# 一八四、從一面抵抗到一面交涉

因汪精衛的離開重慶而後有汪政權的建立，雖然促成汪政權的直接原因，是由於河內的一擊，但如汪氏留身陪都，則不管抗戰的演變之為和為戰，總不會有汪政權的出現。前書中我曾寫過汪氏離渝之經過，但僅得之於周佛海邀我參加時的寥寥數語，不免失之於簡略。對此最重要之一節，我更向與汪氏朝夕同處之親屬，窮究始末，得悉詳情，特為追補於此。

關於汪氏之離渝，有兩點是頗關重要的，即汪氏為什麼要離渝？與汪氏是怎樣離渝的？

關於前一點，答案應該是十分簡單的，就是汪氏因主和而離渝。但若說汪氏一味主和，卻又並不盡然。首先要問：汪氏對日的態度是否自始是主和的？事實告訴我們，答案也應該是否定的。因為當民國二十年（一九三一）東北發生了北大營的「九一八」事變；二十一年汪氏曾因張學良放棄武力抵抗，至其不抵抗的原因，不問為奉中樞之命或出於張之自動，既身為軍事委員會副委員長的全國副帥，而又是東北數省直接負責的軍事長官，對暴敵進侵，罔知抗禦，失地之責，自是百喙難辭。汪氏時任行政院院長，曾於八月六日從上海致電張學良加以嚴責，原電中有云：「去歲放棄瀋陽，再失錦州，致三千萬人民，數十萬里土地，陷於敵手。致敵益驕，延及淞滬。……今又未聞出一兵，放一矢，乃欲藉抵抗之名，以事聚斂」云云。汪以身為全國行政首長之行政院院長，電末聲明自願引咎辭職，並望張學良亦辭職以謝四萬萬國人。

汪氏對日抵抗的態度是那樣地堅決，終於在發電後即不至行政院辦公，到十月下旬，更實踐他的諾言，辭職出洋。這樣固然迫使張學良也不得不辭職，但當局卻另予新職，竟然像是鼓勵似的反而發表他為代理華北軍事委員會分會的委員長名義。這是通國皆知的事實，這一事實，證明了汪氏非但不是自始主和之人，而且顯得他曾是以行動來反對不抵抗最烈的一人。

迨民國二十六年（一九三七），「七七」蘆溝橋事變發生之前，形勢已十分緊張。蔣先生召開之廬山會議宣言中，曾明白宣示國人，其中有最重要之一語曰：「犧牲非至最後關頭，決不輕言犧牲。」可見中央在國力未充實以前，既以抗戰為一種犧牲，非至最後關頭，決不起而應戰，雖局勢已至不得不戰之時，而當局謀和的意思，還是多於求戰。但汪氏於此階段之意見，卻主張「一面抵抗，一面交涉。」他認為不抵抗，無以戢敵人之凶焰；不交涉，無以免國家於浩劫。甚至最後汪歸蔣的陶希聖也於其所寫「亂流」中「國際調停的三幕」中指出和戰大計，蔣汪一向和衷協商，文中說：「二十七年春夏之交，義大利駐華大使亦到武漢來提出調停之議。他這次特別向汪精衛致意，認為他是主張和議最適當之一人。汪表示謝絕，義使未得要領而去。」「在武漢的這一時期，汪精衛沒有違背蔣委員長而另主和議的意向。首次在日本與汪之間奔走的人是唐紹儀的大小姐諸太太。她從香港到漢口來專誠見汪，說明日本政府不以蔣委員長為對手，卻希望汪出面講和。汪的答覆是他離開抗戰而獨自言和，是不可能的事。他告訴唐大小姐說，這件事要立刻報告蔣委員長，並勸她立刻回香港去。」「高武宗在港，與重本（重治）遙相聯絡。日本參謀本部的『中國課』影佐禎昭在上海設立機關，派一個叫伊籐（芳男）的少尉到香港與高宗武往來。高秘密往東京一行，探悉近衛內閣與參謀本部的意向，回到香港，即派周隆庠攜帶報告到漢口，將報告交給周佛海，周將報告送給汪。汪看了這報告，特別是其中說到日本參謀本部希望汪出面言和的一段，大為吃驚，他立即將原件轉達蔣委員長。汪對我說：『我單獨對日言和，是不可能的事，我決不瞞過蔣先生。』」

其次，汪氏當時主和是為了什麼？最低限度決不會為了他個人的富貴尊榮。姑不要說他是民國十四年在粵時期國民政府的第一任主席。任何當朝鉅宦，誰不是其舊屬？此時雖剛卸任行政院長職務，但他仍然是中國國民黨的副總裁，中央政治會議的主席，國防最高委員會的主席與國民參政會議的議長。不論在黨、在政、在指定的民意機關中，領袖群倫，其地位僅次於蔣先生一人，可說是一人之下，而萬萬人之上。且政府供給他以舒適的住宅，豐厚的官俸與機密費用，有汽車代步，有傭僕侍應，居官，有安全的防空設備；有事，他必獲首先遷避，雖兵危戰凶，而汪氏固不虞有鋒鏑之厄，對他個人打算，似無冒天下大不韙之必要。

那他又為了什麼主和呢？他不會不明白歷史上當外敵侵入，國家危急之秋，不論國力之能否繼續作戰，主和者都將不諒於國人，那他又為什麼要自毀其半生光榮之歷史呢？全面抗戰於民國二十六年（一九三七）八月十三日爆發，傾全國之精銳相抗，而僅僅四個月的時間，首都南京於十二月十三日陷落了，政府一遷至漢口，同月二十日更索性宣布以重慶為戰時首都。汪氏係於抗戰爆發後的一年又四月離渝，那時的戰場形勢又怎樣呢？華北由杉山大將指揮，從河北經過濟南、徐州，而北進至山西。華中則以畑俊六大將為主將，佔領了蘇、浙、皖、贛諸省而直指漢口。華南則由古莊司令官率領，登陸拜亞士灣，攻略廣州。在廣泛的中國地區，北占平綏線，中占平漢、津浦、隴海、京滬、滬杭各線。年餘的時間，證明廬山會議宣言中所言抗戰將是犧牲的一語的準確性。

假如這只是戰爭一時的失利，或者，許多全國精華所在心臟地區的淪陷，真如政府所宣示的為戰略上的轉移陣地，那倒也罷了。汪氏曾秉政中央，而且為最高決策機構中央政治會議的主席，他明瞭國家的實力，知道戰場的形勢，以及能聽到從前線歸來的將士們的報告，那時抗戰的形勢，顯然不利於我。於是他想到上一年英德駐華大使調停時所提出之條件，蔣氏及最高國防會議既認為可以作為和平談判之基礎，何以由當時之七條件而此時已變為近衛之三原則，反而不可以為談判之基礎呢？

其次，德大使調停時，南京尚未陷落，而和平談判中央已可接受，此時形勢日非，反而連進行試探也不可呢？汪氏對和戰的意見，在他所寫「舉一個例」中是這樣說的：「有人說道：『既已主戰，則不應又主和。』此話不通！國家之目的，在於生存獨立，和戰不過達此目的之手段。到不得不戰時則戰；到可以和時則和。和之可不可，視其條件而定，條件而妨及國家之生存獨立，則不可和；條件而不妨及國家之生存獨立，則可以和。」這一段，就是汪氏主和的理由。

那末，主和是否汪氏一人為然呢？在「舉一個例」中所發表的國防最高會議第五十四次常務委員會議紀錄，透露德大使的調停和平，蔣先生是贊成的，不過第一、對日本不敢相信，要德國始終為調停者；第二、要先停戰，而後談和；第三、日本不得先作宣傳，以免引起國內的反響。當蔣先生在京徵詢中樞重要人士意見時，在座諸人唐生智、白崇禧、徐永昌、顧祝同等均認為可以答應，可謂眾謀僉同。在國防最高會議開會時，于右任、居正、孔祥熙、何應欽、陳果夫、陳布雷、徐堪、徐謨、翁文灝、邵力子、陳立夫、董顯光、張群等，又無一人表示異議。至於國際方面，德國的希特勒且出而斡旋其事，據日本戰時外相重光葵所著《昭和之動亂》一書中揭載：「當時駐日的英美兩大使，也曾向廣田外相表示願意調停中日糾紛。」此外，國府當局從戰爭爆發，也一直未關閉和平之門，九國公約在比利時首都開會時，提議調停，國府曾予接受。民國二十七年（一九三八）九月，國際聯盟開會，中央更訓令出席代表，要求適用盟約第十七條，仍欲以和平方法解決紛爭。所以說主和的就是汪氏一人，這是違背了歷史的事實。

如上所述，是汪氏的出走，僅是為了和戰意見的不同，汪氏之所以要離開他的職位，用以表示不為一己的利害打算，離開重慶，也只是為了可以以國民身分自由發表國是的主張；他之離渝，也仍是一面抵抗，一面交涉之原意。但除上述表面的原因以外，尚多隱微曲折之處，茲再根據身親目擊者之所見所聞，錄之以留待後人之參證。

## 一八五、充滿著惶恐戒懼的重慶

誰都知道汪氏左右有兩個最重要人物，是陳公博與顧孟餘。兩人對於抗戰前途，也早已同抱悲觀。尚在漢口時期，顧孟餘即數數為汪氏言之，他認為兩國軍力懸殊，僅僅一年的時間，華北、東南與沿海地區已悉數淪陷；再戰，將陷國家於萬劫不復。他乃以消極的態度，雖中央發表他為中央宣傳部部長，而他始終並未蒞任視事，一直由副部長周佛海代理部務。他飄然遠引，寄居香港，置認為不可為之國事於不顧。

當時汪氏還批評顧孟餘謀國態度的不當，以為他們到底還是個書生，政治家應該不管成敗，不問毀譽，鞠躬盡瘁，以挽救國家的危亡。但是漢口淪陷，政府遷渝，當時日軍的長驅直入，有破竹之勢，人們對局勢的懸慮也隨戰事之不利而愈甚，朝野惴惴焉，有抗戰究竟還能持續到什麼時候的疑問！雖然在公開場合中，無人不高呼抗戰到底，而私室聚議，則惶惶然充滿著一片悲觀的氣氛。我想在這裡再舉一個或者為讀者所難於置信的事實，以說明戰時首都的重慶，當時的惶恐戒懼，是到了何等的程度。

有一天，汪氏在重慶上清寺的官邸宴客，與宴者都是中樞的重要人士。酒至半酣，大家不免談論到當前的局勢，人人為了累卵之危，情緒不免有了些衝動。突然，座中被人視為政壇上泰山北斗的黨國元老吳稚暉，趨向汪氏的座前跪下了，無限悲戚，無限激動地對汪氏說：「救救中國吧！懸崖勒馬，能救中國的也只有你了。怎樣去結束這不利的戰事，你有你對黨國的責任，不應為了一己求自全自保之私，再這樣袖手旁觀下去！」汪氏為吳氏這突如其來的舉動，弄得錯愕不知所措，於是也只好離座對跪，彼此握手欷歔。闔座看到這情形，沒有一個不為這悲涼的場面所感動，有人甚至於隨著泣下沾襟。

當時唯一看到這戲劇化的場面而感到高興的，是汪氏尚在稚齡的幼女公子季筠，她不曾看到過她父親下跪，她還真以為是席中酒後的餘興呢！事後汪夫人陳璧君還責備汪氏說：「滿堂賓客，相對長跪，像是在做戲，還成個什麼體統！」汪氏長嘆了一聲說：「這老頭子倒是為國家，他既然那樣的做，難道教我仍獨自高坐堂皇，生受他的一拜嗎？」這一幕，可以說明重慶當時對抗戰前途的實際氣氛。

人人都知吳稚暉與汪精衛於民國十六年以後早成政敵，彼此且以文字公開對罵。現在吳稚老墓木早拱，我對此黨國元老與學術界的先進，又何至為左袒汪氏而昧良去厚誣賢者？此舉不特有汪季筠女士在場目擊，而事後汪文惺女士也且親聞汪夫人為此對汪氏的一幕談話。而且別的人儘管心裡有想法，為了矜持之故，是決不會如他那樣去做，惟以吳氏一生不修邊幅，不拘細節的性格，也相信可能會這樣做的。

吳氏是一個革命家、一個學者，而在政治上卻常常扮演為一個丑角，舉動的突梯滑稽，也許他正以東方朔、淳于髡自命。所以他寫文章，指人舉債結婚，公然寫出傳誦一時的「×寬債緊」，他與政敵筆戰，也可以用別人所不敢用的穢語相嘲罵。北伐以後，蔣氏對他推心置腹，而他對蔣氏也確是鞠躬盡瘁。但是他與汪氏的淵源，事實上卻還遠深於蔣氏。

當民國元年，袁世凱竊政以後，汪氏與吳氏都流亡在巴黎，吳氏還在搞他的無政府主義，那時兩人有著最親密的交誼，時常在一起，也且無話不談。曾經有一次，吳氏手裡捧著一頂軍帽，很嚴肅地獻給汪氏，他說：「你戴上吧！今後要革命，要救國，要實現主張，要貫徹主義，一定要依靠武力，我希望你成為一個軍事家，來領導同志。你如能挺身以當大任，我第一個就願意向你磕頭。」當時汪氏表示他對軍事沒有興趣，以他的學養，也不可能成為軍事專家。汪氏的一席話竟使吳氏曾感到了無限的失望。而此後吳氏半生依附於蔣氏之門，恐怕還基於民元時崇拜軍人的一念所造成吧！

由這一件小事來看，汪吳之間的交情本已不薄，而陳璧君之對於吳氏，尤具好感。直奉戰爭前夕，吳氏在北京創辦了一所「海外預備學校」，汪夫人認為以吳氏的學識，以及兩家的交誼，毅然遣其男女公子，孟晉、文惺、及族侄陳國強、國新，與以後坦腹東床的何文傑遠離膝下，專程北上立雪程門。同去的尚有向來由汪氏夫婦照拂的至戚朱執信兩女公子朱始與朱媺。當時兩家的情誼，於此可見。至以後的轉友為敵，不過是政治所造成常見的悲劇而已。是日吳氏的席前下跪，也許是酒後真情復露，而目擊時艱，以吳氏對汪氏的素向推重，乃不期而有此戲劇化之表演。

戰事一天一天地在惡化，共黨以抗戰為坐大的目的，也漸次顯露。正在此時，奉蔣氏命令在香港以「宗記洋行」為名成立「日本問題研究所」的高宗武，他先後偕董道寧、梅思平數度赴東京上海，與日本方面的影佐禎昭、今井武夫、松本重治等積極進行談和工作，最後攜回了作為和平談判的近衛三原則初稿。當高宗武於一九三八年的秋季赴日前，自稱代表蔣先生，曾約留港之李聖五代表汪氏同去。聖五以並未經汪氏委派，而予以拒絕。高宗武於是年的十一月中，在上海收到了日本陸軍中央部所擬訂的「中日關係調整方針」後，逕回香港，又立即飛往重慶。以後重慶上清寺的汪氏官邸中，周佛海、梅思平、陶希聖、高宗武等，時常清晨就到，一直到午間同飯後才去，相信談的當然就是這中日間的和平問題了。

這忽然成為汪宅常客的四人，原來都是清一色ＣＣ系的人物。周佛海是汪氏由歐返國時，奉命赴香港迎接才與汪氏發生淵源，陶希聖則任武昌縣政訓練班主任時汪去演講因而相識，高宗武則在汪兼任外交部長時曾任亞洲司長，有過僚屬關係，梅思平是與高一同去滬與影佐及今井接洽後又相偕赴渝，應該是由陶希聖介謁的。無論如何，至少這四人與汪氏的關係都不深，何以忽然那樣接近？而談的又是有關國運的和戰大計。而汪系人物，如彭學沛、谷正鼎、谷正綱等，在渝的尚不在少數，卻反而並無一人參加？

陳公博那時雖以擔任四川省黨部主任委員之故，留在成都，相距不遠，而汪氏且未向其徵詢意見，這又是為了什麼？以後在汪氏離渝前，一切已經決定了，始由陳璧君以姊弟的口氣，隱約其辭地寫信給陳公博。

到了汪氏離渝前的四五天，才派了一名副官赴成都通知，要他於十二月十八日到昆明，那已不是磋商，而真是通知了。而公博終因天氣關係，飛機不能起飛，至二十日飛抵雲南時，汪氏已於先一日去了河內，連最後勸阻的機會也且失掉了。

據陶希聖為台灣「傳記文學」所寫「亂流」一文中說：「上清寺汪公館連日舉行會商，參加者為周佛海，梅思平與汪夫婦。他們最初主張不邀我參加，但汪極力主張我參加，並電邀陳公博由成都到重慶共同商議。陳公博此時任四川省黨部主任委員，駐在成都，他來到重慶參加會商，一時摸不到頭腦，比及知有此種條款，不禁驚惶失措。」

大約高宗武抵渝後不久，汪氏即已決定了如蔣氏不能接納和平的話，將離開重慶以發表其個人對和戰的意見。在這前後大約一個月的時期中，汪蔣兩人間，曾有過數度的會晤，為了蔣氏的事情太忙，有時還用函牘來磋商，最後一次的晤談，則為十二月九日，那次兩人爭執得很激烈。

蔣氏是全國的統帥，他安有不知勝敗之數，原則上他並不反對和平，惟他所顧慮的有兩點：第一、日本無誠意，任何既訂的條約且可以撕毀，談和更怕毫無保障，墮入陷阱。所以談和要以停戰撤兵為先決條件。而日本方面則必需和談成功而後，兩年內始行分期撤退。

這對外問題，其實尚非關鍵的所在，而蔣氏所最顧慮者，一旦與日談和，則中共自將振振有辭，抗戰雖告終結，而內戰勢必繼之以起。同一戰也，則抗戰既能贏得民眾之同情，亦且為個人爭聲譽，與其打內仗，自不如打外仗。而汪氏則認為中共欲藉抗戰以成長，現在對外軍事既處於劣勢，對內則中共之叛跡已日著，遂與蔣氏反覆辯論。河內案件發生之後，汪氏於其手書之兩項文件內，始將雙方辯論之要點予以透露，茲引用其原文以為說明：

河內凶案發生後的六日，即民國二十八年三月二十七日，汪氏於其所寫的「舉一個例」中有云：

「有人說道：『中國因抗戰而得到統一，如果主和，則統一之局，又歸於分裂。』這話我絕對反對，從古到今，對國家負責任的人，只應該為攘外而安內，絕不應該為安內而攘外。對外戰爭是何等事？卻以之為對內統一之手段！中國是求國家之生存獨立而抗戰；不是求對內統一而抗戰。以抗戰為對內統一的手段，我絕對反對。何況今日之事，主和不妨害統一，而不主和也不會不分裂。有人說：『如果主和，共產黨立刻搗亂。』我以為共產黨是以搗亂為天性的。主戰也搗亂，主和也搗亂。如果於主和時表面化，比之現時操縱、把持、挑撥、離間的局面，只有較好，沒有較壞。」

汪氏又於同年四月六日所寫「曾仲鳴先生行狀」一文中有云：

「夫和戰大計，為國家生死安危所關，不得不戰則戰，可和則和，此為謀國之常規。況中國自抗戰以來，全國被兵，失地延及九省，將士死傷百餘萬，人民肝腦塗地，其數不止倍蓰。如和平條件無害於國家生存獨立，則結束戰事，以圖補救，尤忠於謀國者所宜出。惟共產黨人心目中無祖國，其始欲藉淞滬戰事牽制國軍，俾得以盤踞江西。及頻年被勦，由東南竄西北，窮蹙垂盡，則又藉西安事變，托名抗戰，轉移視聽。抗戰既起，乘舉國存亡呼吸之際，益擴張其政治組織及軍隊，以終遂其顛覆中華民國之謀。知和議若成，必不利於所圖，乃悉力破壞之、轉輾勾引，所以挑撥離間煽動中傷者無不至。兆銘既痛國是之被撓動，又怵於國家大計為宵人所挾持，將不免於覆亡。數數言於國防最高會議，十二月九日，軍事委員長蔣中正至重慶，復激切言之，卒不納，遂於十八日去重慶，十九日至河內。……」

汪蔣兩氏在重慶時期所爭論者，大抵如此，換句話說：抗戰的必須持續，原因是為了博取共黨

# 一八六、離渝計畫先得龍雲默契

但是汪氏一面與蔣氏商談，也許他默忖到蔣氏的終難接受，同時已預作離渝的準備。在數月之前，陳璧君以出席演講並視察錫礦，曾一度赴河內，路經昆明時，並曾與龍雲建立了良好的關係，與龍之參謀長盧漢亦有深談，以後汪之經昆明赴河內，能得到龍雲之協助，則以事前因先經汪夫人之聯絡，早有默契故也。朱培德夫人僑居河內，陳璧君去時，因當地沒有良好的學校，托其將朱公子維亮攜渝入學，回渝後，陳璧君就將之送入重慶的南渝中學，俾與她的次公子幼剛、幼女公子季筠同窗就讀。

一天的傍晚，陳璧君托其妹陳淑君女士（譚仲揆夫人）特赴南渝中學，要他們三人當晚回家，抵家後告以決定輟學，送他們去香港，當時且並未說明所以要輟學的原因。在家中留宿了一宵之後，翌晨即搭機轉赴昆明。時陳璧君之介弟陳昌祖（現在僑居馬來亞，為朱執信之長婿）方任昆明航空學校校長，本擬托其就近辦理赴越手續，而忽於事前得訊，不知何故突為當地的警備司令所拘押。朱培德夫人又留住河內，昆明舉目無親，因此囑咐他們抵滇後可逕訪龍雲請予照顧。

當三人赴滇省府見到了龍雲，龍立即應允為他們代辦一切手續，但以日機正在不時空襲為言，將朱維亮及汪幼剛季筠姊弟藏於省府客廳的大桌下，桌上並覆以厚被，表面似為避免空襲的危險，實則為防止他人的窺見。把三個未成年的孩子，莫名其妙地整整悶在桌下一天，直至下一日始令匆匆搭乘貨船赴越，而且事前還為季筠女士化裝成為一成年女子模樣。龍雲對汪氏家屬之態度，神秘竟一至於此，蓋即深恐為渝方所發覺也。

汪氏本人離渝時所需之機票，早於兩周前令其內侄陳國琦赴交通部托次長彭學沛預定。彭學沛向為汪系人物，汪氏需要機票，除奉命照辦外，自不敢有所詢問。蔣氏則本有赴西安之議，汪氏原擬俟其他往，再乘機離渝。而蔣氏的行期一再展緩，遂使汪氏亦一再改期。而事實上汪氏之行將離渝，不僅參與密議之蔣氏心腹周佛海等均知其事，汪氏亦且並不故為諱隱，汪宅上上下下的人，都知道汪氏因主和而有離渝的計畫。他不時告訴他的部屬與家屬，認為抗戰再繼續下去，國家將無前途，現在戰局已到了危險邊緣，假使敵人再攻重慶，已無路可退，再退也只有往西北，結果將必為共黨之俘虜。至各人去留，一聽自便。大家聽到汪氏的話，都表示願意始終追隨，其中惟汪屺一人，曾對汪氏極力諫阻。汪屺說：「為了國家前途，固不得不然，我對叔父的行止，自無話可說。但為叔父個人設想，此舉將會蒙受不利影響，我不贊成你一人為國家而作如此的犧牲。」而汪氏的答覆，則謂與其一路哭，就不如一家哭了。

一直等到十二月中旬，汪氏知道蔣氏將於十八日向全體中央委員訓話，他就決定趁機於那天啟程。清晨汪氏還為家中的傭人老宋、阿王等講了一次話，最後再說明他的態度，並徵求各人去留的意見，所有全宅的下人連潘凌、阿六等，都表示仍願跟隨為汪氏繼續服務，於是其秘書傭僕等匆匆攜帶了行李，分乘了四輛汽車，循公路出發，先汪而逕赴河內。

上午九時許，陳璧君、曾仲鳴、何文傑、陳常燾等四人，先赴重慶珊瑚壩機場。約定汪氏至起飛前數分鐘再行趕到，陳璧君等到機場時，剛巧空軍司令周至柔也正擬搭機飛滇。陳璧君即示意曾仲鳴上前與他周旋，僅含糊地說汪夫人有事赴滇，當然周至柔絲毫並不曾懷疑其他。離預定起飛的時間將屆，而汪氏仍蹤跡杳然，何文傑等心裡都非常焦急，陳璧君囑咐曾仲鳴，如汪氏遲到，可向機場說明有汪氏乘搭，令飛機延緩起飛。直至開行前數分鐘，曾仲鳴等一直目注著外面，終於從機場遠遠仰望到珊瑚壩上，一輛汽車正疾馳而來。不久，汪氏偕其衛士桂連軒緩緩拾級而下，及時抵達機場。周至柔等看到汪氏，照例上前謁見，陳璧君到此時才告訴周至柔說：汪先生是去昆明演講。飛機預定的開行時間到了，而為加油之故，遲遲仍不起飛，汪氏還從容地在機場上散步，環繞了兩匝之後，始登機起飛。

在航行中，卻發生了一支插曲。周至柔因為機內有汪氏在，為要在副總裁面前顯一下他的飛行本領，還走入了操縱室親自去駕駛飛機，經過了長長一段時間，而周至柔興猶未盡，別的乘客自然不覺得什麼，汪氏本人也仍安詳地神色如常，唯有陳璧君對之發生了很大的疑慮，她想：是不是當局故意讓汪氏上了飛機，再命周至柔親自將飛機駛回重慶？她偷偷地問曾仲鳴將怎樣辦，曾仲鳴只有暗中告訴汪氏的衛士桂連軒戒備。汪氏家屬正在忐忑不寧之際，周至柔卻已過足了駕駛的癮，從操縱室出來，回到了自己的座位上。當他掠過汪氏的座位時，還向他致敬，只可惜那天汪氏竟連讚美他一聲的興趣也失去了。

飛機於當天的下午一時抵達昆明機場，因為事前陳璧君已遣陳春圃先至昆明，故於啟程前發電通知，春圃接電後即轉告龍雲，因此機場上龍雲率同僚屬及樂隊等作了盛大之歡迎，場面就顯得非常熱鬧。出機場後，汽車直駛龍宅。汪氏與龍雲兩人上樓在室內娓娓長談，從下午就一直談到了深晚，誰也不知道他們二人所談的到底是什麼。

當時汪氏的又一內侄陳國強正在昆明任航空學校機械部份的教官，由他向歐亞航空公司總經理李景樅商洽包定了一架專機，乃於翌日下午，從昆明起飛，於傍晚時飛抵河內，汪氏在昆明整整留了二十四小時。他於離昆明前，還打了一個電報給蔣先生，寥寥數語，僅謂因「飛行過高，身體不適，且脈搏時有間歇現象，決多留一日，再行返渝」云云。

汪氏就是這樣離開重慶的！照我所知道的經過情形而論，在渝時汪蔣之間，對戰力的看法是一致的。和，當前的形勢上也有其必要，兩人的分歧點完全是在中共問題上。汪認為惟對日和平之後，而後可以有力量對付中共；蔣則認為惟有繼續抗戰，始可以堵塞共黨的藉口。至少，要在和談進行中，不讓中共知道。因此分歧，兩人之間的意見，直至汪之離渝，並不能獲致調和。然而疑點也就很多，汪的出走，事前既並不秘密，定機票且還在兩周之前，交通部中除彭學沛而外，豈無他人知之？他人知之，如汪氏這樣一個重要人物，又安有不向當局報告之理？機場上軍警密佈，汪的出現，眾目共睹，如當局格其成行，則只需一個電報，三小時的飛行中，仍可以令原機折回。在昆明的二十四小時中，且可以令龍雲扣留。蔣氏還留在重慶，自瞞不過他的耳目，也儘可以阻止汪氏的離開，為什麼在那樣充裕的時間中，竟會一無動作呢？汪氏在昆明給蔣氏的電報中說，決多留一日。那末是否蔣氏事前是知道汪氏之赴滇的，而行前也有留滇一日的約定呢？

只要為了有利於國家，任何手段都可以做的，也都是應該做的，一切都顯得是出於謀國的苦心。當年盛傳的蔣汪雙簧，是應該有其可能的，連日本人也感覺到了這一點，他們曾公然對我說過：「你們中國人是夠聰明的，像是在賭台上賭大小，重慶押大，而南京押小，殊途同歸，開出來總有一面是會被押中的，而押中的，也一定是你們中國人之一面。」因為如果汪氏的出走，事前不得重慶方面的默許，他不能離開重慶，自更不能離開國境一步。

此外另有一個旁證，汪氏在離渝前曾對陳公博說過：「我在重慶主和，人家必誤會以為是政府的主張，這是於政府不利的。我若離開重慶，則是我個人的主張，如交涉有好的條件，然後政府才接受。」（見陳公博《八年中的回憶》一文中）據此而觀，最後兩語，意義太明顯了。是由汪氏出面去與日本交涉，條件不好，由汪氏獨任其咎；有好條件，政府才出面接受，這不是也可能真是一齣雙簧嗎？

但褚民誼在蘇獄中說過幾句話：「早有人處心積慮，想把一隻臭馬桶套在汪先生頭上。這次是千載一時的機會，既經動了手，就決不會輕易放過了。」那豈不是說，本來約定是做假戲，但一出場，而就變成做真戲了。這說法的真實性究竟如何呢？又安得再起汪氏於地下而問之！

汪氏能泰然赴滇，並由昆明順利離國飛往河內，與龍雲的早有默契，自為必然之事。據傳聞所得，龍雲當時不但贊同汪氏的主張，而且有於汪氏離國後採取行動之說。茲見台灣出版的「傳記文學」中劉健群所寫「我與龍雲」一文，獲得了進一步的證明。至龍雲以後的中途變卦，則是受了說客的影響，轉而為他自己的利害作打算。特為節錄其原文如下：

「有一天，鄉下（按當時劉健群在離昆明不遠之大姚養疴）忽然來了一部軍用吉普車，上面跳下兩個人，一位是鄭道一，一位是宣介溪。久別見了面，大家很高興。詳細談詢之餘，才知道他們的來意。第一、日寇向滇西進侵，我留在大姚，諸多不便，想先接我到昆明，再商量安全移居之計。

第二、他們有一更重要的目的。就是昆明城防司令黃維（是黃埔第一期學生，也是同志。鄭道一任城防司令部的糧秣處長，與黃過從甚密。）獲悉在這時局緊張當中，龍雲與南京偽政權的汪精衛，信使往還不絕。當時中央軍駐在昆明的力量甚微，對於此事，過問也不好，不問亦不可，十分陷於困難。雖然屢次秘密向中央報告，但中央也實在難得有效的處置。因此他們商量，不如接我去昆明，大家研究，看有沒有救濟挽回的對策。所以黃維親派一部吉普車，由鄭、宣二人來鄉下接我。當時日軍已快到保山附近，大理大姚接壤，距離不遠。所以我毫不遲疑，便答應了他們的要求，回到了昆明。

「到昆明後，先多方研究行情，才知道：

（一）龍上次去南京歸來，即盛讚汪為國家之人才，以後一直往還甚為親密，確是事實。

（二）內容不得而知，但龍與重慶中央政府間存著不大不小的隔閡，也不是虛話。

（三）時局到了目前的緊張階段，龍雖無表示，但其左右理財的親信大員（龍之威權極重，其軍事幹部，雖如盧漢、盧濬泉之類，亦只是服從龍之命令，不會表示主張。）可以略有主張的多半是文人與親信。這些人大都主張龍應保全實力，退保昭通（龍的故鄉）。而且有幾個人，已經在遷移財產了。

「大家商討的結果，一致認為龍若聽其部下意見去做，滇中虛實，必為日寇所知。龍雖不公開反對中央，但重慶抗戰政府的處境，必十分艱危可慮。因此主張：要我不管結果如何，與龍見面一談。事關國運，義不可辭。於是便由李一平去向龍建議。由龍約我去他的家中，早上吃早點，單獨與我一人細談。

「就我記憶所及，我和龍見面，先談世界大勢，我用各種證據，說明德、義、日軸心必敗，同盟國必勝。再說無論局勢壞到任何程度，日寇決不能征服中國，更絕對談不上統治中國。龍為人很細心，不能僅以口號一類的方式去說服他，他邊說邊問之後，對我的意見，似乎沒有反對。我看時機漸漸成熟。便很直截的問，我說：『龍主席，聽人說你很佩服汪精衛，是不是？』他說：『是的。』我說：『你認為汪是人才，並沒有錯。凡是追隨國父開國的人物，幾乎在南北各省都是不折不扣的頭等人物。但個人的才情為一事，國家大事又為一事。論汪的才情，不單你佩服、我也佩服。即如演說一件小事，我聽過汪幾次極平常無意義的講話，不單詞句精練，而且聲容動作，無一不如初寫黃庭，恰到妙處。至於他的文章詩詞，更非我等所能望其項背。說他是個人才，誰也不會否認。但民族大義，千古是非，絕不可以相提並論，事既至此，我們對汪的同情，只好為之惋惜了。』」

「話說到這種程度，我看龍尚無怫然不悅之色。我乃鼓起勇氣，直接說到問題的核心。我說：『時局到了今天，國家的處境，是艱危萬狀。你龍先生處境亦係千難萬難。我到昆明後，滇西方面的情況，一天比一天緊張。聽說你有一些部下，覺得你左右為難。不如集中實力，退保昭通，以觀世變。假如有人是這樣的主張，我想他不單是對不起國家，更是對不起你。現在外寇入侵，若果你反而移兵回鄉，讓出正面。天下將以你為何如人！況且純就利害來說，日寇若入侵不勝，你便是千古的罪人；即使日寇勝利，政府更陷於苦境。以東北的經驗而論，日寇對於雲南，起碼分割為四五省。別人做主席，還可以說是求榮。龍先生！到那時你做那一省的主席恰當呢？日本人能容你存在嗎？這種人的辦法，可以說一開始便害你到底，而且害得慘！』

「他笑一笑向我問道：『健群兄，那末你還有什麼好辦法呢？』我說：『龍先生，承你看得起我，我只是書生之見。我以為你此時此地，先集中你軍力的大半，表示配合中央，與敵人一戰。幸而勝，你是民族的英雄。不幸而敗，你收拾殘餘，再退保昭通。以滇黔的地利，和敵人打三年五年的游擊，還有問題嗎？不管勝敗如何，雲南省流亡主席和地下游擊總司令都非你莫屬。我這個辦法，可算勝亦勝，敗亦勝。你覺得如何？』他始終沒有說明他的意見，但看出，他有時唯唯頷首，並無倦意。

「從早晨七點談到十一時許，吃早點又吃午飯，最後我想我該要告辭了。我說：『龍先生，你曉得我是一個隱姓埋名，與現實政治生涯無關的人。我今天在你而前，該說的，不該說的，都說了。我想請你在一兩天內，作一番縝密的考慮。如果你同意我的見解，我很快地願意去重慶跑一趟。我的一切，你都曉得，關於向中央及蔣委員長面前去說明，你相信我是能夠勝利的。萬一你是否定了我的意見，也希望你叫人暗示於我，我幾天之內，必定離開昆明。』

「我知道龍不會立刻有所決定，他必需晚間在燈盤子上（吸大煙時）仔細用心思，也許還要約人談談。所以我不勉強求得結果而退。第二天一早，龍派車來接我一同進早餐。他取出一封親筆寫給蔣委員長的信。他說：『我一切決定了，完全照你的意思。你確是為國家，也很愛護我，請你為我去重慶一行。我和你是朋友，請你以後不要客氣，有什麼不對的地方，可以隨時告訴我。』

「事情便是這樣決定的，我次日即飛重慶，記得天氣尚熱，到南岸黃山去見委員長，看得出來委員長也是充滿了內心的喜悅，縱然不是附帶有雲南的事件，也還是一樣。」

# 一八七、一排槍一灘血一個政權

汪精衛氏是民國二十七年（一九三八）十二月十八日離開重慶的。那天，剛好蔣先生對全體中央委員訓話，汪氏是副總裁，可以豁免隨班聽訓，乃得利用這一個機會離渝，翌日匆匆又乘專機自昆明飛往越南之河內。

汪氏離渝以後，儘管重慶方面知道此事的僅限於少數的負責當局，但已引起了內部極大的混亂。最初也許還想彌縫，所以曾下令各報嚴密封鎖消息。直至同月二十六日，以汪氏為全國注意之人物，自無法繼續隱瞞，蔣氏始於那天的國民黨中央黨部紀念週席上公開宣布，但諉稱汪氏因病告假四月，赴河內療養。

有關汪氏之離渝，曾發生過一個迄今難以索解之謎。汪氏回寧建立政權，當抗戰期間，民間曾盛傳有汪蔣雙簧之說，說者且言之成理，以為那時抗戰之形勢，正陷於極度黯淡，是年十月，江浙沿海各省，早經陷落，日軍進攻華南之軍事部署又告完成。徐州會戰失利，次一步的武漢會戰迫於眉睫，而以軍事實力而論，武漢會戰的前途，仍然毫無勝算之把握。且當前形勢，還不是作戰的勝負問題，而措置已陷於乖張，如長沙不待日軍之侵入，竟先縱火自焚，曰抗戰而實畏戰。所有通往國外的海口，又全部為日軍所占。政府既已再遷至重慶，竟又有人更主張三遷至西康的擬議。至於國際形勢，英美不僅與對我作戰的敵國交往極密，供應日本的戰略物資，遠較供應於我者為多，此時抗戰的有著難乎為繼之勢，實屬無可諱言。於是論者以為汪蔣密議的結果，為了救亡圖存，乃於不得已中採取雙管齊下的兩面手法。如此，若最後勝利之竟屬於我，則犧牲汪氏一人，而國事有蔣先生在；如最後勝利之不屬於我，則蔣先生仍為失敗之民族英雄，而國事有汪先生在。此種應變之道，有其理由，應亦有其可能。

我所以重提這不經之傳說，意並不在為汪氏作辯護，空穴來風。欲求正於當世耳。因為當汪氏離渝時，蔣氏既總綰軍政大權，而所有特務工作人員，又都歸其發縱指揮，汪氏之預定機票，且早在兩周之前，機場為當局密切注意防範之地，如不得蔣氏事前之默許，汪氏又何能堂皇舉家離去？如其為一時之失察，則事後彭學沛與駐守機場之軍警與特務人員，何以又未聞有一人之被懲？此其一。

其次，龍雲與汪氏過去向乏淵源，渝滇又近在密邇，他何敢事前與汪氏密謀，而臨事又公然庇護，結果中樞亦未聞以一辭相譴責。其間自有其疑莫能明之處。生者不肯言，死者不能說，千載悠悠，自將永成為歷史上的一樁疑案。

汪氏於十二月十九日由昆明飛抵河內，初寓朱培德夫人宅，以人多不便，由曾仲鳴賃妥鐵路飯店為暫時居停之所，而陳璧君又病其囂雜。當地三桃山（一稱丹島）有避暑旅館，此時天未酷熱，闃焉無人，汪氏亦曾於此留宿數日。最後租定了高朗街二十七號，乃集中居住。他十九日發出豔電，分致重慶中央常務委員會及最高國防會議，呼籲和平。並於三十日交由駐港負宣傳責任之林柏生、梅思平、陶希聖等在港報公開發表。

汪氏之所以必要於離渝後始公開其主和之意見，第一、在重慶決無發表之機會。第二、捨高位以謀國是，則以平民之身分，宜有言論之自由，所以示不為一人之利害，亦不欲啟內部之紛爭也。故汪氏於發表豔電以後，認為既已對和戰意見，得一吐為快，離渝之目的已達，實不曾有採取任何進一步之行動以與現當局對立的計畫。

重慶方面，最初似對汪氏亦並不欲採取嚴厲之手段，故既密令全國各報社不准發表攻擊汪氏之言論，而且兩度派谷正鼎銜命專赴河內，與汪氏有所商洽。當時汪氏所提出的要求很簡單，如中樞無意採納其主張，自不宜再回渝擔任公職，他希望政府能給他以赴歐的外交官員護照，並資助他出國的旅費，以便其成行。

谷正鼎第一次赴河內為民國二十八年（一九三九年）的二月，第二次攜同汪氏等的出國護照與旅費再赴河內時，已是翌年的三月。他一直留至三月二十日即凶案發生的上一日，始返渝覆命。汪氏亦準備與陳璧君、曾仲鳴、以及其女公子等赴法休養。他還欣然拍著他長女公子文惺女士的肩頭說：「我上次赴歐，是帶著你三妹去的，這次，我將攜你同去了。」在理，汪氏實不必對自己的子女說什麼假話，可見當時確有飄然遠引的決意。

谷正鼎的兩度赴越斡旋，送護照、賚重金、不知是重慶的故意敷衍，以疏汪氏防範之心呢？還是態度的忽然中變？當汪氏正在摒擋一切，擬作遠遊之際，據事後從各方面調查所得，有人已在積極佈置暗殺的陰謀。曾仲鳴奉汪氏之命，在河內的都城旅館負對外聯絡之責，事實上既早已為特務份子所監視。而汪氏所貸高朗街二十五號及二十七號相連的寓所，四周就常有些形跡可疑之人，不斷徘徊窺探。他們還租賃了汪氏旁邊的一所洋房，每天在樓窗中遙望汪宅中的動靜。直至民國二十八年（一九三九）的二月中旬，準備實施暗殺的人，已分自昆明、廣西、香港各地來到河內，二月底至三月初，一個特工首領戴笠，且曾親自到河內佈置。而汪氏卻萬想不到中央黨部的行刺事件會再度重演，仍照常與其長女公子同乘三輪車外出，有時在河畔散步，有時還上咖啡室中小憩。

凶案發生上一日的上午，汪氏還到了三桃山去，剛到那裡，當地警察就趕來報告，說外面風聲緊急，囑汪氏左右勸阻汪氏以後勿隨意外出。汪氏於返寓途中，經紅河鐵橋，下車休息，而警察仍追隨保護。以後車過東方匯理銀行時，忽有怪車一輛，從後疾馳而過，車中人顯得神情有些詭異，而汪氏仍坦然不以為意。

高朗街二十七號，地居河內僻靜之一角。屋凡三層，底層：前面左右兩大間均為汽車房，相連的後半兩間為僕役室，樓梯則處於全屋的中央部份。中層：向北兩大間，與樓梯兩側各有小室兩間，均為汪氏隨從人員之臥室。向南的兩間，前一間為客廳，後一間為飯廳。頂層：梯頭左為兩浴室，右為兩廁所。向北兩室，右為朱執信次女公子朱媺女士等的臥室，左為曾仲鳴、方君璧夫婦之臥室。向南兩室，右為何文傑、汪文惺夫婦臥室，蓋與其左汪氏夫婦之一室相毗連，而曾仲鳴之臥室，又剛與汪氏之臥室相對，相距且僅數尺之遙（參見下頁房屋各層位置圖）。

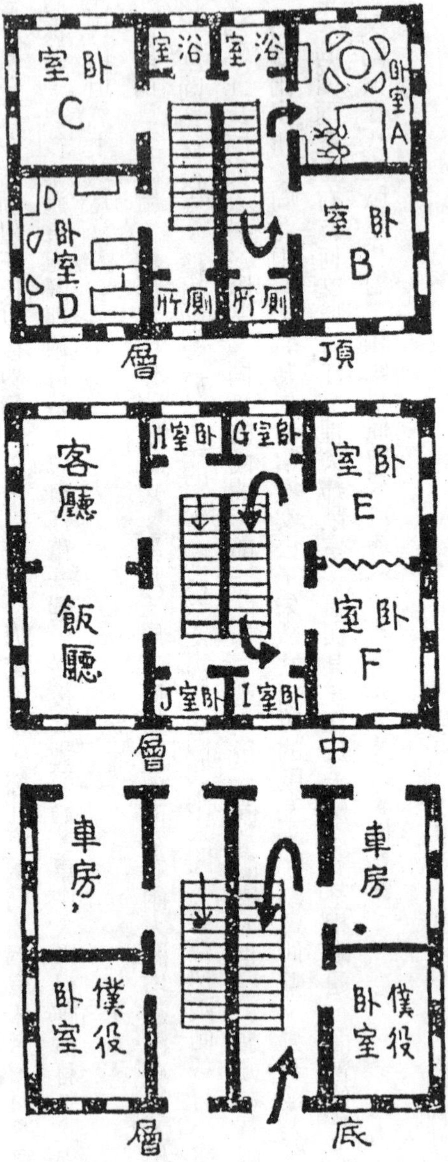
臥室 C
浴室
浴室
臥室 A
臥室 B
臥室 D
廁所
廁所
頂層
客廳
飯廳
臥室 H
臥室 G
臥室 E
臥室 F
臥室 J
臥室 I
中層
車房
車房
僕役臥室
僕役臥室
底層

三月二十一日的深晚二時許，夜深人靜，全宅的人都已入睡。忽有人從後園踰垣而進，循屋後的小門入室，當行經底層僕役室時，一個隨從戴芸生與廚子何就，聞足聲啟戶查看，凶徒見之，即發槍射擊，戴芸生手臂中一彈，何就腿臂各中一彈，另一隨從陳國星，聞槍聲逃匿車房汽車下，暴徒又發一槍，地上水泥碎片傷其胸部，乃循梯拾級而登。中層梯頭的一室，為汪氏內侄陳國琦所臥，亦聞聲而出，凶徒迎頭相遇，再發一槍，又彈中其腿部，迫令折入鄰室，行兇者於是再登頂樓。朱女公子首先聽到間歇之槍聲數響，出室至樓頭查察，通其鄰室的曾仲鳴亦同時出現，聞樓梯有雜沓的腳步聲，亟拉之一同退入曾之臥室，急闔其戶，而凶徒已追蹤而至。他們用利斧把木製的室門劈開一洞，將駁殼槍伸入室內，兇器是可以連發的快慢機，幸朱女公子入室後，正躲在門右的貼牆處，剛好是一個為槍彈射程所勿及的死角，得倖免於難。而曾仲鳴夫婦，則立於臥榻之前，直對著暴徒的槍口，他們一按槍鈕，子彈如連珠發射，仲鳴腰部中彈累累，密如蜂房。其夫人方君璧亦中三彈，一在臂，一在腿，一在右胸，兩人同時倒臥於血泊之中。

此時何文傑夫婦也早被連續淒厲的槍聲所驚醒了！起先在樓下的數響，睡夢中尚疑為炮竹聲，但以後向曾氏房中發射的排槍近在咫尺，又值夜深人靜，才覺得鉅變已生肘腋。他與文惺女士披衣而起，方步出室門，汪氏亦已聞聲而出。低聲問文傑：「什麼事？」文傑含糊地說：「沒有什麼。」就急急把汪氏推回室內。於是汪氏夫婦與文惺就於黑暗中坐在門旁靠壁的地上。迨汪氏聞到對室仲鳴夫婦所發出沉重的呻吟聲，幾次想衝門而出，都為文惺女士力持不放。如汪氏出室，當然也必遭毒手，又如凶徒們知道汪氏所居即在對房，則只須一回身，汪氏夫婦也勢必為仲鳴夫婦之續。而仲鳴夫婦受傷的倒地聲，凶徒們卻以為已把汪氏一擊而中，就倉皇下樓而去。

何文傑是最幸運的一個，當他把汪氏推回臥室時，他還不知受傷的是曾仲鳴夫婦，所以，假如他從汪氏室內出來，對著仲鳴的房間走去，又剛好與得手後的凶徒們遇個正著。而他無意中竟先折而向右，經過自己的臥室，再走到梯頭向下俯視，看到中層有人伸手正在扭熄電燈，他發覺情形不對，急急退回。仍沿原路回至汪氏室中。前後經過了約三十分鐘的時間，槍聲停止，凶徒也料已遠颺，文傑才敢去至仲鳴的臥室，推門而入，朱女公子在門後顫慄，而仲鳴夫婦都已倒在地上，伸手一摸，濕漉漉滑膩膩的鮮血竟流滿了一地。在床頭燈發出微弱的光線中，他看到自己的半個指頭已被鮮血所染紅了。朱女公子下半身的裙褲，也濺滿了血漬，放在前面的竟是那樣一片慘怖的景象！

沒有人確實知道進入室內的凶徒究有多少？在行兇的時候，因為汪宅以內，全部都是赤手空拳，連一枝自衛的槍也沒有，所以他們乃如入無人之境，可以為所欲為。在中下層各個寢室的門口、樓梯口、窗口，以至屋外的四周，且都有人駐守監視，直掩護至他們全部離去，汪氏的秘書汪屺，才在二樓窗口向街外狂呼：「救命！救命！」因為朱女公子諳法語，由何文傑陪著下樓用電話報警。事後知道，那時凶徒們還公然留在後園以偵察室內的動靜，直聽到朱女士在電話中呼援的聲音，他們相信目的已達，始從容再踰垣而逸。

受傷的五人中，陳國琦傷在腿部，自己已把手帕裹好了傷處。隨從戴芸生、陳國星、廚子何就都傷勢不重，初步加以包紮以免流出過多的血液，就留宅療養。救護車開到汪宅，只把傷勢最重的曾仲鳴夫婦送往軍部醫院救治。高朗街的汪宅，到此時河內當局才派警來保護，而來的又是幾名當地的土著警察，抵達以後，方由法籍警官臨時教授他們怎樣裝子彈與怎樣開放的技術。連武器也不會使用的武裝人員，則所謂保護，也不過是一種形式而已。

# 一八八、曾仲鳴在河內醫院不治

曾仲鳴夫婦在醫院檢查的結果，仲鳴腹部中彈累累，真成了百孔千瘡。醫生為他剖腹施行手術，竟割去了尺餘長的一段腸子。又因失血過多，需要輸血。在南京時因日機不斷轟炸關係，為防萬一，全家都曾驗血，何文傑與曾仲鳴血型相同，因此就由文傑輸血。此時醫生即表示傷勢過重，已經絕望。至仲鳴夫人方君璧女士，臀部與腿部兩彈，尚無大礙。胸部一槍，中彈處在右肺尖，可說間不容髮，如再略向下移，就可能會當場畢命。又幸而她體氣素健，以後經多時的治療，不至與曾仲鳴成為同命鴛鴦，總算是不幸中的大幸。

因為河內的軍醫院，不但設備簡陋，醫生的醫術也太欠高明，且缺乏療治槍傷的經驗。當醫生為曾仲鳴輸血時，由於器具的不良，文傑的血液，不能直接輸入仲鳴的體內，竟滴滴流在地上，仲鳴看到那樣情形，還皺著眉頭對文傑說：「浪費了你那樣多的寶貴血液，真是太可惜了！」曾夫人方君璧女子，經動過手術，送回病房，汪文惺女士忽然發現她背上還露出一個大創口，血水仍在不斷外流，原來竟然是醫生遺漏了不曾為她包裹。

當天的下午二時，汪氏聽到曾仲鳴傷勢絕望的報告，他堅決要親往醫院探視。但是河內對他，仍然危機四伏，凶徒們顯得有著有力的背景，在街上還可以隨時襲擊。故當汽車由高朗街駛往醫院時，何文傑汪文惺夫婦與陳國琦三人坐在車廂中，而汪氏則潛身蜷伏在他們前面的足畔，上面並用衣服覆蓋，希望人們不疑有汪氏在內。汪氏抵達醫院時，離仲鳴的死，也已不足兩小時的時間。

汪氏探望的一幕，辛酸得引人淚下。仲鳴自己當然如道已回生無望，而神志偏偏又仍極清醒。汪氏面對著這個垂危之人，他從幼年起一直追隨在他的左右，是革命志士的遺族，也已視同是他自己的骨肉，是他最忠實的同志，更是他多年來的左右手。今天，為他犧牲了，眼看命在呼吸，而兩人為了不願傷對方的心，彼此還裝著笑容在相互慰藉。事實上兩人什麼話也沒有說，汪氏噙著滿眶的熱淚，無限悲傷地望了幾眼之後，終不得不離之而去。

仲鳴平時經不起一些傷痛，而受此致命的鉅創，反而顯得異常的鎮靜與堅強。他忽然想到汪氏的經濟向來由他經管，存入銀行的現金，支票也向來由他簽字，他如一旦身死，可以使汪氏立即陷於窘境，他堅決要求讓他簽好一張空白支票，以防萬一。人們也只好把他從病榻上扶了起來，他以顫抖的手，用盡了最後的力氣，終於在支票上簽完了字。第一張簽得卻完全走了樣，他咬了一下牙關，創痛使他不能忍受，額角上已沁滿了汗珠，總算把第二張支票又以最後的力氣簽好了，他又頹然地倒了下去，不住地喘息。

汪氏離開醫院後不久，仲鳴的病況逐漸惡化，醫生斷定已危在旦夕。本來仲鳴夫婦同處在一室，深恐在臨命之前，給兩人以太大之刺激，故醫院方面決定將方君璧移至隔室。在曾夫人遷離的剎那，兩人心裡明知道已是訣別的一刻，為了都不願引起對方的悲慟，還在用微笑與溫語互相安慰。仲鳴至彌留的時候，他以微弱而斷續的聲音，說出最後幾句話：「國事有汪先生，家事有我妻，我沒有什麼不放心的了。」延至下午四時，終於一瞑不視。因仲鳴之死，乃激成汪政權之出現！反過來也可以說，曾仲鳴之死，實為汪政權犧牲的第一人。

這一幕河內的刺汪事件，也可以說是離奇的、微妙的、令人難以索解的。為什麼凶徒會直抵曾仲鳴夫婦的臥室？一般人認為那是由於這一間在全宅中佈置得最為整齊之故。汪氏抵河內以後，其長女公子文惺女士方與何文傑在河內成婚，汪夫人特別為洞房購置了一套新傢俱，而何文傑夫婦卻以之讓給了仲鳴。汪氏夫婦的一間，卻反而簡陋得有如下人的臥室。暴徒們在對窗一直在偵察，自然誤以為最整齊的一間，定是汪氏的臥室了。

其次，仲鳴臥室的窗外是一片園地，隔園對面一所房屋，相信是早為暴徒們所租賃。因為這臥室內有一張圓桌，汪氏於日間就經常與周佛海、高宗武、陶希聖等在那裡談話，暴徒們用望遠鏡窺視，目擊到一切，於是更可能相信這是汪氏所居。當汪氏等遷入後不久，有一天忽有一個自稱是裝修工人，要求往各室覆查，經何文傑拒絕後，僅許其進入他自己的臥室。事後想到這人一定也是暴徒們的同夥，在下手前來作最後實地的偵察。照這樣說：行刺時的誤入曾室，應該就不足為奇了。

但是，中間就有著太多的疑點，所有當時進入屋內行刺的暴徒，手上帶有手套，足上穿上軟底橡膠鞋，腰間束上無數的子彈（一般相信這是通過重慶方面駐河內的領事館而取得，當時的領事是一個姓許的人，台灣方面傳出的消息，實際指揮行刺的則是鄭介民率領了王魯翹做的），從他們這種情形來看，顯得這一項行動有預謀、有計劃、而且有有力的背景，如此從容準備，又何至那樣不經調查清楚，就冒冒失失地行事之理？

據事後被捕兇手的透露，他們本來準備要把室內的人全數擊斃，因為誤以同伴所放的槍聲，是汪宅侍衛人員的回擊，所以未及完成全部任務，就倉皇退走了。假如這是真實的話，那政治為什麼竟殘忍到那樣的地步！而疑點也就在這裡，暴徒們進入時在底層放了幾槍，打傷三個隨從。到中層時又放一槍，打中了陳國琦，到頂層一排槍打到了曾仲鳴夫婦，槍都是按步就班地為他們自己放的，又何至會出於誤聽？又何至於為此而驚逃？已經逃出了，為什麼還在後園中逗留著竊聽電話？他們真要趕盡殺絕的話，他們儘可從容下手。因此有人說：這事所以會以曾仲鳴為目標，就有三個可能：最寬厚的說法，隨便殺一個人，意在向汪氏警告。第二個說法，是明知汪氏的性格易於衝動，而又明知汪氏對曾仲鳴的感情，殺之，所以激起汪氏之憤怒，迫之從言論而採取行動。第三個說法就有點不經了，那是說，某方面片面地要把雙簧表演得更逼真，使各方面相信汪蔣真是對立的；也或者說，起初是約定唱雙簧的，而最後卻變成了騙局。儘管現在計畫者、行兇者尚多健在，又誰肯出而自承？這事，也只有成為千古的疑案了！

刺汪案發生後，河內當局立即緝凶，雖然主要份子於「行動」以後，立即遠颺，終於有袁伯勛、孫亞東、楊衛河三人落網。河內法庭對偵查工作，遲至六個月之久，始告完畢。於民國二十八年（一九三九）九月二十五日提起公訴。兇手在庭上經法官的嚴詰之下，俯首無言，承認了一切。原告律師瑟恩當庭指出「兇手行兇的動機，並不在政治思想之不同，而實在係被金錢所收買。三兇手雖自認是做小生意的人，但從他們的行動和行兇的手段來看，足證他們的所謂生意，實在是特務的生意，他們被人所收買，得到槍械供給，假借愛國名義，實行刺殺毫無抵抗的人」云云。最後由高等檢察官陳述意見，大致說：「一個領袖的政見，是非不在一時，誰敢說將來歷史上將作如何的判定。你們真能瞭解汪氏的主張嗎？你們更有何權力可以任意胡為？此種手段殘酷之行為，應予判處死刑或永遠監禁。」而結果陪審員雖認定罪證屬實，法官則竟以誤殺罪判三兇手各入苦工監七年。如此鉅案，就這樣的輕輕了結了。

汪氏對曾仲鳴之卒於因傷不起，以身代殉，無限悲憤，無限哀傷，曾親為其撰行狀云：

## 曾仲鳴先生行狀

汪兆銘

嗚呼！余誠不意今日乃執筆為仲鳴作行狀也！當二十四年十一月一日，余在南京中央黨部為凶徒所狙擊，坐血泊中，君來視余，戚甚，余以語慰之，此狀今猶在目前，乃今則君臥血泊中，而以語慰我也。余當日雖瀕於死，而卒不死，乃今則君竟一瞑弗視也。國事至此，死者已矣，生者當以死繼之，其有濟於國與否，未可知也！即幸而濟，茫茫後死之感，何時已乎！

君以中華民國紀元前十六年歲次丙申二月二十八日，生於福建之閩縣。幼孤，母氏至賢。君於諸兄弟姊妹中，年最少。姊氏醒，適方氏，少孤，攜孤子賢俶與夫之女弟君瑛，及夫弟聲濤聲洞同留學於日本，先後加入中國同盟會，從孫先生致力革命。庚戌之歲，嘗與君瑛暨黎仲實、俞雲紀、黃復生、陳璧君及兆銘謀刺清攝政王，事敗，復生兆銘被執，復與君瑛等，參加辛亥三月二十九日廣州之役，雲紀聲洞戰死。元年，與君瑛璧君等得官費留學於法國，各攜其弟妹偕行，節三四人之所得，以資六七人之用。

君於此時，年十五。君瑛之妹君璧，則少於君二歲，自幼時，備聞姊氏之教，知以身許國之義。既入蒙達爾智中學，銳意力學，孜孜矻矻，又自以年幼，去國遠，每學校休假，則移游息之

晷，以補習國學，兼程並進，學識日懋，而習於勤儉，志節堅定，他日為國服務，廉節之操，亦於此養成焉。

元年以來，國事靡定，兆銘僕僕奔走，留學之願，有志未逮。君則沉潛專一，中學畢業，更入大學，初治化學，兼治文學，先後在法國波鐸大學獲化學士，在里昂大學獲文學博士學位，名實斐然。復在里昂中法大學任秘書長之職，於華法教育，多所盡力，且留心國內政聞，其政治主張，亦確定於此時也。君與君璧幼同學，志趣相得，既成夫婦，伉儷尤篤。君璧致力繪事，有聲於中外。十四年相將歸國，皆任教授於廣州中山大學。迨七月一日國民政府成立，君被任為秘書，是為君盡瘁國事之始。自是以後，數年之間，中國之進步與紛亂，更迭起伏，君與兆銘，相從患難，識定而氣閒，然備嘗險阻，習知情偽，其恢弘之度，遂與日俱進。

二十年十二月，中國國民黨第四次全國代表大會，君被舉為候補中央執行委員。二十一年一月二十八日任行政院秘書長，旋調鐵道部次長。其時東北已喪，淞滬又被兵，舉國岌岌，以救亡圖存為務，而共產黨則乘機益猖獗於江西，謀顛覆中華民國。中央於是決策，對內務根據三民主義，以完成中華民國之建設。其尤要者，充實民力，發展國力，以裕民生，以固國防，凡有障礙，悉掃除之。對外則務以和平正義，求得國際之同情與援助，且期待日本之最後覺悟。凡此決策，蓋深維本末之義，而確定救亡圖存之方針與步驟。大計既定，須之全國，一致進行。軍事委員長蔣中正，督師南昌，當剿匪之任，其他行政諸機構，亦皆同心協力，謀國是之實現。

君在鐵道部，佐部長顧孟餘改進路政，雖庫帑奇絀，債務累積，而運籌作策，不遺餘力。先後舉辦京浦輪渡，延長隴海鐵道，復完成粵漢鐵道，此為前清末造以來，舉國所跂望而迄未能竣事者，至是始得由廣州直達武漢，與平漢鐵路相銜接，於國防民生，貢獻甚鉅。二十四年十一月，中國國民黨第五次全國代表大會，復被舉為候補中央執行委員，旋辭鐵道部次長職。於翌年二月，偕兆銘出國，及十二月聞西安事變，遂歸。

二十六年二月，就任中央政治委員會副秘書長。八月，中央政治委員會以抗戰軍興，特設國防最高會議，以君為秘書主任。其時中央決策，悉全國之力從事抗戰，而於和平斡旋，仍並行不悖。當七月七日蘆溝橋事變既發，中央仍宣言願採取一切國際調停和解諸手段，以息戰爭。當八月十三日以後，戰事蔓延淞滬，而九國公約國開會議於比京，提議調停，中央仍予接受。及十二月初，南京垂陷，德國大使奉其國政府之命，傳達日本和平條件，中央承諾以為和平談判之基礎。二十七年九月，國聯開會，中央復訓令代表，要求適用盟約第十七條，亦為以和平方法解決糾紛。凡此事實，皆中外所昭見，而隱微曲折，君以參與機要，知之尤深且切。

夫和戰大計，為國家生死安危所關，不得不戰則戰，可和則和，此為謀國之常規。況中國自抗戰以來，全國被兵，失地延及九省，將士死傷百餘萬，人民肝腦塗地，其數不止倍蓰。如和平條件無害於國家生存獨立，則結束戰事，以圖補救，尤忠於謀國者所宜出。惟共產黨人心目中無祖國，其始欲藉淞滬戰事，牽制國軍，俾得以盤踞江西。及頻年被剿，由東南竄西北，窮蹙垂盡，則又藉西安事變，托名抗戰，轉移視聽。抗戰既起，乘舉國存亡呼吸之際，益擴張其政治組織及軍隊，以終遂其顛覆中華民國之謀。知和議若成，必不利於所圖，乃悉力破壞之，輾轉勾引，所以挑撥離間煽動中傷者無不至。兆銘既痛國是之被撓動，又怵於國家大計為宵人所挾持，將不免於覆亡，數數言於國防最高會議。十二月九日，軍事委員長蔣中正至重慶，復激切言之，卒不納，遂於十八日去重慶，十九日至河內，君偕行，二十九日以建議書公佈於世。

二十八年三月二十一日晨丑時，天未明，凶徒數人，持械突入寓所，發彈數十，傷五人，君傷最重，是日申時卒。夫人君璧以奮身救君，亦中三彈，餘三人傷，輕重不等，兇手被捕者三人。越日，法文各報皆以大字標明藍衣社所為，且據兇手供稱，謀殺目的實在兆銘云云。

君生平文學著述甚多，而於政治則重實行，少言論，且以處機要之地，益以慎密為務，然亦正由其處機要之地，於中央決策之經過及其蹉跎變幻之所以然，瞭然於中。憂國之心既深，及其未亡，而思有以救之，積誠已久，一旦決然行其心之所安，凡悠悠之毀譽，及其一身之死生禍福，固所不計也。嗚呼！是可謂仁且勇矣！

君自受傷至逝世，神志清明，語親友曰：「國事有汪先生，家事有吾妻，無不放心者」！夫人君璧，身受三傷，日睹君之臨命，茹痛言曰：「在此時代，抗戰可死，致力和平亦可死，吾人要當以一己之死，換取國家民族之生存。」君卒時，三子均幼。方曾兩家，自前清末造，參加革命，至於今日，或身死國事，或盡瘁未已。兆銘往還既密，以公義兼私交，於君之死，為國家痛，為兩家痛。倉猝記述，未足以盡君之生平，僅舉其志事之大者，告之同志，俾知所繼述云爾。（二十八年四月六日）

# 一八九、汪氏親撰「舉一個例」全文

河內謀刺汪精衛一幕，無論如何這是一件政治性的暗殺事件，應該毫無疑義。事後汪系的香港「南華日報」，當時曾把這案的蛛絲馬跡，還提出了六點線索：「……據我們所知道的：一、重慶方面為著要刺死汪先生，特別開一條由昆明到河內的航空線。一方面便利運來行兇的人與兇器；一方面便利行事之後，人和物都從飛機上運走。二、他們利用外交官為掩護，拿出紅色派司，兇器就可以自由運入河內。三、兇手中有一部份由香港藍衣社機關派出，這個機關是西南運輸公司的一科。四、當日河內警察所獲槍械，並非法國出品，安南境內一向沒有這種槍械。五、事件發生的前幾天，凶徒們以高價向一外國人轉租在汪宅對面的洋房一所，為便利行兇之用。六、凶案發生之後，河內法文日報大字登載，指為係由藍衣社所為。……」上面的這些指證，「南華日報」以立場關係，還可說未必全有其事，但這樣大規模的行動，所說也不至會全無根據。

刺汪案發生之日，因為汪氏已準備赴歐，所有他左右較為重要的人士，都已先後來港。迨凶案的消息傳到香港後，梅思平、陶希聖、高宗武、何炳賢等都聚集在九龍太子道的周佛海住宅，集議此事。這一批人，除了在文字上的抗議以外，還會有什麼其他的辦法？當時他們認為不論為主戰或者主和，都是為了國家的存亡，應該不是為了私人的利害。汪氏提供意見，是希望由政府談和，而不是由汪氏自己去主和，即使政府不以為然，對一個陳述國是主張的人，中央既已有了嚴厲的處分，何至更出此卑劣的手段？在座最表憤慨者卻為陶希聖，他自告奮勇地願意動筆起草抗議，當人們還在紛紛議論之際，他就坐在沙發椅上，俯身矮几，振筆疾書，為「南華日報」寫就了一篇社論，題為「為河內暴亂事件質問重慶之執政者」。

我手裡尚存有此當年的全文，但因為寫時陶希聖正為一時之意氣所激盪，字裡行間顯得頗為率直。文中一面為汪氏作辯護，而汪氏的廬墓早毀，屍骨成灰，蓋棺幾成定論，是非誰能管得？因此我不想再提了；而另一面則對當局不無詆毀，而陶氏今日亦且變為台灣黨國之柱石，我更不欲再提至有妨他的前程了。茲僅節錄其中的一節，可概見當時陶氏是怎樣對汪氏的忠勇悲憤：

「夫中華民國為生存獨立，不得不戰，戰爭歸於挫折，則戰爭終於和議。故為政者在此時期，不可不支持戰爭，亦不可不準備和議。從表面言之，戰與和固不相容；而裡面言之，不得不戰而戰，戰，乃所以為國家；不能再戰而和，和，乃有裨於民族。故在無可再戰之今日，主和無罪！縱令認定汪先生與現政府為國民黨之兩派，兩派之政見不同，可決民意；兩派之方略不同，可決於樞府，何必訴之於暴力？以摧毀此無機心無防備之在野領袖？汪生先出國以後，只發表其素日一貫之主張。且發表豔電以後，更無相繼而起之言行。……」

從這一節中，還可以證明汪氏的出國，初意亦僅以發表主張為止，並沒有豔電以後「相繼而起之言行」。事實上則經此鉅變，使汪氏於憤怒與哀悼中已在籌維他今後的行止了。高朗街二十七號的住宅，河內警務當局作賊出關門之計，把後園原來高人及胸的短垣與竹籬都砌高了，室內的窗戶，均加裝了鐵柵。汪氏以危機四伏，只好整日蟄居室內，不再能往河畔小步，也不再能去茶室遣愁，繞室徬徨，寢食均廢，終於在凶案發生後的六日，即三月二十七日，一面遣送他的愛婿何文傑赴港，為了曾仲鳴的慘死，向其胞姊曾醒慰唁，並改變原意，作出了赴滬自任折衝與敵周旋的決定。所以要何文傑由港隨同曾三姑赴滬，先為住所作安全上的佈置。

汪氏除了豔電上已說者外，更進一步親自為文重申他的主張，與闡述他的意見，他寫了一篇「舉一個例」。當他在高朗街住宅起草此文時，還俯瞰到路上的電桿木旁仍然有人在徘徊，還不斷仰起頭向樓中窺察，他為萬一之備，招了他的女公子文惺親把寫字檯移往牆邊，始得安心寫作。

這一篇四千餘字的「舉一個例」，雖然冗長了一些，文中雖也僅是他個人主觀的意見，但可以反映出他那時的心境與抗戰前後的環境。以後汪政府的成立，也無不基此一念而興。為了保存這一份有關汪政權最重要的文獻，故將全文重為刊出。原稿中發現有若干筆誤之處，以汪氏的學養，更顯出他草擬時心境的煩亂。汪氏原稿，本由曾仲鳴夫人方君璧女士保存，茲承由美寄閱，附此誌謝。

## 舉一個例

曾仲鳴先生彌留的時候，有鄭重而簡單的兩句話：「國事有汪先生，家事有吾妻，我沒有什麼不放心的」。曾先生對於國事的主張，與我相同，因為主張相同，所以此次不免於死。曾先生之

死，為國而死，為對於國事的主張而死。他臨死的時候，因為對於國事尚有主張相同的我在，引為放心。我一息尚存，為著安慰我臨死的朋友；為著安慰我所念念不忘他他所念念不忘我的朋友，我已經應該更盡其最大的努力，以期主張的實現，何況這主張的實現，是國家民族生存所繫。

我因發表豔電被目為主和，主和是我對於國事的主張了。這是我一人的主張嗎？不是？是最高機關經過討論而共同決定的主張。這話有證據沒有呢？證據何止千百，今且舉一個例吧！

**國防最高會議第五十四次常務委員會議**

時間：二十六年十二月六日上午九時

地址：漢口中央銀行

出席：于右任　居正　孔祥熙　何應欽

列席：陳果夫　陳布雷　徐堪　徐謨　翁文灝　邵力子　陳立夫　董顯光

主席：汪副主席

秘書長：張群

秘書主任：曾仲鳴

徐次長（謨）報告：「德國駐華大使陶德曼，於上月二十八號，接得德國政府訓令，來見孔院長（祥熙），二十九號上午又見王部長（寵惠），據稱：『彼奉政府訓令云：德國駐日大使在東京曾與日本陸軍外務兩大臣談話，探詢日本是否想結束現在局勢，並問日本政府欲結束現在局勢，是在何種條件之下，方能結束。日本政府遂提出條件數項，囑德國轉達中國當局。其條件為

（一）內蒙自治；

（二）華北不駐兵區域須擴大，但華北行政權仍全部屬於中央，惟希望將來勿派仇日之人物為華北最高首領。現在能結束便如此做法，若將來華北有新政權之成立，應任其存在，但截至今日止，日方尚無在華北設立政權之意。至於目前正在談判中之礦產開發，仍繼續辦理；

（三）上海停戰區域須擴大，至於如何擴大，日本未提及，但上海行政權仍舊；

（四）對於排日問題，此問題希望照去年張群部長與川樾所表示之態度做去。詳細辦法，係技術問題；

（五）防共問題，日方希望對此問題有相當辦法；

（六）關稅改善問題；

（七）中國要尊重外人在中國之權利』云云。

「陶大使見孔院長王部長後，表示希望可以往見蔣委員長，遂即去電請示，蔣委員長立即請陶大使前往一談。本人乃於三十日陪陶大使同往南京，在船中與陶大使私人談話，陶大使謂：『中國抵抗日本至今，已表示出抗戰精神，如今已到結束的時機。歐戰時，德國有好幾次的機會可以講和，但終自信自己力量，不肯講和。直至凡爾賽條約簽訂的時候，任人提出條件，德國不能不接受。』陶大使又引希特勒意見，希望中國考慮。並謂：在彼看，日本之條件並不苛刻。十二月二日

抵京，本人先見蔣委員長。蔣委員長對本人所述，加以考慮後，謂要與在京各級將領一商。下午四時又去，在座者已有顧墨三（祝同），白健生（崇禧），唐孟瀟（生智），徐次辰（永昌）。蔣委員長叫本人報告德大使來京之任務，本人報告後，各人就問有否旁的條件，有否限制我國的軍備。本人答稱：據德大使所說，只是現在所提出的條件，並無其他別的附件，如能答應，便可停戰。蔣委員長先問孟瀟的意見，唐未即答。又問健生有何意見，白謂只是如此條件，那麼為何打仗。本人答：陶大使所提者，只是此數項條件。蔣委員長又問：次辰有何意見？徐答：只是如此條件，可以答應。又問墨三，顧答可以答應。再問孟瀟，唐亦稱贊同各人意見。蔣委員長遂表示：『（一）德之調停，不應拒絕』。並謂：『如此尚不算是亡國條件。（二）華北政權要保存』。

下午五時，德大使見蔣委員長，本人在旁擔任翻譯。德大使對蔣委員長所說，與在漢口對孔院長王部長所說的相同。但加一句，謂現在不答應，戰事再進行下去，將來之條件恐非如此。蔣委員長表示：（一）對日不敢相信，日本對條件、說話可以不算數，但對德是好友，德如此出力調停，因為相信德國及感謝德國調停之好意，可以將各項條件作為談判之基礎及範圍。但尚有兩點，須請陶大使報告德國政府：

（一）關於我國與日談判中，德國要始終為調停者。就是說：德國須任調人到底。

（二）華北行政主權須維持到底。在此範圍內，可以將條件作為談判之基礎，惟日本不可自視為戰勝國，以為此條件乃是哀的美教書。

德大使乃問可否加一句。蔣委員長說可以。德大使說：『在談判中，中國政府宜採取忍讓態度。』蔣委員長謂：『兩方是一樣的。』蔣委員長又謂：『在戰事如此緊急中，無法調停，進行談判。希望德國向日本表示先行停戰。』陶大使稱：『蔣委員長所提兩點，可以代為轉達。如德國願居中調停，而日本亦願意者，可由希特勒元首提出中日兩方先行停戰。』蔣委員長說：『如日本自視為戰勝國，並先作宣傳，以為中國已承認各項條件，則不能再談判下去。』在歸途中，陶大使表示，為以此次之談話，有希望。返京時，陶大使並對蔣委員長說：『此項條件，並非哀的美敦書。』陶大使在船中，即去電東京及柏林，但至今尚未有回覆。此後發展如何，尚不可知。』」

此外還有證據沒有呢？何止千百！但其性質尚未過去，為國家利害計，有嚴守秘密之必要。而德大使調停之事，則已成過去，故不妨舉出來作一個例。於此，便會發生以下三個疑問：

第一、德大使當時所說，與近衛內閣去年十二月二十二日聲明相比較，德大使所說可以為和平談判之基礎，何以近衛聲明不可以為談判之基礎？

第二、當德大使奔走調停時，南京尚未陷落，已經認為和平談判可以進行。何以當近衛聲明時，南京、濟南、徐州、開封、安慶、九江、廣州、武漢，均已相繼陷落，長沙則尚未陷落，而自己先已燒個精光，和平談判，反不可以進行？

第三、當德大使奔走調停時，國防最高會議諸人，無論在南京或在武漢，主張均已相同。何以當近衛聲明時，又會主張不同？甚至必將主張不同的人，加以誣衊，誣衊不足，還要奪其生命，使之不能為國家效力。

對於以上三個疑問，我不欲答覆。但對於和戰大計，卻不能不再為國民一言。

有人說道：「既已主戰；則不應又主和」。此話不通！國家之目的，在於生存獨立，和戰不過是達此目的之手段。到不得不戰時則戰；到可以和時，則對和之可不可視其條件而定。條件而妨國家之生存獨立，則不可和；條件而不妨及國家之生存獨立，則可以和。「如此尚不算亡國條件」，言猶在耳，試問主和有何不可？有人說道：「中國因抗戰而得到統一，如果主和，則統一之局，又歸於分裂」，這話我絕對反對。從古到今，對國家負責任的人，只應該為攘外而安內；絕不應該為安內而攘外。對外戰爭是何等事？卻以之為對內統一之手段？中國是求國家生存獨立，而抗戰不是求對內統一而抗戰。以抗戰為對內統一之手段，我絕對反對！何況今日之事，主和不妨害統一，而不主和也不會不分裂。

有人說：「如果主和，共產黨立刻搗亂。」我以為共產黨是以搗亂為天性的，主戰也搗亂；主和也搗亂。共產黨的搗亂，如果於主和時表面化，比現時操縱把持，挑撥離間的局面，只有較好，沒有較壞。

有人說道：「國際並不盼望我們和。」我以為和與戰是國家民族生存所繫，應該由我們自己決定，立於主動的地位，運用外交以求國際形勢有利於我，決不應該俛仰隨人。何況現時除第三國際外，並沒有其他國家反對我們和。

如上所述，已經明瞭。還有鄭重聲明的，甲午戰敗之後，有屈辱的講和，庚子戰敗之後，有屈辱的講和，這是說起來就難過的，我不願這一次的講和是如此。普法戰爭之後，法國有屈辱的講和，直到大戰，然後吐氣。大戰之後，德國有屈辱的講和，直至今日而後吐氣，這是說起來就得意的，我也不願意這一次的講和是如此。因為這樣的循環報復，無有已時，決非長治久安之道。我所誠心誠意以求的，是東亞百年大計。我看透了，並且斷定了中日兩國明明白白戰爭則兩傷；和平則共存。兩國對於和平，只要相與努力，必能奠定東亞長治久安之局。不然，只有兩敗俱傷，同歸於盡。這種看法，兩國人都有懷疑的；然而也都有確信的，尤其二十個月的苦戰，日本的消耗，不為不大；中國的犧牲，不為不重。兩敗俱傷，同歸於盡的一條路；與共同生存共同發達的又一條路，明明白白擺在面前。兩國有志之士，難道怵於一時之禍福毀譽而徘徊瞻顧，不敢毅然有所取捨嗎？我希望大家本著獨立不屈不撓的精神幹去！和平建國之第一做犧牲者——曾仲鳴先生，已將自己的血，照耀著我們這共同生存共同發達之大路而前進！

末了，我還有幾句話：當二月中旬，重慶曾派中央委員某君，來給我護照，俾我出國。我托他轉致幾句話。其一，我不離重慶，豔電不能發出，然當此危難之時，離重慶已經很痛心的了，何況離國！我所以願意離國，只是表明要主張得蒙採納，個人不成問題。其二，聞得國民政府正在努力促成國際調停，這是可以的。然而至少國際調停與直接交涉同時並行。如此，則我以在野之身，從旁協助，亦不為無補。其三，如果國民政府始終不下決心，任這局面僵下去，我雖離國，也會回來。以上幾句話，定然是構成三月二十一日事變之原因。所可惜者，曾仲鳴先生比我年青，即賫志以殉，先我而死。

我這篇文字發表之後，國人能留心看看我這篇文字，明瞭我的主張，是中國生存獨立之要道。同時，也是世界與東亞長治久安之要道。我的主張雖暫時不能為重慶方面所採納，總有一日為全國人民乃至中日兩國人民所採納，則我可以無憾。（二十八年三月二十七日）

## 一九〇、汪爲曾仲鳴之死激動了

在抗戰期間，汪精衛之所以離渝赴越，發表豔電，主張和平，不能說全沒有一些私人意氣在內，而對大局的看法，他是懷著三種心理：國際形勢與戰事形勢不利而外，更認為中共將藉抗戰而坐大。他之毅然出走，在消極方面，欲以個人身分發表和戰主張，不使人懷疑出於政府之授意：而在積極方面，以政府亦正在暗中努力促成國際調停，希望以在野之身，得從旁協助。他留在河內時期，已經取到了出國的護照與旅費，而最後的突然變卦，卒於赴滬籌組政權。是當年曾經與汪氏接觸過的人，誰都會肯定其最直接的主因，是由於河內高朗街的一擊所促成。他既痛心曾仲鳴之以身代殉，且茫茫天涯，今後無時無地，也無不有被殺之危。

本來，以一個堂堂政府而出之以暗殺的手段，總是號稱法治國家的一個污點。汪氏，在中央黨部遇刺之舊創未痊，而異國客寓中的槍聲又起，所以他於驚魂初定，即憤慨地說：「必將主張不同的人，加以誣衊，誣衊之不足，還要奪其生命！」由於這一時的衝動，於是決心而自建政權。他在河內親自起草的那篇「舉一個例」的文字中立即宣布了這一項決意。裡面有兩句最明顯的話：「我希望大家本著獨立不屈不撓的精神幹去！和平建國第一犧牲者曾仲鳴先生……」「和平建國」，汪政權的基本政策，乃首次出現於汪氏的筆下。

因曾仲鳴之死而使汪氏無限痛心、無限悲憤，終於不惜自建政權。有人懷疑這僅是汪氏「附敵」的一種藉口，甚至有人加以穿鑿附會，坊間且有「汪精衛戀愛史」的出版。是一個人而有男女間的愛戀，正是人類的常情。中外古今所謂大人物之流，遠之如項羽之有虞姬，拿破崙之有約瑟芬夫人，近代則不管是混世魔王的希特勒，或者稱為「革命導師」的史大林，在我國如中山先生之有宋慶齡，蔣介石之有宋美齡，毛澤東之有藍蘋，人孰無情，誰能遣此？而風流行徑，也許正是志士情懷。故汪氏而如有戀愛史，正不必為諱，更不必為辯。然而汪氏一生，若說有戀愛史的話，則與陳璧君自同志，而戀人，而夫婦，白首相偕，此情不渝。若摭拾汪氏「雙照樓詩稿」中之一二語，遽推斷為別有隱情，則汪氏對胡漢民詩且有「卻憐二人血，不作一時流」之句，別有用心者，豈非更可任意作曲解耶？

我以這一段過去的革命歷史事實，作為我所寫《汪政權的開場與收場》的補遺之一，不僅在正社會視聽之誤，亦以見汪氏對生死同志方曾兩家間歷年深厚之交誼，與汪氏何以對曾仲鳴之死，如此其激動之故。至此篇資料，係得自曾仲鳴夫人方君璧女士之由美來鴻，正是歷數家珍，自應不同於一般的道聽塗說之談。

在清末革命時期中，汪氏與朱執信為親戚而兼同志而外，與曾醒（就是以後人們稱她為曾三姑的）、方君瑛、黎仲實、陳璧君這幾個人意氣相投，相約共同獻身革命。人稱方七姑的方君瑛，也就是有人所寫《汪精衛戀愛史》中被指為女主角的，於光緒十年（一八八四）生於福州，當她十幾歲的時候，她的伯父出仕浙江，於是舉家遷往。方家不但開風氣之先，而且頗有家國之思，以仕宦之家，獨不使子弟從科舉中求「進取」，竟先後遣赴日本留學。君瑛的堂姊君笄及她的兩個胞弟聲

濤（行六）、聲洞（行七）此時都已先後東渡。光緒三十一年（一九〇五）君瑛二十一歲，也得到了家長的允准，赴日留學。

那時在日本的中國女留學生，可說絕無僅有，方君瑛是第一個進入日本東京女子師範學校的人。她在離國前，本已由父母之命與王簡堂訂了婚，而這丈人峰對此未來的東床快婿，既寄以厚望，也許他也發覺到膝前弱息，並不怎樣滿意於這項婚約，所以一併遣之赴日，原意或可使兩人有較多接觸的機會，以增進雙方的感情。一九〇六年方聲濤回到福州娶親，以後又帶了妻子偕同赴日。方聲濤是在日本士官學校學陸軍的，那時在日本留學的青年，都痛心於清廷腐敗，絕大部份都抱有以身許國的宏願，方君瑛、聲濤姊弟，尤其慷慨有大志，先後都已參加了中山先生所領導的同盟會。

曾仲鳴的胞姊曾醒，一般誤以為是方聲洞的夫人，其實他是方聲濂（行四）的妻子。她生於一八八二年，十八歲時嫁給聲濂，生了一個兒子，詎新婚方及三年，聲濂在上海讀書時，遽爾患病身故。曾醒在福州守節撫孤，渡著悲苦淒涼的日子。但她與方君瑛雖份屬姑嫂，而情同姊妹。君瑛頭腦開通，她以為夫亡女人總不應當那樣地白白犧牲了一輩子。出來做一些事，既有利於國家，也可藉此稍殺其身世之痛，因此君瑛向堂上盡力進言，讓這位年青寡嫂，也同赴日本留學，君瑛並願將自己的官費，分一半給曾醒，不使家庭加重負擔。終於在一九〇七年曾醒也帶了兒子賢俶赴日，不久她也毅然參加了當時唯一革命團體的同盟會。

以後成為黃花崗烈士的方聲洞，在方家這一群骨肉中是幼弟，而他又是學醫的，君瑛以為她們都已將生命奉獻於革命大業，既抱必死之志，照從前的禮法，對堂上不能無晨昏定省之人，對祖先更不能無一脈相延續，幼弟可不必冒萬險以同歸於盡，俟其將來學成歸國，鯉庭侍奉，代盡子職。所以諸兄姊都勸他不要參加同盟會。而他於一九〇八年夏回國與王氏夫人結縭後（方夫人迄今猶留在大陸，這烈士遺孀，最近消息不明），再至日本，竟瞞著家人，也偷偷地毅然加入了。

汪精衛與陳璧君兩人的一段結合經過，除已詳前述而外，茲據曾夫人方君璧女士函中透露，有些為外間所未知者。原來陳璧君從星洲追隨汪氏赴日，其時在前清光緒三十四年戊申，中山先生以其年青有志，毀家紓難，對之另眼相看，故特囑方君瑛與曾醒予以照顧。君瑛其時加入同盟會已久，並且擔任了黨內的重要職務「暗殺部部長」。她為人正直熱誠，而又剛毅沉著，因此中山先生以及胡漢民、朱執信諸氏，靡不深加器重。陳璧君因初抵日本，年齡又比君瑛小七歲，對君瑛極為敬佩。曾醒則賦性忠厚，平時沉默寡言，璧君對之也異常親愛。

最初君瑛、曾醒姑嫂與璧君住在一起，以後為彼此商量黨事便利之故，另賃了一棟較大的房屋，汪精衛、黎仲實也遷住到那裡。當汪氏決心潛赴北京行刺攝政王載灃，以為振奮天下人心之舉時，這五人實同預其謀，運送的炸藥，也是五人合力為之。當時係將行刺用的炸藥實於一件棉背心中，且由曾醒親加縫製，而由黎仲實穿之以赴北京。據黎仲實事後告人，那件背心異常沉重，炸藥壓著心口，一路上感到十分難受。

當汪氏於宣統元年十一月啟程之時，本抱著有去無回之志，詎陳璧君堅決要求同去，以為共死之計。汪氏本已由家中為他與劉氏女訂定了婚約，後因汪氏參加革命，在專制時代，謀叛為大逆不道，可以株連全家，他的長兄兆鏞（字伯序，又號憬吾，光緒己丑舉人，曾官湖南知縣），深恐貽累家人，故宣布將汪氏出族，並向劉宅通知退婚，而劉女士卻堅持反對，不予同意（汪氏與陳璧君婚後，劉女士矢志不嫁，現仍在香港一尼庵中茹素禮佛）。婚約雖退，而汪氏對此卻認為良心上應當負責，始終備感不安。

事實上，陳璧君蚤歲也與梁宇皋氏（梁氏於馬來亞獨立後出任司法行政部長，方於一九六三年春老病逝世）有婚約，與汪氏邂逅後，得梁氏同意而告解除，故自兩人自相識而成為同志，雖情愛日篤，各以禮自持，始終未敢存白頭之願。直至此時相偕同赴燕京，只要行刺事件一旦實行，勢將同歸於盡。汪氏認為對此深情厚愛而又同生共死之人，不能不於臨死之前有所表示，而陳璧君亦望早定名分，胥可以告慰老母，因此於宣統二年庚戌二月既望，即預定行刺載灃之前兩日，毅然定情，先為名義上的結婚（以前我所寫陳璧君以終身相托，是在汪氏入獄之後，自出傳聞之誤）。

而汪氏行刺之謀，事前先被發覺，汪氏與黃復生先後被逮，而陳璧君則以不住於用為掩護的「肖真」照相館，得邀倖免。翌年九月初六日汪氏被赦出獄，有情人乃得終成眷屬。他們的正式宣布結婚，則已在民國元年的三月底，許多革命志士都赴廣州公祭黃花崗七十二烈士墓，汪陳也於此時大宴賓朋，而由胡漢民擔任主婚人。那天的婚筵自是十分熱鬧，而婚禮則十分簡單，且未舉行什麼儀式。

關於國民革命史上最壯烈的廣州起義一幕，七十二烈士同日成仁，據方君璧女士所知道的經過是這樣的：宣統二年，方家都住在漢口，暗中推動革命，陳璧君在營救汪氏時，也曾去過那裡，並且在方家還住過一個時期。到第二年的辛亥三月，他們陸續都去了香港，密謀在廣州舉義。直到此時，君瑛才知道方聲洞烈士也參加了同盟會，且已擔任過像運送軍火等一類的危險工作。君瑛還是勸他歸侍老父，以盡人子的責任，而方聲洞烈士卻慷慨地說：「你們都踴躍願為國赴死，我又何忍獨生？韃虜未除，更何以家為！」君瑛見其志不可移，也就不再堅阻。廣州義舉，本定在四月初一日，幾乎所有留日的青年，尤其是同盟會的會員，全數參加。那時方聲洞烈士的胞兄聲濤也已學成歸國，潛伏在滿清軍隊中準備隨時響應，他那時正率隊駐在廣西。

在廣州起義的志士們，是先到香港，再分批赴粵的，由黃興任領隊。曾醒、方君瑛、陳璧君、李佩書等幾個女同志，因要等待掩護胡漢民等若干重要同志，決定到最後一天再進廣州。一時有那麼多神情舉止與當地土著完全不同的外國留學青年齊集廣州，他們大部份又是外省籍的人士，而又早已剪去了垂於腦後的長辮，儘管有人裝了假辮，仍然很容易被人覺察，風聲多少也有些洩漏了。滿清的官吏覺得情勢急迫，關起了城門，已在大舉搜捕「亂黨」，而各路響應的軍隊，因為約定的日期未到，尚未抵達。領導的黃克強有些焦慮了，與大家一商量，認為與其束手待斃，不如冒險一試，於是就在三月二十九日那一天，提前起義，圍攻總督衙門，結果卒寫成革命史上轟轟烈烈的一頁，也成為革命史上最壯烈的一幕。

方聲洞烈士當時非但沒有接受乃姊君瑛的勸告，而且還急急的先行趕赴廣州，在臨行之前，他與方君瑛、曾醒三人在香港還一同照了張照相，各人還寫了一封長信給家人，作為最後的絕筆。他終於為了國家民族而成仁了！等到君瑛與曾醒到預定的日期趕去，廣州的城門已經關閉，無法進入。雖邀倖免，但是眼睜睜的看著骨肉犧牲，行遲一步，以至未能同殉，使她們覺得遺憾終身。方聲洞烈士殉國後，遺有一妻兩子，等他的夫人在日本聞耗回抵漢口，那年六月間又生了一個遺腹女公子。從此君瑛對守寡的弟媳與三個孤兒，負起了絕大的責任，也埋下了她以後自殺的根源。

# 一九一、汪與方曾兩家淵源深厚

汪精衛、陳璧君、黎仲實、方君瑛與曾醒這五個誓同生死的革命同志，終於因汪、陳、黎三人於宣統元年離日赴燕都謀刺攝政王載灃而如勞燕之分飛。當啟程之前，彼此認為此生將無重見之望，相對鄭重叮嚀，形同訣別。不意汪氏等之誤刺未成，被逮入獄，而清廷又以籠絡人心，於宣統三年九月竟邀赦釋。出獄之後，旋即趕赴上海，方君瑛、曾醒亦偕同方君璧由漢口赴滬相晤，此五人於死別之後，又復生聚，非但出諸意料之外，且有形同隔世之思，其歡慰自應不同於尋常，他們還共同攝了一張照相，留一難得之紀念。

那時方君璧猶在童年，也還是初次見到汪黎兩氏，在她幼稚的心靈中，所留下的印象是：黎氏短小精悍，謙遜而隨和，什麼人都對他有親切之感。汪氏則溫文儒雅，寓和靄於嚴謹，平時衣冠整潔，一言一動，拘守禮節，即有時講笑話，也決無逾份之處，但他自有一股懾人的威嚴，在他面前，誰也無形中覺得會有一些拘束。方君璧叫黎仲實為二哥，稱汪精衛為四哥。但汪黎二人，對方君瑛與曾醒卻都極敬重，遇有較為重要的事，也一定提出來共同就商。他們在上海盤桓了一兩個月：除上述諸人外，陳璧君的母親衛月朗也來了住在一起。這時期汪氏等還是十分忙碌，每天去談話，去開會的人來來往往，戶限為穿。民國元年的初春，汪氏等轉赴廣州公祭黃花崗七十二烈士，並與陳璧君宣布結婚。方君瑛帶了她的妹妹君璧，曾醒也帶了她的幼弟仲鳴一起從福州趕往廣州，作了一次歡聚。

由家長作主與方君瑛訂婚的那位王簡堂，有婚約前兩人固未嘗覿面，即在他東渡以後，彼此的相見，也僅於偶然機會中的不期而遇。過去未婚夫婦，不論思想怎樣開通，男方自會有著一份矜持，而女方也總有著一份靦腆，為了避嫌，雖同處一地，而兩人形跡仍然是十分疏遠。王簡堂讀書倒是不錯，但滿腦子都是「學而優則仕」那一套的陳腐思想。他對革命無認識，因此對方家的熱心奔走，自更深致其不滿，他曾經在方聲濤聲洞昆仲前予以指責，聲濤等不免就把王簡堂的話轉告君瑛。她認為未來夫婿如此迂腐頑固，一旦結為夫婦，思想上既有著太大的距離，則婚後生活，預料也決難美滿。那時在她的內心中早有了解約的決意，且存了以丫角終身之心。不過因為其時她既即將從東京女子師範學校畢業，而且又擔任著革命的秘密任務，不願因私事的張揚，而引起別人的注意，因此尚隱忍未發。

民國成立以後，她桑梓所在的福建省政府邀君瑛去出任教育廳長。她以為革命的目的，不是為了做官，欲為同志作表率，因此力辭不就，只允擔任福州女子師範學校校長的職務，並請曾醒為監學（當時的監學，相等於現在的教務主任）。王簡堂最初聽到未婚妻的獲任高官，自不期刮目相看，而對她的敝屣尊榮，卻又深致惋惜，在對她有了新的認識與新的估價下，更急急提出了結婚的請求，而君瑛非但予以拒絕，且屢稟高堂，要求解約，她的尊翁也覺得匹婦的不可奪志，卒俯順其意，乃正式提請退婚，但王簡堂卻有他一份舊時讀書人可喜而又可憎的執拗，他堅不承認退婚，且以後亦且終身未娶。

汪氏與曾仲鳴的一段淵源，也由方家而來。仲鳴是曾醒的幼弟，當曾醒與方聲濂結婚的時候，方君璧還不過一歲多的年紀。仲鳴大她兩歲，也尚未滿四歲，雖然那時就曾經見過，但彼此都在童年，過後早就淡忘。民國元年，仲鳴隨曾醒等赴廣州公祭七十二烈士，他已經十五之年，與方君璧兩小重逢，而與汪氏卻還是初次見面。陳璧君有一個妹妹叫緯君，比仲鳴小一歲，而比君璧大一歲，君瑛、君璧等都很歡喜她，見面時，方君瑛、陳璧君、曾醒等拉著她們的手說：「我們三個人相處多年，一向有著親姊妹那樣的情分，希望你們三人也同我們一樣能永久相親相愛。」這很平淡的一席話，卻留給了她們以很深的印象。

君瑛、曾醒等重回福州之後，不久汪氏夫婦又同去探望，就一起住在曾家，前後十餘天中，談往事、遊鼓山，備見歡洽。而陳璧君對方君璧卻特別喜愛，君璧原來的名字叫君玉，而君瑛嫌「玉」字顯得有些俗氣。君字是曾家的排行，另一個字又必須從玉旁，請汪氏代為更易一字。汪氏當時笑著說：「七妹（他叫陳璧君做七妹，叫曾醒做三姊，而叫君瑛為七姊。君瑛本比汪氏小一歲，但汪氏為了表示敬意，就叫她做七姊）名璧君，那麼巧，兩家都是用『君』字排行的，陳家的『君』字排在下面，而你們方家的君字排在上面，她既那麼喜愛十一妹（君璧行十一），不如改叫君璧，不知七姊的意下如何？」當時方君瑛就欣然地同意了，方君玉從此也改名為方君璧了。此雖小事，可見汪方兩家淵源之深，與情誼之篤。

在福州的時候，他們認為韃虜既除，民國肇建，革命之目的已達，仔肩克卸，遂有離國赴法留學的動意。汪氏夫婦離開福州後，就到了馬來亞庇能的岳家，以後與方君瑛等書函往還，泰半為了商量赴法之議。民國元年六月底，終於商定了赴法之行。君瑛、曾醒辭去了學校的職務，開始補習法文。到八月，一切摒擋就緒，先往庇能與汪氏夫婦會齊，他們一起住在汪氏岳家的一處海濱別墅中，前後經過了一個多月的時間，始買棹啟程赴法。

這次同行一共是八位，汪氏夫婦而外，曾醒帶了幼弟仲鳴，公子賢俶，君瑛帶了君璧，璧君則帶了她的幼弟陳昌祖。船抵法國的馬賽，李石曾、張靜江、褚民誼等往迎，在巴黎稍作觀光之後，由於李石曾夫婦的建議，決定一起住到李氏卜居的一個小地方蒙達爾城。那裡離巴黎不到三小時的火車行程，李石曾為他們另覓了一所房屋，同住在一起。那裡有男女中學各一所，仲鳴、昌祖、賢俶在男中學寄宿，君璧在女中學寄宿，君瑛等四個人則在家請教師補習法文，不久也都去了學校上課。每星期的週末回家，由汪氏親自教授國文，每次也總講解幾首詩詞。他們幾人的國學根柢，都得力於此時。汪氏左右學汪氏字跡的，有曾仲鳴、林柏生、陳春圃等多人，而以仲鳴寫得最為神似。當仲鳴在河內被擊殞命後，林柏生在滬曾為出一紀念專冊，冊中還影印了那時不少的國文課卷，汪氏每一篇都為批改詳明，足見當年的督教，確曾用過一番苦心。仲鳴學的是化學，而以後多年中，喜與文士交遊，生平著作，亦以中法兩國的文學為多，這自然全出於汪氏誘導啟迪之功了。故以汪氏與仲鳴的關係而論，淵源肇自革命同志，往來居處，幾同家人骨肉，而芸窗課讀，更有著師生之誼。

一九一三年的四月，汪氏的長公子孟晉在那裡出生了，因為一切全出於君瑛的看護，汪氏乃為命名文嬰，「嬰」字的取義，就是為了與君瑛的「瑛」字同音。孟晉出生未及匝月，汪氏奉中山先生之召回國，不久，陳璧君、曾醒、李石曾夫人也相繼東歸，所有在法的孩子們，都由君瑛獨力照管。到翌年的夏季，汪氏等又再到法國，連汪氏的岳母也同來了。而是年八月，戰雲突起，第一次世界大戰爆發，他們都廢學避地到了法國西北部閬鄉城的鄉下。汪氏又繼續為她們講授中文與中國歷史，連君瑛也跟著向汪氏學習詩詞，君瑛的詩稿已散佚，只記得她有首念父之作的一句云：「蒼天如海月如舟。」卻大有汪氏筆下的神韻。

在閬鄉兩越月，為了孩子們的學業不容久輟，又南走至法國的一個大城都魯司，很多學生都避難在那裡，蔡元培全家也在。而汪夫人陳璧君此時又正身懷六甲，為了避難之故，倉皇奔逃，驚動胎氣，孩子未及七個月就早產了，生下來時只重三磅，醫生都以為生存的機會很少，而卒賴方君瑛、曾醒兩人的負責照顧，竟得免於夭折，這就是汪氏的長女公子文惺，汪氏命名為惺之故，也與長公子同一意義，「惺」「醒」同音，用以誌曾醒辛勞撫育之德也。

一九一五年的三四月左右，袁世凱有了篡國的帝制之謀，叛跡日露，汪氏等都兼程回國，那時文嬰還不過兩歲，而文惺也只三個多月，一切家務料理，卻不得不落在仲鳴與君璧兩個大孩子的身上，蔡元培夫人仍不時前去照顧，而蔡氏則又為兩人教授中文。

孰料君瑛回國尚在途中，她的尊翁忽在上海病逝。迨回抵國門，接著她的庶母又去世了，臨終把她的一個七歲大的小女兒君琦托孤給了君瑛。君瑛準備也把這幼妹帶到法國，兩家裡人都反對她那樣做，以孩子太小，在旅中將徒然成為累贅，而君瑛向重然諾，覺得既經應承於前，就不應有負死者於後。他們又於一九一五年的十二月再至法國，君瑛帶了君琦，陳璧君帶了她的兩個妹妹緯君與順貞，仲鳴的哥哥伯良也同去了。

本來他們幾人中，方曾兩家，以有功革命，故方君瑛、曾醒、曾仲鳴與方君璧，政府均給以官費留學，以四人所得的官費，緊縮一些，本可勉敷七人之用。那時她們已遷到了法國的波爾都，分

# 一九二、方君瑛仰毒自戕的眞因

在方曾兩家留法的幾年中，最後他們都進了波爾都大學，君瑛學數學，曾醒學哲學，仲鳴學化學。其實仲鳴的天性是接近文學的，無如他是福建省的官費留學生，那時官費生都規定必須學習自然科學，仲鳴乃不得不選了化學一門。民初政府財政困難，官費時常中斷，而閩省尤為支絀，此時官費忽然宣告停止。一九二〇年秋，仲鳴因經濟影響，一面赴巴黎學生會任職，一面仍繼續攻讀，君璧也由波爾都美術學校升入巴黎高等美術學校，而方聲洞夫人王穎女士把這位烈士的遺孤賢旭，又送到了法國，交君瑛教養。費少人多，更見捉襟見肘。為了省錢，一切家務，均由君瑛親自操作，晚間仍赴校上課，弦誦常至夜午。一九二一年秋，她終於考得了數學碩士學位，這是中國女學生在法國獲得如此榮銜的第一人。

那年，李石曾等在里昂創辦了里昂中法大學，以吳稚暉任校長，褚民誼為副校長，而曾仲鳴則擔任了秘書長的職務。一九二二年，方君璧由巴黎赴波爾都探視君瑛，已看到她心力交疲，形容憔悴。不久，又不幸為汽車撞傷頭部，雖經醫癒，但醫生就認為將來或會影響神經。在一九二〇年左右，方聲濤夫人鄭萌女士，曾匯寄一筆款子存在君瑛處，準備她的公子賢卓將來留學之需。當時有兩個在波爾都讀書的青年學生林秋生與黃國治，他們都是福州人，因一時學費沒有寄到，商請君瑛暫濟緩急，說只要國內匯款一到，就立刻全數歸還，君瑛慷爽有丈夫氣，立允其請，誰知從此竟一去不歸。君瑛以錢為寡嫂所寄存，責有攸歸，傍徨不知所措。剛在這時候，汪氏馳書要她回國擔任執信紀念學校校長，並請曾醒為監學，因她們在臨行前希望其弟妹能早日成婚，故仲鳴與璧君遂於一九二二年夏，在安納西湖之畔，賃小室一楹，完成了婚禮。君瑛曾醒姑嫂又同赴德國遊覽後，於是年十二月，帶了君琦回國去了。

君瑛在法前後十年，既過著簡單的學生生活，專心讀書，很少注意到國內的情形。及至安抵國門，看到朝政的腐敗如故，民間的疾苦如故，已為之憤怒憂傷，而當年的一般所謂革命志士，一旦革命成功，高官獵得，腐敗貪污，且勝疇昔，想到國家前途了無希望，志士頭顱全成虛擲，使她多年來的理想，一時歸於幻滅。國事已如此，而家事也使她觸處興悲。方聲洞烈士慷慨成仁後，其寡嫂日惟以淚洗面，自其尊人棄養，弟妹又均未成立，撫養教育，深覺來日大難。她所受聘的執信學校，尚未正式開學，而人事上的複雜，已使她窮於應付。她自從頭部給汽車撞傷後，腦力不復如前，深覺不能負此重責。從前曾經訂婚的王簡堂聞她回國之訊，事隔十餘年，忽又堅請履行婚約，函電交馳，更覺不勝其煩。此時廈門集美學校請她擔任教授職務，君瑛因聲濤夫人的存款為林秋生等所借用，很想應聘後以束修所得，陸續歸償，但汪氏以集美聘約，條件過苛，校方有解聘之權，而教授不能自動辭職，十年聘約，自由全失，故力勸其勿貿然應聘。正當她進退維谷之時，陳璧君因急於為執信學校籌款，赴美勸募基金，曾醒亦歸省老母，遄返福州，親朋遠去，舉目淒涼，竟忽頓萌厭世之念，而左右又無勸解之人，卒於一九二三年六月十二日仰毒自戕其生。其輕生經過，可從汪氏致方君璧女士等的書信中，得其梗概：

## （一）汪氏致曾仲鳴等第一函

九弟、十弟、十一妹（按九弟為曾仲鳴之胞兄伯良，十弟為仲鳴，十一妹為方君璧）同鑑：六月八日由上海赴廣州，在法郵船中曾作一書寄十弟，想已收到。十二日早，抵廣州，各路戰事正劇，北京怪變又作，正忙迫間，十四日午，忽得上海來電如下：

瑛姊於十二晚十時陡覺痛苦，五姑（按為陳壁君之母衛月朗）詢之，她云服了藥散，後請牛醫生（牛惠霖，為宋子文姊妹姨母之子）到，據云服了毒藥，遂送往醫院，恐不能救，似覺出於自殺，可否電知璧姊（陳璧君）？請尊裁。（十三日未時發）

我得此電，魂魄飛越，急發一電如下：

瑛姊生死如何？速覆！

及十六日早，得上海覆電如下：

瑛姊醫無效，今午三時已逝，遺書已檢出，係自殺。（十四日申時發）

嗚呼已矣！七姊何以出此？未見遺書，無從推測。我此時方寸甚亂，至欲回滬一行，又適以要事，須即赴港，故於今日搭船赴港，明日由港搭船赴滬，此書即作於省港船中也。

七姊（君瑛）何以出此？未見遺書，不知其故，痛苦之餘，妄事推測如左數條：

一、七姊回國後，王氏子（王簡堂）在福州，曾來函電，糾纏數次，七姊厭之，曾覆以電云：「死者不可復生，斷者不可復續。」但七姊何至因此以一死絕其望。

二、七姊因債務縈念（其詳我未知之），形於辭色，我屢勸之。此時公私交困，誠無力籌措，但總可慢慢想法。然而無論如何，七姊何至因數千元之故。（其數我亦未詳知）而輕其生。

三、最近廣州執信學校有電來，催促三七姊去，三姊（曾醒）在福州，我已匯去盤費，請三姊赴滬，與七姊同赴粵。七姊曾為我言：「自去歲在法國被車撞傷後，腦力大不如前，恐擔任不來。」我答：「此時六月矣，七月中即放暑假，七姊到廣州後，不必接事，可在籌備會中，與諸籌備員籌商一切。暑假後，度力所能任，即任校長，力如不能，則先任教員，隨後再任校長，亦無不可。」但無論如何，七姊斷無因執信學校責任太重而自輕其生之理。

四、一月以來，三姊在福州，四月以來，璧姊又往美國，我則忽南忽北，奔波無定。七姊在滬，往來於我家及六嫂（方聲濤夫人）寓所，我家有五姑，七姊與之同房，復有小兒女輩共相團聚。六嫂家亦七姊所樂往。惟數月以來，每聞五姑言，七姊似帶有神經病，眠坐起止，往往不甚自然，我勸七姊往醫，七姊以為不必。我因在滬之日無多，且見七姊無大異狀，而三姊又將至，故滿以待三姊到，以為陪伴，且可隨時體察，七姊初非絕對拒醫，初四五日七姊患眼紅，五姑與我勸之往牛醫生處診察，七姊諾而往，持眼藥而歸，以此我更不疑七姊之有他也。據此，則又無因精神病而輕生之理。

以上種種，皆妄事推測，遲數日抵上海，即可了了然知其所以然矣。臨書愴痛！並候大安。俶侄均此。季新手啓，六月十八日。

## （二）汪氏寄曾仲鳴等第二函

九弟、十弟、十一妹同鑒：兄於二十二日之夜行抵上海，晤五姑、三姊、六嫂及順貞妹，詢悉七姊係服嗎啡自殺，嗎啡係從六嫂醫生處購得，乘人不見，潛服之。分量太多，故不獲救。遺書另紙錄呈，其真筆跡存六嫂處，係用洋墨水筆所書也。依此遺書，則七姊之自殺：

（一）由於不忍見社會之腐敗。

（二）由於在世甚覺無聊，而債務亦為一大原因。

七姊甚惴惴於仲弟（曾仲鳴）之不能保存七萬二千，又其惴惴於一萬三千（法郎）之無著。遺書所言，占此一大部份。此外據六嫂所述，七姊不忍卻集美學校之聘（聘書所訂，謂十年以內，校主可自由辭去教員，而教員不能自由辭職，太無理！兄等皆反對之）；及對執信學校之難辦，此亦為勞身焦思之一端。然此種理由，決不足以促成七姊自殺，以七姊平日之明決，遇此等事不難立斷，何至為此自戕？故以七姊去歲被汽車撞傷及近來精神異狀推測之：七姊自殺之原因，當為神經衰弱所致，此醫生及蔡孑民（元培）張溥泉（繼）諸先生所推定以為必然者也。

嗚呼！自民國元年以來，我等結合成一家庭，感情濃摯，有逾骨肉。今幸諸弟妹日以成立，每思之猶有餘甘，不圖今日乃有此惡果！兄去歲不招三七姊回國，七姊可以不死。七姊回國後，在兄寓多時，兄苟善於調護，七姊亦可以不死。今則七姊竟死矣！兄非惟無以對七姊，且無以對諸弟妹，神明痛苦，莫可言喻。諸弟妹以此責兄，兄固無辭，即以此絕兄，兄亦無怨。

七姊絕命前數日，與五姑閒話，謂「渠等哭數日便無事了」，當時五姑以為閒話，不知七姊已潛蓄此心。但七姊所言甚誤，七姊此舉，無異在我等身上，留一傷痕，將終身難癒。我等不能同七姊自殺，不能終日哭，我等仍有事要做，然而我等之傷痕，卻除七姊復生，無人能治也。七姊十二日之夜服藥，其在十二日，忽然給嬰兒（汪氏長公子孟晉）字格三個，阿好姊（女）銀一元，人皆莫明所以。我昨歸室，見案頭置一十一妹磁片影相，此片乃七姊常置之於自己書案上。詢之阿好，則云：「七姑於十二午親置我書案上。」並云：「我於八日離家搭船赴粵時，七姑親送至門，佇立久之，別人亦見之，以為傷別耳，不知乃永訣也。」噫！如此，則七姊未忘十一妹，並未忘我，不知何以自戕？何以忽加此創痕於我等身上也！此請均安。俶甥均此，銘汾。六月二十五日。

## （三）方君瑛遺書全文

「君瑛之死，乃出於自願，非他人所迫也。蓋因見社會之腐敗不可救藥，且自己無能，不能改良之，惟有一死耳！在世甚覺無聊，我對不住所有愛我者。我已去矣，所有之恩惠，來世再報罷。六嫂之款七萬二千，存在法銀行，乃仲鳴弟經手，問之可也。伯母之款，亦存仲鳴弟處。六嫂尚有一萬三千佛郎，被張國治及林秋生借去，請醒姊代追之，諒不至全數無著。瑛誠對不住六嫂，請恕我。瑛。絕命書。字據在第二小皮包內，請六嫂取之。」

此遺書在七姊日常手攜小皮包內檢出，所謂第二小皮包者，檢得滬幣百元，佛郎二千，封面上書「還六嫂，對不住」六字而已。

這一代才女，這巾幗丈夫，這革命志士，就這樣以她自己的手毀滅了自己的生命，看了她的遺書，死因極為明顯，而有人還故作讕言，曲加附會，這真是何苦來哉！

我把這一段故事寫出，似乎與我所寫的汪政權並無直接關連，而我在書中指出汪氏之赴河內，本已決意遠赴歐洲，乃以河內之一擊，誤傷曾仲鳴，使汪氏於極度衝動之下，以為對發表國是意見之人，懲處之不足，派員攜械，追蹤國外，而必欲戕害其生命，此後汪氏即遠赴西歐，天涯海角，仍無時不可遭毒手，乃起了組織政權之意。觀於他為了君瑛之死，在函中所謂「自民國元年以來，我等結合成一家庭，感情濃摯，有逾骨肉」等語，方君瑛自殺於前，曾仲鳴又代死於後，終使汪氏為之一怒而赴滬。這一切經過，足徵仲鳴之死，係為釀成汪政權直接原因之說明，故不嫌辭費，特為絮述其經過，補敘於此。

## 一九三、日政府遣影佐助汪離越

汪精衛遇刺以後仍然留居河內的一段時期內，其心境應該是危疑的、悲傷的與憤慨的！既傷曾仲鳴的代之而死，對重慶當局的施用暗殺手段，自更不免於憤慨。留既危機四伏，去則茫茫天涯，求一能苟全之地而不可得。谷正鼎雖代表重慶濟以川資，賫予護照，但這只是普通平民的出國護照，而非外交官吏的護照，當局固可隨時予以吊銷，各地使領人員，也到處可給以留難，對其今後行止，乃大感徬徨。不獲已而思其次，他選擇了廣州、香港與上海的三個去處。但這三處也各有其弊，廣州此時已完全在日軍控制之下，香港雖為英國屬地，但林柏生既曾遇襲受傷，環境之險惡，亦復無遜於河內。此外上海雖亦為日軍所佔領，惟租界依然存在。而汪氏雖有遷地之心，但在草「舉一個例」這文件的當時，只反覆重申其謀和的主張，雖有動念，而尚無組織政權的決意。最後日本政府遣影佐禎昭助其離越，終且促成汪政權之實現，是則不能不歸之於命也、數也了！

汪氏如何離開河內的經過，當年親與其事者，汪氏夫婦已謝世多年，影佐亦於戰後不久病死東京，周隆庠猶羈身滬獄，陳昌祖則遠在星洲，已莫得其詳。當時為影佐主要助手之犬養健（已於一九六〇年九月病逝），身前曾為日本「文藝春秋」雜誌，用「不盡長江滾滾流」（譯意）為篇名，對此所述甚詳，因採其概要，兼參己意，以補我前文之缺漏。

汪氏於一九三九年的三月二十一日被行刺遇險，二十二日日本政府即接獲其駐河內總領事的詳細報告，認為汪氏以主張和平而脫離重慶，以響應近衛三原則而發表「豔電」，以至身陷險境，手無寸鐵，難於自保，乃即日召開五相會議，籌商對策。在會議中決定派遣參謀本部中國課課長影佐禎昭赴河內負責護送汪氏至其他安全地點。影佐奉命後，又向日閣推薦犬養健偕行為助（犬養健為日本前首相犬養毅之子，戰後曾出任吉田內閣之司法大臣），其他隨員為大鈴軍醫中佐、丸山憲兵准尉、松尾軍曹等七人。並向山下汽船株式會社租定五千五百噸之「北光丸」貨船，專輪前往越南。經過了半個月的準備，一切保守著嚴格之秘密。至四月六日晚，一行出發至九洲下牟田港，即「北光丸」之寄泊處上船，旋於翌日啟碇。直至遠離海港一小時之後，始由影佐向船長宣布，此行之目的地為越南之海防。因「北光丸」行駛速度甚低，至四月十六日黃昏，始向越南之紅河緩緩駛入。

因一小時後，海關人員卻須上船作例行檢查，而輪上所載的人數較之船員名冊上所列者卻多出了一人，影佐乃飭松尾軍曹藏匿於輪上的救生艇內，以免暴露形跡。這時影佐已脫除軍服，改易西裝，滿懷心事，在甲板上不斷往來徘徊。他告訴犬養健，以此行係負擔秘密任務，故必須掩藏原來的身分。影佐所用的名義，為日本糖業聯合會的庶務課長，犬養則為該會的書記。身分證明書均由糖業聯合會會長籐山愛一郎所簽署（按籐山為日本財閥之一，戰後曾出任外相），連兩人的姓名也早被更易了。犬養以事前未先告知，深感遺憾。影佐則表示為了保守機密而不得不然，頻示歉意。犬養以既不懂糖業情形，又不知糖業聯合會會所在東京的何處，一遭海關人員盤詰，勢必破綻百出，因之頗表躊躇。影佐說：請籐山簽名時，係逕往他的私宅辦理，糖業會所，連他也不敢確定在東京的「銀座」或「丸之內」區域。不期日人辦理如此重大的秘密任務竟草率疏忽，一至於此！

「北光丸」靠岸後不久，關吏上船檢查，船員名簿等點查完畢後，對影佐與犬養兩人的相片，查看得特別仔細。關吏又向船員詢問有無攜帶武器，海員不得不承認手槍外且有來福槍兩支。越南法當局，自海南島被日軍佔領後，對日籍人員之來往越境，防範已轉嚴密。此時關吏認為貨船無攜帶武器的必要，雖有日政府的攜械執照，而越南自不予承認，因令在停泊海防期內，將武器全部交由海關保管，此點使影佐大感惴惴。因為從海防至河內，相距尚有一百公哩之遙，路上治安雖尚平靜，但公路中之紅河鐵橋正在修理，此段暫時為單程交通路線，每隔二十分鐘，始得通行一次，如臨時有人追蹤，於半途攔截阻擾的話，勢將受到意外的危險。

影佐等一直在船上焦急地等待海防方面聯絡人員的抵達，直至天黑，日本在越南的駐在武官門松少佐始匆匆趕到。他向影佐的報告，大要如下：

（一）影佐等一行離日至目前的一段時間內，並無什麼特別事故發生。

（二）預定當晚住宿於海防的石山旅館，河內方面則已商定假台灣拓植株式會社河內支店長坂本的住宅為居停。

（三）此次「北光丸」開抵越南，係托辭為台灣裝運礦石。

（四）與汪氏方面的聯絡任務，亦由同盟通信社上海支局長松本重治指示該社的越南特派員大屋久壽雄負此責任。大屋能操流利的法語，與高朗街的汪宅已經有了接觸。

此時，日本外務省的矢野征記書記官卻已先於四月十一日由香港搭乘飛機來到河內，滿鐵的顧問伊籐芳男也在影佐的先一日到達，都住在駐河內的日領事館內。影佐等在海防留宿一宵，翌日即匆匆趕往河內。由日領事館為他們準備的台灣拓植株式會社河內支店長的住宅，雖是一所中上等的建築，但它的特點是與日領事館前後相連，兩宅間往來，不必經行屋外。二樓又各有一個小窗，遙遙相對，在此時期，犬養與矢野就常在那裡用暗號互通消息。

矢野與伊籐知道了影佐的到達，急從日領事館的後門趕來拜會。矢野身裁高大，講話風趣而流於誇大，但辦事則細密而能把握中心，故外務省特派他擔負起進行與中國間的和平工作。他告訴影佐：大屋與汪宅間的聯絡，常常於晚間利用舞場等公共場所，故意操著下流的法國話，以暗語與汪宅通電話。汪宅方面接聽的人，總是汪氏的外甥。又據大屋說，最近重慶方面來到河內的人，份子異常複雜，上一天他與鈴木總領事在公園中同飲啤酒，就曾看到前十九路軍的參謀長黃強也出現在那裡。雖然黃強不會與暗殺汪氏有關，但忽然有各式各樣的人一時麇集，對汪氏的安全，就格外值得憂慮。所以大屋一經知道影佐的到達，已於先一晚與汪宅取得聯絡，商定翌日下午一時半，請影佐等赴汪公館晤見。

為了避免外人的注意，約定日本方面各人先至郊外跑馬廳佯作購買門票，屆時汪宅將派一熟諳日語之青年前來接應。因為越南是法國的屬地，一般都操法語，所以汪宅派來的人，一見面將特別用英語「您好」How are you作為暗號，上前招呼，彼此要像老友忽然邂逅似地再互相熱烈握手。遇到有此暗號的人，即可隨之登車。

矢野又說：有件不太愉快的事已經發生。當影佐等所乘的「北光丸」方由日本啟椗，重慶的大公報卻刊佈了有關汪氏宣導的和平運動的消息。日政府本派有一名一田中佐者在香港擔任秘密工作，一田表面上是以出售蚊煙香的商人身分來作為掩護，與高宗武之間不時有聯繫，矢野看到大公報的記載後，卻趕往高宗武處提出責問。一田問高宗武：「大公報的消息是那裡得來的？」高說：「這應該是日本方面洩露的。」一田聞言大怒道：「但新聞內有一點，就是我與你知道，如你我不說，別人是不會知道的，對此你有何解釋？」高宗武忸怩而未有所答。

矢野又說：「高宗武聽我要去河內，力勸我不要來，我問他為了什麼？」他說：「以我的冷眼旁觀，汪氏的做法，已不以蔣氏為和平運動的中心。」我又問他：「蔣氏認為什麼事最要緊？」高宗武又說：「第一是反共。」我又說：「既然如此，重慶政府就應下令對共討伐，如蔣氏肯下討伐令，我可以負責由日本政府發表全面和平宣言。」高宗武又說：「這事留著再談，但你總以不去河內為是。」

犬養也說：「高宗武托伊籐從香港帶來了一封信，係由日領事館轉來的。」影佐問：「來信是否阻止你和汪先生會談？」犬養說：「是的，全信只寫此一行，且未附理由。」犬養答覆影佐的問話以後，繼續著又說：「這事我也有責任的，我曾經屢次對高宗武說過，將來全面和平如能實現，中日國交恢復，簽立和約時，要由蔣氏為負責簽名者，汪氏僅為副署。」影佐聽到了矢野等的談話，也說：「因為我也屢次向高宗武說過，希望汪氏的和平運動，不會變成為反蔣運動。現在內部秘密既已洩漏，則對當前的行動，就有重加檢討之必要了。」

上述犬養健筆下所透露日本方面的秘密談話，可以證明兩點：

（一）矢野指出高宗武堅決主張全面和平應以蔣氏為中心，而反對由汪氏為領導，則可以知道高宗武於抗戰期間的一再與日政府秘密接洽，決非出之於汪氏的授意。

（二）由犬養與影佐的談話來看，到此時為止，只有發動和平之擬議，倘無另組政權之計畫，故說訂立和約，應由蔣氏簽署，而和平運動，也不使成為分裂的反蔣運動。故終汪政權之覆亡，汪氏等似亦始終秉此信念。此後以情勢之演變，汪政權雖經創建，而對渝方也只有和戰之爭論，實未嘗有過正式敵對的軍事上之衝突。

# 一九四、由越赴滬一段艱險航程

第二天氣候晴朗，影佐偕同矢野、犬養三人，依照約定，驅車逕往跑馬廳。因恐有人追蹤，故車行極速。迨抵達目的地，影佐等剛下汽車，身旁另一汽車也戛然而止，從車內出來的為周隆庠（按周通日語，在重慶時即在外交部亞洲司任職。汪政權期內，始終為汪氏之日語翻譯，最後任行政院秘書長。現猶被羈於上海提籃橋監獄，迄今生死未卜）。彼此照約定以英語互說「您好」之後，又逐一握手，影佐等即坐入周之車內。車以最高速度駛行，幾行遍了河內之大街小巷，最後向一鐵門內衝入，此即為河內高朗街二十五號汪氏之寓所。

影佐等三人被延入樓上之一客室中坐候，不久，室門呀然而闢，一穿白色西服而丰神俊朗的人物，已出現於眼前。影佐等雖尚初次晤見，但從照片上早已熟識其即為汪氏。由周隆庠向影佐介紹後，僅略事寒暄，影佐深恐耽延過久，行跡暴露，勢將發生第二次不幸事件。故立即轉入本題，告汪氏謂：「我奉敝國政府命令，來協助先生遷往安全地區，故今天特意前來奉謁。」說畢，並為犬養與矢野兩人介見。

時周隆庠坐於汪氏的右後，擔任翻譯。汪氏出語甚慢，國語中既雜有粵音，且兼有法語的聲調。他說：「承三位遠道過訪，至為感謝。我也覺得在河內不但有危險，亦且無意義，我正在準備如何避離此地。適承貴國政府派各位來此，很感謝對我的關切。」影佐說：「聽先生的話，重慶方面是否又有對先生新的暗殺計畫？」汪氏答：「是的，已發覺有此跡象。二三日之前，忽然有人將鄰屋的三樓租下。其他有形跡可疑的人，也已包圍在此屋的四周。越南當局對我個人雖有善意，不過對政治活動，係採取封鎖政策，他們深恐發生政治糾紛，故有此項顧慮。如我仍再留在河內，將無法與香港及上海的同志取得聯絡。」

影佐問：「先生的意思，將去那裡？」汪氏說：「我幾經考慮，認為以上海最為適當。此外，則是香港或廣州。但香港、英國官吏監視極嚴，陳公博、林柏生等在那裡不能活動。廣州雖為中山先生和我關係最深之地，不過已為日本軍隊所佔領，如我去廣州，中國國民將以為我所從事的和平運動係在日軍保護之下進行的。至於上海，雖為世界有名的暗殺之地，但那裡到底還是我的國土。我願意冒此危險，以說出我心中的主張，使全國國民能諒解我愛國運動的誠意。當然，上海也同樣在日軍佔領之下，不過，上海是一個很大的地區，中間還有著未經日軍佔領的公共租界等，仍由外國人管理市政。從中國人行動可較為自由這一點上看，去上海比去廣州為較有意義。周佛海、梅思平等已先去那裡，預作準備。」

影佐又問：「先生要離開越南，準備怎樣與越南當局談判？」汪氏答道：「總以不給予越南當局任何刺激為主，現正在研究如何談判的方式。在我想，越南對於我的留在此地，必然感到煩慮，如一旦我要離此他往，他們斷無不予贊同之理。」影佐又問：「那先生將怎樣離開此地？敝國政府已準備了一條五千五百噸的貨船，駛來海防，以供先生的應用。」汪氏說：「謝謝對我的好意，但我已經租妥了一艘法國的小船。」影佐問：「這艘小船是多少噸位的？重慶對先生已下令通緝，在中國沿海岸航行時，需要非常小心。」汪氏回過頭去問了周隆庠，周笑笑說：「這條法國船是七百六十噸的。」影佐、犬養、矢野等一聽到竟是那樣的一條小船，不禁彼此愕然相望。汪氏接著說：「謝謝各位對我的關心，這一條小船，雖然可能會發生危險，但戰後我第一次去上海，如就坐了貴國的船隻，對於和平運動，或會使人發生很大的誤解。我準備在海防上船後，一路航行中，請你們的船跟在後面，如萬一有意外，彼此還可用無線電聯絡。」

談話至此，對汪氏離越的原則，已經確定。矢野遂對周隆庠說：「請汪先生去休息吧！現在要談的，已只剩了事務上的細節，可否請辦理總務的再來共同商量一下。」汪氏即把陳昌祖叫來後退出。這樣又詳談了兩小時，影佐等三人始行告辭，汪氏又特來相送。當行經走廊時，汪氏特地把一間房門打開，裡面卻闃無一人，僅一張空床上置有以黑絲帶裹紮的一束鮮花，影佐等明白這定是曾仲鳴的殉難之處，於是影佐等均上前行了禮。汪氏又問影佐，對曾仲鳴遇難前後的情形，是否清楚知悉，影佐表示已完全知道。這樣他們才離開了汪宅。仍用汽車將他們送至公園附近，再自行回抵寓所。

影佐等發現寓所門口，既有多輛人力車停放在那裡，又有賣花的女人，不斷在徘徊往返。問屋主人坂本以往是否也有如此情形，坂本說，過去決沒有那樣多，目前的情形，確是顯得有些形跡可疑，乃囑各人要特別當心。這時伊籐也從外面回來，據說：當他坐汽車出外時，領事館的旁邊有三輛賽車用的自行車一路跟蹤，他覺得有些不妥，至法國藥房買了一些東西後，即急急回來，而此數人卻依然跟蹤在後。

汪氏所說汪宅鄰屋的三樓有可疑的人租去的話，據同盟社的大屋經調查結果，知道租屋的人是用的歐亞航空公司名義，歐亞航空公司為宋子文所辦，當然屬於重慶系的公司。況且汪氏所居公寓的下水道正在修理，如其有人乘機在此埋藏炸彈，或者索性由隔鄰的三樓以一枚炸彈擲向汪氏的二樓，在在可以遭到不測之禍。依大屋的觀察：越南當局對汪氏的行止，有不知如何是好之感。大屋說：下次他遇到越南總督的秘書時，將給他一些刺激的話。因為越南對汪私人雖有好感，但日軍佔領海南島後，越南與英國為了保護其公司利益，兩國關係日趨接近，對日本也已作了戒備。而影佐認為應該對越南總督的秘書這樣說的：日本政府對汪先生的安全異常關心，已訓令日本駐越總領事盡一切可能予以護衛。

至四月二十日的中午左右，大屋又與犬養通電話，說事情已趨明朗化，越當局昨日一整天已在等待巴黎外交部的訓令，也許最遲今晚會有確定的指示，影佐等全部人員也都在等候汪宅的正式通知。矢野與門松並在商量汪氏離越時，萬一有不得已的事故發生，將準備在汪氏乘車的前後，以機關槍強行突破。

幸而到了當晚十時，獲悉一切問題都已解決。越南當局已奉命同意汪氏離境，並負責將全部警察動員，自汪宅至碼頭，沿途加以嚴密保護。汪氏等已定翌日（即二十一）離河內赴鴻基港（這是從日文譯音而來，是否即此二字，未敢確定。）汪氏所租的法國船，船名為「芳福林哈芬」，載重七百六十噸，也已獲得離越許可。惟為萬全計，需先解散原有船上的全部中國水手，改雇安南籍的船員，以及添裝食水，購備糧食等，的需三四日的時間始能竣事。希望能於二十五日中午，在離海防港五海浬的一個名叫「拔苛朗平」的無人島海上，與「北光丸」會合前進。

至四月二十五日的正午，「北光丸」在那個無人島的四周駛行巡邏，終未遇到汪氏所乘的船隻。至夕照銜山，天已垂暮，海中濃霧漸重，視線模糊，事實上彼此已無法會合。但「北光丸」仍不斷發出約定之密碼電報探索。不久船上接到海防軍司令部發來的警告，謂如再繼續拍發意義不明的密碼電報時，將派驅逐艦採取行動。「北光丸」不得已乃向海南島方面開行。如此經過了三天，對汪氏的乘船仍一無消息，影佐心理上且已陷於絕望之境。

犬養向船長探問意見，船長認為尚有一線希望。以「北光丸」所用的無線電報機過於陳舊，距離稍遠即無法通達，如至明日而仍未能獲得聯絡，則大事已完。因為「北光丸」明日將走完海南島的一段航線，「北光丸」走的是海南島南向的外海一面，可能汪氏的船因避大洋中的風浪，在介於海南島北向與大陸中間的海峽中通過，因有海南島上的山嶺阻隔，遂至電訊不能通達。

四月二十九日是日本的天長節，船上照例舉行慶祝，犬養至影佐的艙房中閒談，以今日為佳節，且以船長的話相告，聊作空言的慰藉。旋犬養又與船長至無線電室，據電報員說，一過中午，「北光丸」將駛過中間沒有山嶺阻擋的海域，他準備在此最後關頭，二十四小時不停的以密碼聯絡。至下午三時左右，電報員忽然笑顏逐開，謂在耳機中已聽到「我們安全，我們安全……」的微小之聲，以後無線電報的電波也逐漸愈來愈清晰。始知果如船長所料，那艘法國船以船身大小，不能冒風浪在外海行駛，故取道內線海峽，以致電報不能相通。犬養等即在無線電室取出地圖查閱，決定兩船在汕頭附近之碣石灣會合，經汪氏覆電同意。「北光丸」先到，在碣石灣口又停候了一宵之久。

到了第二天的中午，見一小船在灣口海面一顛一簸中出現，不久一艘舢舨從小船駛來，靠攏「北光丸」後，周隆庠與陳昌祖相繼登船。據謂：鴻基港灣以碼頭工人不夠，食水係用桶載，再用舊舢舨駁運上船，離預定開行時間，已經遲了三小時之多。租船時原說該船速率每小時可行駛八海浬，而實際上最高速度僅得七海浬，兼值霧大，小船不耐風浪，故只能在海南島內線行駛。周隆庠表示，這艘法國小船危險太大，不能再繼續乘坐，於是汪氏等十人全部移登於「北光丸」上。汪氏的「雙照樓詩詞稿」中二十八年有「舟夜」詩云：

臥聽鐘聲報夜深，海天殘夢渺難尋。
柁樓欹仄風仍惡，燈塔微茫月半陰。
良友漸隨千刧盡，神州重見百年沉！
淒然不作零丁嘆，檢點生平未盡心。

上詩疑即汪氏在「芳福林哈芬」小船時之作，語含哀愁，且不可為而為之意，更躍然於字裡行間。

「北光丸」以載人加多，米與食水均感不敷，乃於五月二日改變航線，駛往台灣之基隆港，加以補充。停留一宵，再向上海直駛，經三日之航程，於五月六日溯揚子江口西上而至黃浦江，停泊於吳淞炮台灣附近海面。因當日上午，塚本少佐曾來電要求變更汪氏登陸地點，此時塚本上船，影佐詢以突然來電要求改變之故，塚本謂，汪氏來滬，外間知者已多，「朝日新聞」上海支局人員，且已全體出動在虹口碼頭佇候，此消息大約為東京的內閣大臣們所洩漏。現在為汪氏的安全計，在一切防範準備未完成前，再不能向外界宣洩。塚本並向汪氏道達歉意，請其再在船上停留一宿，俟其將「朝日新聞」記者設法打發後，再行上岸。而其時汪夫人陳璧君卻堅持立即登陸，當晚非回至法租界的寓所不可，影佐尚認為恐有危險，而陳璧君說：如再阻止，即躍海游水以去。日方深恐再加勸阻，易生誤會，即任由汪夫人獨自離船，而汪氏則於翌日始行登岸。

汪氏由離渝以求發表和平主張，進而擬赴法協助政府作外交上之折衝，再變而為在民間發動「和平運動」，追至身入虎穴，以環境與事態之不斷演變，卒至自組政權。其間綜錯複雜之原因，既非事前所能逆料，亦決非如若干局外人之想像汪氏為求榮而附敵。犬養健對於這一段的記載，僅詳敘其經過，似尚無故為隱飾裝點之處。

# 一九五、周佛海路線終於登場了

汪氏主和的心境，在那篇「舉一個例」中已流露無餘。和戰既是審擇國家利害的政策，那末主戰的未必定是民族英雄；而主和的也未必即是通敵叛國，而且最早談和的既不是汪氏，高宗武既直承為蔣氏之代表，周佛海一向又為蔣氏之腹心，以成敗論汪可；以和戰罪汪，似乎有失公道。其次，主和是一件事；而組織政權則為另一事。

汪氏在「舉一個例」中說：「我不離重慶，豔電不能發出。」西義顯也在書中說：「汪氏所以脫離重慶，係為保障最低限度的言論自由，以力促成和平。」所以汪之離渝，在求得能發表國是之主張，當時尚全無組織政權之心。影佐護送汪氏由河內抵達上海後，即向汪氏表示他的任務，只奉令將其移送至安全地帶為止。所以，在汪政權成立之前，與日本談和，蔣汪所取的是同樣的態度，而最後變成分道揚鑣，各行其是，汪的主和是公開的，而其他的人主和則是秘密的，事實上或僅為手法的不同而已。

汪氏抵達上海以後，也許其心境較之在河內時，更為徬徨，問題就在如何進行他的和平運動，汪氏自己最初卻並未作出任何決定。但那時在他周圍的人，顯然分成兩派，周佛海與梅思平等，極力主張組織政權，以為如此，使從事和平運動者能獲得安全之保障，同時也可與日本積極辦理交涉，以窺察日本提出的整個條件。論佛海與蔣氏的關係，按理不應有此態度。而周的所以會插身到和平運動中去，據犬養健向高宗武探詢蔣氏侍從室方面的主要人事時，高宗武以為陳布雷過於持重，很少發言，而周佛海則遇事較為積極。因此高宗武的奔走與日談和，也總是通過周佛海轉呈蔣氏，高宗武曾承認以直接得周的指示為多。

周佛海亦對西義顯曾明白表示係由其對蔣委員長負責而使高宗武赴日。論當時情勢，蔣氏身為事實上之極峰，決不敢有人假傳「聖旨」，等於以後在汪政權時期周佛海與蔣氏不斷秘密通報，也均通過軍統戴笠的轉呈，我看到過無數的重慶來電，開頭總是這樣寫的：「奉委座諭……云云。」至於是否真出於蔣氏之意，連周佛海隨侍蔣氏多年，也且深信戴雨農之不敢出於揑造。故以常情來測度，最初周佛海確是代表蔣氏督飭高宗武試探和平，其後以英德兩大使調停不成，孔祥熙之代表又談判失敗，始一怒而絕和平之意。

周佛海本為「低調俱樂部」的首腦人物，認為和談之中輟可惜，於是轉而說汪。但情形亦頗有可疑之處，佛海與汪氏向乏淵源，而與蔣氏關係之深，尤盡人皆知，如此國家大事，如不獲當局之授意，佛海又安敢輕舉妄動？其次，汪氏猶滯留河內，此後之行蹤且未決定，而佛海偕梅思平卻已先兼程赴滬，與日方談判組織政權之事。及汪氏抵達上海。堅主另組政權者，亦以佛海為爭持最力之人。佛海之所為，似欲造成既成事實，使汪陷於欲罷不能之境。其間有無政治上之謀略，是否真如褚民誼所說：「早有人處心積慮，想把一隻臭馬桶套在汪先生的頭上。」我不敢加以懸揣。當年我與佛海幾於朝夕相見，以佛海為人的爽直，如我向其探詢真相，想其定肯吐露衷曲，而當時我既以不便探人秘密，而且也從未夢想過在十餘年之後，會寫此一幕的悲劇，對此重大的關節，雖覺疑竇重重，而謎團終於不及在其生前打破，現在說來，這是我的一大遺憾。及至勝利之後，權不及佛海之重，位無如佛海之高者，而數十百人均處極刑，邀赦減者又唯佛海一人，此中自應不至如特赦令中所謂獎其於勝利後反正之功的如此其單純也。

西義顯書中也肯定地認為：「周佛海由香港出發時，不暇與汪連絡，即赴上海。且這時汪之意見，尚不明瞭。」因此，西義顯在汪氏抵滬前，亦於一九三九年的四月上旬，由東京至上海與周佛海會面，當西義顯提出所謂「高宗武路線」已被日方拒絕，今後將有如何之對策時，周佛海即率直提出「在南京建立中央政府，以政府的力量推行和平工作」之建議，佛海並且明白說明「採取言論之和平運動，為汪先生之原案，但我以為只有言論，尚感不夠。」「若日政府能忠實履行近衛聲明，我們亦可成立強有力之政府。惟近衛這聲明的分量還嫌不夠，對最重要之撤兵問題，竟避而不談，其價值已大為降低，若能恢復我們所提的原案，並忠誠付之實行，則庶幾中日事變可以解決。現汪先生既已出面主持，應飛往東京，直接徵詢日本最高當局之意見。若認為條件不能接受，仍可返於民間的和平運動。如日軍能保證並尊重我們政治獨立，即應毅然赴南京組織政府，我將以此意向汪先生進言。」云云。

佛海的這一席話，日人稱之為「周佛海路線」的登場，也說明了汪氏的組織政權，全出於佛海的主動所促成。故當汪氏於一九三九年的五月六日抵達上海後，險地方離，又投虎穴，最初寄身在日軍勢力區內的體育會路，那時向他進言的也只有過去為蔣系的周佛海與梅思平，而他們兩人又是一致主張組織政權來為推行和平運動的，汪氏對此頗感躊躇。其後李聖五、陶希聖、高宗武、林柏生等也陸續由港去滬。上海方面，除原本在滬的褚民誼外，更由佛海等的拉攏，有四個較為重要的人士參加了這一項運動：一為趙正平，是民初陳其美任滬軍都督時的舊人，與蔣氏及黃郛、張群等為當時的同僚；一為岑德廣，是前清兩廣總督與廣州大本營七總裁之一岑春煊的公子；一為傅式說，是上海大夏大學的創辦人，又是日本通，與東南一帶的學者教授們向有聯絡；另一為雲南富滇銀行的袁硯公，則是李根源、龍雲的在滬代表（他參加後不久，即為重慶特工所暗殺身死）。那麼多的人圍繞在汪氏的左右，而對於是否應組織政權一事，卻仍難作出最後的決定。

那年五六月間，汪氏想召集一次全體幹部會議，對此廣徵意見。他第一個想到的是猶留在香港的陳公博。汪氏去電要他赴滬參加，而公博覆電堅決謝絕。汪氏二次去電，情辭愈加懇摯，電中並說如他真正不願赴滬，亦望派遣一代表出席，而公博所認為可以代表他的何炳賢，又堅拒成行。最後公博以為當此重要關頭，而他又是與汪氏多年相共，不忍不作最後阻止其組府的努力，卒堅請何炳賢赴滬。那次的幹部會議，所有重要人士全部參加，人數達五六十人之多。汪氏在會議中簡單陳述了為挽救危亡，不得已而挺身和平運動的苦衷後，要求大家對應否組府發表意見。周佛海發言力主組織政權，他的理由是：一、只要問心真是為了國家，就應不避嫌怨，不擇手段，出而擔當大任；二、如能與日本交涉，取得有利條件，可使渝方疑慮盡釋，更易促成全面和平的實現；三、沒有政權，則安全無保障。而公博的代表何炳賢，以公博一貫主張的「國不可分，黨必統一」的原則，侃侃力爭，以為在對外戰爭時，國內既不應有分裂的現象，有光榮革命歷史之汪氏，發表國是主張已足，更不應進一步從事於可為別人所誤解的工作。

在這次會議中，只有他們兩人針鋒相對地反覆辯論，而餘人都噤若寒蟬。最奇怪的是當初奔走最久的高宗武，在渝慫恿最力的陶希聖，以後且以反對汪氏組府為理由而聯同叛汪而去，而在那次的幹部會議中，卻如置身事外，不發一言，會議也終於無結果而散。

但最後周佛海的主張終於被採納了，汪氏也由虹口而遷住到滬西愚園路一一三六弄口、前交通部長王伯群的滬宅，著手與日本交涉，而且作出組織政權的種種準備與活動了。

# 一九六、司徒雷登任寧渝間橋樑

汪精衛為什麼最後終於決定另建政權？在他左右唯一採取反對態度的陳公博既遠在香港，連在上海召集的幹部會議時曾引起激烈辯論的何炳賢也已離滬回港。而周佛海、梅思平以至高宗武、陶希聖等，卻每天在他旁邊提出種種應該組府的理由，汪氏幾於在眾謀僉同的環境下而卒為所動。汪氏甘冒天下之不韙，而挺身謀和，蔣汪之間是否真會有著默契，如當時所盛傳的合唱「雙簧」？迄今還是一個無法解答之謎，使人懷疑的是：主張組府最力的周佛海，是離渝前蔣氏最親密的近臣，而在渝慫恿組府，等決定以後忽叛汪而去、又立即成為蔣氏最親密近臣的陶希聖，為什麼這兩人都不是汪氏的嫡系呢？汪陳周等都已「人之云亡」了，僅有一點可供玩味的資料，是陳公博在京獄中所手寫「八年來的回憶」那一篇自白書的第二節「和平運動前後和我的主張」中，有過這樣一段的描寫：

「大概是二十七年十一月初罷，我正在成都，接到汪先生的電報，說參政會開會在即，囑我早一兩天到重慶。……到達重慶，我還記得是早上去見汪先生的。當時汪先生通知我，對日和平已有端緒，我真像丈二和尚摸不著頭腦，我一句話也不能說，只聽汪先生自己講述。……當時在座的，我一時也記憶不清，彷彿蔣先生是不知道的，又彷彿說待時機成熟，汪先生還要離重慶的。」

這不能不令人感到奇怪了！公博對什麼細節都記得一清二楚，而對此最重要的兩大關鍵，卻連來了兩個「彷彿」，這「彷彿」得真太令人值得玩味了！蔣先生的不知道是彷彿嗎？是不是一個羈押中的囚徒，下筆時就不能不有所顧忌呢？

除了這無法證明的一點而外，汪氏認為「中國的國力，已不能再戰了。」因此而主張和平，又以「在重慶主和，人家必誤會以為是政府的主張，這是於政府不利的。」所以到了河內，才發佈「豔電」，但抵滬以後，又進而作組織政權的準備，他對陳公博所說的理由：「政府再不組織，只有和平運動失敗，人也全散了。」僅此寥寥數語，又是否真是那樣的簡單呢？

在一九三九年的八月，當佛海邀我參加時，組織政權的事早成定局，以後我曾經與他閒談到這個問題，他曾說出過一大篇的理由，一半是他自己的主張，而一半則是汪氏的意見。綜括他談話的主要內容。以為：

（一）這次的戰爭，我國不但是應戰，而且是被迫而抗戰，經過了二年的時間，日軍長驅直入，已深達我國的腹地，國力的未可與敵軍長期相抗，情勢與庚子的八國聯軍之役極為相似。當年兩江的劉坤一、兩廣的張之洞，就曾不惜違忤清廷，毅然倡東南自保運動，為國家保元氣，為將來留地步，似分裂，也似抗命，而權宜之謀，後世且認為不失為明智之計，這次的所以另組政府，也具有與庚子同樣的意義。

（二）民國二十一年汪先生由海外回京擔任行政院長兼外交部長時，即提倡「一面抵抗，一面交涉。」現在的組府，還是繼續這一個主張，而變更了表面上的方式，即是由蔣先生抵抗，而由汪先生交涉。也就是汪先生離渝時給蔣先生的留書中所說的「兄為其易；弟為其難。」儘管行動上是分道揚鑣，為國家計，則無疑是殊途同歸。但只是呼籲和平，那是民間的一種運動，有什麼立場可與日本交涉？公博向汪先生所建議的：「戰由蔣先生戰，和亦當由蔣先生和，南京地位正好處於一個中間媒介的地位。換一句話說：南京極力向日本交涉，如能得到最優的條件，通知重慶務必全國一致。」汪先生非但完全贊同公博阻止組府不成後的意見，即在他的廣播與演辭中，更曾一再表示，如蔣先生採納和平，出而主持，願即飄然遠引。所以我們呼籲的是「全面和平」，而我們所從事的是「一面交涉」。自信個人並無權位之私意。試問在這瘡痍滿目的淪陷區，在日軍佔領的槍刺之下的環境，亦尚復有何權位之可言？

（三）日本既已一再聲明「不以蔣政權為交涉的對象」，事成僵局，重慶有謀和之心，卻斷了謀和之道，除由汪先生出而擔當這艱鉅的任務之外，詎再有他途之可循？

這應該不會是佛海的飾辭，到一九四〇年的二月中旬，離汪政權的出現，已僅僅一個月的時間，汪政權的所有主要人物，卻仍然並沒有放棄由蔣先生主和的原意。我在書中曾經提到過美國司徒雷登到滬斡旋和平的一事，只是寫得過於簡略了，當現在我又補寫形形式式的和談與偷偷摸摸的和談時，又勾起了我對此事的回憶。

查周佛海那年二月十二日的日記中云：

「司徒雷登晤王克敏，謂將赴渝，望王出任汪蔣及重慶東京間之調人。多田（作者按：多田駿時為日本華北駐屯軍司令官）提議托司徒赴渝，轉達兩點：一、如蔣有誠意，根本變更容共抗日政策，肅清重慶政府共產份子，而與汪先生合作，汪先生或可接受。二、蔣對於收拾時局若有意見，最好與汪逕談；否則王（克敏）可從中傳達，並盼渝派密使來談。詢我方是否同意，余答可照辦。

並談商其他問題。旋報告汪先生，亦同意。」又其二月二十四日日記云：「晚晤司徒雷登，托其赴渝謁蔣先生時，表示中央政府（作者按：指汪政權而言）勢必組織，但決不為東京、重慶間講和障礙。並勸蔣先生勿因日本困難，過於輕敵；勿因個人恩怨，決定大計，並表示余只為和平，當犧牲個人一切。」又同月二十五日日記云：「謁汪先生，商談司徒雷登赴渝事。」又司徒雷登的私人筆記中，也有過這樣的一段：「日本的主和派曾多次派人和我與傅涇波商量怎樣跟蔣介石講和。……我把這消息告訴蔣，蔣也以他的條件非正式授權給我。」

司徒雷登戰前是北平燕京大學的校長，戰後出任美國駐華大使。淪陷時期，為保護校產，仍留在北平。他與蔣氏一家都極接近，每年不辭跋涉，總遠道赴重慶一次，目的即在調停中日的戰事。而王克敏則據一般傳說，與宋子文有密切聯繫。故司徒雷登有蔣汪之間的商談，可由他從中傳達之語。他由平赴渝，須先經上海，那年汪氏等正在積極籌組政權，於是他主動地希望與周佛海一見，以便抵渝後得與蔣氏有所接洽。

司徒雷登於二月初由平抵滬，即急急託人請周佛海秘密會見。最初佛海對此邀約遲不敢應，因為過去與他既絕無交誼，顯然想談的又必然是與日本間的和平以及與重慶間的溝通問題有關。可是政權的創建已如箭在弦，此時與司徒雷登會面，而談的勢必是由南京居間而由重慶主持的談和，與創建政權表面上就有了抵觸；且此時汪先生的意向如何，也很值得考慮，佛海因此遲疑而不敢有所決定。

據當時我聽到較為詳細的情形：佛海首先把這事和岑德廣商量，岑略一考慮後就說：「司徒雷登以第三國人的超然地位，對重慶當局更相信有其相當的影響力，他既然自願挺身而出，這機會倒不容錯過。我們既為國家的利害而謀和，那只要有利於國家，即不必有其他的顧慮。」周說：「另一個問題是，他來看我與我去看他都有不便，這樣消息就容易洩漏出去，深恐畫虎不成反類犬。」岑說：「這事更容易解決了，你與中間人約定了一個日期與時間，到時派我的坐車去接他，在我家中秘密一談，自可完全不露痕跡。」周欣然說：「那就這樣決定罷。」岑忽然又想了一下，向周道：「我看應該邀公博一同參加，這樣對司徒雷登來說，表示我們祈求和平的願望是一致的，將來報告汪先生時，有公博在場，也較易獲得汪先生的諒解。」周說：「本來我們並沒有為私人作任何打算，如此自然更好了。」

事情就這樣決定了下來，他們與司徒雷登的見面，前後一共兩次，即一九四〇年的二月十二日和二月二十四日的晚間。按照約定的辦法，由岑派車去接，司徒雷登就偕傅涇波同往，與陳公博、周佛海、岑德廣一共五個人，在上海愚園路歧山村岑宅的客室中開誠談商。經過一番寒暄之後，司徒雷登的談鋒立即轉入本題，他說：

「我僑寓在中國數十年，與中國已有了深厚的感情，中國卻不幸於此時與日本發生了戰爭，在作戰中已證明了中國的軍事力量，尚不足與日本相敵，若能於此時求得合理的和平，則生聚教訓，以蔣委員長的勵精圖治，相信數年之後，仍可再起而周旋。所以對汪先生的倡導和平，我極表贊同；惟傳聞汪先生將另組政權，如所傳屬實，在對外戰爭時，內部和戰的步驟不能一致，且表現了分裂狀態，似非中國之福。我此次赴渝，自將謁見蔣委員長，極願將汪先生方面的真意轉告於蔣先生，以謀共濟之道。所以特地約各位一談，以便聽取汪先生方面的意見。」

公博首先表示完全同意他的看法，他說：「中國內部的分歧，尤其國民黨內部的分裂，不論本意是否為了拯救國家於危急，仍然是個不幸的現象。我們的所以主張和平，也只是本著個人的立場，發表國是的意見。至與日本進行交涉，本就竭誠希望由蔣先生出來擔當。至於目前的籌建政府，原為不得已的舉措，目的想以政府的地位，希望日方能真切悔悟。俟商得有利的條件後，擬仍請蔣先生出而主持。」

佛海也說：「以蔣先生目前的處境，已無法與日本交涉和平，我們所以擬進行組織政府，誠如公博所說，是為了取得一個立場，以便利於進行交涉。同時以我們赴日本的親見親聞，有兩點可以供蔣先生的參考。若干日本人士，如近衛、平沼等確有和平之誠意，但如和平絕望，日本國內雖亦有其困難，而其軍事實力，仍未可輕視，如我國單獨與日本作戰，勝利卻不會有一定的把握。其次，汪先生發佈豔電，倡導和平，是願意犧牲一己，以便於蔣先生的進行，迄今仍未改變他的原意。所以請司徒先生把我方的態度，婉為向蔣先生轉達，為了國是，希望捐棄成見，消除意氣。如我們政府在創建前而重慶與東京間的和談已在進行，則政府的成立自可從緩；如重慶的和談而能獲致協議，則政府雖已建立，仍可隨時解消，我們的目的純在求取和平以拯救國家。」

司徒雷登聽到了陳周的坦誠相告，也為之肅然動容。但他仍然提出了一點，他說：「照兩位的說法，汪先生是否能同意這樣呢？」陳周同時說：「我們可以完全代表汪先生，我們將保證履行我們剛才所說的一切。」這時岑也說道：「茲事關係重大，如和談實現，更希望能由貴國居間保證。」司徒雷登也連說：「當然，當然。」這一幕經過了兩次談話，遂於雙方滿意中結束。

事實上，二月十二日初次會見司徒雷登後，翌日陳周即將談話經過向汪氏報告，汪氏表示得很懇切，他說：「只要蔣先生肯於此時談和，則我主張和平的目的已達，尚復何求？」因汪氏的無條件同意，故復有二十四日的二次見面。

但是，司徒雷登由滬赴渝以後，從此即杳無消息。汪政權以既無答覆，也終於在三月三十日在南京以「還都」名義實現。司徒雷登曾否與蔣氏交換意見，直至勝利復員，才於司徒口中在無意間透露了一些。我於出獄以後，不時與幾位律師同業談到了所謂「肅奸」案件中的無數微妙荒唐的秘聞，岑之代理律師也告訴了我一樁內幕。原來和平以後，岑德廣以曾經擔任過賑務委員會委員長名義，被首都高等法院判處無期徒刑，其家人為他進行聲請覆判，除了提出其他的理由與證據而外，並擬申敘與那時已出任美國駐華大使司徒雷登在滬談和的經過。當時岑卻堅持不願牽涉到外交關係，更不願以外力來壓迫政府。而他有一位親戚方自美返國，熱心奔走，竟不顧岑本人的反對，逕以函件與電話同司徒雷登要求見面，司徒雷登在電話中立時約定了時間，岑的親戚就在南京美國大使館中與司徒相見，並率直提出為岑具函證明的要求。

司徒雷登聽到了岑德廣被判無期徒刑的消息，表示出驚訝與惋惜的態度，他立時從大使館的檔案中檢出一份紀錄，指著它說：「當年確然有此事實，紀錄還保留在這裡，我到達重慶後，也曾向蔣委員長詳細報告，當時蔣氏只說：『好！很好！容我考慮後再答覆。』而從此即未再作進一步的聯絡。但此事雖未實現，而經過卻不容抹煞，岑先生等以我直接會面所得的印象，確無叛國之心，但我以大使的地位，不便私人具函向法院證明，可由岑先生的經辦律師詳細撰寫一份經過，我可以在文件後面簽字承認有此事實。」

岑的家屬照他的辦法做了，司徒雷登也真在上面為之簽字證明。案卷送呈最高法院後，判決書中雖未提到司徒大使的證明一節，而卒為改判了較輕的刑期。

岑德廣還是幸運的！繆斌以奉命談和，遂成為「肅奸」案中的第一個被殺者。岑是自動談和，又有司徒的證明，他是美國人，而且是美國的大使，到底發揮了力量，賴此得邀末減。現在岑正流寓香港，我以本節的經過向他證實，他搖搖頭說：雖有此事，但往者已矣，又何必重提以徒亂人意耶。

# 一九七、汪氏赴日談判組府條件

為了組府，更為了試探日方的和平條件，汪氏於一九三九年的六月四日，曾率領周佛海、梅思平、高宗武、董道寧、周隆庠與日方的影佐禎昭、犬養健、清水董三、矢野征記等由上海大場飛機場搭乘日本陸軍專機飛日，在橫須賀機場降落，換乘汽車駛往東京。日方以古河男爵的郊外別墅，作為汪氏等一行的居停之所。那時發表三原則的近衛已辭去首相職務，而由平沼繼任。

汪氏在日期間，曾先後與首相平沼、陸相板垣、前首相近衛會見，並訪問松岡洋右及中山先生的老友頭山滿等。當時平沼的態度尚還和緩近情，而板垣則一肚子充滿了侵略的意味。據影佐禎昭遺著中的記載，汪氏與平沼會見時，汪氏主張解決中日事變，應堅決採取以重慶政府為對象，進行和平的方針。而平沼則表示現內閣堅持繼承近衛聲明的精神，仍將不以蔣介石領導的政府作為交涉的對手，希望汪氏能決心擔當大任。而六月十五日與板垣的談話，板垣竟對一黨專政、三民主義、青天白日旗等多所指摘，汪氏與他反覆辯論，最後提出的組府條件，據西義顯的書中所記，約有下列各條：

（一）由汪氏領導另組中央政府，繼承原國民政府之法統，採取還都南京之形式。

（二）以三民主義為建國的基本方針，青天白日滿地紅旗為國旗。

（三）已得日方承諾之撤退日本駐華軍隊，應有更具體的答覆。

（四）在中國之日軍佔領區內，所有一切公私鐵路，工廠、礦山、商店與房屋應迅速交還。

上述條款如不能取得協議時，汪氏即放棄組府計畫，將以民間立場推動和運。而日方的答案，卻意外地無理取鬧。幾於完全推翻了汪氏所提出的條件，日政府是著重在下列三點：

（一）三民主義為排日之根源，理論上需有所修正。

（二）重慶現仍似青天白日旗與日本作戰，如新政府採用同樣圖案，將使前線軍隊之攻擊目標陷於錯誤，故必需予以更換。

（三）在日軍佔領區內的民房、工廠、商店可以交還，但鐵路因與軍事有關，須於全面和平實現之後實行。

由於雙方的條件相距過遠，當時曾引起最激烈之爭執。汪氏所持的理由，以為日本既承認新政府為繼承原來之法統，還都南京，則三民主義為原來的建國綱領，青天白日旗為原來之國旗，否則與繼承舊法統之原則不符。且三民主義為中國建國的基本方針，指為排日根源，更屬毫無根據。中山先生最後北上時，船泊神戶，曾經提出「大亞洲主義」的口號，力謀唇齒相依的中日兩大民族間的親善，可證明三民主義的確並非排日主義。且本人為中山先生之信徒，對中山先生所手定之三民主義與青天白日旗，絕不容其有所改變。如日政府干涉中國之內政，三民主義妄加修正，青天白日旗一經改換，適足以使舉世知道日本無和平之誠意，而對新政府竟施行壓迫之手段。如此，則本人只有放棄組府的主張，更自認和平運動的歸於失敗。

影佐從河內護送汪氏抵滬赴日，因不斷的接觸，對汪氏有較多的理解，在他的遺著中，有這樣一段紀錄汪氏對他的談話，汪氏說：

「原來的和平運動計畫，是準備以國民黨員為中心，組織一個和平團體，用言論來批評繼續抗戰的錯誤，逐步擴大和平陣營，使重慶轉變。但單憑言論，也有困難，因為和平固然為了救中國，而抗日更是由於愛國情緒所激發。而且和平論與賣國論也最易混淆，很難得到一般人的諒解；反之，抗日論卻容易獲得人們的同情，這要靠日本無私的行動，才能證明和平論的正確。近衛的聲明如能十足兌現，則重慶的抗日理論將失去根據。問題就在怎樣實現近衛聲明，是不是應該改變原來的和平計畫？除以言論督促重慶覺悟之外，建立一個和平政府，從事實上證明中日合作的效果。這個和平政府當然不以打倒重慶政府為目的，只是為了中止抗戰，促進和平，即使為必要而建立軍隊，也決不以之與重慶為敵。如果一旦全面和平實現，不論雙方政府是否合併，或者採取其他形式，我決不過問，斷然引咎下野，以明心跡。」

汪氏初意想建立政權，與日本交涉取得有利條件，以證明近衛聲明日方確具履行誠意，而板垣的對案恰得其反，卻反證了日方的毫無悔意與抗戰政策的正確。汪氏在日前後二十日，於舌敝唇焦、心灰意懶中黯然返滬，只留周佛海在東京繼續交涉。結果以汪氏態度的堅決，日本方面終於完全放棄了修改三民主義的要求，對此外兩項問題，也採取了折衷方案，即鐵路在全面和平未實現前，暫由中日雙方會同辦理，而由汪政權成立鐵道部監督之。國旗則仍用原來之青天白日旗，在作戰期內，為避免前線日軍之誤認，上面另加一黃色三角布條，上書「和平、反共、建國」六字以為區別，但與原來的國旗並不相連，也非固定的形式，所以在南京汪政府的門前，所懸的為沒有黃布條的青天白日旗，僅在有相當距離的國旗的下端，用兩小竹竿交叉兩面黃三角的布條。

汪政權決定於三月三十日創建，汪氏則於十七日先期飛往南京，在臨行的前晚，一切都已部署完畢，隨行人員也都已決定。唯有代表陳公博曾出席幹部會議的何炳賢，雖然已內定他出任軍事委員會的經理處長，而他卻堅決重回香港，船票且已預先購定了。那晚他正在愚園路汪氏的寓邸中收拾行裝，陳璧君看到這情形，上前厲聲責問說：「你不隨汪先生赴京幫忙，是什麼居心？」何說：「我不忍見汪先生為國家犧牲到如此地步，在幹部會議中我曾經激烈反對，雖然是代表公博的意見，我已盡了我之所能。現在一切既已決定了，我只有離去以隨我自己的心願。」

雙方談話的聲浪很高，為汪氏所聽到，令副官召他與汪夫人同到汪氏的私室中去，時汪氏正與陳公博默默的對坐著。當他們進入時，汪氏很久不發一言。他以為汪氏一定會勉強他同去的，孰知竟完全出乎他的意料之外，汪氏回過頭去對陳璧君說：「士各有志，不要勉強別人去做不願意做的事。這次我只有跳火坑的勇氣，做一分是一分，而成敗則操在別人的是否能澈底悔悟者的手上。在這情勢之下，還是讓我一個人去犧牲，多保留幾個年青一代的同志吧！」說著又對何炳賢道：「那末，等我明天飛京後，你仍照原定的計畫去港，我對你非但是諒解的，而且也是同情的。」說完話，汪氏已清淚滿眶。

作為追隨他多年的人，面對著如此情況，也只有放下他的行裝，隨同去等待不可知的命運的支配了。我寫此一段閒文，是要以事實來說明汪氏那時的感想，決不是一般人想像中汪氏因自創政權的得以實現，而欣然去抱笏登場的那一份態度。但千秋萬世之後，有誰會瞭解汪政權中人當時是怎樣的一種心境呢！

# 一九八、高宗武爲甚麼出之一走

汪政權是注定要失敗的！即使日本不發動太平洋戰爭，以與英美為敵，其失敗也只是時間問題。因為汪精衛到底是一個書生，而且還有著他革命者的熱情與詩人的氣息，偏偏就缺少了搞政治那一套應有的梟雄行徑。而渝方的對他，自始至終倒用的全是特工手段。重慶方面當時擁有兩大特工機構——「中統」與「軍統」，雖對日對共，都曾一敗塗地：西安事變的發生，事前既一無所知，至陷統帥於險境；對日戰爭時期賴以獲取日方情報的「國際問題研究所」，主持者的王芃生，現在已查實竟是共產黨員。那時中共唯恐抗戰之不能持續，難求喘息，所以他所供給的情報，盡是不利於日敵的，而當局茫然不知也。但渝方以特務手段來對付汪政權，則得心應手，精彩紛呈。人們但知上海租界以內有聲有色、以血還血的槍戰，為特務工作的拿手傑作，誰知這僅是整齣戲裡穿插的一段微不足道的打鬥武場而已。汪精衛的離渝主和，是不是先有「兄為其易；而弟為其難」的密約？以後的開除黨籍，明令通緝，是不是既已入彀，中途變計？若真如此，這是無上的特工手段也！奈此千古疑案，除當事者外，無人能加以證實，亦且無人能予以否定。

姑且把公開的事實來說吧！汪氏一經離渝，方抵河內，先有谷正鼎之奉命馳往疏通，疏通之不成，乃賚予護照，濟以川資，形式上一切都為便其出國，以安汪氏之心，而結果則軍統大員親往指揮，高朗街眾槍齊發，而汪氏卻奇蹟似的死裡逃生。這一幕做得卻並不高明，因為既太著痕跡，也且又並不能如理想中的趕盡殺絕也。

較為高妙的一著，則是汪政權中最重要的台柱，暗中可能是重慶所佈置的，實際則無疑是受重慶所運用的。周佛海、梅思平、丁默邨、李士群等過去無一而非蔣系之人物，當時又且無一不與重慶藕斷絲連。連陳公博因反對組府而終於參加，自甘伴食，卻又抱著「黨不可分」之素願，而仍與重慶暗中建立關係，妄圖自效（見其「八年來之回憶」一文）。日本投降之後，卻由任援道奉命再三勸之離寧，最後又像煞有介事地明令逮捕歸案，此仍然是特工手段也。至和平後之所謂「肅奸」，索性完全以特工面目出現。堂堂「整飭法紀」之行為，而竟委之「軍統」主辦其事，「誘捕」「劫收」，騰笑中外。而渝方特務工作中最成功之一著，則應推「高陶事件」為一記最佳之殺手鐧。這事曾經震動世界，也曾經給予汪氏方面很沉重的打擊，前書已略記其事，茲再彙合各方資料，補述其經過。

我與高宗武、陶希聖二人均無私人間之絲毫恩怨，當他們在滬隨汪與我「同流合污」之時，甚且從不曾相交一語。前書所寫，不過就我所知，略述梗概。到今天為止，我認為對高宗武尚情有可原，因既有其不得不走之苦衷，且二十餘年來，也從無一語相辯飾，他由滬一經抵港，稍作勾留，即亟亟挾重賞赴美。從此隱姓埋名，以昨死的精神，連與他有相當交誼的犬養健筆下，也且改稱他為「康紹武」了。他的態度，說他是功成身退可，說他為閉門思過，也無不可。而陶希聖卻以此一役，在蔣氏左右幾取陳布雷、周佛海當年之地位而代之，著書立說，儼然一派忠貞之氣！這兩人雖一度志同道合，而最後則平淡絢爛，卻又大異其趣。

高宗武是最早也是最熱心談和的人，從民國二十四年（一九三五），即全面抗戰爆發的前二年起，即與吳震修對日人西義顯有所聯絡。至抗戰發生以後，他是奉蔣氏之命在港專門擔任對日的情報與聯絡工作。他曾經親往日本與上海，以全力來謀致和平之實現。不幸日本兩度拒絕了他經手的與重慶談和，以至功敗垂成。乃轉而通過梅思平而拉攏陶希聖，由陶希聖而攛掇汪精衛。汪氏既已脫離重慶而至上海，組織政權也已決定。論理，高宗武大功告成，開國元勛大可佇候封賞，而他終於到了這最重要的關頭，自棄前功，潛行逃叛，別的人還可說因不滿於日方所提出的條件而迷途知返，但對高宗武來說，決無此理。他最知道日本人，而且從戰前到戰時，一直由他與日方談判，停戰的初步條件，還是由他與梅思平所共同草擬而提交給影佐的。他明白日本的態度與日本的底牌，已非一日，又何至於臨時變計？從曾經身與其事的日本人所著的書籍中，寫出了他所以叛逃之故，才使我恍然大悟。

總括一句話，高宗武搞和談，對公，是向蔣氏效忠；對私，則要由他包辦。他最後的改換目標而抬出汪先生來，則以日本兩度關閉了對蔣先生和談之門，也或許是他在失敗中想死裡求生；也或許他暗中奉到了別一項的使命。不幸他的形跡，卻為日本方面所覺察，日方不僅對他起疑，而且除有人當面嚴詞質問以外，並監視了他的行動，儘量使他與汪氏隔離，甚至有對他採取不利行動的傳說，乃迫使他不能不一走以求自保。有幾件事實是這樣的：

第一件事是高宗武公然洩露了日本與汪方間接洽的秘密，也就是前文所說，當日政府派遣影佐禎昭租賃「北光丸」出發河內營救汪氏時，「北光丸」方啟椗離日，而重慶大公報即發表了汪氏主持和談的消息。日外務省書記官矢野征記認為此舉必出於高宗武所為。因為日方派有一名一田中佐者在香港活動，一向與高有密切聯繫，而一田在表面上則以出售蚊香為掩護，而大公報所發表的消息中，部份即為高宗武與一田間的秘密。矢野於是偕同一田向高宗武責問大公報消息的來源，高還諉稱是日本方面所洩漏，一田聽到了他的話就大為發怒，厲聲問他：消息中有一點，是只有你我知道，別人是不知道的，對此你又將作何解釋？高宗武當場雖窘得無言可對，但他竟然反而還勸矢野不要去河內，他以為汪氏的做法，似已不再以蔣氏為和平運動的中心了。就因此明顯的態度，乃開始引起了日方對他的懷疑。

日方也從此對高宗武採取了戒備的態度，當汪氏乘「北光丸」於一九三九年五月五日抵達上海後，汪之行蹤因已被日本朝日新聞的駐滬記者所知，因此那晚汪氏仍宿於輪上。而周佛海、梅思平、高宗武等則在虹口的重光堂等候，直至晚飯以後，汪氏已決定當晚不再登陸，高宗武即興辭向周梅等表示要單獨回家。影佐問他到那裡去？高說：「我要回到我兄長的家裡去。」影佐說：「只有這寥寥幾位同志，暫時應該住在一起。」高又說：「我兄長的家裡防範得很好。」影佐又以帶有命令的口吻說：「今晚就請住在這裡！」高也以堅決的口氣說：「我要回家。」影佐有些生氣了，對高說：「周先生和梅先生都住在這裡，你單獨離開，是不是想破壞同志之間的團結？」雙方抬槓，演成僵局，幸而這時周佛海出面排解，不理影佐的話，對高宗武說：「宗武！你還是回家去吧。」影佐始不再堅持，就由犬養健與周佛海送他到門口，高還是十分氣憤的說：「影佐有什麼權利，可以對中國人隨便發脾氣？我為和運拼著性命，絕不能接受影佐的命令！」這一舉確使高宗武過分難堪，他當然更知道日本方面已不僅在對他懷疑了。影佐的態度，很明顯地認為他會洩漏汪氏的行蹤，有發生意外危險的可能而出此。

日本方面的對付他，還不止此。一月之後，汪氏等一行赴日試探組府條件，汪氏與周佛海、梅思平、周隆庠、董道寧等被招待在東京北郊瀧野川的古河男爵別墅居住，而對高宗武以其有肺病為辭，卻被指定另住在隅田川西岸橋場町大谷米太郎的家裡，使與汪氏等遠隔。犬養健而且聽到有將高宗武毒死的消息，連高宗武也知道了這個風聞，自此乃覺形跡已露，處境危殆，乃不得不急急謀脫身之計了。

日人將對高宗武採取行動的消息，尚為一九三九年六月間事，那末高宗武何以遲至是年十月始決然離去？以我旁觀者的看法，另一個主要原因，是他對日人失望之後，對汪氏更為失望。他原意如和平政府成立，他自恃有開國之殊勛，定可平地飛升，得居高位。不料他費盡周章，說動了汪氏，而當他由港赴滬與影佐等磋商和平條件時，汪竟派梅思平為代表，他已屈居為副席，形同梅思平之隨員。迨汪赴日與平沼談判後回抵上海，亟亟作組府之謀，而一切對日外交重責，再一變而索性由周佛海大權獨攬，高宗武的地位已每況愈下，而他仍然等待著能一過外交部長官癮的迷夢。

照例汪政權成立之後，除對日而外，亦誠無其他外交可言，高宗武的出任此職，論勞績，論才力，均應有可能，而汪以他年事太輕，又且為日方所疑忌，只允給予外交部次長之位置。至此，他一切希望全歸於泡影，乃覺再也無可留戀，於是去志遂決。到了汪政權成立之前，與日本之間正在全力交涉，在會議中，高宗武是參加的，而日方對之已嚴加防範，任何文件均由梅思平與矢荻負責收藏，不許攜帶出外，高宗武當然明白一切是在對付著他。至會場以外的對日交涉，有時他甚至要偷偷地向別人查詢，才能略悉端倪。從此，他對汪氏懷有怨望，而對周佛海則更為妒恨。

高宗武於什麼時候才起意叛汪與如何離滬走港的呢？據當年在上海被稱為「大亨」而以後又為

戴笠助手的杜月笙之私人秘書胡敘五，以「拾遺」筆名在香港春秋雜誌所寫「杜月笙外傳」中，有「助反正高陶離滬」一段，揭露此事真相。依我所知，胡敘五於杜月笙生前，朝夕隨侍，不離左右，其所記應可信為事實，茲特摘錄他所寫的經過如次：

「高宗武因密約問題作第三度東京之行（按即上文隨汪赴日的那一次），處處受日人疑忌，於滿懷憂懼之餘，驀地念及其同鄉父執黃溯初，僑居長崎之曉濱村，相距非遙，何不登門就教。於是驅車就道，一夕深談，反正之念遂決。黃溯初為留日老前輩，歷任國會議員，隸研究系。宗武自遊學日本，以至服官從政，黃溯初之提攜誘掖，致力甚殷。相晤後彼此約定，宗武先歸，黃溯初隨後亦回上海。黃到滬後，由於他與徐寄廎以同鄉而兼至好（按徐寄廎時任浙江興業銀行董事長，又為重慶在上海活動的秘密機構「統一委員會」的主任委員），所以遇事商酌，寄廎率直地提出杜月笙來，於是決將這樁買賣奉送與月笙承辦。其時已是十月，徐采丞（按為杜月笙之在滬代表）適從香港返滬，甫抵家門，寄廎踵至，將大致情形撮要告知。隨手掏出一張條子，上面僅書『高決反正，請向渝速洽』九個字。即挽采丞原船返港，速與月笙接洽。

「在一個陰沉的下午，采丞拎著手提箱，突在香港告羅士打酒店七〇五號杜之辦事處出現，月笙看過字條，認為事不宜遲，即於翌晚飛往重慶，一面囑采丞留港稍候。其時蔣委員長適有桂林之行，原擬小駐，聞此密報，一宿返渝，召見月笙，即囑從速返港，秘密進行。月笙返港後，又著采丞從速返滬，付以兩項任務：一為速挽黃溯初來港面洽；一為協助高等及其眷屬安全離滬。才逾十天，溯初蒞港；當將宗武去日經過，逐一和月笙細說，並製成筆錄。於是月笙在同一月內又作第二次重慶之行，向蔣報告既畢，蔣委員長親筆作書，露封交由月笙轉致宗武，許為『浙中健者』，欣慰之情，流露行間。迄至民國三十年一月五日，高陶兩人同乘美國總統輪安然到港，兩家眷屬，不久亦先後南來。宗武終且領得了官吏護照，並將其名改為『其昌』，夫婦乃橫渡大西洋向美國而去。」

# 一九九、陶希聖怎樣爲自己表白

至於陶希聖為什麼竟與高宗武偕逃呢？他當時原是對和平運動最熱心的一個人，在重慶時，又為慫恿汪氏最盡力的一個人，在上海時，更是攻擊蔣氏最猛烈的一個人，他為什麼也要叛汪而去？應該也不單是如其表面所說的是為了反對和平條件吧。我們同情陶氏今天在台灣的處境是困難的，他在黨內與文化界中，有著那樣不平常的地位，而且他又必需發表對國事的意見，但誰都知道他有過與汪氏那一段往事，當年何事反覆？不說，也許會被人認為他內愧於心，終於在一九六二年春，他在台灣的中央日報，以「揭發日汪密約的幕後」為題，發表了一篇數千字的長文，為自己作辯解，姑先照抄一段如下：

「中華民國二十八年十二月二十九日，在淪陷後的上海公共租界愚園路，日汪之間，所謂『日支新關係調整要綱』談判完畢，定於三十一日簽字。我是參加談判之一人，眼見那日本軍閥分割中國的狂妄野心企圖，白紙上寫黑字，要借中國人之手去簽字，這件事是斷不可為的。當晚，我回到法租界環龍路私宅，即稱病不出，與內子冰如計議如何脫險走港。」

「二十九年元旦，為避免汪周諸人懷疑，我抱病到愚園路拜年，當我從周佛海住宅告辭出門的時候，佛海送到門口，他說：『你的面色不好，要休息才好。』我答道：『我亦不知命在何時。』他說：『何必這樣說。』幾天以前，有陳某秘密告知我，說七十六號有計劃要刺殺我。我說這話，就是暗示這件事。

「元旦赴汪宅拜年之後，陳璧君主張我補簽密約，汪說道：『他面色不好，改日再補簽。』這是一個生死關頭，倘使我被邀補簽而不肯下筆，那就是我的生命斷送的時候。這天自愚園路回法租界，仍然臥病在床。高宗武兄來拜年並問病，我對他說：『他們有陰謀不利於你，你怎樣？』宗武說：『走了吧！』我們決定趁四日開航往港的胡佛總統輪。

「四日上午，我乘車到南京路國泰飯店（作者按：上海無國泰飯店，大約是中文名華懋飯店之誤吧）前門，下車之後，進入大廈，從後門叫街車到黃浦灘碼頭，直上輪船。中午，船開了，航行到公海之後，我才從船上打電報給冰如（按此冰如為陶之夫人，竟與陳璧君不約而同名）報平安。至五日清晨，冰如才把我寫好留在家中的幾封信，叫人送到愚園路。愚園路諸人得知我離滬往港，大為驚駭。我的住宅門口，一時之間，有親友來問訊，亦有便衣人員偵查與監視。……」

下面是寫他的妻子兒女怎樣獲得汪氏允許而離滬的經過，與本文無涉，故從略。

中央日報上的一段，多少還說了些不是事實的事實。這幾年他又為台灣的「傳記文學」雜誌寫他的自傳，於「亂流」一節中，寫他從武漢到重慶，再由成都轉河內，最後去廣州到上海，這正是他隨汪時的重要關節。那時關於他自己的言論與動態，幾於一字不敢提，抑又何也？就上述中央日報所登的一段陶希聖所親筆寫的經過來看，就我所知，非但有些重要關節，與事實頗多出入，而且前後亦多難以自圓其說之處。

我很同情他寫作時心境之亂，在台灣眾目睽睽之下，更應有不知如何下筆之苦。因為首先他說出走的原因是為了反對分割中國的「日支新關係調整要綱」，但他又自承為「我是參加談判之一人」，那末在談判時他為什麼不據理力爭呢？以陶的自命忠義憤發，當不至看到了日本人就會噤若寒蟬。固如所說，當場不敢反對，事後畏勢潛逃，又抑何其怯也！這項托辭，另有一項旁證，當他與高宗武抵港以後，晚間赴九龍塘去訪何炳賢，何開出門來一看，竟是這兩位「和運健者」，倒真是既驚又詫。延入客室之後，何炳賢問他們何以突然來港？陶說是為了反對汪先生組織政府。何又問他：「那麼上年汪先生召集幹部會議時，我一個人在席上聲嘶力竭，反對汪先生另建政權，你何以又讓我單獨作戰，而默不作聲？」陶氏訕訕地說：「如我也反對，恐怕佛海他們將有不利於我的舉動。」何炳賢又說：「你這就不對了，即使你不便公開發表意見，難道你沒有資格在私室中與汪先生談話？」至此，陶氏為之語塞。本來還要約陳公博與他們見面的，而第二天去尋他，卻已搬到不知那裡去了。

其次，陶氏在那篇長文中還說，因為怕迫他簽字，所以於二十九日「稱病不出」，但到元旦那一天，卻說是「抱病到愚園路拜年。」又說元旦陳璧君主張他補簽密約，汪因他面色不好，所以讓他改日再補簽。他說：「這是一個生死關頭，倘使被邀而不肯下筆，就是生命斷送的時候。」我很奇怪何以有「文膽」之稱的陶希聖，竟於短短數行中就矛盾百出？既說「稱病」，又說「抱病」，究竟是稱病、抱病、臥病還是心病呢？

再則，假如說這是密約，應該由汪氏來簽字，他還無簽字的資格。假如當時因陶氏是和運柱石，又是談判的出席代表而必需由他簽字，那只是「面色不好」而已，能拜年，豈又不能舉筆？且因病而不能舉筆，又何至斷送生命？汪先生到底還是個文人，幾曾聽到過他在政壇數十年中，對他一有違忤，即有隨便殺人之例？陶希聖未免太危言聳聽了。陶希聖說謊的另一人證，是現在留港的樊仲雲。他告訴我：「那次赴汪宅賀歲，是陶希聖、朱樸之和我同去的。我們三人一直在一起，我絕沒有聽到過汪先生夫婦要他簽字於密約的話。而且那天賓客滿堂，賀歲時的氣氛，也不是談正事的時候，而且也沒有談正事的可能。」汪氏雖逝，朋儕盡在，他又豈能以一手掩盡天下的耳目？

陶氏叛汪出走的另一理由，說是「七十六號」有計劃要謀殺他，我敢說絕無其事。因當陶離滬前，為了我在負責籌備之「中報」，陶與林柏生要把它改為「中央日報」，羅君強寫了一封給陶太不客氣的信，周佛海還重重的責備了羅君強一頓。但周陶之間心中有芥蒂則是事實，周佛海時常不滿於陶經手的宣傳部經費，時常指為濫用公款，賬目不清，而陶對和運也以首功自命，而佛海此時大權獨攬，後來居上，心中的不無憒憒，亦屬情理之常。他本希望汪政權建立後，出任宣傳部長（前書誤為實業部長，附此更正），而汪已內定由林柏生擔任，只為他安排了一個教育部長。但芥蒂是一件事，刺殺是又一件事，佛海對他即有不慊，以高陶當時為和運健者，而汪氏對他們又寵眷未衰，況當政權未立，周佛海羽毛未豐，亦何敢同室操戈，輕舉妄動？自更無論於丁默邨李士群之流了。證之高陶出走以後，汪氏夫婦仍無一語相譴責，陳璧君且大罵為羅君強所逼走，而周佛海在一月八日的日記中，亦記有「汪先生為陶希聖解脫」之語。若「七十六號」果有「陰謀」，恐就不易讓他如此揚長而去，又何至當他已經離去之後，始亡羊補牢，「派便衣人員偵查與監視」之理？

陶希聖高宗武出走的決定，在他那篇長文中，僅僅「走了吧」一語，事實真是如此簡單嗎？真是到了出走前六日方始決定的嗎？他把高宗武長時期的準備略去了，他把杜月笙的積極幫忙抹煞了，更其把重慶對他優惠的條件隱藏了。拾遺撰《杜月笙外傳》，其中又曾寫出了陶由滬到港後的如下一段秘聞：

「在這一段光陰裡，陶希聖過的倒是閒適生活，經由月笙之手，政府按月撥給港幣三千元，辦著一份月出兩期的『國際通訊』。薄薄的小冊子，完全贈閱，不須發行。出版後包紮一大綑，交由月笙托人帶往重慶分送，香港市面卻看不到一份。……無如好景不常，太平洋戰爭陡然爆發，那時月笙已去重慶，抱病頗重，當局囑他開列旅港重要人物名單，以便派遣飛機前來搶救，他開出的第一名便是陶希聖，一面急電希聖緊急準備。無奈飛機只能在深夜到達，著陸時間極短，車輛已被香港政府徵用，希聖根本無法跑到機場，回渝之念，只得放棄。迨至九龍失陷，希聖嚇得不敢回家，終日在街頭盤旋，東住一宵，西宿一晚，最後挈帶家眷，匿居彌敦道黃醫生家的後樓。好在日軍不久疏散人口，希聖參加由杜宅一班人組織的難民回鄉隊，始於民國三十一年一月二十八日脫險離港。……夫婦臨行，彼此互約，一踏上中國地，第一件事就是給杜月笙打電報。因為隨身帶著極少的錢，沒有月笙，沒法得到充分的接濟。後來他夫婦倆和孩子們都平安地到達重慶，月笙始告放心。希聖旋由陳布雷先生汲引，分擔了文學侍從的工作。官俸無多，緩急時有，月笙便成為他的外府。儘管月笙經濟情形，當時並不甚佳，但於他的需求，總是有求必應。勝利以後，希聖地位日高，蹤跡日遠。在月笙公子維屏涉及破壞金融案件時，偶然也想到他，可是月笙滬寓的十八樓頭，座客常滿，卻不易見到陶希聖的紆尊降貴了。」

這一段完全可以相信是該文作者親見親聞的事實，離滬前陶希聖對高宗武說：「他們有陰謀不利於你」。並沒有說有不利於他自己，那為什麼也要走呢？原來一登龍門，就是身價三千！也許這懋賞還只是表面的呢？看了陶希聖對於杜月笙的前後大易其態，那對汪氏的有始無終，也就無怪其然了。但如一念及當年汪氏的推心置腹，於其出走後尚且力為迴護，及今回思，正不知其作何感想？他始終附驥於高宗武，而得現在的安享尊榮，其成就也且遠勝於高，真不愧為識時務的俊傑！懸想其定有欣然於「不悔當初」之感吧！而我對他的觀感，則是：他在重慶時最擁護汪先生，最後是最傷害汪先生，他在上海時最攻擊蔣先生，而現在又最效忠蔣先生了。

# 二〇〇、舊創誘致多發性骨腫症

汪政權六年中一共有三樁最重大的事件：即政權的創建與覆亡，及汪氏的逝世是也。假如二次大戰期中日本不採取南進政策，則世界歷史，自將完全重寫；假如汪氏不於和平的前一年身死，則中國的歷史，相信也將完全重寫。日本投降時，周佛海與重慶既早通款曲，陳公博又一向持「黨不可分，國必統一」的原則，因此勝利以後，俯首貼耳，任憑「劫收」。政治是無情的，而汪氏卻是一生搞政治的人，安有不懂得失敗之後將會無情到如何程度。以他的性格，是決不會甘心於束手待斃，他不死，則局面將有如何的變化，正未可知。但他終於受不了舊創所導致的絕症，影響到身體上的痛苦，更受不住對於國家與民族前途的悲傷，使其精神上受到更大的痛苦，在和平的前一年，先其手創的政權而撒手以去。

到今天，民間對於他的死因，仍然還有不經的傳說，一般竟認為是給日人所毒斃的，為什麼會有此無稽之言？可以證明汪氏在南京的一段時期，連民間也知道他與日軍是在抗爭而不是在俯首聽命。雖然我在前書中，已詳敘了他的病中與逝世的經過，為了更求詳確，又與汪氏在港的遺屬們作了幾度的長談。我於一九六一年初冬赴日時，並特別親往名古屋分訪了曾經為他治療過的帝大附屬病院的醫生與護士，可以說已經問遍了可以知道當時情況的人。因此，本節所述，自信與事實不會有太多的出入。

汪氏患此絕症的導因，完全是為了民國二十四年十一月一日在南京國民黨中央黨部遇刺後，子彈留在體內的關係。當時他被送往鼓樓醫院，由沈鵬飛外科醫生開刀，僅將左顳部之碎骨與彈片取出。頰部與背部的子彈，因流血過多，身體虛弱，未敢再動大手術。顳部開刀以後，眼旁紅腫極烈。向為汪氏好友而兼醫學顧問的德籍諾爾醫師Dr.Knoll於出事時，方去西安打獵，迨得訊趕回，已在一週之後，經其施行手術，先將顳部子彈重為開刀取出外，認為傷勢仍極嚴重，力主移滬治療，於是注射了破傷風預防針後，即匆匆易地赴滬。

上海的骨科醫生，那時以與宋子文為姨表弟兄的牛惠霖牛惠生兄弟為最著，在滬西楓林橋設有上海骨科醫院。汪氏泰然延請為他再度施行手術，以期取出留存於體內的子彈，而施行手術的地點，竟就在安和寺路汪氏的岳家滬寓。那天牛惠霖醫生於施行手術之前，卻先飲了一大杯拔蘭地酒，即令汪氏俯伏在沙發椅上，作為手術台，且用的又僅為局部麻醉，牛醫生於酒意醺醺中動手施術，手術粗重，徒使汪氏受了更大的痛苦，而子彈亦且終未取出。

汪氏於受傷前本患有糖尿症，自赴青島療養後，漸次康復，已可吃少許巧克力糖而無礙。自經這次手術，發現時有脈搏間隙現象。回想牛醫生開刀情形，何以如此草率從事，闔家乃大為惶慮。諾爾醫生以奧國嘉士伯的礦泉水，對肝病等極有益處，並為汪氏介紹一歐洲熱帶病專家，力勸其出國療治，於是汪氏乃率同夫人、曾仲鳴、次女公子文彬，及內弟陳耀祖離國赴德療養。直至一九三六年西安事變發生，未及澈底治療，又為國事以跳火坑的精神兼程趕回。至三十二年八月間，胸背以留存在體內子彈的影響，突然又感疼痛，乃於是年十二月十九日在南京日本陸軍病院將子彈取出，一時經過良好。

民國三十三年（一九四四）的元旦，汪氏自南京的北極閣回歸私邸，忽覺身體不適，四日傍晚，諾爾醫生來為他診斷，諾爾請汪氏試作小步，方行數步，而諾爾睹狀，以兩人平時感情素篤，竟為之失聲痛哭。諾爾以為病雖初發，勢甚嚴重，觀其行動，且有癌症現象。那時家人猶未之全信，不幸此後腰部以下，漸感麻痺，且不時發高熱，病源不明，終且纏綿床褥。延至那年的二月，病況逐漸惡化，適陳璧君以胃病延請日本東北帝國大學教授黑川利雄，赴南京為她醫治，順便為汪氏診察，診斷結果，認為已達危險階段，非立即施行手術不可，經黑川與日政府商洽結果，決送往名古屋帝國大學附屬醫院治療。

三月三日，汪氏率同夫人陳璧君、男女公子文惺、文彬、文悌、婿何文傑，暨周隆庠、楊紹芬、韋東年、程島遠、侍從醫生中央醫院院長黎福。侍從官凌啟榮、梁汝芳、司機潘寧、傭人周有、阿文，專機飛日。因名古屋為日本工業重地，盟軍空機不時空襲，日政府於事前令名古屋師團司令部在預定汪氏之病室外南側曠地上，建築防空壕，限於一夜之間完成。並動用了全日本外科、整形外科、內科、放射線科等第一流權威醫師組成醫團，為汪氏療治，當地的軍警機關也實施全面戒備。

汪氏的病室，係在名古屋帝國大學附屬病院四樓的最後一間的特別室，地位相當寬敞，包括有臥室、日式起居室、廚房、浴室、日光室、廁所等。除四樓全部，專供汪氏家屬隨員居住外，三樓亦有三室供汪夫人會客及日方關係人員之用。因防諜關係，對汪氏來日，嚴守秘密，其病室，且特以「梅號」為代表。

經各醫師會同診視結果，一致認為汪氏因過去所中子彈留存體內過久，誘發而成為多發性的骨髓腫症，胸骨自第四至第七節間，因腫脹而自背部向前胸發展，以至壓迫及於脊髓神經，必須割除向前壓迫之腫脹骨殖，以減輕壓力。手術係於抵達之翌日，即三月四日的傍晚，由齋籐教授主持施行，用局部麻醉，由背部開刀深入及於前胸，切除胸骨三四片，經過一小時許而畢，汪氏當時感覺腿部能有些微活動。其後三四日間，情形良好，家屬方在慶幸中，而僅經過這短短時間，又立即轉而惡化。

病中，林柏生、陳春圃等曾先後赴日探望，他向林柏生表示，他的文章無可留，對共思想亦曾先後發表，均為世人所熟知，可留者惟詩詞稿。至八九月間，病勢更見沉重，且極度貧血，先後由兩公子孟晉、文悌、及程西遠、程島遠、韋東年、凌啟榮等，各為輸血五百ＣＣ，終未見效。至十一月九日，以美機轟炸關係，將汪氏移至室外防空壕，因無暖氣設備而受寒，當晚回至病室後又發高熱，同時又併發了肺炎症，至夜間呼吸漸感困難，延至十日下午四時二十分而逝世。關於汪氏的病況以及喪儀與葬禮，已詳前文者，茲不再贅。

# 二〇一、在名古屋醫院中的汪氏

我於一九六一年十一月赴日，於上一年東渡時即有意赴名古屋汪氏逝世之所，一為憑弔，卒以牽於塵俗，因循未果。這次終得陳伯藩、張履兩兄的導引，得償所願。名古屋大學的病院尚為汪氏療病時的舊時建築物，入門才數步，在大禮堂前，砌石為範，鋪草成茵，中間豎一汪氏紀念木碑，上書其入院及逝世年月。碑旁植梅兩株，係汪氏逝世那年的十二月二十五日，由陳璧君餉汪氏生前之侍從官韋東年所贈。原為三株，我去時已枯萎其一。日本方面松井太久郎、今井武夫、松方三郎、高信六郎、矢野征記、清水董三等一百餘人，本擬於翌年五月的汪氏八十誕辰時，換立石碑，以垂久遠，且已獲得醫院當局之同意，石碑亦已著手動工，中書「汪兆銘氏紀念碑」，旁為其生卒年月，碑背以汪氏生前愛梅成癖，既預囑其夫人於死後卜葬於廣州白雲山時，墓前植梅數株。而其以後之墓地，又為南京之梅花山，為體其遺意，故擬刻其生前所手寫之詠梅絕句云：「梅花有素心，雪月同一色。照徹長夜中，遂令天下白。」而結果以台灣方面的阻梗，碑已刻成，終於未克實現。

我去訪問時，曾為汪氏醫治而仍在繼續供職的，已只有事務部長山元昌之一人。承他親切款待，談到汪氏留院經過，不禁相與欷歔。又承他召來曾侍汪氏疾的護士森島喜津與長屋靜江二人，在紀念碑前共留一影。因為所有當時為汪氏治病的醫生，有些早已物故，有些則已離開了名古屋，也只太田元次醫生一人，正任當地的掖濟會病院院長，他為我們約定了時間，於當天的傍晚，與他作了一次談話。

太田元次在汪氏入院前，本已決定派遣至塞班島「玉碎部隊」服務，玉碎部隊正如空軍駕駛自殺飛機的「神風特別攻擊隊」，名稱玉碎，可知去者即無生還之望。正當他行將出發之時，適汪氏來院，因其挽留而得照常供職，竟得保全性命，以後且即以汪氏所患的「多發性骨髓腫症」提出論文，而獲得了博士榮銜。我們和他會見的地點，係在名古屋的醫師公會。他談話的要點，大致如下：

「汪氏的病源，確為彈傷所誘發，漸漸成為多發性的骨髓腫症。這病為世界上稀有之病，不僅骨髓與肌肉到處發腫，而且作極烈之疼痛，為任何人所不能忍受。而汪氏在病中，卻從不發出呻吟之聲，忍耐力的堅強，在病人中也屬稀有。他在施行『椎弓切除術』前，腹部以下，本已麻木，開刀後漸能活動，在那年的六七月前，腿部漸有知覺，而七月以後，又復惡化。我們全體醫療人員，以比天皇更視為重要的努力來為他治療，終以極度貧血與極度衰弱之故，卒於不起。他是一個模範病人，能充分與醫生合作，對他任何處理，他都表示感謝，且有康復的信心。我認為他是一個偉大的政治家，而絕不如所被指的『漢奸』。日本政府對他盡力照料，而他只表示對醫生的感謝，而決不對日本政府有一句感激的話。他說：他的想治好，是想再為中國努力奮鬥。所以如果他不死，而於和平後受到戰犯審判的話，我願毅然為他挺身作證。」

太田元次在醫院的年刊上，並寫有一篇以「汪兆銘氏入院瑣談」為題的紀念文，詳述了汪氏病中的經過，特為譯述如下：

「昭和十九年（一九四四）的二月，已故的齋籐教授，突然飛往南京，為當時的中國政府主席汪先生看病。汪先生曾經受過凶徒的槍擊，子彈留在第五胸脊髓骨突起的左近，上年雖在南京陸軍醫院中動用手術，已將子彈取出。而到了那年的一月初，下肢開始發生麻痹現象。到一月末，兩腿已不能行動，且時常發生原因不明的高熱，膀胱與直腸部份更發覺有明顯的障礙。當時汪夫人也在患胃病，正受東北帝國大學的黑川利雄教授檢查，乃同時為汪先生診察。在南京商洽的結果，黑川教授推薦日本神經系外科泰斗齋籐教授為汪氏治療。後經齋籐教授的診斷，認為汪氏脊髓神經發生嚴重故障，有立即施行手術的必要，並決定在名古屋帝國大學的附屬醫院施行。

「汪主席乘坐專機帶了大批隨員，於三月三日飛抵名古屋，住於四樓的特別室，並改稱為梅號室，所有醫院的三四兩層，劃歸中日兩方關係者的住用。醫院方面完全出乎意外地迎接到了這樣一位貴賓，人手立感不敷。於是負責者田村醫學部長、勝沼院長、山元事務長，他們當時所盡的努力，決非寥寥數語，所能盡其萬一。

「戰時各種物資困難，連齋籐外科教授施行手術時所需用的橡皮手套，也竟難於買到，結果在名古屋所有公私立醫院中盡力搜求，始將應用器物勉強備齊。

「汪氏抵達之翌日，即三月四日，由齋籐教授下令，決定將醫務局各重要人員分配職務，尤其為了防諜關係，用嚴肅態度傳達軍部命令，不許洩漏任何消息。但當時因汪夫人穿著中國服裝，並攜來了許多隨員，她下樓要先往檢查手術室，她的出現，使醫院中的病人與家屬們都看到了，不僅引人注目，而且都感到了驚奇。特別是為汪氏施行手術的三月四日當天，名古屋大學內外，尤其手術室的附近，有便衣憲兵與特派的特高（政治）警察嚴重警戒。醫院中負責人的忙碌與緊張，使齋籐教授動輒為了小故而大發雷霆，三澤醫務局長、森島看護長等都默然順受，連勝沼教授也且逡巡不敢入內。

「所施行之手術，係將汪氏第四至第七胸骨以椎弓切除術切除，為齋籐教授之助手者，則為已故之户田教授、三澤講師與田代助教。筆者（按為太田元次醫生之自稱）則負責隨時注意手術進行中之狀況，以報告於汪氏之家屬及軍部派來之高級臨場人員。

「在手術進行中，汪先生之足部即恢復有溫暖與撫摸之感覺。迨手術完成，汪先生一面致謝，一面說，如能幸而康復，今後將更為東亞和平而努力。院方將汪氏體內切除之骨片與其血液加以檢查，確定病名為『多發性骨髓腫症』。

「那次為汪氏主治的醫生，除齋籐真（名古屋帝國大學教授）、黑川利雄（東北帝國大學教授）外，有高木憲次（東京帝國大學教授）、名倉重雄（名古屋帝國大學教授）的整形外科、勝沼精藏（名古屋帝國大學教授兼附屬醫院院長）的內科。

「以後又加入田村春吉（名古屋帝國大學教授兼醫學部長）、三矢辰雄（名古屋帝國大學教授）的放射線科。助手團為户田博（名古屋帝國大學助教）、上田文男（名古屋帝國大學附屬醫學專門部教授）、中澤由也（陸軍軍醫少佐）及筆者（時為陸軍軍醫大尉）。黑川教授會同汪氏的侍從醫生黎福對他的糖尿病仍不斷檢驗其尿液。這樣一個診療團，係集合了全日本醫學界的最高權威所構成。每日輪流為汪氏診察三回，晚間一律住宿在附近的觀光旅館，隨時待命，助手團則留在醫院輪值夜班。

「汪先生身高將近二米，有清朗的目光，溫俊的容貌，莊重的態度，以他的外形來看，決不像挺身革命、力挽狂瀾的偉人，凡與他接近的人，一定發生尊敬與親愛的情感。因汪氏每夜必大量盜汗，派有中國護士與日本護士各兩名，為他拭汗更衣，汪氏也總對她們合掌為禮，表示謝意。

「汪氏於手術施行後之最初三四天，健康順利恢復，筆者也常與他的青年侍從們閒步街頭，遇有空襲警報，警察們驅逐公園附近的小流氓們，有時從小派氓手中還取得了春畫，我們輪流爭著觀看，足見那時心情的輕鬆。不料再過三四天以後，汪氏病體又忽然惡化，院方只能依照一般常態為他悉心治理。當我進入他的病房，而又無他人在旁時，他問我還能夠再活幾天。他說：你不必瞞我，因為在我未死之前，還有很多的事需待料理。

「每當他這樣問我時，常使我難於答覆，我也總避免以真實病況相告。汪氏的痛苦情狀，迄今仍盤旋腦中而無法忘卻。

「不幸至同年的十一月十日，這一位風雲人物，終於不治而長眠。關於主持醫生當時對汪先生所盡之努力，以及汪氏逝世後汪氏闔家對我們所表示之隆重謝意，亦將為我所畢生難忘。本來我已奉命決定參加塞班島的玉碎部隊，而以汪先生的要求參加梅號勤務，才使我能活到今天。汪先生生前曾贈我三針的黑面手錶，現在當我每次用到它時，當年情景，就宛然歷歷如在眼前，更使我發生了深深的感慨。」

# 二〇二、汪墓原來是這樣被毀的

這裡還應附帶一談的：勝利以後，汪氏在南京梅花山的墳墓，終於被毀了，而且搞得屍骨無存。那時，不僅所有汪政權的人員以及汪氏的家屬，幾已全部身入囹圄，即毀墓當時，亦在極度秘密之下所進行，我以前所寫的，曾說明係得諸耳食，因為非此中人自無從備悉箇中事也。偶閱一九六二年四月九日的香港大公報，以「十六年前的大秘密首次揭露，蔣炸汪墳紀實」為題之記載，對汪墓被炸經過，寫得歷歷如繪，懸想寫此文者，非中共口中所謂「蔣幫」的舊人，至少亦為與「蔣幫」有深切淵源之人。其所寫時間、人物、談話，極似確曾身歷其境者，因將原文節錄如下，以補我前書之缺漏：

「一九四六年一月中的一個晚上，在南京黃埔路陸軍總部的會議廳內，何應欽召開了一個會議。南京市政府、陸總工兵部隊、南京憲兵司令部、七十四軍等單位的負責人均出席。何對他們說：『委員長不久就要還都，汪精衛的墳墓居然葬在梅花山，和孫總理的陵墓並列一起，太不成樣子！如不把它遷掉，委座還都看見了，一定會生氣，同時也有礙各方面的視聽。你們仔細研究一下，怎樣遷法，必須妥慎處理。』他並再三叮囑此事要嚴守秘密，不得洩漏出去。何應欽說完，即行退席。以後他的參謀長蕭毅肅引伸何的意見：『總司令接到重慶的指示，這個問題關係到國內和國際的視聽，限我們在十天之內，把它處置好。』當即指定由七十四軍派工兵部隊執行遷移；憲兵司令部在遷移期間，派兵擔任內外警戒，斷絕行人交通，不許任何人接近；在遷移時，南京市政府（按當時市長為舊太子系的馬超俊）要派員協助。

「工兵指揮官馬崇六說：汪墓的工程已偵察過，是鋼筋混凝土的結構，墳墓不太大，但相當堅固。他問七十四軍的邱維達，最好用什麼方法搞開。邱說：工兵有的是炸藥，還怕弄它不開？馬還說：『總座的意思，時間愈快愈好，因為還要整理和建築別的東西。最好在一切充分準備的條件下，乘一個夜間，就把它處理好。』由於時間的短促，當時就決定只能使用爆破，再使用其他聲響來掩蓋。

「爆破的工作在一月二十一日執行。三天前，中山陵與明孝陵之間，斷絕行人來往，禁止遊覽。關於爆破墳墓的任務，邱當面指定五十一師的工兵營姓李的營長負責，估計用一百五十公斤TNT烈性炸藥，才可以把它炸開。爆破時，馬崇六、馬超俊和邱維達等均在現場監督。

「據一位姓孔的工程師曾向邱維達等指出，汪墳的圖案是仿孫中山的陵墓設計的，造價約計五千萬中儲券。墳墓剛把核心工程初步完工，日寇宣布投降，施工就此停頓下來。工兵爆破這個核心工程，第一步炸開外層混凝土鋼筋部份，第二部炸開盛棺的內窨。

「內窨炸開後，發現棺木，揭開棺蓋，見屍骸上面覆蓋一面青天白日滿地紅旗，屍身著文官禮服，係藏青色長袍與黑色馬褂，頭戴禮帽，腰佩大綬，面部略呈褐色而有些黑斑點。由於入棺時使用過防腐劑，所以整個屍體尚保持完整，沒有腐爛。揭開棺蓋後，馬崇六指揮不必要的人員暫時退離墓地，由馬超俊進行全部棺內檢查，主要是尋找有什麼殉葬物。而檢查結果，除在馬褂口袋內發現一張長約三寸的白紙條外，別無其他遺物。這張紙條上用毛筆寫『魂兮歸來』四個字，下款署名陳璧君。據說這張紙是陳璧君從日本接運屍體回國時所寫。

「馬崇六當即吩咐工兵營長，把棺木裝上陸總所備的卡車，並即晚將墓地平掉，務使不留原來痕跡。據邱事後對人說：他當時見馬指揮開棺，覺得事甚突兀，因為開會時何應欽明白指示將汪墓遷移，並沒有說要開棺查驗。現在把棺木搬走，又沒有提出遷移到那裡去的打算，不知他們在搞什麼名堂。為了弄清楚這個謎，他想叫姓李的營長去看個究竟，以目示意，故意對他說：『為了負責到底，請你隨同汽車護送一趟，以防中途發生意外。這裡的任務交給你的副營長就行。』同時向馬力言李營長為人誠實可靠，一切問題都可放心。馬乃同意讓李同行。

「這個李營長上車後，還不知道目的地何在。汽車停下來時，才知道到了清涼山。那裡有一個火葬場，馬崇六吩咐把汪的屍體交付火葬。只費了半個小時，棺材連同屍體全部焚化，並沒有遺留什麼。汪精衛自己所作的詩詞中，曾有『劫後殘灰，戰餘棄骨。』『留得心魂在，殘軀付劫灰』等句，至此都成了讖語。

以後，「但見一座新築小亭屹立於原來汪墓所在之處。山之南北兩面，還開闢了兩小徑，添植各種花木，周圍修飾一新，與中山陵的景色遙相映對，而汪墳已經無影無蹤了。」

若一切經過，果如上文所述，不禁使我發生了兩項感想：第一、勝利以後，為什麼要興大獄，株連者至數萬人？若說是為了整飭國家紀綱，所以誘捕、拘押、殺戮、甚至毀屍，逞一時之快，為所欲為。我不知所謂紀綱也者，是否包括法律在內而言？若參加汪政權的即為違法亂紀，則於勝利後始修訂一個違反刑事大原則，溯及既往的條例，是制訂的什麼法？拘捕以後，長期羈押，公然不於二十四小時內移送法院，是依據的什麼法？刑法第四百二十七條規定：「損壞、遺棄、污辱或盜取屍體者，處六月以上五年以下有期徒刑。」而又無「毀損犯有漢奸罪嫌者之屍體不罰」的規定，那末毀壙之舉，為什麼對教唆者、實施者、幫助者不依法檢舉？這是整飭的什麼紀綱？第二、當局之所以要毀去汪墓，若果係為了和孫中山陵墓並列在一起，是玷污了河山，且也有礙各方的視聽，我現在倒要為之失笑了。有些人卻真想於身後和中山墓並列在一起，自以為可為河山生色的，其如風波再起，神州陸沉，今日欲歸正首丘且不可得，又豈他們始料之所及耶？吁！亦可哀矣！

# 二〇三、黯然無語中開結束會議

我再要說：汪政權是先天上就注定了要失敗的！當汪氏離渝之前，梅思平、高宗武等與日本軍部方面有過多次之接觸，當時日方表演得似尚有謀和之誠意，連貴族出身的文士近衛文麿所發表的和平三原則，也且較之德使陶德曼調停時頗有讓步。汪氏以為兩國經過了一年多的苦戰，日本以為三個月可以征服中國的夢想破滅了，數百萬的派遣軍在中國本土所能佔領的，也僅是點與線，這一場侵略的戰爭，顯然已經成為泥足。日本向我們領教過了，即至愚至狠至惡者，也應該已到了悔悟的時候。亞洲兩個主要國家的共存共榮與兩敗俱傷，也應該會有所選擇了。孰知等汪氏脫身至滬，且親往日本折衝之後，竟發現日軍閥之野心非惟未戢，而且還要以偽滿的藍圖，施之於中國本土的淪陷地區。故不論太平洋戰爭最後的結局如何？所謂中日合作，遲早也必歸於破裂。汪政權中人悲慘的命運，終將無可避免，非被殺於異己，亦不免見戮於異族耳。

其次，汪氏身體上既為被刺的舊創而日漸削弱其健康；精神上又為當前的環境而滿懷著憂憤，身心交困，終於不支而病死異國。迨其一旦撒手塵寰，群龍無首，內部諸重要人物，也且各自為謀。其間，日本軍事上的敗績，影響到各人的心理，重慶特工手段之巧妙，玩弄各人於股掌，陳公博周佛海以至梁鴻志、任援道、丁默邨等人，無不與重慶暗通款曲，人人對此政權早已缺乏信心。

我相信如汪氏不死，他有著一股革命者頑強的勇氣，他也有從政治經驗中得來的機智，必不甘於俯首貼耳而生殺由人。如汪氏在，則汪政權最後之結局如何，恐正未易言也。

至日本宣布投降以後，汪政權諸人可說為國家的勝利沖昏了頭腦，忘卻了政治上有成敗而無功罪，有權力而無是非的通例，忘卻了自身的危害，也不信政府會食言，一夕之間，雀亂雞飛，山崩瓦解，使重慶得以順利接收，使當局得以盡情懲治。也許，汪政權中人最後服法的表現，雖足以表明為國家的心跡，但這又何裨於死難的諸人？

汪政權自創建以迄覆亡，為時未及六載，國民政府自接收以至撤退，不足四年，攘外了，又並不能安內，中原逐鹿，禍結兵連，世事靡常，滄桑又變，雖快意於一時，固同屬一場春夢耳！

汪政權之終將歸於解體，也許局中人較之局外人有更早的預見。當汪氏於敵人槍刺下創建政權之始，一呼而至者數以萬計，不能不說有些人確是信賴他的謀國之心。故當一九四四年三月三日，汪氏以病亟赴日醫療，人心即大感惶慮，不幸施行手術後，僅經過極短時期內有過好轉現象，以後纏綿床褥，又日趨沉重。自是年十月起，以迄十一月十日逝世止，中間曾先後三次急電南京，報告病況危急情形。汪政權在十月初第一次接到是項來電時，陳公博以次都有著大廈將傾之感。以為如汪氏一有不幸，日軍人之態度如何，重慶方面之行動如何，在在可慮，領導無人，政權有隨時崩潰之可能。

汪氏於離京赴日前，本留有親筆手諭，將職務交由陳公博周佛海兩人代理。自接汪氏病危的電報後，陳周曾立即召集過一次黨政軍聯席會議。這一次的會議，可以說是最早的一次結束會議，也可以說是事實上的一次結束會議。舉行的地點係在南京頤和路汪氏官邸的大客廳中，所有汪政權中較為重要的人，大都出席，使廳中U形的會議桌上，座無隙地。陳公博以代理主席身分主持會議，他首先報告了汪氏在日病況危急情形，以及日軍在太平洋戰爭的現勢。他認為如日本潰敗，而汪先生也有不諱，總不能束手以待局勢的發展，他與周佛海共同提出了一項建議：擬集中精銳部隊十萬人於蘇魯交界的沂蒙山脈區域，備為萬一的根據地，以保持實力為求得將來合理解決的準備。

接著周佛海起立補充理由，他說：「在座中認識蔣先生的，應以陳代主席為最早，但我自民國十六年起至此次離渝為止，侍從蔣先生前後十餘年，自信認識蔣先生的，應以我為最深。蔣先生的為人，只知利害，只重實力，因此不能不先有自保之謀。此項建議，雖為不得已之舉措，但為必要之舉措。」當時在場的，曾有多人先後發言，大致都附和原議。

此建議固不能不說自有其先見之明，但我懷疑那時周佛海早與戴笠有著密切的聯繫，汪氏逝世後，我也對他有過同樣的說法，他還批評過我為書生之見，這次會議，我並未參加，不知當時何以有此建議，發此言論，是否其別有作用？不過勝利以後，有空名而無實力的軍人，則以叛國而悉被先後處死，手握重兵的如任援道、吳化文、郝鵬舉、孫良誠、熊劍東等數不清的實力派，則一律以衛國而仍加重用。所謂國家紀綱也者，原來只是如此而已！

但當時李聖五卻力持反對，他說：「我們隨汪先生不惜犧牲一切以謀求的，即在全面和平之實現，以免於國土的糜爛與民生的塗炭。如到了全面和平可以實現的時候，反擁兵相抗，使國家重陷於分崩離析之境，這豈是我們組織政府的初意？五年來同人與日本周旋交涉，在淪陷區內撫死救傷，已屬筋疲力盡，有日如能克卸仔肩，還我初服，論理正是求之不得的事。否則，國人將以我等為何如人乎？」李聖五發言後，當場附議他的意見的就有陸潤之、陳君慧等人。公博與佛海卻也並未堅持，經過許多人發言之後，公博就說：「今天我們不必急急作出任何結論，茲事體大，留待他日再談吧！」會議就這樣於無結果中宣告散會。在以後汪政權存在的經年時間中，此事就無疾而終，也從不曾再有所討論。

一九四五年八月十日，日本廣播了投降消息，至八月十五日，日皇又正式下詔。汪政權自陳公博以次，雖已有了決定的方針，卻還有著很大的躊躇，表現得非常鎮靜，而內心裡則懷有極度的緊張。在八月十六日之前，陳公博曾先召開過一次非正式的會議，十六日又舉行了一次正式的解散會議，「國民政府」與「行政院」也分別舉行了會議，會議中各人所表現的，盡是以待罪的心情，靜候重慶派員接收。各次會議的出席者，現在已無法清楚記憶，每次會議的參加者也並不一律，留京的重要人物，都有過一次或多次出席，會議席上，當金陵王氣黯然收的時候，大多數人，因國家的勝利與個人的命運交縈於中，遂致默然相對。那時出席過的人，有陳公博、周佛海、梁鴻志、溫宗堯、梅思平、李聖五、何炳賢、陳君慧、岑德廣、陳群、傅式說、趙尊嶽、任援道、鮑文樾、胡毓坤、夏奇峰、凌霄、周隆庠、王家駿等。

陳公博總是以主席身分首先發言，聲述一些當前的局勢，並以他一向主張的「黨不可分，國必統一」的原則，決定把政權解散。在重慶派員接收之前，仍然負責轄境以內的治安，促各機關單位趕辦結束，靜待移交。對這一個大原則，全場沒有一人反對，連後來以自殺來表示抗議的陳群，也默不作聲。

發言最多的，是此時已由重慶明令委任為南京先遣軍總司令的任援道。主要在報告他與重慶取得聯絡的經過，以及今後的立場。據他說：在半年以前，他正在蘇州的江蘇省長任內，有一天，正在午睡中，忽然有一個不相識而且是不知名的人到來訪謁，說是有機密要事必須當面談話，經他接見之下，來客就立即表明身分，卻是重慶軍統所遣派的，希望任援道能為渝方效力以自贖。從此任即與重慶搭上了線，開始於暗中工作。以後重慶曾不斷派來軍事人員，都由他介紹至汪政權的各個軍隊中潛伏。因有此淵源，此時已正式由重慶軍事委員會明令付給他以維持南京治安的責任。雖然他奉令擔當這一項任務，但有人說他為了討好重慶，出賣朋友，他矢言決不會那樣做，尤其對梁院長（鴻志）將盡力保護。他遲疑一下之後，又說：對陳主席（公博）也將同樣負責。任援道於發言時，有時竟至失聲痛哭。接著陳公博也表示與重慶有著聯繫。

最後一次會議，則是八月十六日下午三時，在南京頤和路新主席的官邸舉行。會議的時間很短，數分鐘即已畢事，陳公博取出了預先擬就的解散宣言朗誦一遍之後，梁鴻志對字句上提出有所修正，即匆匆宣告散會。汪政權於千迴百轉中建成，就這樣於一夕之間全盤解消了。

## 二〇四、又見那一片降幡出石頭

日本宣布投降以後的重慶政府，於勝利來臨之後，雖然是躊躇滿志了，但勝利來得不僅出諸意外，而且來得也委實太迅速了，一切接收的手續，且尚未有所準備。幸而當局卻有指揮若定的本事，一面命令等待投降的敵軍，為我們捍衛國土，以防止共軍的乘機蠢動；一面又利用汪政權固有的武力，以維持地方的治安。並以行動總指揮的名義給予周佛海，以先遣軍總司令的名義給予任援道。而且還兼用特工的手法，重慶電台不斷廣播：「寬大！寬大！寬大！」並且說：汪政權中人，如能各守崗位，保護財產的，還將論功行賞。這是過去在秘密電台上對周佛海等不斷嘉勉的一貫手法，許多人也真是天真地中了「國無信不立」的書毒，確實相信即使蔣汪之間不是唱的甚麼雙簧，政府總也不至自食諾言，公然說謊。從日軍宣布投降起，以迄重慶派人接收止，大體上確是於寧靜中渡過了一段很長的時間。

兩位榮膺新命的周佛海與任援道，卻表現得完全有著不同的態度。我所看到的周佛海，當他於八月十九日的下午，剛從南京回到上海，才從秘密電台中接到了這一道委令，最初，他似乎鬆了一口氣，有些歡欣，也有些感激。繼而，也許他真是知道得蔣氏太深了，乃不免覺得有些受寵而驚。在他飛渝以前，戴笠常到他上海湖南路的家中，作長時間的深談，這時還需要他，應該曾聽到過不少的甜言蜜語，而我發覺他的神情已有些失常，做事也消失了他固有的魄力，整日背著手，或靜坐凝思，或徬徨繞室。那時他所忙碌的，最多只注意到中央儲備銀行怎樣辦理結束，以及如何保存好多年行裡苦心積累下來的金條、銀塊、外匯、外幣、瑞士法郎以及法幣。榮膺新命的行動總指揮部的一切事務，又全讓給軍統的兩個爪牙程克祥與彭壽，一任他們飛揚跋扈，胡為亂作。甚至如我要辭去宣傳處副處長職務那樣一件小事，他也且投鼠忌器，竟至不敢作主。

大約此時他已知道了未來的命運，終將不免於兔死狗烹了。難怪以後他在南京老虎橋獄中時，雖然已經全國一人，由死刑特赦而為無期徒刑，而積悔之餘，舊病復作，呻吟獄室，幾度拒絕服藥，將死之前，他還對人說：「我不再受騙了，我太對不起許多的人，此時已噬臍莫及，但願我能早一些死去，以終止我內心的苦痛。」人之將死，其言也善，這時連他自己的生命，也已覺得無足留戀了。

而任援道的情形則完全不同，他自維新政府起，雖先後擔任過部長、省長以及總司令等的職務，若論地位，在汪氏以下的諸人中，尚非頂兒尖兒的人物，此時，就顯得氣象萬千了。他有著環繞在京滬四周的部隊，而且有勝利者所給他的權力。陳公博在他那篇「八年來的回憶」一文中，筆下就有很多隱約的含意。惟此時人人但求自保，乃人情之常，自不當苛於責人。但我所認為懷疑的，則僅是他在汪政權解散會議上所報告與重慶溝通時間的問題。他出身於保定軍校，民初即參加革命，北伐以前，與政府當局早有淵源，秘密效力，也已不止一次，在港時，我曾與他的介弟西平閒談中，他坦然承認，於淪陷時期由渝東歸，是獲得當局的默契。則任援道既有手足之親的線索，又何至與一冒昧求見之生客，貿然擔負起這秘密的任務（西平在任援道任江蘇省長時，為江蘇地方銀行總經理。前數年因在港作政治活動，已被遞送台灣）？其實這一點並不重要，他於重慶接收完畢後，獨能安然無事，來港寓居，能獲得政府真正之寬大，足見關係之太不尋常。

但是，從「一片降幡出石頭」之後，石頭城內，在風鶴頻驚之情況下，有人狐假虎威，橫行無忌，箕豆相煎，戈操同室，至弄得一片混亂，既使陳公博與周佛海之間數十年良好之友誼，造成了無可解釋之誤會，搗亂份子，殺人拘禁，劍拔弩張，幾至因武裝衝突而使地方陷於糜爛，最後迫使陳公博等避亂扶桑，為汪政權之解散，更添一不必要之插曲。其事我在前書中已略述其事，茲就所知者的點滴，再為略加補敘。

即在汪政權宣告解散的當晚，自稱行動總隊的周鎬，謂奉有重慶之命，搶先實行接收。過去周鎬是周佛海關係的人，自汪氏死後，公博與佛海之間，以主席問題，彼此不免存有若干芥蒂，那時汪政權雖已宣告解散，而公博仍責有攸歸，因此認為周鎬的搗亂，可能出於佛海的授意。但周鎬擅自拘捕的周學昌，為佛海十人組織中之一人，吳頌皐又為其兒女姻親，蕭叔宣之被槍殺，又在西流灣周宅之門前，第一個接收之中央儲備銀行，且始終為周佛海所主持之機構。若謂出於佛海的授意，照以上的行動來看，是說不過去的。我相信那時佛海自覺前途茫茫，吉凶難測，彼此即有不洽，也已無此閒情，大勢既去，很易形成尾大不掉，且看在上海的程克祥與彭壽氣焰之囂張，在南京的周鎬行為之暴戾，連他向來視同家人的姓楊的財政部衛隊長，也敢於對周太太厲聲詬辱，均足為佛海窮途末路一籌莫展之證明。而最招致公博等之不諒的，則是周鎬接收中央軍校之一幕。

局勢突變之後，所有汪政權的武裝部隊中，其主管長官或中級軍官早為重慶方面所滲透，南京城內所認為可以信賴的，衛士大隊以外，是中央軍校之千餘學員。他們年青而有血氣，只知服從校長，尚不知政治為何物。汪氏逝世以後，公博繼任為校長，佛海曾要求參加為副校長，而公博未予同意，因之周鎬之圖謀接收軍校，佛海更蒙有重大之嫌疑。事情係發生於八月十六日之晚，周鎬派人到校演說，要求接收，被堅決拒絕之後，卒將總隊長鮑文沛捕去。至翌日中午，由第三大隊長桂春廷用電話向公博請示應付辦法，公博以不明周鎬底蘊，未有明確之裁斷。至二時許，公博與何炳賢（兼任軍校秘書長）等正在午飯，突然全體軍校學員在桂春廷率領之下，全副武裝，馳抵西康路。大隊趕到，以來意不明，一時形勢極度緊張。經公博先派人出外詢問原委，桂春廷說明因有不明身分者擅來接收，電話聯絡未得要領，故要求校長當眾訓示應付方針。學員的代表們也表示只知服從校長命令，否則將以死自衛。此來的另一目的，將以全體的生命來保護校長的安全。

當時公博對於軍校學員們的表現，感到異常激動。遂即向學員們訓話說：「我絕沒有反抗中央、破壞統一的意思，但我還有維持地方治安的責任，我要以一個完整的淪陷區交還中央，不許有人假借名義，胡作非為。今後我與你們將生死與共，活在一起，死也死在一起。」公博的訓話，給予全體以莫大的鼓舞，曠地上響起了一片「校長萬歲」的呼聲。學員從此也不再回校，就在清涼山官邸四周實行露營，嚴加戒備。

但學員們的給養，既全無著落，而總隊長鮑文沛尚被羈押在中儲行中周鎬之手，更不足以平學員之憤。復經陳公博下諭向中儲銀行提取現款，充學員們的餉糈，並派員率領少數隊伍，營救鮑文沛出險。隊伍馳抵新街口中央儲備銀行時，大門禁閉，門口則懸有行動總隊五十二中隊的番號。軍校方面先聲明要求與鮑文沛談話，裡面靜悄悄地不予理會，於是繞道屋後緣牆而入，周鎬部竟意外地未曾抵抗，卒於提到了款項，也救出了鮑文沛，始整隊而回。

經此一場虛驚，周鎬的氣焰稍戢，南京城中表面上雖未發生重大事故，但人心惶惶，不逞之徒，活動加劇。至八月二十四日，代表日軍總司令岡村寧次赴芷江洽降的今井武夫回抵南京，謁見陳公博，報告此行經過。據今井透露，中國戰場總司令何應欽的正副參謀長蕭毅肅與冷欣表示：對日本軍民，如得盟軍之諒解，願以德報怨，將出以最寬大的處理。今井曾追問對汪政權中人的處置，冷欣默不作答，可見前途未可樂觀。那時，共軍既已開始在蘇皖襲擊，南京城內又復份子複雜，更隨時有發生變亂的可能。經陳公博與左右詳商的結果，何炳賢、陳君慧、周隆庠、林柏生等認為對國事的功罪是非，願受國家法律的審判，但不甘於混亂時不明不白地死於亂兵之手，於是乃作出赴日暫避之議。

當時在京諸人曾被徵詢意見而婉謝偕往的，則有梅思平與岑德廣諸人。在他們專機赴日的上一日，汪公子孟晉始獲得了消息，卻獨持異議，他對陳公博說：「一個形式上與日人合作而失敗的政府，最後還像欲托庇於日人，將何以自解於國人？父親生前一再訓示我們：『說老實話，負責任。』對國家事，應有負責到底的精神。如必須離開南京，則赴日不如赴渝。由我母親（按指汪夫人陳璧君）、你，以及周佛海、褚民誼、梅思平、林柏生六位應負最大責任的先生同去，我願意充一名隨員跟同前往，包一架專機赴渝，一切聽由政府的處置，不管生死榮辱，倒顯得正大光明。」

林柏生夫人徐瑩女士也對柏生說：「六年來，為國家我們已盡了最大的努力，一個政治運動失敗了，要死，你是一直追隨著汪先生的人，能在汪先生的靈前自盡，了此一生，這應該是你最好的死所了。」

不幸汪孟晉與林夫人的忠言，終不能阻止他們已定的行程。八月二十五日陳公博等一行秘密赴日之後，南京方面的治安，陳公博留下的函件，交由胡毓坤、任援道、李謳一維持。當任援道看到了公博的留函，曾不住搖頭嘆息，說公博他們去得未免太可惜了。以當時任援道的表示來說，那末公博的自白書中所說任援道勸他赴日的話，又從何而來呢？陳公博等一去，煙消雲散，汪政權從此也就成為歷史上的名詞了。

南京真是一個不祥的首都！朱元璋定鼎於此，不久而有燕王之變。南明播遷，終於覆滅。洪楊據守，城破而亡。汪政權解體後之四年，大陸又告易手，不料號稱龍蟠虎踞之地，三百餘年來，竟然不時所見到的只是一片降幡而已！

# 二〇五、汪精衛國事遺書發現經過

一九六四年二月八日那一天，春秋雜誌社轉給我發自本港的一封掛號信，信封是用英文打字機打的，而且用了「朱子家」的筆名而非我金雄白的本名，發信人卻又無姓名。所列的地址，是本港德輔道中廣東銀行大廈六樓的一間保險公司。我起初以為僅是平常的讀者來信，當時並未急急拆閱。迨晚間回抵寓所，啟視之下，有一疊四張半紙蠅頭小楷複寫的汪精衛氏的國事遺書，又一張榮寶齋信紙上汪氏親筆寫的「最後之心情，兆銘」七字。另一黃色紙條，寫了汪氏長公子孟晉的九龍地址，並有孟晉夫人「汪譚文素」的閨名，下面用原子筆寫著：「請煩轉交」字樣。遍查封內，並無發信人附給我的函件，我已深以為異。迨細閱信封上的郵戳，發信日期為一九六三年的十二月卅一日，而我之所以遲至一月有餘始行收到，則以我久不去春秋雜誌社，該社也認為只不過是平常的函件，而未即為我轉來之故。

最初，我為箋紙上汪先生的字跡所吸引，再四審視，雖確信為汪氏之親筆，但仍抱有一個先入的成見，認為汪先生當時並沒有立下遺書。所以會有此成見，可以分兩方面來說：當汪先生的遺體從名古屋奉移到南京時，許多人都急急向汪夫人陳璧君探問：「汪先生有沒有立過遺囑？」她當時回答得很乾脆：「沒有。」而在這留港的幾年中，我不時與汪先生的家屬有所接觸，當汪先生在日臥病時，他們都是朝夕隨侍的人，而他們又幾乎一致說：「先生在病中，沒有看到寫過什麼遺囑遺書一類的文件。」所以，這次我收到那一份「最後之心情」時，我最初以姑妄看之的心情來從頭閱讀。迨讀畢全文，以我當時曾始終參與這一幕「變局」的人，而且在當年的中央全會中，有過多少次聽到汪先生哽咽中所作的言論，與看到汪先生在拭淚中所表現的神情，使我堅信這一份確是汪先生自己所作對國事的遺書。

不僅僅這「最後之心情」幾字，無可懷疑是他的真跡，雖然他秀逸的字體，這裡顯得較為蒼瘦，但以年齡與久病之故，固應有此現象。其次，曾經看慣了汪先生文筆的人，一眼立能辨其真偽，五千字的長文，有誰能仿冒？寄件人既不是他的親屬，而且不願透露他的姓名，更有何仿冒之必要？況且汪先生深藏的心境，別人是無法體味的；過去的許多事實，也是別人所無法知道的。紙張的陳舊，顯然已有了一二十年的時間，連上面的一枚迴紋針，也已銹跡深印在紙上了。我前後讀了三四遍之後，在又高興又悲傷的心情中，終宵輾側，未能闔眼。

我投身報壇前後四十餘寒暑，生平最痛恨的是稿件的抄襲或揑造。所以當我寫《汪政權的開場與收場》一書時，儘管有些記憶上的錯誤而造成無心之失，但我對事實的經過，以及談話的對白，每一事都在下筆前窮思瞑想，力求真實。在這一本著作中，我認為最大的遺憾，就是汪先生對這一件冒天下之大不韙的事，不應沒有一些遺言。因此，當我再四細讀之後，不再是懷疑真偽的問題，而是想查明在兩度世變中，怎樣把它保存下來，以及是由何人保藏寄發的問題。第二天，就依照了來信上所開列的地址，去到香港德輔道中廣東銀行大廈六〇六室，那裡確然是一家上海人經營的保險公司，我取了那件來函，問遍了整個公司內的每一個人，連他們的經理在內，但無人承認曾經寄出過這一信件。結果只好在不得要領下廢然而返。

不得已而求其次，我約晤了汪先生的長婿何孟恆兄，告訴他收到汪先生對國事遺書的經過，並依照寄件人的意思，請他將原件轉交給汪孟晉兄伉儷保存。約晤的另一主要目的，自在想共同研究這遺書是何時寫的，由何人保藏，以及最可能是由何人寄來的問題。最初，他表示在日本侍疾期內，以他所目擊的經過，不曾知道有過遺書，而且事實上以那時汪先生的病狀，也不可能寫此長文。但當他讀畢全文之後，對字跡，對筆調，對文中所說的一切，卻並不能指出任何可以認為有偽造的疑點。而且就那份複寫的遺書原件字跡，與黃紙條上所寫地址的筆跡，顯然出於一人之手，筆跡很熟，因為他來港後還經常與他通信之故，可以相信是出於汪先生生前的詩友龍榆生之手。

像這樣一件最重要的歷史文獻，既然信以為真，自不應讓它在書中遺漏，即將這一文件作為附錄而予以補入。

經我與朋友們的共同研究，可以推想到這文件的來源，大概汪先生於病中定稿謄正以後，當初是由汪夫人保管的，因為依照汪先生的遺意，要在他逝世二十年後始予發表，她因此就一直諱莫如深地深藏不露。也可以推想到這一份遺書是一向藏在汪夫人身畔的，迨她自知出獄無望，始暗中交給了認為可以信賴的龍榆生。汪先生是逝世於一九四四年的十一月十日，保藏這份重要文件者，也一直等到汪先生逝世第二十週年的除夕，始以之付郵給我。裡面所附的那一張黃紙條上，卻很正確地寫著香港汪寓的地址，懸想他的所以不辭周折而寄給我，意思很顯然是希望我能把它發表。雖然我把它發表時離汪先生的忌日還有八個多月的時間，但我認為這並不重要，因為遺書的前面所指定的發表時期著重在「於國事適當時期」。所謂「或至銘歿後二十年忌日發表」一語，也不過是最遲發表的日期而已。

當遺書在春秋雜誌刊出時，正值農曆的歲尾年頭，每一個人都會有一份忙碌，我不暇去與汪氏的親屬作進一步的探討，而終於由何孟恆兄轉告了汪孟晉兄之後，約我去作了一次長談。當時我只靜靜地聽取了他的意見。他認為「最後之心情」幾個字，儘管比平時寫的要蒼瘦一些，卻看不出會是別人所模仿的。當他在閱讀全文之前，對遺書的真偽問題，與我所取的態度也有不同，他先假定這是真的，而後逐句加以咀嚼。雖然經他詳細閱讀之後，並不能否定這是別人所偽造的，但他認為仍然存有若干的疑點。

總括他的意見：汪氏於一九四三年十二月十九日在南京施行手術，取出體內留存的子彈後，未及一月，舊恙復作，有不明原因的高熱，下半身漸感痲痹。以後知道是由於背部肋骨的腫脹，壓迫到脊髓神經，遂使大小便也失去了控制。一九四四年三月三日飛往日本名古屋，進入帝大附屬醫院，翌日開刀。經過手術後，當時兩足在病榻上一度可以自動抬起約六七寸，但僅經短短三日的時間，病情又立即轉而惡化，貧血、盜汗、周身肌肉有難忍的劇痛，只要有人進入病室，足步有一些輕微的震動，影響到病榻，便會立刻使汪氏疼痛難禁。儘管他並沒有發出過一聲呻吟，但醫生相信為患這一個病症者必有的現象。

因此，當病情再度惡化以後，孟晉不斷地催促汪夫人進言汪氏，預立一張遺囑，但汪夫人還想汪先生一定會康復的，更不忍於病中因此而刺激病人的精神。如此一直遷延了七月之久，病情已到了使醫生束手無策之境，除了用雷錠放射治療以延緩病情的發展外，已無其他方法。孟晉就於那年的十一月初飛往上海，擬向雷錠醫院商洽如何將器材運往日本急救，而就於那時，汪氏就撒手塵寰，對這破碎山河，從此一瞑不視了。汪氏在病中，除醫生與護士及汪夫人外，只孟晉一人。每隔兩三小時，必往探視一次，他可以確定沒有看過口授這遺書的事。如其這一份真是汪氏所親撰的話，唯一的可能，那是一九四三年底動用手術取出子彈後，汪氏在南京北極閣宋子文的私宅中休養的一段時期內所預擬，至病篤時而又略加修正的。

他也認為關於遺書的整個內容而言，也有著幾個疑點：第一、汪夫人以巾幗而有鬚眉氣概，不屑從事於那種謄寫工作，如有重要文件必須抄錄的，向由何孟恆為之。第二、汪先生一生致力於革命，正如他所說「為革命而生；為革命而死。」強烈反對社會上一切無意義的習俗，所以他的長公子長女公子婚嫁時，都用了最簡單的儀式，並宴請最少數的親朋。每逢他的生辰，如私邸中為他稍有形式上的慶聚，反會遭致他的責怪，那末遺書中更何來「忌日」云云？以上的看法，當然只有做子女的人，才能體味到父親的一切。但我以為這仍然不能影響到遺書的真偽問題上去。以我的推想，在臨命前撰寫一個有關他晚節問題的重要遺言，而且需要暫時秘密保存，因此破例地請夫人謄正，不是不可能的事。「忌日」兩字，也多半是筆錄者依照他口授的原意，而致用了這樣的字眼而已。

孟晉又指出全文的大意，有些不太符合於他父親的性格之處。遺書主要在解釋他離渝組府的心跡，他說：「我父親的確一生對國事無時不在操危慮深中，他只要認為良心所安，責任所在，即毅然起而行之，不求人們的諒解，也永不為自己辯白。他如欲立遺書以昭告後人，也應指出今後的途徑，不必斤斤於自己的行跡與個人的成敗。況當他逝世之前，病體已影響到他的情緒，何以在那份文件中，又說得如此的溫和委婉？」

我對此有些主觀的看法：那時汪先生認為日本的失敗，已成定局，而渝府既與英美結盟，以整個國家來說，前途已有一線曙光。他既捨身謀國，因形勢的演變而國土有重光之一日，逆睹國家將終於不會覆亡，欣喜之不暇，以汪氏之抱負，更安有個人恩怨與成敗之足計？其次，汪氏奔走革命四十年，一生行跡，應無可訾議，所不為人諒者，僅為汪政權之一幕，如千秋竟成定論，九泉又豈能瞑目？吐露其最後之心境，實為人類之常情。遺書的文意，又豈他人所能模造？朱樸之兄前後追隨汪先生二十年，他說：我看慣了汪先生的文章，這是別人所萬難模擬的。又陳君慧先生對我說：他曾赴日本視汪先生疾，曾經委婉地問他對將來有什麼交代，汪氏的回答說：「一切已詳在我的著作中。」不知是否即指所留下來的這份遺書而言？汪氏之長女公子也說：假如這份遺書是出於某些人的偽造的話，不論文筆與內容，也都到了無瑕可擊的地步。

其次，汪氏之所以離渝，是認為當時之戰局已不可為，有此看法的自不止汪氏一人。而戰局之不可為，還不在日軍實力之強大。對外則英美無助我之心，而蘇俄則另有其狡計，故遺書中首段即謂「回憶民國二十七之時，歐戰局勢，一蹶千里，遠東成日本獨霸之局，各國袖手。以陳舊飛機助我者惟一蘇聯，無非欲我苦撐糜爛到底，外以解其東方日本之威脅，陰以弱我國本。為蘇計，實計之得。」汪氏這一段的意思，就是對中共的藉抗戰而坐大，引為深憂。我現在抄一段戰前國民政府的駐德大使程天放氏在其所寫《使德回憶》文中的一段云：

「三月中旬（按指一九三六年，即汪氏在中央黨部被刺後之第二年），汪精衛到達巴黎，過了幾天，就轉到德國的勞海溫泉去養病，由諾爾醫生為他治療。我奉外交部的命去慰問他。所以在四月六日坐飛機到佛蘭克府，轉坐飛機到勞海，在汪所寓的卡爾登療養旅館住了兩晚。汪被刺後我和他第一次見面，他身體已復原，只是槍彈沒有取出，心臟有衰弱現象，因為勞海溫泉能夠醫心臟病，所以到此地來洗溫泉浴，同時接受諾爾的電療。陪伴他的是曾仲鳴和陳耀祖，陳璧君留在國內沒有同來。那次我和汪有好幾次長時間談話，他對蘇聯陰謀，看得很清楚，認為日本壓迫中國太過，中國非抵抗不可，結果則將兩敗俱傷，而蘇聯中共坐收漁人之利。抗戰以後局勢的演變，證明這種看法是對的。」

程天放現留台灣，非出於本心，必不敢盛譽汪氏之先見。在這一段中，更證明汪氏的所以主張和平，一半的原因，他深愛國民黨，不忍見因長期抗戰，而使國民黨與中華民國之摧毀。但不幸今日之現狀，又一如其所預言。

汪先生這五千字的遺書，充分寫出了他謀國的苦心、他對世局銳利的觀察，又豈僅徒為闡明他自己的心跡而已。

# 二〇六、汪氏遺書所引起的紛呶

當汪精衛氏逝世二十週年，我把其生前對國事遺書——「最後之心情」的發表，曾引起中日雙方廣大人士的注意。日本方面經「每日新聞」與英文「日本時報」先後轉載，舉國轟動。香港「新聞天地」雜誌也於發表了半年之後，看到了日本方面的反應，始覺「其流傳影響所屆，已不能無視」，因而將遺書全文一字不易地照錄之外，前面還附加了一段隔靴搔癢式的妄斷，大放厥辭，自稱為「汪兆銘遺書真偽之辨」，真不能不令人為之失笑了。

反而在日本方面，當日人讀了之後，洞悉了當年汪氏的真正心情，於嗒然若失之餘，愧慕交併。但竟有一個中國的妄人，靦顏無恥地說出了忘記自己尚是一個中國人的謬論，以歪曲汪氏遺書的真意（這一鼻孔出氣的妄人，剛好又是該雜誌的日本通訊員）。兩者雖有不同的立場，而以之作為向日本或向台灣獻媚，其出發點無疑是相同的。

這半年中，各方面對於汪氏遺書所引起的紛呶，總結來說，不出真偽問題與作用問題的兩點。我寫《汪政權的開場與收場》一書，因書中人全部是真姓真名，且大都猶復健在人間，又因我力求信實，罔知忌諱，因此多年以來，曾遭到不少內外的困擾。原意對這一幕時代悲劇的往事從此擱筆。但汪先生的遺書既由我發表，面對著各方的攻擊與揣測，為一種責任感所驅迫，乃又覺有不能

已於言者在。

汪氏遺書的發表是突然的，不但汪政府當年的舊侶們感到突然，其實第一感到太突然的還是我自己。當收到了這份文件之後，正因為一向我也深信汪氏生前並未立下任何遺囑，因此面對著汪氏親筆所寫的「最後之心情——兆銘」七字，驚奇與疑慮，滿腹交縈，曾反覆審察，想於筆跡中辨其真偽，而對遺書全文，更迴環雒誦，擬在字裡行間中尋其瑕疵，以免誤被他人所利用。但徹夜研思的結果，終覺汪先生之字跡，文筆與心情，他人無可摹擬，即欲摹擬，亦安敢作五千字之長文。其間並將數十年來對國事的心情，對局勢的盱衡，還夾雜了許多不為外間人所能知道的瑣事，曲曲寫出，如為偽託，豈非將自貽於弄巧成拙之譏。

但是，在把它發表之前，我還是萬分鄭重的。我寫汪政權這一幕，曾盡了我微薄的力量，就當年的所見所聞，並儘量搜求有關資料，前後寫了六七十萬言，總想憑我良知，寫得不有背乎事實真相，故當收到這份遺書的時候，拙著已在印刷中，忽然又意外得來了這樣一份文件，確曾使我躊躇萬狀，陷於取捨兩難之境。我不願最後收進一個偽造的文件，使全書全被否定；但我也不願僅憑一己之主觀，使汪先生將死之言，從此湮沒不彰。關於發表遺書的前後經過，已備見於前文，其間尚有略而未詳者，為了祛除讀者之疑，不嫌辭費，願再補述於此。

當我收到了這一個文件之後，除了於翌日亟亟訪問寄給我的那個信封上所開香港德輔道中廣東銀行大廈六〇六室，先求證而終於使我失望外，我更希望從遺書中所提到的若干小事之有無，以求反證。因此我先與汪先生的長婿何文傑兄約晤，問他遺書中所說：「民十九擴大會議之後，曾通過憲法，當時張季鸞先生曾草文論之，言政局失敗而憲法成功。余嘗告冰如（按為汪夫人陳璧君字），此為雪中送炭」云云。汪先生生前，究竟曾否有此表示？而何文傑兄說，「汪先生生前確曾為我等屢屢言之。」又遺書中又有「憶南華日報在香港創立時，欲對民權主義多作鼓吹，而苦無註冊之保證金，賴當時英國閣揆麥唐弩氏遠電當局云：『汪先生夙倡民主，可免其報繳費。』心常感之」之語。我又詢之於留港南華日報的少數老人之一的顏加保兄，亦謂確有其事。這兩項旁證，使我對遺書更增加了一份信心。

但也有人責備我，何以於發表之前，不先徵求汪先生子女的意見，自不能免於輕率之咎。汪先生遺屬在港者，雖有兩男公子與兩女公子，但這一文件是汪先生國事的遺書，而不是家事的遺囑，理論上就無需先得其家屬之同意，況我是收件人，寄件者的意思，也很明顯地希望我能公之於世。我自不能等待汪氏家屬會議的通過，再定取捨。我當時的想法，何文傑兄雖為汪先生的半子，而追隨汪先生者前後十餘年，幾於朝夕不離左右，形跡之親，心腹之寄，或且有逾於子女。況當汪先生臥病名古屋醫院時，更一日未嘗遠離，他應該是最清楚汪先生之一人，故於發表的前夕，我專誠徵詢他的意見。當我未曾取出這一份遺書以前，他固力言據他所知並未見有汪先生寫過什麼遺書，但當這份遺書經他細心讀畢之後，我現在所得而言者，他是表示驚訝，而並不曾反對我或阻止我加以發表。因此，我自問已經在事前曾出以最鄭重的態度。

不意把全文發表之後，最初的反應，幾乎全是汪政府當年的舊侶們，各憑個人的主觀，紛紛議論。固然有人當面對我說、也有人遠道貽書給我，認為遺書全文，不論從文筆與內容來看，都是真之又真。但也有若干汪朝「老臣」，卻斷言是出之於有人的偽造。而他們又提不出任何可以作為否定的反證，只是相信汪夫人生前所言，而挾此成見。復以此件來路不明，尤其因為我既不是什麼

「公館派」，而當年在汪政權中，又僅是一個清客型的人物，與汪先生接觸的機會不多，認為不夠有辨別汪氏手筆的能力；甚至即使真是出於汪先生的親筆，似乎也不應當由我一個清客身分的人來發表。有幾位朋友，甚至對我十分武斷地說，我不必讀內容，已可確定其決不是汪先生的親筆。我對於這一切的批評，多時以來，也總是唯唯否否，除了寫出我所知道的事實以外，雅不願在口頭上作無謂之爭辯。

論事實，在名古屋一段時間內，如此長文，不論為親撰或為口授，以汪先生當時的病況，確屬無此可能。但是我曾經與汪氏最有關係的幾位一再討論過，假定這篇遺書是不假的話，何時何地，汪先生最有從容執筆的可能？熟悉汪先生情形的人（這人當然也是汪氏的親屬之一），以為應該是一九四四年，即汪氏逝世一年的正月間，在南京北極閣宋子文私邸休養的那一段時間內所為。

汪氏於上一年的十二月十九日，在南京經日本軍醫將體內留存之子彈取出，至翌年元旦，又感不適。一月四日，汪氏私人的德籍醫生諾爾為他診察，請其起立試步，不數步而諾爾醫生竟為之失聲痛哭，認為有了癌症的現象，遂遷居於北極閣宋邸靜養。以諾爾與汪氏私交之篤，斷無危言聳聽之理。亦以癌症的決無生望，其生命亦只是時間問題，汪氏既然知道了自己身患痼疾，而於此時預立遺書，有此時間，有此精力，自亦有此可能，至於在名古屋時代所口授的，相信只是前面數十字的一段有關發表時間的短言而已。

以我來想，有誰願意越俎代謀，需要為汪氏偽造一份遺書呢？又有誰瞭解得那麼清楚，而文筆又能那樣地神似呢？偽造之作用又何在？從正的方面來說，最可能偽造的是我，有人曾經罵我為汪氏之「忠臣孝子」，但我已寫了六七十萬言，正不必多此蛇足，雖愚也萬不至此。其次，是汪氏的遺屬或汪氏的部屬，欲為汪氏代明心跡。而到今為此，所有汪氏的遺屬，對此還始終抱著懷疑的態度，至汪氏的主要部屬，更紛紛向外否定這遺書為真跡，對我更備肆譏誚。

從反面來說：台灣是不願做的，安有如此雅度來無端為汪氏洗刷？日本是不能做的，何必自居於「敵」而又自曝其醜；共黨是更不肯做的，否定了抗戰的正確性，反而自承藉抗戰以「弱我國本」而為坐大之謀了。

我認為遺書的決非出於偽造，有無其他的證據呢？首先對「最後之心情」這幾個字，親如其哲嗣汪孟晉兄，且以為看不出是出之偽造。試問汪氏生前除本文而外，亦曾有其他「最後之心情」的著作乎？其次，最令人懷疑的是我收到的原文，既不是汪夫人的字跡，又何以確信其為汪氏之真意？現在為了取信於當代，不能不對此進一步透露出一部份的事實了。首先，我要辨正的，日本「每日新聞」於全文發表之日，把寄件之事實弄錯了。每日新聞說：原件係寄交春秋雜誌托為轉交給孟晉夫人汪譚文素女士，再由汪宅送交給我予以調查的。本港某雜誌也以訛傳訛，據此而謬下論斷。事實上，這個文件是直接寄交給我，而非寄交給春秋雜誌的編者。惟在函內附有一頁，書明請我轉交給汪譚文素女士。

為什麼要我轉手？意思很明顯，因為我在寫這一幕的史料，希望遵照汪先生的遺意而於正當逝世後的二十年，及時發表。為什麼不寄給汪孟晉而寄給汪譚文素女士？遺書全文的筆跡，既然認為係龍榆生所寫，而龍氏與她曾有師生之誼，可以辨認其字跡，不至懷疑為他人所偽造。龍榆生與汪先生夫婦之關係，當汪氏生前，雙方為文字之交，和平以後，與汪夫人又為同羈之友。而汪譚文素女士則曾為從學之人。

對於汪政權昔日的一般朋友們，今天，我不能不惋惜地說：他們當年既太多是浮沉其間而未嘗有所作為。迨至事後，明知汪氏之冤，事過境遷且已歷二十多年，他們當年職位尊於我，關係親於我，見聞勝於我，掌握的資料多於我，學識又高於我，而一任他人之呼「奸」為「奸」，指「偽」為「偽」，含垢忍辱，噤若寒蟬，從未敢挺身而出，為歷史作證，為同志鳴冤，為自身洗刷。這種吐面自乾而又惜墨如金的懦夫行為，我感到痛心！及至我不甘默爾而息，忘其菲薄，筆之成書，則一味吹求，諸多挑剔。中國人往往坐而談，決不起而行，勇於對內，而又怯於對外，置身事外而又明於責人昧於責己的態度，我更感到萬分的遺憾。

關於日本方面何以會如此重視？朝野各方的意見如何？其經過情形，也頗值得一談。一九六四年四月，我受邀赴日本各地演講有關中國問題。已定四月十日搭機首途，詎於啟程的上一日，日本三大報之一的「每日新聞」香港支局長江頭數馬很緊張地約我相見，一談之下，原來東京來電，知道春秋雜誌發表了汪氏對國事的遺書，需要取得有關的全部資料，在日發表。當時即就我所知，為江頭氏詳道之。他當晚寫成了一篇報導，翌日，趕至機場，托我必須於抵達東京的當晚，送交每日新聞社，他並電告總社，說我已經來日，如對此遺書再有所疑問，可與我當面詳談。

我抵達東京時，已在深晚，立將原件托人送交每日新聞社，因為翌日我即出發赴大阪、京都一帶演講，遲至四月二十七始再返抵東京。四月二十八日的中午，乃與每日新聞的評論委員會委員長橘善守氏同飯於赤阪的三王飯店。他詳細詢問我遺書得來的經過，遺書抄本字跡的究係出於何人之手，以及汪氏遺屬對於遺書真偽的意見，我一一據實告訴了他。當晚，他為了鄭重起見，又派人往訪汪政權時代曾任經濟顧問，而在汪氏臥病名古屋大學病院的時期中，且曾數度往探的岡部長二氏，徵詢他對於遺書的意見。時岡部亦正臥病醫院，由其家人接見後，將汪氏遺書全文請其鑑定，岡部亦認為決非偽造（汪氏遺書在每日新聞發表後之二日，岡部氏亦即病逝），「每日新聞」遂於四月二十九、三十日兩日，以最大篇幅，將全文予以譯載。在譯文前面所加的引言中，認為「汪氏以愛中國、愛日本，並為東亞前途設想的精神，寫此遺書。而二十年後之今日，對於這一份遺書，在中國可與中山先生的遺囑同其重要，而且為日本昭和史上之重大資料，更極有一讀之價值」云云。

「每日新聞」在日本日銷五百餘萬份，影響所及，遂使日本全國轟動，我的寓所因關心於中日史事而來訪者絡繹，尤其日本外務省裡的朋友對此更為注意，曾兩度約我詳詢前後經過。而「美聯社」且據此向全球各地發佈電訊，認為是中日事變的一項新的發現。本港若干報紙，竟以兩個半月前之舊聞，又重新加以刊載，這不能不說是新聞界的一件奇聞了。

至五月七日，東京英文「日本時報」對汪氏遺書也發表了一篇專論（據「新聞天地」日本通信員的介紹：日本時報暢銷於日本及亞洲各地，該報與華盛頓郵報及洛杉磯時報且訂有交換新聞及特約稿件之契約，對特殊資料互相採用）。並將我發表於春秋雜誌之汪氏遺書原文，依照同樣大小，影印隨報附送，這也許是日本新聞界過去所罕有的現象。

在「日本時報」的專論中，有若干意見，可以反映出日人的態度。社論的題目，就是「一個真正的愛國者」，副題是「汪兆銘的遺書，再揭開歷史的新頁」。專論中的要旨說：

「對於一個歷史人物的評價，往往根據當時這一個人的行動與所能看到的當時一切的資料：今天被認為壞人的，也許明天會變成英雄；某一時代的卑怯者，在歷史的另一階段中，也許會變成真正的勇士。所以，歷史常常要重寫。至於洗刷一個被誣失足的人，實有賴於有識見與肯努力的歷史家。對於汪氏的情形而言，到現在為止，在歷史上一向被認為係日本統治下的南京一個傀儡政權的領袖，他卻用自己的遺言，為他的過去重作表白。」

「即使在汪政權存在的時候，有些日本人也曾懷疑過汪氏與日本合作的真正動機何在，現在汪氏死後二十年，對這些疑問，始有了解答。如果汪氏的遺書真正反映了他二十年前的抱負與心情，那麼，我們可以說：那時一些日本人之選擇這樣一位中國領袖，可稱是『慧眼識英雄』了。汪氏所採取的方法，是極高明的政治謀略，以假的合作使敵人放下武器，不用一兵一卒而戰勝敵人，可惜其終於功敗垂成，則僅因其未能得到他國內的政敵的支持而已。」

日本對於研究歷史的精神是可佩的，因為遺書發表以後，外務省方面部份人士的意見，以為這可能因中共正在與日本力謀交好的時候，出於偽造，以證明國民黨的謀略，而與中共作進一步的親善，這設想是離奇的，也是不合邏輯的，他們所深信的汪氏，尚且其真正的企圖只在拯救自己的國家，又遑論於早已指日本為假想敵的中共了。至於日本民間的態度，則是懊喪的，他們恍然於汪氏當年的有所為而來，決不是日本人想像中的傀儡、與中國人口中的「漢奸」。因有此強烈的反應，「每日新聞」乃更不惜諮諏博訪，廣泛地徵詢各方面的意見。

汪精衛氏的國事遺書，無論如何是歷史上的一個重要文獻，也正因其為重要文獻，對於真偽問題，自有彙集各方意見，予以鄭重研究的價值。但在要下一個斷語之前，不應是憑空想像的武斷；更不應挾了某種立場而故意作出一種偏見。凡一切歪曲的、揣測的與意氣的論斷，都不是研究歷史者應有的態度。

那末，我又為什麼在沒有獲得確切證明以前就貿然予以發表了呢？首先，我認為這一篇遺書是無可摹擬、也且不必偽造的；其次，在發表以前，我曾多方奔走，與汪先生生前最有關係者多人共同探討，先從懷疑的態度，甚至是否定的態度，而向各方求證的結果，雖然認為尚有若干小節上的疑點，但這遺書是汪先生的文筆，也是汪先生當年的真正心情，小的疑點，自不能推翻整個的真實性。

曾參加汪政權的有些朋友們，反而把這篇遺書否定得近乎武斷。他們以為汪先生生前如確曾留有遺書，何以汪夫人陳璧君當年以十分肯定的態度，說過汪氏並無任何遺書之簽立。我以為在遺書正文之前，不是諄囑要於其逝世後二十年或適當時間才予以發表嗎？既然尚遠離發表的時間，則為尊重汪先生的遺意，自不得不以否認來掩飾了。

倒是日本方面的想法，無人懷疑乃出之於有人的偽造。而對於這一份遺書，卻充滿了懷疑、懊喪、羞愧與驚訝的複雜情緒，他們看到了這一份遺書之後，方才開始在想：汪氏的組府還都，真是一種政治的謀略嗎？汪氏對日本的痛加指斥，真為是敵非友嗎？他們有被愚弄的羞愧，有上了大當後的懊喪，最後在無可奈何中於驚訝之餘，懷疑到這是否汪氏的真正心情與汪氏的何以會有此心情。

日本一般的看法，認定這是中日兩國在歷史上有重大價值的文獻。並進而探求汪氏何以產生此種心情之故。日本報紙競爭劇烈，因此頗有以失去了這一件重大資料而引為遺憾的。據我所知，日本另一大報××新聞，在「每日新聞」全文譯載之後，曾對駐在香港的特派員發電嚴厲詰責。也就是為了已被「每日新聞」搶先登載了，所以除了英文的「日本時報」之外，其他日文報紙只有忍痛割愛了。

但「每日新聞」於發表之後，仍出以極端鄭重的態度。於譯載遺書後之第三日，即五月二日，專員訪問了戰時在華與汪政權有密切關係之文武兩人，一為「支那派遣軍」副總參謀長今井武夫。他於汪政權建立前與影佐禎昭為共同策劃者，亦為日本接受波茨坦宣言後代表岡村寧次赴芷江洽降者。另一為日本駐華大使館書記官清水董三，他因能操流利的華語，而且前後數十年駐在中國，汪政權時代的歷次中日重要會議，均曾由其出席擔任翻譯。這兩人，一可代表軍部，一可代表大使館，他們深悉日本方面當時的真正意向，也能直接體味出汪氏的反應。因此，他們的意見，實在不容漠視。

今井武夫那篇對汪氏國事遺書的讀後感，倒是很坦率地以「日本背信之遺憾」為題。全文的大意說：

「每日新聞所發表的汪精衛氏的國事遺書，是歷史上的一項重大發現，以我私人的判斷，這份遺書，確然為汪氏的真正心情。遺書一開始所敘民國二十七年（昭和十二年，西曆一九三八年）的局勢，那時歐洲方面，盟國的軍隊正在不斷敗退，遠東的中國境內又為日本軍所壓制，日德意三國同盟條約又復締結，而各國對華，則一味採取旁觀態度，日本於中日事變後，且急劇醞釀著發動太平洋戰爭。

「汪氏曾經對我當面表示：如對英美發動戰爭，日本將冒最大的危險，自應儘量避免。汪氏遺書中所說：當時日本政界的混亂，軍人的跋扈，陸海軍之間的齮齕，以及軍閥無止境的野心，他也引為非常憂慮。當時他雖聲言與日本抱著『同生共死』的精神，但一直對日本懷有戒心，日本當年所採取的立場，使他於失望之餘，而有遺書中所表露的心情，實在是可以想像的事。

「舉一個例來說：昭和十三年，我與影佐禎昭大佐（按當時影佐尚為大佐階級，戰爭末期，他已晉升為少將）與汪氏左右談判對華新政策，並擬由汪氏建立南京國民政府，以促進和平工作。但是商定的和平條件是要尊重中國主權；歸還租界；廢除不平等條約，因此才得汪氏左右的同意而作成紀錄（按今井似指一九三八年秋，在上海與梅思平高宗武把日方的『中日關係調整方案』修正而共同擬訂的『中日和平條件草案』）。這樣才使汪氏脫離重慶而建立南京國民政府。但是以後簽訂的『中日基本條約』，以日本軍部態度的突然改變，違反了最初的紀錄，成為一個侵略性的條約。當時我毫不能有可以出力之處，也一直引為莫大之遺憾。日本對雙方最早協議的終於背信，至使汪氏對日本於失望之餘，而懷有如遺書所表露的心情，此不但可以想像得之，而我以為也是應有的結果。

「汪氏脫離重慶時的心境，如遺書中所謂『非脫離重慶，建立南京政府，深入日軍佔領地區，不足以保全淪陷之廣大地區。待戰事終了，將負責將敵人佔領地區，交還於國民政府（重慶）。』我以為以汪氏的性格而論，當時似不會有此心境。他脫離重慶時，純粹依照中國國父孫文的遺訓（按似指中山先生最後北上時所提出的「大亞洲主義」而言）以求中日兩國的共同努力。而最後卒以日本方面的破壞諾言，竟出之以背信的行為，至使汪氏遺書中以日本為敵人，事實上是日本迫使汪氏產生了這一種心情，日本應引為遺憾的事。」

清水董三的談話，則以「這才是真正的遺書」為題。他說：

「我在汪精衛氏脫離重慶以前，就早在南京的日本大使館任職，以後又為影佐禎昭主持之梅機關服務。南京國民政府之建立，對日和平運動之發動，我一身都參與其間，對汪氏始終的行動，他的思想與他之政治信念，我都深切知道。由於我對他長期的體驗，因此對汪氏的國事遺書，一經拜讀之下，就直覺地感到這才是真實的遺書。

「當汪氏在日軍佔領地區內，由於日本的協力而成立國民政府，以與重慶的蔣介石政府分庭抗禮，當時日本的若干批評家認為汪氏的所以脫離重慶，是出於一種『權位欲』而是私利的追求者，我以為這是世間的俗論，而大大的誤解了汪氏的為人。

「汪精衛是一個非常的愛國者；而且是一個具有理想的愛國者；他是國父孫文所信賴的信徒，而且他始終又是一個革命家。他絕不會有出賣其祖國的行為，連最初『梅機關』的關係者對他也有堅定的信念。讀了他的遺書以後，他以全部的身心來防止日軍的侵略，他是為了和平救國而犧牲了。

「戰爭結束後，我應傳至東京審判戰犯法庭作證，曾力言汪政權決非日本卵翼下的傀儡政權。假如這篇遺書早一些發現的話，我更會引用汪氏的心跡來加以辯明。」

日本人的見解是如此，而有些中國人的態度卻是可悲的。當我那部拙著《汪政權的開場與收場》的日文譯本（日譯本改名為《同生共死之實體——汪兆銘之悲劇》——時事通信社出版）在日發行之後，一位戰時在華的日本朋友以似譏刺又似責問的口吻問我：「原來你們真是和平抗日者；原來你們是私通重慶者！」我坦然地答覆他說：「是的，假如一個能甘心出賣自己國家的人，那麼，國家都可以出賣，試問還能做朋友嗎？」然而，世間真有不知國家民族的尊嚴，為了取媚「朋友」，竟願出賣自己人格的人！

「每日新聞」於聽取了日本方面人士的意見以後，也想聽聽中國人的意見。不幸得很！「每日新聞」於五月十五日刊出一篇以「汪精衛氏的國事遺書——思想混亂之反映」一文。作者為一個變了質的中國人，他的名字是胡蘭成。在那篇文字中，一開頭他就自我介紹出他的輝煌履歷，是汪政權的「閣僚」，並兼任為汪氏的機要秘書。而據我所知，他並不曾兼任過汪氏的機要秘書，他在汪政權的最高官階是宣傳部次長，次長也能算得是閣僚嗎？他實在原是林柏生的部下，以後又依附了李士群，一度為汪氏所拘押，最後直接為日人在漢口創刊了「大楚報」。現在久居日本，自稱為汪氏嫡系的「公館派」，而以在日寫稿為生。在那篇文字中，他主要表達了三點意思：

第一、他公然對我以造謠為攻擊。他說我那本《汪政權的開場與收場》，寫成汪先生的和平運動為對日抗戰的從屬手段。他說：他因此曾經當面責問過我，有把汪先生寫得小人物化之語。在我那本六十萬言的著作中，我從不曾說過和平運動是對日抗戰的從屬手段，為了拯救自己的國家，抗戰與和平，是分道揚鑣，各行其是，我連當年盛傳的「雙簧」之說，也從不曾有過任何肯定的語氣。我寫這本書，僅就我之所見所聞，盡其可能，忠實地寫出，不敢隨便加以按語。照胡蘭成的意思，汪先生在日本的「中日親善」幌子下，要拋棄了個人與國家的立場，無考慮的也無條件的與之「親善」，這樣，才能算得是大人物化嗎？

他在報紙上公然造謠，說曾當面責問過我。也許他是魯迅的同鄉，因此也有著那份阿Q式的精神。當一九六〇年我去日本時，我那本日文譯本正將發行，為我翻譯的池田篤紀來看我，池田也約了他同來，我們在一家飯店中進膳。當時他倒的確問過我關於他自己的兩點：為什麼在我書裡「同舟胡越淒其一紙名單」的一節中的「汪政權登場人物表」，沒有把他宣傳部次長的榮銜列入？又何以不寫他為「公館派」而置之於李士群系之內？可是他卻絕不曾提到我所寫汪先生的任何批評。當時為了中國人不必有的禮貌關係，我委婉地告訴他說，這一份名單，是汪政權建立那天發表的人事，可惜那時他還不曾彈冠相慶呢。又因為他曾經擔任過李士群所辦的「國民新聞」的副社長，所以在我們老朋友的心目中，他只是由接近林柏生而接近李士群的人物。當天也就沒有再談下去。不料四年之後，他會發出如此夢囈似的讕言，我十分欽佩他造謠的勇氣！

第二、他倒不認為汪氏的遺書是偽造的，但以他的意見，汪先生怎樣才算得是大人物化呢？他說：對日和平運動，是中山先生一貫的理想。汪先生是一個政治家，必不輕率地預言太平洋戰爭日本的必敗，而且汪先生是熱望於日本的能取得勝利。近衛文麿死後所發表的遺書中，指汪先生的南京政府為「傀儡政權」，曾經使人覺得傷感。現在，汪先生的遺書又稱日本為敵，同樣使日人感到痛心。遺書的有此論調，反映出汪氏於臨終前思想的混亂。

第三、所有當年從事和平運動的同志，除了周佛海一人私通重慶之外，其他同志，無不充滿著建國的信念。

雖然胡蘭成發出如此的言論，既不像是曾經追隨過汪先生多年的人，尤其失去了作為一個中國人應有的立場。儘管我很同情他現正亡命在日本，而且一向自稱為「公館派」，汪氏遺書中明指日本為敵人，自會使他的處境很尷尬，因此，覺得痛心的應該是他而不是日本人吧；也許他為了想求得日人的諒解，不得不違背他的良知而發出此種謬論了。他的意思是很明顯地說：「汪先生始終是你們的朋友；我當然也是你們的朋友了」！但這是有關整個民族的問題，我不能因同情他而就此默爾而息。因此，我寫了一篇駁斥的文字，也刊載在「每日新聞」六月二十四日的報上，以正各方的視聽。

汪氏的遺書中，自謂為「行險僥倖」，為「與虎謀皮」，為「謀一己犧牲之拙策」，而稱日人與日本軍閥則曰「鐵蹄蹂躪之敵人」，曰「重利之酋」，曰「軍閥野心無已境」。東京英文「日本時報」，卻並未因汪氏稱之為敵為酋而覺得痛心，專論的題目且尊汪氏為「一個真正的愛國者」。今井武夫則以當年對汪氏之背信食言，日軍部也確實具有侵略性，至使汪氏之理想未能實現，在二十年之後，仍覺有無限歉咎之意。清水董三更斷言汪氏絕不出賣其祖國，而稱之為具有理想的革命家，其犧牲一己，用和平救國之策略，乃在防止日軍無止境的侵略，所以斷言遺書為真正的遺書，也就是說：最後之心情，為其應有之心情。詎胡蘭成因汪先生稱日人為敵而竟覺痛心，一片癡情，其偏袒日本，且有甚於日本人者，其忠愛日本，亦有更甚於日本人者。如此立論，假如日本人認為可以代表汪政權中一部份人的想法，我相信稍具國家民族思想者，決然無人會與之苟同。所以我於同年六月廿四日刊載在「每日新聞」的那篇文字，主要就在駁斥他的兩點意思，即：一、汪氏最後的心情，是否為臨終前思想之混亂？二、周佛海之通國賣番，是否應該引起不是日本人的胡蘭成的憤怒？

汪氏在從事和平運動的六年之間，雖然先後曾發表過無數言論，而最主要的文件，則僅有兩個：即最早有一九三八年十二月二十九日從河內致重慶中央黨部的「豔電」，以及最後的一九四四年十月間逝世前所定稿的對國事之遺書——「最後之心情」。從這兩個文件中，完全可以看到汪氏對國事的真正心情，究竟前後是一貫的意思呢；還是如胡蘭成所說遺書所表露的是「思想之混亂」？

「豔電」中的要旨，曰：「自塘沽協定以來，我人所以忍辱負重與日本周旋，無非欲停止軍事行動，採用和平方法，先謀北方各省之保全，再進而謀東北四省問題之合理解決。在政治上以保持主權及行政之完整為最低限度；在經濟上以互惠平等為合作原則。自去歲七月蘆溝橋事變突發，中國認為此種希望不能實現，始迫而出於抗戰。頃讀日本政府本月二十二日關於調整中日邦交根本方針的闡明：第一點，為善鄰友好，並鄭重聲明日本對於中國無領土之要求，無賠償軍費之要求。日本不但尊重中國之主權，且將仿明治維新前例，以允許內地營業之自由為條件，交還租界，廢除治外法權，俾中國能完成其獨立。日本政府既有此鄭重聲明，則我人依於和平方法，不但北方各省可以保全，即抗戰以來淪陷各地亦可收復的而主權及行政之獨立完整，亦得以保持。如此則吾人遵照宣言謀東北四省問題之合理解決，實為應有之決心與步驟。……其尤要者，日本軍隊全部由中國撤去，必須普遍而迅速。……中日兩國壤地相接，善鄰友好有其自然與必要，……今後中國固應以善鄰友好為教育方針，日本尤應令其國民放棄其侵華之傳統思想，而在教育上確立親華之方針，以奠定兩國永久和平之基礎。」

在一開始的「豔電」中，汪氏對今後中日兩國間的關係，與其所處的立場，說得很清楚：就是如其日本政府能遵照其鄭重聲明之方針對我，使中國的主權與行政能確保完整，則不惜捐棄前嫌，政府與政府之間，再成為與國，而私人與私人之間，也自將化敵為友。不料汪氏離渝以後，徒以日軍閥之野心不戢，置舉世共聞共見之聲明於不顧，欲以「滿洲國」之藍圖，統治其廣大之軍事佔領地區。據胡蘭成文中所引述，則連發表上述三原則之前日首相近衛文麿，於其遺書中也且公然目汪政權為「傀儡組織」，日人之背信棄義，今井武夫、清水董三諸氏尚且感到歉憾，所以我在「每日新聞」指出胡蘭成以中國人而有此謬論，是徹頭徹尾的投降主義，與不折不扣的漢奸心理。

汪先生生前，胡蘭成總也看到過他沉痛的言辭、傷心的落淚，以及對日本軍部的蠻橫，一再表示其最大的憤怒，他最後的遺書中稱日本為敵酋，正如日人所說是意想中應有之心情。而以自稱為「公館派」、為「機要秘書」者，反以「思想之混亂」來重侮汪氏。他這種以順為正的態度，算是把汪先生寫得「大人物」化了嗎？更遺憾的是，在胡蘭成的筆下，在他那本《今生今世》的皇皇鉅著中，舉世稱得為大人物的，依他的看法，也只有目不識丁的「七十六號」大隊長吳四寶一人而已。

汪氏之所以離渝赴寧，還是抗戰前如豔電中所說，要「忍辱負重與日本周旋」的一貫態度，他也自知此行將為辱更甚而責愈重，故離渝時留書於蔣先生，函中有曰：「兄為其易；而弟為其難。」汪先生的所以主和，也仍然是他「一面交涉，一面抵抗」的主張，交涉不成，出以抵抗，抵抗不利，再謀交涉。也許他真是中山先生的信徒，中山先生彌留前病榻上的「和平！奮鬥！救中國！」之呼聲，給予他太深的印象，故其致孔祥熙函中有曰：「對黨對國，良心上、責任上，皆不能安。」而終且出之於「行險僥倖」，「謀一己犧牲之拙策」。

曾一手促成汪政權的前「梅機關」首長影佐禎昭的遺稿中，有一段專寫汪氏由河內抵滬，在政權建立前的心境中說：「在這裡，應該把汪氏那時的想法敘述一下：原來的和平運動計畫，是準備以國民黨員為中心，組織一個和平團體，用言論來指出重慶抗日理論的錯誤。逐步地擴大和平陣營，希望使重慶轉變方向。但經詳細考慮之下，單憑言論來使重慶政府轉向，是極其困難的事。因為和平論固然是為了愛中國，抗日論更是由於愛國精神的激發。但是和平論與賣國論也最易混淆，很難得一般諒解；反之，抗日論卻容易獲得人們的同情。這就只有靠日本公正無私的行動，才能證明和平論的正確不錯。

近衛聲明如果能夠十足兌現，重慶的抗日理論自將失去根據，甚至會順從輿論，傾向和平。但是，問題就在怎樣實現近衛聲明：是不是應該改變原來的和平計畫，除以言論督促重慶覺悟之外，建立一個和平政府，從事實證明中日合作的效果，來喚起民眾輿論，加速和平的實現。當然，這個和平政府的建立，不是以打倒重慶政府為目的的，只是為了中止抗戰，促進和平。即使和平政府為必要而備有軍隊，也決不是來與重慶為敵。如果一旦和平實現，不論是否雙方政府合併，或者採取其他形式，汪氏鄭重表示決不過問，斷然引咎下野，以明心跡。」

從「豔電」與影佐禎昭的遺稿來看，汪氏的建立政府，只是一種救亡的策略，既不以打倒重慶為目的，而且一旦和平實現，還將毅然引退。遺書中還諄諄告誡其同志：「當知國不可分，不可逞私煽動分裂。其在軍人天職，抗戰為生存，求和尤應有國家觀念，不得擁兵自重，騎牆觀變。」他對和平運動，是以「保持主權及行政之完整為最低限度」，以為「交涉有得，無傷於渝方之規復；交涉無成，乃可延緩敵人之進攻。」所以他對日方之交涉，是希望能化敵為友，以免於兩敗俱傷之局。但怎樣才算交涉有得呢？則如影佐所說：「要靠日本公正無私的行動，與近衛聲明的十足兌現」，否則「軍閥野心之無已境」，對中國仍「採取侵略性之態度」，既不能化敵為友，則敵人仍然是敵人耳！故當民國廿八年冬在滬醞釀組府時期，開始與日方商討「調整中日邦交基本條件」時，即發覺日本仍無悔禍之心，故汪氏對陳公博說：「我們偏不使日本控制中國。」總觀汪氏最早與最後之態度，各種文獻俱在，可證為實出於一貫之意思，何有於「混亂」之可言！

其次，胡蘭成指暗通重慶者僅周佛海一人。原則上不能不先有所說明。當年重慶南京兩政府，目的同一為了救亡圖存耳，所不同的則僅為所取政策上之歧異，重慶雖視汪氏為敵，而汪政府中人則未嘗一日以重慶為敵也。故汪氏告影佐禎昭曰：「不以打倒重慶政府為目的。」其遺書中，說得更為清楚：「蔣為軍人，守土有責，無高唱議和之理。其他利抗戰之局而坐大，觀成敗者，亦必於蔣言和之後，造為謠諑，以促使政府之解組混亂。非銘脫離渝方，不能無礙於渝局。」是則蔣汪之間，雖分而實未嘗分也。

周佛海日記中也說：「我人因政策不同而離渝，從未對蔣先生有一惡語相加。」陳公博向江蘇高等法院遞呈之自白書「八年來的回憶」中說：「我總覺得抗戰是應該的，和平是不得已的。」周佛海等離開重慶時，希望日本之能憬然悔悟。而一旦著手交涉，就發現日軍閥狡獪成性，知與虎之終於不可以謀皮，乃再與重慶暗通聲氣，正如其在南京高等法院之庭供中所謂：「我在汪政權六年之中，前半段是通謀敵國，圖謀有利本國，後半段是通謀本國，圖謀不利敵國。」（按當年所謂「漢奸」成立之要件，為「通謀敵國，圖謀不利本國」，故佛海乃作此言。）

革命本可不擇手段，胥視對國家之有利與否，而有態度上或手段上之變易，佛海所為，最少尚不失為有迷途知返的勇氣。而胡蘭成竟以此對佛海在日本報紙上肆其攻擊，試問是何立場？況且與重慶暗中聯絡者，是否如其所言僅周佛海一人乎？汪氏左右過去以陳公博顧孟餘為兩大股肱，左輔右弼，正如中山先生當年之有汪精衛與胡漢民，而公博在法院中坦白自承「有兩個秘密電台，一個我自己設立的，供給蔣先生侍從室劉百川用的；一個是戴雨農底下的陳中平的」，且他與渝方之間，信使來往不絕。難道胡蘭成因身居異域，連公博的自白書也沒有看到過而就貿然下筆，以至抹煞一切嗎？他的那篇登在「每日新聞」上的文字，真是名符其實的是一派「胡言」而已。

更離奇的事還多著呢！我把汪氏遺書發表後之整整六個月，香港「新聞天地」雜誌於那年八月十五日即該刊總號第八六一期，忽然以六頁的篇幅，刊登了一篇什麼「汪兆銘遺書真偽之辨」的舊聞，主要雖在一字不易地照錄汪氏遺書的全文，而前面卻加上了一段冗長的冒頭，總括作者的意思，指遺書為「謬說」；為「偽造」。

在對此有所辯正以前，首先我倒是應該向該雜誌竭誠道謝的，所以要道謝的理由有二：一、我把汪先生遺書之所以要發表，目的就是希望讓國人能夠明瞭汪先生所以創建政權的原因與他真正的心情。某雜誌銷行最多的區域，也正是春秋雜誌與拙作不能行銷的區域，該雜誌這樣慷慨地不惜以「謬說」來全文照錄，藉此得以廣為流傳，不期而有深得我心之感。第二、該雜誌既認這遺書是偽造的，那為什麼對一篇偽造的文件，還要鄭重其事的於半年以後全文轉載呢？偽造的東西也值得照錄嗎？假如說這一個文件是「謬說」，那為什麼還要把有「毒素」的「謬說」介紹到海外地區去流傳呢？不再以為「宣傳的效力，真是可怕」嗎？不怕「影響所屆，不能無視」嗎？這豈非自陷於矛盾而有「推波助瀾」之嫌嗎？但以我來說，總應當說是盛情可感的。

該雜誌「大義凜然」，大有代聖立言、替天行道的那一份忠貞之氣。他們的態度，恨不得上效秦始皇，焚盡一切不是代聖立言、替天行道的書。但是歷史不能僅憑一二個人或一二十年的時間可以完全抹煞的，而且該文作者的斷然偽造，其實他對此事卻是一無所知。冗長的言論，一切僅出之於想當然耳。是不是「漢奸」，或許他們也知道太難說了，譬如有些自命為「漢忠」之人，而且當年卻是好端端的生活在抗戰區內，是「八年抗戰，流血流汗」之人，而也或者會因莫須有之「漢奸」罪嫌而被捕受鞫，假如那時竟然冤沉海底，則墓木且早拱了。當年留在淪陷區的，本來人人都有「奸」嫌，所以叫順民，稱偽學生，今天我還能為歷史作證，為朋友呼冤，已經算是異數了。忠奸順逆，在這亂世的黑暗時期，也正有其難言者，天下亦安有真是非耶？

陳公博在蘇州法庭上說得好：「有比汪先生為張邦昌、劉豫的。如此比喻，殊為不倫！在從前，汪先生受人痛罵，數年以來，我都沒有替他辯護。因為汪先生曾說過：『為國家，為人民，死且不怕，何畏乎罵？』而且在戰爭時期，非罵汪先生不足以固軍心，汪先生既求仁得仁，我又何必替他辯護？但現在已是勝利時期，汪先生也逝世了，我們已不再需要宣傳，應該抑制感情，平心靜氣去想想。」我於此也有同感，當年的不得不加以痛罵，是為了情勢而不得不然；現在真是應該平心靜氣的探求歷史真相了。雖然歷史並不可全信，身後是非，也任誰都管不了，但以汪先生的這樣一個有光榮歷史的人才，而且是國民參政會的議長，而最後如真是甘心為「漢奸」的話，這豈非是中華民族史上的大恥？以一個革命元勛，國父生前的左右手，而且是黨副總裁，如竟甘心為漢奸的話，這更將是國民黨的大恥了。二十年後，又何苦於逆我者既亡之後，尚必要加給他以萬世不能洗刷的惡名，而加深民族與黨的恥辱呢？歷史又豈幾個人造得了的？耳目也豈是幾隻手掩得了的？

我對該雜誌也寄以無限惋惜，作者在全無資料的情況下，輕輕對汪氏遺書下一斷語曰：「明明屬於偽造文件。」這已經不是研究者的態度了。正如我前文所說只是主觀的武斷與立場上的偏見而已。該雜誌雖列舉了很多理由，但卻是真正的如他自己所說「其中並無新事」，一部份是依據日本報紙錯誤的記載；一部份則斷章取義，摘錄了我所發表的經過。其中如遺書的如何發現，卻是「每日新聞」弄錯了的，因此該雜誌所載像是頭頭是道，振振有辭，其實是道聽塗說，吠影吠聲罷了。

而且他武斷的程度，也委實驚人！甚至硬指汪氏親筆所書的「最後之心情」數字，也或者全自其他文獻中拼湊剪輯而來。果如他所說，那中山先生的遺囑，當年還是汪先生起草，還是汪先生撰寫的，該雜誌何不索性也武斷一番，說這是汪先生的意思，而不是孫先生的意思呢？這一筆抹煞的本領，我不知該文作者為何如人，而玩其語氣，覺大有官氣存焉！也許官做久了，連寫作中也不免露出了官話來也。

最令我失笑的事，則是說我於一九六四年二月間將遺書發表的時期，「正在中日關係因周鴻慶案鬧成了外交僵局，幾瀕於絕裂之時，亦即法國承認中共（一月廿七日）我政府對法絕交（二月十日），中華民國國際環境最壞之時，不能不令人懷疑何以如此巧合？究竟此種用心何在？……無非打擊中華民國政府『最適當的時期』而已。……此偽造文書發表之目的，乃冀使日人相信還是他們的汪先生好。」哈哈！我發表一個歷史上的文件，竟然可以發生打擊中華民國政府的作用，他可以如此說，我可不能同意堂堂的中華民國政府會如此其脆弱，而我更不敢承認我竟會有此力量也。該文作者的捧我，頗使我太受寵若驚了。

我欽佩該文作者別有會心的那一份「聰明才智」，因過去凡與日本交好者，不問是否為了有利國家，一律目為「漢奸」！「正在中日關係幾瀕於絕裂之時」，台灣朝野，總有些惶惶不可終日之情，假如遺書的發表算是「巧合」，那倒是並非打擊中華民國政府，而是提醒中華民國政府。如汪先生當年「不望為釜望為薪」而與日本談和，其至誠尚且不曾感動了日本，則今日再欲「與虎謀皮」，形勢且已不逮當年，則敦睦修好，詎可得乎？語曰：前事不忘，後事之師，讀讀汪先生的遺書，是否也會有些爽然若失之感？

# 二〇七、追懷白骨早枯的周佛海

汪精衛於抗戰時期，冒天下之大不韙而毅然在南京建立政權，不論後世將對它作怎樣評論，無可諱言，這已成為歷史上的一幕大悲劇！這政權，覆亡了已經二十餘年，作為這個政權最重要台柱的周佛海，病死獄中，也已二十餘年。對於這一個蓋棺定論的人物，究竟是政治上的犧牲品；還是求榮賣國的漢奸？「身後是非誰管得」！人微言輕的我，自更不欲再有所論述了。因此，本文所要談的，只限於他生前生活上的細節，以及我與他之間的若干瑣事而又為前書中或有所未詳者。

過去的事，一切都已成為陳跡了。回溯生平，數以千計的親友，已先後成為異物，有些在我的記憶中，且不曾留下絲毫印象。唯獨佛海，在羈旅困頓之中，在寒窗獨坐之際，他的聲容笑貌，依然不時縈迴腦海，無限懷念，也無限悼惜。

佛海在外表上是一個十分平凡的人，而且含有浪漫的文人氣息，談話時一口濃重的湖南鄉音，每當酒酣耳熱，就口沒遮攔，高談闊論，談女人與談政治一樣的起勁。有時在他的談話中，不正經中卻顯出率真的性格，不脫一個書生的本色。他黑蒼蒼的臉，貌不驚人，加著蓬鬆的亂髮，終年一襲長袍，顯得不修邊幅，卻活像是三家村的一名小學教員。有誰會相信：他曾經是中共的創始人，在國民黨內，竟又先後受到蔣介石、汪精衛兩氏的特達之知，他寫得既笨拙而又潦草的字體，連當年在汪政權發行儲備票上F.H. Chow簽名，也有似出於一個幼童之手，更有誰會相信他竟能下筆千言，寫出動人的文字？

他以一個窮苦學生而成為風雲人物，但換來的結果，卻是獄室中病痛帶來的淒厲呼叫；因政治而留下的萬世惡名！二十餘年的時間，斯人云亡，早寒白骨，在我與他相交前後十七年中，我目擊他的騰達飛黃，躋身顯要；最後又憑棺一弔，眼看他埋骨荒郊。

一九四八年的初春，我還處身在上海提籃橋監獄中，再有一兩個月的時間，即將刑滿釋放。那時我一直在暗中盤算，出獄以後將儘早往南京老虎橋去探視傳說正在病中的他。不料就差這幾十天的時間，竟然緣慳一面，就此永隔人天！

某一天的清晨，提籃橋獄室的門剛剛開鎖，囚徒們在長廊中散步，獄警偷帶進來的一份報紙，大家正在爭著圍看。這時一群讀報者的驚呼聲傳來了，囚徒們的腦筋是特別敏銳的，知道一定在報紙上發現了什麼大事，我上前去只一瞥，「大漢奸周佛海瘐斃獄中」的大字標題，映入眼簾，已清楚告訴我發生了些什麼，這突如其來的噩耗，使我再也不忍讀下去了。我默默地退回監房，心裡很亂，自己也不知道是悲傷還是憤激。

這時長廊中引起了紛紜的議論，那些議論他的人，當年自然都是佛海的同僚或者是部屬，而現在則以事過境遷，便表現出前後絕大不同的態度。大部份的人不免兔死狐悲，正有梁眾異（鴻志）弔陳公博詩中「逝者如斯行自念」的那一份感傷。有些人當然也對佛海這樣一個人而得到如此收場，有所悼惜。但其中卻不乏高聲詈罵他的，有人指佛海當大權獨攬之時，使其屈居下僚，未加重用，今天卻同樣要受縲絏之災；也有人認為當年的高官厚祿，都是佛海強其所難，以至加重了他現在的罪責。

抗戰勝利以後，當局說是為了整飭紀綱，因而要嚴辦「漢奸」。不過判刑的標準，卻非常簡單爽脆，並不需要什麼賣國的行為或犯罪的證據，只依照官階的大小，而為量刑的輕重，大官判重刑是當然的，而只要與汪政權沾上一些關係，而又有一些財產的話，最輕也就脫不了兩年半的囚禁。因此在這一群罵聲中，罵得最為激昂的自然又是些過去汪政權中的達官顯宦，他們忘記了過去怎樣奔走營求，而此時為了生死未卜而懷著無限惶恐，罵罵佛海，自不失為發洩一肚子牢騷的最佳方法。

反正佛海再也不會聽到這種身後是非了，而在罵聲中，卻使我想起了與他之間的一段談話。佛海在汪政權中權力之大，遠超過一般人的想像之外，他不但總攬了財政、金融、特務、外交等大權，也控制了一部份的軍隊，他創辦的稅警團，武器最精良，人數約達三師之眾。特別是整個政權人事的任免，幾乎由他一手包辦，一個部會首長的更調，或一個省政府的改組，都由他預擬名單，呈送汪氏，汪氏也總是照批「如擬」。如此得心應手，儘可挑選出一些適當的人才，但他還是很不滿於汪政權內的一批大小人物，有時憤慨地對我說：「你看，這些傢伙都是來渾水裡摸魚的，那裡有一些國家民族的思想？有那麼多的敗類，我們怎樣也不會搞得好的。」但是有時他卻又頗陶醉於他左右對他的忠誠。

一天，當他又提到這一個問題時，我笑了，我說：「想不到你也與別的政治上的巨頭一樣，總以自己為察察為明，左右儘是最可靠的人。其實，他們恭順的態度，滿嘴：部長！總裁！佛公的尊稱，以及自己怎樣誇張『政聲』與文飾劣跡，竟然也會把你矇住了，你只看到了恭順的一面，但你

看不到他們橫行無忌的另一面。」他瞪著眼說：「是誰？你告訴我，你告訴我！」我說：「假如我說某人如何，某人又如何時，豈不成為挾嫌攻訐？你就能偏聽我的一面之辭嗎？好吧！還是等有一天你不做部長，不做總裁的時候，再讓你來當一個笑話聽吧。假如你真要看看有些人的真面目，不妨等某一個你認為最恭順、最卑謙、最忠實的人，當他鞠躬而退之後，你可以在窗口暗中窺察，他在招呼他的傭僕與司機時，你會看到他又是怎樣的另一副神態？」

當然，我說的話，當時佛海是無法置信的，現在有那麼多人正在詬責他、謾罵他，他自然更不會再聽到了。我又在想：有些威福自恣的政治巨頭，身後有誰能免於與佛海遭同一的結果？史大林尚且要被赫魯雪夫鞭屍，況乎他人！

事實上，佛海的死，也並不出我意料之外。數十年中營營役役的政治生涯，又被醇酒婦人淘空了的身體，在勝利的前一年，一次心臟病劇發的時候，醫生就曾警告他：以後如仍然過分操勞，耽於酒色，或者精神上有重大刺激，舊病再復發，那就無藥可醫了。而在牢獄之中，他不但身體上受到種種的苦厄，尤其政治上、人情上所加給他的打擊，相信即使是一個十分健康的人，也會無法再支持下去的。

在過去所寫的內容中，有一個政治上的謎，卻始終未曾打開。周之與蔣，隨侍左右，朝夕不離，前後整整十年的時間，而且參密勿、司筆札，以一個黃埔教官，而兩長中央民眾訓練部與中央宣傳部，又是兩個核心組織所謂「藍衣社」與「CC」的最高領導人之一。但是他之與汪，過去卻並無絲毫淵源，在其筆下且曾有不少譏評的文字。而他終於棄蔣就汪，這到底為了什麼？雖然佛海是一個胸無城府的人，與我談話，向不有所隱諱，獨對這一段內幕，卻從未講過，我又不便問他，佛海已死，這永遠將成為歷史之謎了。

不過，他在汪政權時代，對於蔣氏，仍不改以往尊敬的態度，不論對日本人或者在私室中密談，總是滿嘴蔣先生而不名。在汪政權的前後幾年中，由秘密電台傳來的嘉勉之辭，他的欣喜，且遠過於汪氏的對他的推心置腹。固然這是主持軍統的戴笠工作上的成就，但佛海時常在無形中流露出對蔣氏的嚮往之情，無論如何，決不像形式上兩個敵對政權應有的立場。相信在佛海的內心上，認為勝利以後，要收拾淪陷區的亂局，當局極有可能再度加以倚重，而且，他也以為在過去六年中，由秘密電台以蔣氏名義發來的電報，任何任務，總是奉命唯謹，不避艱險地一一完成，他也作了策應反攻充分的準備，供給了不少情報，營救了無數重慶方面在淪陷區被日軍逮捕的重要人士。他深信勝利以後，有把握地會繼續他的政治生命。但佛海的心境，卻又是矛盾的，對於自己今後的命運，在心理上仍存有一個絕大的陰影，他曾幾次談到這一問題，以懷疑的口氣對我說：「我將來會不會成為張學良的第二？」政治本是無情的，他最後的結局，正是他的過分天真所造成。

周佛海為什麼去蔣就汪？對這個歷史上的重大關鍵，使我一直懷著絕大疑團。也就是說，佛海的離渝，事前曾獲得過諒解或默許，不是完全不可能的事。這因為不但在汪政權時期，佛海對蔣氏的一片忠誠，常於無形間流露，尤其在這六年中，佛海唯一曾寫給蔣氏的密函，是由我經手，而由蔣伯誠（當時蔣介石氏在上海的最高代表）交吳紹澍（上海市黨部與三民主義青年團的主任委員）專程帶渝，這是千真萬確的事，現僑寓香港的一位許先生，前幾年曾親口告訴我：當這封信帶到重慶後，在呈送給蔣氏之前，因為吳紹澍不敢冒昧上達，曾就商於他，他指點他先與陳布雷接洽再作決定，當時他曾經細讀過這一封佛海的親筆信。他說：與我書中寫出的原文確是相同的。而在這一封信裡，一開始就說：「職離渝經過，唯布雷知之最詳，」而問題也就在這裡。布雷的忠於蔣氏，是盡人皆知的，而布雷與佛海，不但很長時期，一直同事於軍事委員會侍從室，而且兩人之間，有著非常深厚的友誼，佛海離渝以後，他重慶的寓所，即由布雷遷入居住。那末，既然布雷「知之最詳」，以布雷的忠於蔣氏而又是膽小謹慎的人，如此大事，自不敢不據實報告於蔣氏，則佛海又何能從容脫身之理？

疑問中也並非沒有其他疑問，據我所知，在佛海參加汪政權的最初兩年中，與重慶並無正式聯絡，建立秘密電台，最早也是一九四一年以後的事，正如佛海在南京高等法院的辯護狀中所說：「我前半段是通謀敵國，圖謀有利本國；後半段是通謀本國，圖謀不利敵國。」（按：「懲治漢奸條例」中成立罪責的條款，就是「通謀敵國，圖謀不利本國。」）如其佛海離渝時未獲默許，又何以早期與蔣氏的關係會中斷如此之久？我所以寫這一段的疑問，意在探索一個歷史問題的真相，決非對蓋棺論定的周佛海，為他作無謂的辯白。

在佛海的心理上，的確一直無限徬徨：一方面有獲得「寬大」的自信；而另一方面，也常存或有萬一的戒懼。勝利以後，擺在眼前的事實，使佛海的幻想完全破滅了。從重慶土橋以至南京老虎橋監獄中的待遇，法院對他死刑的宣告，其夫人楊淑慧因追逼財產而曾吞金圖謀自戕的經過，都使他從迷夢中覺醒。雖然最後國民政府還是在千千萬萬的「漢奸」中，他是獨邀特赦之恩的，但特赦的結果，不是讓他出獄，而是減為終身監禁，且不說以他多病之身，還能在獄中偷生幾時？更其重要的，他明白了他的一生，也從此斷送了！大錯已成，生趣全絕，佛海自有其必死應死之道。

佛海一死，其離蔣投汪之謎，將從此無人索解。現在可以這樣說：如其佛海真是服膺汪氏「和平救國」的主張而毅然相從，那是患了書生的幼稚病而自取其辱；如其當局事前曾加默許，而把他當為潛伏在汪氏左右的一著棋子，這將是政治上最成功、最巧妙的一幕，是佛海雖死，尚有何遺恨之可言？

佛海在牢獄中所受人情上的打擊，也是夠沉重的。汪政權時期中，他一直以羅君強為最可信任的人，而楊惺華則以妻舅關係而成為最親密的助手。君強是佛海的湖南同鄉，好似還有一些世交關係，羅的學歷並不好，曾在上海大夏大學肄業，曾否畢業已不得而知，一出校門，就跟隨著佛海做事。在汪政權一人得道的現象下，君強也就紅極一時。六年之間，由邊疆委員會委員長起，歷任司法行政部部長、安徽省長以至上海市政府秘書長等職。他不能不說有一些聰明，也有一些才幹，但是得意忘形，官僚氣十足，又往往倚仗了佛海的勢力，處處得罪別人，為佛海樹敵。尤其那時所謂公館派與ＣＣ之間，壁壘森嚴，引起明爭暗鬥，這一方面，君強更應負起絕大部份的責任。有時佛海也會加以申斥，而君強總是流著淚不發一言，顯出一副委曲可憐相。特別因君強與李士群間的摩擦，佛海且曾貽書切責。但是在中國政壇上都有相同的現象，有挨罵資格的，定是最親信的人物。佛海幾次對我說過：「君強這傢伙脾氣不好，時常為我找麻煩。但他對我總是忠實的，操守上也還是廉潔的。」雖然君強的年齡，小不了佛海幾歲，而不論在關係上，或佛海的心理上，早已視君強如家人子弟了。

至於楊惺華，是佛海夫人楊淑慧的胞弟，出身於上海交通大學的土木工程系，在重慶時期，僅任道路橋梁工程方面的職務，而在汪政權中卻靠了姊夫的關係，職位雖不高，但是他所任的財政部總務司長與中央信託公司副總經理兩職，都是有實權的，而且又是管理錢財的。尤其中央信託公司的總經理雖是許建屏，而佛海是董事長，佛海的印章就交在惺華手裡，因此權力遠在建屏之上。那時惺華還是三十歲剛過的人，少年得志，又經不起人家對他的捧拍，不免有些飄飄然了。但他在佛海面前，總是「開口哥哥，閉口哥哥」表演出天真的稚氣，又因為佛海是看他長大的，對別人談到他，也照例說：「惺華這個小孩子如何如何。」他又怎樣會想到他早已人細鬼大了。

只要看看佛海到了生死成敗的關頭，才會發現誰是他最親信的人物了。勝利以後，佛海被戴笠說服，決定前往重慶，等候不可知的命運來臨。這一架由滬飛渝的專機中，除了戴笠與佛海之外，丁默邨因與戴氏同為早期中央調查統計局的處長，是由戴氏直接指定的。馬驥良是中央儲備銀行的總務處副處長，他之同機赴渝，是為了隨機照料佛海，侍候他的起居。事實上，佛海真想攜帶的，也就是君強與惺華。日軍一投降，佛海表現得非常煩亂，有時垂頭喪氣，默默沉思，有時又像前途還有無限光明，寄以幻想。

在他赴渝前的半個月中，戴笠無一日不去和他閉門密談，使他一時深信此去會是凶少吉多，否則以他擁有的實力，總還不至於俯首就縛。君強與惺華的同去，也滿以為可在他卵翼之下而脫然無事。誰知最後的發展，竟然大謬不然。迨由渝一起轉解南京，佛海被判處死刑，君強與惺華也判處了無期徒刑，佛海自然也不再是他們的靠山，過去靠他得來榮華富貴，已轉眼煙雲，不免由怨生恨。他們的想法，如當年不給他們以高官厚祿，何至有今日；如當時不攜同赴渝，也不會遭重刑。遂視佛海如仇，從惡言相加，終至不交一語。佛海面對著如此的環境，如此的現實，又安得不舊病劇發，而卒之抱恨以終。

我在一九四八年的四月一日出獄了，離佛海的死，已有二三個月的時間。回家不久，就得到了他卜葬的消息，我立刻赴往南京。當然，此時王侯宅第皆新主，南京早已面目全非，連所謂佛海的家，已遷至成賢街附近的一所平房裡，又破又舊的建築，陳設著簡陋的傢俱，與他火毀後又新建不到五年的西流灣住宅相較，份外顯得滿目淒涼。左側一間廂房裡，是佛海的靈台，中間懸著一幀遺像，記得還是當年掛在上海居爾典路的舊照。相識遍天下，而四壁卻再也看不到什麼朋好的哀輓之聯了。

下葬的那天，蕭條冷落的場面，更使人傷感。葬儀一共只有三輛車，包括兩輛運貨卡車，一輛租來在南京市內行走的公共汽車。這一輛上載著佛海的棺木，第二輛上站滿了佛海生前京滬兩處私宅中的副官與雜役。自佛海飛渝，他們全被遣散後，早已另投新主，各自安身立命去了。但在這一天，卻不約而同地請了假從外地趕來參加舊主的葬儀，人數約有二三十人。

最後一輛公共汽車是載的家屬和親友，除了家屬，只有我和石順淵（中央儲備銀行的總務處副處長）、及汪政權財政部政務次長陳之碩的夫人，親友就是這樣寥寥三人。在汪政權時期，我並不曾擔任過實際職務，更不曾在佛海主持的任何單位中工作。南京的「中報」與上海的「平報」，他雖是董事長，但我是董事長兼社長與副社長，談不到隸屬關係，不過一想到原來朋友之間，會因炎涼生死而易態，當年視若神明的部屬，有些繫身囹圄，有些遠嫌避禍，再也不敢出頭露面，為了一時的感觸，我特地備了一個大花圈，放在他的棺木之前，上面寫著：「佛海先生千古，舊屬金雄白敬輓」字樣。

三輛汽車沿著鬧市進行，沒有引起一個路人的注意，不要說汪政權時代顯赫的聲勢，就是他在夫子廟開審時，也有過人山人海的熱鬧場面。而最後的飭終之典，竟然在如此淒涼沉寂中默默地進行。他的埋骨之所是在南京近郊的永安公墓，壙穴是預先就掘好了的，但壙前沒有墓碑，四周也並未種樹，葬禮既沒有音樂，更沒有牧師或僧道為他禱祝或超渡，寂靜得更可怕而可哀外，全不像是一次葬禮。佛海地下有知，又何能瞑目？

棺木緩緩地從平地下降至墓穴，柩夫們迅速地把泥土一鏟又一鏟地把它掩埋，不到一小時，一切都完成了，所有送葬的人鞠了個躬又匆匆回到了車上。一路上，我呆呆地坐著，心裡不知是悲傷還是惆悵，二十年前我與他相識的經過，他後半生的遭遇，以及我與他之間的交誼，他爽朗的談吐、熱情的對人以及從政的艱辛，這一切，又都襲上了心頭。真也想不到像他那樣的人，竟會有這樣的結局。成王敗寇，未來歷史上的記載，已可以預料到的。

這已經是一九二八年五月間的事了。陳立夫氏在南京估衣廊創刊的「京報」，不論規模與銷路，都足與國民黨的唯一大報——「中央日報」相頡頏，更因為「京報」是半官性的報紙，內容與評論可獲得較多的自由，創刊不久，且有凌駕中央日報而上之勢。那時主持「中央日報」的是葉楚傖，兩報因營業上的競爭，免不了會有磨擦，葉氏屢屢在蔣先生前，對「京報」嘖有煩言，卒使光芒初露的「京報」無疾而終。就在京報一段很短的時間內，我卻因一度濫竽而與周佛海開始相識。

「京報」原任採訪主任是羅時實（佩秋，現在台灣），佩秋為CC系的核心人物之一，因陳果夫派他留學英國而將告離職，陳立夫氏就要我承乏其事。我於一九二八年春進入京報時，佩秋尚未赴英，採訪部的工作，事實上仍由他負責督導，我則奉命先起草一個有關採訪的整個計畫，剛剛脫稿，已在三月間了。蔣先生為了慰勉東北易幟的張學良，更以馮玉祥方蟄居山西晉祠，又有蠢動之意，因此也約了閻錫山一起在北平會晤，請他轉勸馮玉祥出洋。蔣氏北上之行既定，京報就派我為隨節採訪。

那次北上，蔣氏帶了不少隨員，有吳稚暉、孔祥熙、趙戴文（閻系人物，時任內政部長）、熊式輝、陳布雷、周佛海等人。記得以後任軍統局長的戴笠也在，不過那時還是總司令部的一名侍從副官而已。長長的一列專車，蔣氏夫婦同住在前面的一輛花車中，銜接的一輛內，就是上述各人，我與另一位記者——中央日報的採訪主任王公弢，也混在其內。後邊還有幾輛，則載了蔣氏的副官與衛隊及其它隨從人員。

因為我們的一輛是與蔣氏的一輛相銜接的，每逢早晚，蔣氏總過來在花車的客室中與各人閒談。一九二七年蔣氏北伐到達上海的當晚，在記者群中，我是第一個獲得接見的人，以後在採訪上又不時見到，他自然認識我。當他在車上第一次過來，一落座就問我車內各人是否全都認識，我指指佛海，表示不熟，他就為我介紹了，我與佛海也只相互點頭微笑，初不料因此介識，就決定了我後半生的全部命運。那時的佛海，其正式職務為總政治部主任兼總司令部政治訓練處處長，而更重要的則他與布雷同為蔣氏幕中的文膽。

勝利以後，我在上海高等法院受鞫，法官對於每一個被告，總要問他如何認識汪、陳、周等的幾個汪政權中的巨頭，好似當年相識，不論是否遠在汪政權成立之前，早已就心懷不軌了。審我的法官是邱煥瀛，是一個十分殘刻周納的傢伙，厲聲問我道：「周佛海是大漢奸，你怎樣會認識他的？」我照事實答道：「是蔣委員長介紹的。」他兇悍地直斥我為「胡說」！不要看法官審案時高坐堂皇，威風八面，一副大老爺的神氣，其實他們在政治上，只是一名官卑職小的可憐蟲，他們又那會懂得政治上的什麼。

在火車上的一群政要中，我雖與陳布雷因過去為新聞界的同業關係而一向相熟，但經過幾天中的朝夕相處，我發覺佛海爽朗的性格，雜以戲謔的笑語，一些沒有做作，很率真，反而與他較為投契。一路上，布雷、佛海、公弢與我，也總是聚在一間車房中無話不談，有時不免彼此之間也有些爭論，公弢一直幫著布雷，而我則站在佛海的一面。一天天時已經入黑了，照例蔣氏這時已經赴寢而不會再來。我們又剛剛起了其實只是玩笑的爭端，其時我還只有二十五歲的年紀，想到就做，什麼也沒有顧忌，我與公弢正在你推我拉地扭作一團，活像真在打架，布雷與佛海則在一旁撫掌助興。正在熱鬧聲中，他們兩人忽爾肅然起立。回頭一望，蔣氏正站在門口注視我們，我們訕訕地停了手，蔣氏還笑笑說：「辛苦了，還是早些休息吧。」蔣氏去後，我們又是一場哄堂的大笑。

古人云：「患難見交情。」而我與佛海，卻因賭博而見交情。此行抵達北平以後，總司令部包了北京飯店的兩層樓作為行轅，蔣氏夫婦住在三樓，我們住在二樓。蔣氏一到，要接見許多人，出席各種歡迎宴會，並與張、閻會議，十分忙碌，反而佛海等難得有這樣的清閒。佛海一生的毛病，就在酒色兩字，有時朋友們勸他不宜如此放縱，他卻還很得意的說：「醇酒婦人，正是男兒本色。」故都風月，本來甲於全國，所謂八大胡同的旖旎溫馨，也早為有男兒本色的人嚮往已久。到達北平第二天的傍晚，佛海就張筵於南妓清吟小班紅弟的妝閣了，我們也自然免不了隨著一轟而去。

說來奇怪，介紹佛海去的卻是一位女性。過去北平有所謂四大名記者——林白水、邵飄萍、黃遠生與徐凌霄，前三人都以觸怒軍閥而不得善終。飄萍死後，其未亡人又把飄萍一手創辦的京報復刊，延潘公弼的介弟紹昂主持編務。飄萍夫人生得頗具風華，她雖是女流，卻風流不讓鬚眉。每晚她也流連於八大胡同之間，出手豪闊，人們去開盤子，照例給現大洋二元，而她是加倍，幾於所有北平的清吟小班，幾乎無人不知有邵×爺其人，她所眷的名妓綠珠，俏麗嫵媚，更是人間的絕色！

不論上海的長三堂子或者是北平的清吟小班，在開席之前，照例以打牌為序幕，佛海是一向不賭的，布雷、公弢、與時任津浦鐵路局局長的孫鶴皋及我，湊成了一桌麻雀。這一場牌局，使我慘敗，一共輸了我五百〇四大元，傾囊而付，還賴了人家四元的賬。我所以會記得那麼清楚，因這次京報派我赴平，來往乘坐的既都是蔣氏的專車，食宿又一律由總司令部供應，報社給我的五百元是作為活動費用的。五百元在一九二八年時代，不算是一個很小的數字，而我於抵平的翌日，在三場麻雀上就輸得一乾二淨。我是一向揮霍成性的人，輸了倒也不覺得怎樣，反而佛海卻表露出一臉的歉意，主要因為新聞界中人可恥的待遇，大家都是知道的，於是佛海竟因此而感到不安。

回到北京飯店，佛海，布雷與我三個人一起在睡房中閒談。佛海又提到了剛才的賭局，他問我：「你在報社中一個月有多少薪水？」我照實答覆他說：「一個月一百八十元。」的確，那時一百八十元的待遇，已經算是很高很高的了。而佛海「呀」然一聲說：「這樣，豈非一場麻雀，就輸掉了你三個月的薪金？報社中的工作既如此辛勞，何以待遇卻如此菲薄？」布雷在旁，有感而說：「一百八十元還算少？前兩年我任上海商報的總主筆，每月薪水只有一百元，而且還要六折支付。不得不在商業機構中擔任兼職來維持生活。」到底佛海見我為他輸了錢，又能坦然若無其事，留下了一個較好的印象，我們之間的交誼，也就此建立了起來。

佛海不失為一個重友道而頗有人情味的人，我們在北平停留了一個星期之後，又隨節南下。我辭去了京報的職務，重回上海。有一天忽然接到了一個機關用的大信封，拆開一看，原來佛海委任我做他總政治訓練處的上校秘書，裡面還附著一封信，說既不需到差，自更不必辦公，每月的薪餉，就近由上海新生命書店送來。那時佛海正與陳果夫氏等創辦新生命書店，並編印頗具水準的「新生命月刊」，佛海所寫曾經風行一時的《三民主義理論的體系》一書，也由新生命書店發行。佛海這樣給我一個掛名職務，很顯然是為了補償我在北平時的賭負之款，我覺得無功受祿，於心有愧，去函辭謝，而佛海堅決不許。到一九二九年我改任中央日報的採訪主任時，剛值征伐閻馮的中原大戰。我又奉派赴京漢線作隨軍記者，沿途兵荒馬亂，如以平民身分遠赴前線，會有無數麻煩，接受了佛海的勸告，居然軍裝一襲，以總司令部的上校身分抵達河南駐馬店、漯河前線，得到了不少的便利。

說來也夠奇怪的，在汪政權以前，佛海曾兩度邀我投筆從政，都沒有實現。而在汪政權籌備時期，與他一度長談，即被他輕輕說服了。又在我擔任記者時代，一次幾乎鋃鐺入獄，幸而得他的解救而獲免，但終因為他而參加汪政權，以至落得個身敗名裂。這也許正如古人所說，一飲一啄，莫非前定吧？

時期已記不真切是一九二八或二九年了，安徽省政府主席方振武（叔平），堅邀佛海出任該省的建設廳長，據叔平對佛海說，已先獲得蔣氏的同意，將於下一次的中央政治會議中通過任命。佛海給我一個電報，要我趕速赴京，他告訴了我這一事實，約我擔任安徽全省公路局局長。我又回到上海，因從沒有擔任過政治工作，不能不邀請幾位有經驗的朋友們幫忙，班底組成了，也一心以為鴻鵠之將至。但兩次中政會都開過了，卻並沒有安徽省政府改組的消息。剛巧佛海來滬，他說：「這事已成過去，而且還碰了蔣先生的一個大釘子。」原來方振武準備有異動，早為蔣先生所覺察，他為了還想取信一時，因此自動要作為蔣氏心腹的周佛海赴皖，以示自請監視之意。故佛海向蔣氏請示時，蔣氏對他說：「你太糊塗了，你想去安徽送死？」不久之後，方振武也真被監禁在南京羊皮巷總司令部的禁閉室中了。

佛海除與陳布雷、邵力子、孫鶴皋等知好外，尚有不少的金蘭兄弟，如熊式輝、陳調元（雪暄）等都是，其中以與陳調元的過從最密。兩人都是大玩家，時常藉故連袂到上海，花天酒地，一味縱情聲色。那時上海最好的旅館是西藏路的「一品香」，他們一來，總卜居於此。我算得是上海的識途老馬，只要他們一到，行裝甫卸，就急急找我，每天共同流連於秦樓楚館，他們也襄王大圓其高唐之夢。現在的所謂「小電影」，已到處皆是，那時還是當為稀世之珍，有一次佛海堅要看一看小銀幕上的妖精打架，我曾付出了十擔米的代價，才使他們認為大開眼界。

我也因佛海的關係而與陳雪暄相熟，正在此時，雪暄奉令由山東省政府主席調任安徽。在酒肉場中，最容易發生感情，雪暄以佛海的力薦，竟然要我一同赴皖，擔任省政府的機要秘書兼安徽省會所在的蕪湖縣長。什麼都說定了，陳立夫忽然來電邀我赴京，他告訴我，新任中央日報社長魯蕩平，原為閻老西的人而投靠中央的，立夫要我擔任該報的採訪主任，實際上，還兼帶要我對魯蕩平暗中注意他的行動。我告訴他與陳雪暄已有約在先的事。而立夫卻對我說：「你幫了這個忙，將來還怕沒有官做？」因為從北伐軍抵達上海與他相識起，陳氏一向待我不薄，在情不可卻的情況下，我只好捨彼就此，又辜負了佛海的好意。

佛海幫我最大的忙，是一次脫了我的縲絏之災。在一九三〇年（？）中央召開國民會議之時，蔣氏與胡漢民氏之間發生了劇烈的衝突，癥結所在，不在約法的內容而在大總統問題。我那時又改任了上海英文大陸報、時事新報、大晚報與申時電訊社的駐京辦事處主任，自以為在那個年齡，有朝氣，有敬業樂業的精神，對於新聞的採訪，有不顧一切與不避艱險的勇氣。國民會議揭幕了，胡漢民氏也被軟禁在南京湯山，這正是新聞記者大獻身手的時候。有一天，在我所擔任職務的報上，同時出現了三條觸犯時忌的新聞。一條是我在湯山胡漢民囚禁的陶廬門前，拍了一張照片。門上貼有一張紙條，赫然為「奉命休養，概不見客。」「休養」豈可奉命乎？一經刊佈，給予國際上的觀感又如何？另一條花邊新聞，雖僅寥寥數十字，我還清楚記得這樣寫的：「此次國民會議，除通過約法外，將討論大總統問題。」字數雖少，卻道出了國民會議的箇中真相。

報上另一幅最要不得的是兩塊電版，是胡氏在幽禁中牢騷譏諷的兩首七律。為了胡氏被軟禁在湯山，我們既無法見到他而又不甘放棄，只好百計另闢蹊徑，想從任胡氏立法院秘書長的邵元沖口中能得到一些線索。我單槍匹馬去拜訪邵氏。一投刺，門房就請我在他的書房中坐候，我看到他書桌上留有兩張詩稿，是胡漢民在湯山的口占，一張由邵氏筆錄，而一張為胡氏的女公子木蘭所寫，詩裡充滿了憤懣不平之氣。我如獲至寶，不顧一切地竟然做了一次樑上君子，把兩份詩稿急急的塞入了衣袋。邵氏進入書房，卻並未發覺詩稿已不翼而飛，我也言不由衷地隨便發問了幾句，就匆匆地逃一樣的離去了。這兩份詩稿，一併製版在報上同時刊登了出來。

上海每天的報紙，照例於下午四時，運抵南京，蔣氏對輿論很注重，上海所有的大報，每天也總要親自過目。當他發現了時事新報上竟然登出了太要不得的三則消息，不禁勃然大怒，就高呼隔室的侍從人員。那天當值的恰是佛海，他不知道蔣氏為什麼無端盛怒，而蔣氏把這幾段新聞指給佛海看，要他立即通知南京衛戍司令部拘捕時事新報的駐京記者。佛海知道我闖了大禍，不得不為我緩頰。他對蔣氏說：「我知道負責採訪的是金××，他在北伐時期，曾盡過一些宣傳之力，也從未有過越軌的言行，如在此時而拘捕一個新聞記者，也恐引起外面的揣測。是否可以讓我來切實告誡他一次？」蔣氏沉吟了半晌，終於接納了佛海的意思，也幸賴他的片言解紛，使我脫了一次大難。

此後佛海調任為江蘇教育廳長，我又轉到了潘公展創辦的上海「晨報」擔任採訪主任。我的脫離中央日報，雖然是我自動堅辭的，但中間即夾雜了一些政治上的微妙因素。如上文所述，我的所以被邀加入中央日報，多少因中央對新任社長魯蕩平有所懷疑而要我暗中注意。但像我這樣一個年輕時既暴躁而又口不擇言的人，更不知所謂政治為何物，魯蕩平對我，焉有毫不覺察之理。而他對付我的手段卻十分巧妙，削減了我事前談定的薪金，目的就在迫我不安於位。我曾據實告訴陳立夫氏，他安慰我說：「不要斤斤於待遇問題，我自會補償你的。」因此，我也只好戀棧下去。

而魯蕩平一計不成，卻又生一計，這時正好發生閻馮大戰，蔣氏親上前線，指揮隴海路的進攻，而平漢線則由何成濬擔任總指揮，魯蕩平卻要我遠赴河南擔任這一線的隨軍記者。我把這一決定告訴了佛海，他認為我應該隨蔣總司令任隴海一線的採訪工作，因這樣可與佛海他們在一起，既熱鬧，也可得到許多採訪上的便利，他自告奮勇地打電話給魯蕩平提出這一意思。而魯蕩平答覆得非常圓到，他在電話中說：「隴海線上由你幫忙，中央日報派誰去都是一樣的，就因為金××能力強，所以特別要他去平漢線的。」佛海聽到這樣的說法，既然為了工作上的需要，就不便再說什麼，而使我去作了一次死亡的行軍。

在我出發赴豫鄂之前，魯蕩平加給我的任務，是每日拍發戰訊電報、攝取前線照片、撰述長篇通訊，而又不給我譯電等的助手，也且不給我應有的旅費。我問他：「不帶錢去，如何能生活與活動？」他倒說得好：「我已打電報給何總指揮，你到了那裡，他會指派一個助手或勤務給你。需要旅費，也由他先墊付而由中央劃賬。」我聽他言之成理，糊裡糊塗的欣然就道。抵達河南駐馬店總指揮部的所在地時，何成濬剛已前進至漯河，那時我已身無分文，第二天就去看總指揮部的參謀長，告訴他此來的任務，並要他先借給我一些旅費。他聽了我的話，發出了冷酷的笑聲說：「新聞記者要津貼是見慣的，但從來沒有像你那樣一到就來伸手的。」我又羞又急，我說：「我不是來拿什麼津貼，中央日報已先有電報給總指揮部，請墊付後再由中央劃賬。」他說：「我們從來沒有收到這個電報，你不必再藉辭行騙了。」碰了一鼻子的灰，即使餓死他鄉我也不便再說什麼了。

這裡不但是炮火連天，因為那年剛值大旱，又且赤地千里，餓莩遍野，而我則早已囊空如洗，陷於進退維谷之境。人急智生，忽然想到只有去車站上等候火車經過，找尋熟人，告貸盤費。幸而天無絕人之路，當天下午一列軍車靠站，上車就遇到了佛海政治訓練處的第二宣傳大隊長蔣堅忍（第一宣傳大隊長似為康澤），借到了五十大元，才能狼狽回抵南京。採訪的任務自未完成，連一條小命也幾乎送掉。見到魯蕩平時，我自然不免與他大鬧一場，結果且憤而辭職。這時陳立夫方臥病在鼓樓醫院，臨走我沒有去看他，也不想辯白，即襆被歸滬。我走後，魯蕩平即振振有辭地在陳氏面前說了我許多壞話，陳氏來書中有責怪之意，我又覆書頂撞，從此與他有過年餘的時間，不通音問。

我在晨報工作時，一天，公展由京返滬，對我說：「立夫先生請你立刻赴京，有事面談。」我告訴公展過去的一段經過，表示不想再去見面。公展卻笑我有孩子氣而太不懂政治，力勸我不要固執，在他的敦促之下，我終於赴京與陳氏見面，卻不料又受到了人生途中的又一場挫折。

陳立夫約我見面的原因，也許因為他一手創辦的「京報」，有過輝煌的成就，以人事上的磨擦，而遭中途停刊，在惋惜之餘，引起了對於新聞事業的雄心與興趣。他計畫另創一家規模宏大的「民族通信社」，從全國性開始而擴展至世界性，要在中央通信社之外，別樹一幟，又承他想到我而來邀約我。

我抵南京的當日，就在他螺絲轉彎的私宅中相見，他留我一同晚飯，兩人談得很興奮，也很和諧。他要我於一星期內把創辦通訊社的整個計畫草擬完成後送他參閱，並再三叮嚀我要嚴守秘密。我回滬後如期寫好，再度赴京，可是一見面，尚還沒有看過計畫草案，就表示已打銷原意。隱約說出為了消息的洩漏而遭到了某種阻力，因此不得不胎死腹中。最奇怪的是，他把洩漏消息這一點，竟有歸咎於我之意。其實在草擬計畫的一週中，除公展外，我的確並未對任何人有過半點透露，他既然不想辦，自屬無可勉強，但在我，當時不免多少有些氣憤，我憤然對他說：「好吧！你既不辦，那末，就看我私人來辦吧。」談話也就在這不愉快的氣氛中結束，直到今天，再也沒有與他再見過面。

雖然當時我誇下海口，但事出突然，又何曾有過什麼辦通信社的打算。從陳宅退出來後，感到不勝躊躇徬徨。忽然想到時任鐵道部次長的曾仲鳴，多年來與我具有一些友誼，何妨一試。我匆匆地去看了他，只表示出要創辦一家通信社的意思，請他幫忙，當然我不會告訴他過去的經過。他倒十分的爽快，竟然一口應承。幾天之後，就為我籌定了經常費用，先交給了我一筆為數不算太小的開辦費。

我自問一生從事新聞事業，除薪水與稿費外，從不曾收過以任何名義得來的餽贈，而這一次卻為了負氣而乞援於人，到今還覺耿耿於懷。更不幸的是，就在留京等候的幾天時間內，閒著無事，每天與同業們以打牌來排遣，不料幾場麻雀，把剛到手的開辦費又輸得一乾二淨。最後還是再請佛海幫忙，才把「大白新聞社」開辦發稿。在先天不足後天失調的情況下，不久也就關門大吉。我於心灰意懶之餘，脫離了新聞界，在上海改操律師職務。由於上海情形熟悉，朋友眾多，居然生意滔滔不絕。職務羈身，與佛海的交往也就日漸疏遠。不久，抗戰爆發了，國都也由漢口而遷往重慶，中間雖然佛海曾有來信，要我赴漢在他的中宣部內工作，由於交通不便，終於未能成行。

一九三九年的八月，汪精衛氏離渝赴越、發表豔電、主張和平，在河內遇刺之後，間關萬里，轉抵上海，佛海也與陶希聖、梅思平等來滬，幫同汪氏籌建政權。佛海命羅君強光臨寒舍，約我見面，一次晤談，就作出了參加的決定。當時我對佛海提出了三項要求：

一、不擔任政權內的任何實際職務；

二、報紙不但為是非之地，我對新聞事業也早已厭倦，不願再從事報社的工作；

三、過去半生，我一向為記者與律師的自由職業，放任慣了，受不了官場的拘束，這次的參加，也只能算是友誼上的幫忙，以後對我如有所不滿，給一個暗示，可以隨時退出，希望不要讓我雜在堂下百諾的班子中，一任呼來喚去。佛海當時毫不遲疑地全部接受了。

以後，佛海因委託一個新聞界的朋友擔任籌備工作，擬於政權建立之日，在南京發行一張報紙。不料那位朋友竟然捲了一筆鉅款溜之大吉，遂使佛海有騎虎難下之勢。在他的左右，也確實沒有一個對辦報有經驗的人，最後在無可推卻的情勢下，不得不由我來負責。南京的「中報」與上海的「平報」，就都是我一手在千辛萬苦中為他搞起來的。

佛海對我其他兩個約定，卻真能始終信守不渝。汪政權的人事大權操在佛海之手，因此每有更調，我以近水樓台之故，不時承他先來徵詢我的意見，尤其財政部所屬的有些稅務機關，人們認為都是些所謂肥缺，他幾次想我去擔任這方面的事，我不客氣地對他說：「這樣的肥缺，還是留給別人吧。因為負了刮地皮的名，入寶山空手而回，將是對不起我自己；但如其因勇於為『財』，而落得個怨聲四起，那是我對不起你了。」他當時倒能一笑而罷。

佛海的性格，有時失之衝動，親如楊惺華，信如羅君強，也常遭厲聲斥責，但對我幸能始終保持友誼的立場。有兩件事曾使我留下很深刻的印象。他最鍾愛的是他的女兒慧海，約在一九四四年的冬天，那時日軍已敗象畢呈，在日暮途窮之時，卻在中國的佔領地區大量搜括物資，汪政權既無力制止，也且是制止不了的。難處就在日方指這些物資是軍用上必需，而汪政權對太平洋戰爭，又曾宣布參戰，如反對供應物資，將何異為反對日人的所謂「聖戰」了。佛海卻給他想出了一個對付辦法。日軍收買物資，要以黃金來支付，以之作為中央儲備銀行的準備。他的理由是，如其不是這樣做，勢必引起通貨膨脹，他將無法應付他所主持的財政與金融。日本人當然不會愚蠢得連佛海的真意也會昧然無知的，經幾度交涉，依然不得要領。佛海以決絕的態度，採取了杯葛的手段。這幾天不辦公、也不會客，整天躲在家裡連電話也一概不予接聽。面對著日人的強硬，他內心上無疑是十分焦急，在這件事日人最後屈服之前，肝火自然很旺，一天不曉得為了一件什麼小事，竟把這已經玉立亭亭的愛女，也痛痛地打了一頓。

另一件事，顯得佛海的天真。那時幾乎所有的稅務機關，沒有不是貪污橫行。人們也總以為是出於佛海的授意，而由其部下來斂聚。到今天還有人對佛海的財產，作出了種種不是事實的傳說。

其實，佛海也真是有苦說不出，有人告訴他，某一稅務機關的首長如何如何，他長長的嘆一口氣，而又並不採取主動。有一天我問他：「你既然幾次提到某人貪污，為什麼不把他撤換了？」他說：「天下烏鴉一般黑，舊的固然不好，但他做了幾年，已經撈飽了，有時還能適可而止；如換一個新的，正如一個餓癟了的臭蟲，那會見了膏血不拼命吮吸之理？」這種妙論，也只是在無可如何中的一種自我譬解。

他往往也會為了從某一個角度來對貪污問題作另外的看法。在勝利前不久，浙江省長項致莊有更動的消息，有人托我為他說項。我向佛海一提到這事，他說已經決定了將由丁默邨繼任。我說：「項致莊過去既是CC系的人物，又與你為陳果夫主政時的江蘇省政府老同事，幾年來，他在浙江，至少操守上是被稱為廉潔的，是不是可以有挽回的餘地？」佛海卻說道：「做官而只是不要錢，那不如請個泥菩薩去，豈非連飯也不必吃了？」

但在佛海的內心上，代人受過，對貪污也確是深惡痛絕。當時財政部直屬的箔類稅局局長楊天運，不但與佛海的夫人同姓，人家因他能由財政部的參事而得此肥缺，總以為他也是佛海的妻舅，有人問這位局長與佛海的關係，他卻但笑不言。事實上則是楊某的妻子，十年前早與佛海有過不尋常的關係，就憑藉了這一層內助，他在稅局任上，敢於放膽胡為，佛海自然也聽到了風聲。一天，我正在他家裡午飯，他吩咐副官打電話去要楊天運立刻就來。飯後他卻進房睡午覺去了，我問佛海：「不是你要叫某人來嗎？」他說：「我沒有見過這樣要錢的人，讓我睡足了精神，再來痛痛地教訓他一次。」我想到場面的尷尬，就先悄悄地溜走了。佛海有時的天真，類乎這種的事卻例不勝舉。

不過佛海在平時卻顯得很輕鬆，晚上八時以後，家裡總是高朋滿座，上天下地，談笑風生，他興致一高，就會口不擇言，說出太不雅馴的話來，他講鹹濕話，也決不像廣東人那樣所謂「細聲講、大聲笑」地遮遮掩掩，大聲講、大聲笑，毫不做作。

一九三九年的冬季，正與日方談判所謂「中日基本條約」，日方提出了以偽滿為藍圖的條件，在我們的想像中，汪政權決無貿然成立之理，甚至會有打銷的可能，佛海對此，一直表示得極為悲觀。有一晚，我們都在他家裡閒談，他醉醺醺地由汪氏那裡回來，一進門，就搖著頭說：「組織政府，不久就要實現了，不會遲過明年四月。」

有人問他：「條件未成熟，為什麼那樣倉卒？」

他說：「正是這樣，因為日本人在戰爭中感到已成泥足，因此需要由我們來促成和平。我們與日人的現狀，正像男女間的苟合，當男人在迫不及待的時候，」說到這裡，佛海伸出了手，把中指翹然直舉，來表示所謂躍躍欲試之狀；他再繼續說道：「要談條件，就在此時，而我們卻先已自己褪下了褻褲，試問讓他得了手，則生米已成熟飯，以後還會有什麼可談的？」他這樣的又說又做，闔座在狂笑，而他卻在嘆息中悄然回房去了。

另一個笑話是關涉到汪政權中的另一位部長的豔史，這位先生，一向風流自賞，在汪政權中，他的權勢也許僅次於佛海，每有重大事件，總喜歡大發宏論，儼然一個手持羽毛扇的人物。一次當他高談闊論之後，先行離去了，大家正在研究他的意見，佛海說：「正經事不必多談，健談是他的積習，而他的一樁笑話，卻不能不講。在香港的時候，他不時召妓薦枕，連對不相知的妓女，也一樣會喋喋不休。一次，正到了神魂飄蕩的時候，無病呻吟，倒也罷了，他卻不斷喊出許多夢囈似的肉麻話。妓女的義務是作為一個被人洩欲的工具，她那有興趣來聽你自作多情的廢話，況且，他一口浙江土白，也實在令人難懂。當那妓女聽到不耐煩時，用純粹的粵語厲聲對他說：『你講我唔知；我講你唔識，丟×就丟×，講乜！』」正是落花在有意，流水無情！這在身當其境的，將如何大煞風景！而現在我以久居香港之故，總算懂得了粵語，回想這寥寥四句，猶覺如聞其聲，如見其狀，還不免令人絕倒。佛海在正事之餘，往往會有著玩世不恭的態度。他平時很豁達，也很風趣，而結果還是經不起太沉重、太出乎意外的打擊，卒以心臟病畢命獄中！

佛海在事業上的成功之道，不僅在他的學識與文才，思想有條理，處事決斷而敏捷，與人談話，顯得坦白而親切，使人覺得易與接近。他一向自以為能「用人不疑，疑人不用」之外，肯負責、能受言，也是他的不可及處。在汪政權的六年中，像我這樣既有要不得脾氣而又是一個不學無術的人，能始終彼此相處無間，不能不說是出於他的優容，而使我迄今仍懷有知己之感。

就以辦報來說，佛海要我籌辦的南京「中報」，創刊於一九四〇年三月三十日，即汪政權成立之日。南京有一處遊樂場「大世界」，卻也於那一天開張。搞這個遊樂場的，是一個所謂生意白相人的潘三省。最初他是一個保險掮客，日軍佔領上海後，不知他怎樣拉上了日本人的關係，開辦了一家內河輪船公司，轉眼之間就發了大財，他娶的一位太太，是上海頗有名的交際花王吉，夫唱婦隨，在社會上就搞得風生水起。佛海等一批人由重慶到達上海之後，又給他交結上了。

他在滬西開納路十號，佈置了一處不俗的房屋，更有好廚子，每晚大吃大喝，賓至如歸。舞女、妓女、交際花、女伶、電影藝員等，都應召到那裡來陪酒陪睡，現在幾個當年上海老牌影星，又有幾人不曾在那裡出入過的？陳公博、周佛海、梅思平、丁默邨等都是常客，每晚沒有事，就踅到那裡，潘三省因有此關係，與人方便，也自然自己方便。在戈登路上，又開了一家賭場，益發財源滾滾。他對人談話，一開口非公博如何，就佛海如何，更使人刮目相看了。汪政權建立之前，他以振興南京市面為名，倚仗了這幾個靠山，籌設起這一家遊樂場。

我一向以此人為可鄙，故在「中報」創刊的翌日，就令採訪部對「大世界」寫一篇特寫，不必有什麼顧忌，要儘量予以打擊。在第三天的報上，就出現了嚴批厲評「大世界」的文字，指它藏垢納污、影響治安。潘三省怎樣也想不到周佛海辦的報紙上會有不利於他的記載，也虧他還向佛海哭訴，使佛海也覺得很不好意思，他找我去說：「為什麼中報要對大世界攻擊？」我說：「是我特別要他們寫的。」他說：「那又為了什麼？這樣不使三省太難堪嗎？」我說：「正是要他難堪。為公，這還不是歌舞昇平的時候；為私，他公開向人宣傳你與他親密的行跡，以及他為你牽韁拉馬的勞績，發表這一篇，就是為你澄清這一點。」他愕然了半晌，才點點頭說：「今後還是適可而止吧。」

又一件事是佛海在無意中對我說起梅思平一直在他面前提到平報辦得不好的事。我說：「平報的確辦得不好，但此時此地，我已無能為力。」那時平報也是上海的大報之一，在淪陷時期，上海發行的大報，有中報、新聞報、中華日報、國民新聞、新中國報、平報與日軍機關報——新申報。平報的銷路還不錯，開辦六個月後，就能做到收支平衡，而梅思平既未提出具體意見，籠統地在佛海那裡對我指摘，就使我心裡有氣，我又對佛海說：「我很奇怪，梅思平是中政會法制專門委員會的主任委員，我是副主任委員，論私人關係，他不是不認識我；更何況，平報他也是董事之一，有意見，他有權提出，也應該向我當面提出，你是平報的董事長，他偏偏要對你說，態度就顯得太不光明。」

我從佛海那裡出來回到報社，就通知編輯部，以後所有梅思平的消息，以及有關他的實業部、糧食部等的新聞，今後一概予以封鎖。幾天之後，剛剛思平發表了一篇實業方面的重要談話，各報都以頭條新聞刊出，而平報卻一字不予登載。思平把這事告訴佛海，佛海又找我，問我不登他談話的原因，我說：「思平不是對你說過平報辦得不好嗎？不好的報紙登載了他的偉論，豈非反而辱沒了他？」佛海知道我還在負氣，笑笑說：「好吧！你等著我如何來消釋你的不滿。」果然，幾天之後，就收到了思平請我吃飯的請柬，那天人雖不多，卻讓我坐了首席，儘管席上並沒有再提起這一件事，但思平表現得特別謙恭而親切的態度，就是無形中在向我打招呼。現在想來，當年年少氣盛，多少有些囂張跋扈之狀，換了別一個人，對我能如此容忍得了嗎？

我對佛海的念念不忘，也不全是在這種雞毛蒜皮的小事上面。在我前書中，曾經有過赴偽滿大鬧的經過。這事的結果，自然引起了日本關東軍的極大不滿。當我返抵南京後，日本憲兵司令部就奉令採取了行動，我上海的寓所被搜查，上海廣播電台故意要我去廣播赴滿感想，卻又給我謝絕了，一時面臨了危險的處境，但這事沒有繼續發展下去，而終得安然無事，我一直不解日本何以忽然會停手的原因。直至前數年去東京時，今井武夫來看我，閒談中提到了這一件事。

今井告訴我說：「你在滿洲的時候，派遣軍總司令部接到了關東軍司令部的電報，指你反滿抗日，要嚴厲查辦。我那時正擔任派遣軍總司令部的第二課課長，奉令負責辦理。我先去看周佛海先生，詳細告訴他你在『新京』（按即長春，時為偽滿首都之名）的一切，要在對你採取行動之前獲得他的諒解。不料周先生對我說：『某人所做的，也就是我所要做的，假如日軍對某人要有什麼行動，無異就是直接對我。』因周先生有此強硬的表示，使我們投鼠忌器，而不得不停止追查。」佛海不失為一個有血性、肯負責的人，我對他的懷念，可見也決非僅僅出於私人的交誼而已。

附帶再談一件小事：當「中報」創辦剛剛半年，一九四〇的秋季，他又要我去上海籌備發刊平報了。那時太平洋戰爭尚未發生，租界以內，抗日空氣非常濃厚，要去辦一張宣傳和平的報紙，不會得到人民的同情，也不容易有良好的發展。我對佛海說：「當年我曾與你有過不辦報的約定，現在又要我去擔任這一任務，一之為甚！請派別人去吧。」他說：「有人，我就不會再勉強你去。」佛海左右，也確實無辦報有經驗的人，我也知事實上無可推辭，我說：「那末一定要我去，我就勉為其難，關於經濟方面，請你派人管理，惟報紙內容，希望你絕不要加以干預。」佛海說：「內容我自然不會干涉，你儘管放手去辦，有什麼事，一律由我擔當。至於報社的經濟，別的機構我尚且會請你代我去管，何況由你主持的報紙。你這種話，不是我不相信你，卻是你不相信我了。」佛海這樣說，可能是一種手段，居高位而不頤指氣使，能推心置腹，在政治舞台上的人，又誰能免於得意而忘形？

以後平報發行了，佛海也的確遵守著他的諾言，我每個月把賬目連同單據送給他，他就高高的堆在家裡的寫字檯旁，從來不加拆閱。我忍不住問他：「即使忙，也儘可以把這些帳冊間或抽查一下。」他爽快地對我說：「送，是你的事；看，是我的事。我不干涉你，你也不干涉我。」

佛海與我，前後有十七年的交誼，我所知於他的事太多了，侈談他在政治上的功罪是非，不為人信，也恐不為人諒。把我們之間的往事，在回憶中隨便摭拾一二，加以記述，決不在炫耀我自己微不足道的經歷，只是要分析佛海的為人與他真正的性格。在淑世之季，朋友與朋友之間，就是這樣的友誼，就已經太難得了，就以此文作為對一個朋友的悼念吧。

寫這一段經過時，我又一直在想，像我這樣一個平凡而渺小的人，僅因在風月場中與他談得攏，尚且會如此推誠相與，他真會背叛國家、背叛他一向的景從者嗎？如其他真已竭盡其所能來完成他所接受的任務，那麼既然鞠躬盡瘁，我不負人，即使含冤而死，還有什麼不可以瞑目的？

# 二〇八、羅君強這個「青天」大人

歲暮天寒，異鄉飄泊，處身在不平常的時代，自會有一份說不出的心情。回念生平，交遊遍於海內，而轉瞬數十年的短短時光，故人十九都已謝世。許多曾經是一時風雲的人物，而最後竟至不克善終，讀雙照樓詩，至「良友漸隨千劫盡」句，不期掩卷長嘆，百感縈懷。

在過去若干朋好中，相別已二十餘年的羅君強，我總不時懷念著他。回想到當年交往之時，就有著一份複雜的感情，連我自己也無法分辨出對他是喜是惡：有時他的不測之威，使我莫名其妙地為之震悚。我欽佩他幹練的一面；而又討厭他驕妄的另一面。在他出任上海市秘書長的時候，雷厲風行，甚至有人曾稱過他為「羅青天」，而在勝利之後，周佛海自己無力保護他，與他有過聯絡的若干重慶大員，此時卻又並不支持他，於是鋃鐺入獄，由渝而寧而滬，不免以楚囚終其身。這二十多年來，久已不聞其音訊，假如現仍健在的話，亦已過了古稀高年了。當握筆概敘其生平之前，先遙為這一位「畏友」祝福。

我與君強真正做朋友的時期並不太長，就在汪政權建立前至汪政權覆亡為止，但關係卻不能算太淺，不但是兩度共同參加了周系（佛海）的十人組織，有著金蘭之誼，又共同創辦了等於汪政權機關報的南京「中報」。而且有過七個月的時間，同住一屋早夕相對；更有六年的時間，時相過從。在許多工作上，別人看來我們是最密切的搭檔，但我們之間，非但始終格格不入，而且一旦捲入了政治漩渦，也就免不了會明爭暗鬥。

當然，這一切，都早已成為陳跡了。現在的所以要先為他祝福，不但為了友誼，我相信像他這樣一位雄心壯志的人，如何經受得起長期的囹圄生活？精神上的打擊，就無可避免地會影響到身體的健康。一九四九年的初秋，我離滬來港的前夕，去上海南陽路探望佛海夫人時，剛巧君強的最後一位夫人王小姐也在座。她來向佛海夫人告貸一些錢，說君強在獄中已患了肺病，想買一些藥物送去給他治療。雖然中年以後的肺病，不會立時惡化，但在獄囚絕對缺乏營養的情況下，又如何能支持二十年的時間？到今存亡莫卜，我不知他是否仍在人間？

我與君強的相識，還早在一九二八年。那時佛海正擔任著國民革命軍總司令部的政治訓練處處長，君強當他的主任秘書，他們同住在南京明故宮旁舒家花園的一所小洋房內，佛海是從不上賭桌的，而佛海夫人卻嗜麻雀如命。每天公餘之暇，幾個長搭子如邵力子、陳布雷、孫鶴皋（原為奉化的富商，民國十年前後，上海交易所風起雲湧的時候，曾與陳果夫同為虞洽卿主持的上海證券物品交易所的經紀人，資助國民革命有功。時正由京滬、滬杭兩路局長調任為津浦路局局長）以及羅君強等，總要打到深夜為止。我剛好因任上海英文大陸報、時事新報、大晚報與中時電訊社的聯合駐京辦事處主任，有時也去到周宅，搭子不夠的時候，我就湊上一腳，與君強相識，就從麻雀桌上為戰友開始的。

君強早年的經歷，我並不十分清楚。只知道他曾進過上海大夏大學，但不敢確定曾否畢了業，所以論他的學歷，卻毫不足道。但因他與佛海不但為湖南同鄉，而且還有較深的世誼，所以一離開學校，從北伐前的廣東時代起，一直獲得佛海的提攜愛護。兩人的年齡雖相距不遠，若論交誼，佛海視他如子如侄，而在關係上，也在半師半友之間，其情形彷彿如汪精衛氏之於曾仲鳴。

君強在參加汪政權之前，雖然已在政治舞台上混了不少時候，但並無了不起的地位。北伐時期，隨佛海任軍中的政治工作。國府定都南京，寧漢分裂，佛海是中共最早創辦人之一，而且中共在第一次全國代表大會中還被選為副委員長的人物，而終於脫離中共由漢潛逃，遠走京滬。佛海在南京出任總政治部主任兼政治訓練處長時，即以君強為主任秘書。政治訓練處幹得最有聲有色的一段時期，即在征伐閻馮的中原大戰這一役中有較好的表現。還記得那時所屬赴前線工作的兩個宣傳大隊，第一大隊長為康澤，第二大隊長為蔣堅忍。而那時君強卻已離開了政治訓練處，由佛海的推薦而出任為浙江省的海寧縣長了。

君強一生的吃虧處，在鋒芒太露，樹敵太多，我也曾經婉勸過他，而他還以「不遭人忌是庸才」來自炫他的才華。其次是風流成性，因此不斷受到挫折，他之所以脫離政訓處，就是以家庭變故而不容於佛海。本來我並不知道這事的原委，大約在民國十八、九年間，安徽省政府主席方振武有不穩的消息，蔣氏也已有所覺察。為了佛海是蔣氏的心腹，方振武向蔣氏請求調佛海為安徽的建設廳廳長，意在自請派人監視。當時蔣氏卻一口應承了，叔平即以之轉告佛海，說已得到蔣氏的同意，請他準備摒擋赴任，當時佛海也頗為意動，即著手佈置人事，我也且為他所邀約之一，他是這樣對我說的：「新聞記者實可為而不可為，我想請你幫忙，一起到安徽去。」我說：「我一向從事於自由職業，對機關的事，素來一竅不通，會有什麼工作可做？」佛海道：「你幫我去處理廳裡的一些文字工作；但這一位置實太清苦，兼一個安徽全省公路局長來作為調劑如何？」我說：「要幫你辦秘書的事，不是有駕輕就熟的羅君強嗎？」他皺皺眉頭說：「他已離開我數月之久了。」我驟聞此語，不禁為之愕然，因我親眼看到過去他們兩人間如家人父子的關係。我問他：「那為了什麼？」於是佛海告訴我，君強除正室之外，又納了一位如夫人，嫡庶之間的酸風醋雨本已鬧得不得開交，而君強又處理不善，他的如夫人竟因一時氣忿，懸梁自盡，在南京造成了軒然大波。佛海以輿論的攻擊，亦以君強如此為人，非糊塗即屬荒唐，為他安排好了出任海寧縣的縣長後，就把他遣走了。

君強的風流韻事，此後並不因此而有所改變。在海寧縣長任內，又與他的族姑在縣政府的大禮堂正式結婚。此後他調任為總司令部南昌行營秘書，再調為行政院簡任秘書，都是憑藉著佛海一人之力。當對日抗戰發動後，不久京滬淪陷，政府也西遷武漢，君強卻又風流自賞，縱情聲色，又娶了一位交際場中頗為活躍的孔慧明女士，做了第四任太太。也許君強冶遊的風聲鬧得太大，竟至上達天聽，以風流罪過，竟獲得了免職查辦的處分。幸有陳布雷為之緩頰，始勾去了「免職」兩字，才得免於不測之禍。君強不能不算有些才，而常為才累；君強也有些好色，幾度又為色累。他與孔慧明女士的一段姻緣，也終於中道仳離。在安徽省長任內，續娶了一位為他撫領養女的女看護王小姐，這是他一生中的第五任妻子，也是最後一任妻子了。

一九三九年的八月，君強突然到上海的寒舍過訪。說來慚愧，闊別多年，見面已不相識，他自道姓名之後，才記起了這是十年前佛海家的牌友。他啣佛海之命，來邀我參加汪氏來滬領導的和平運動。這一經過，曾記述於前書中，茲不再贅。不過，當時我對佛海的再度引用君強，不免有些疑訝。因為從君強離開了政訓處之後，佛海除侍從室的職務以外，還先後擔任過江蘇省教育廳長、中央民眾訓練部部長、代理中央宣傳部部長等職，而君強早已失去了追隨的機會。為什麼這時忽又成為佛海的親信人物？

以後我才知道，君強在武漢，因荒縱而被懲戒，布雷的所以肯為他說情，還是推了佛海的屋烏之愛，佛海自不免對他又加深了一層反感，使兩人之間，感情上益趨疏遠，因此佛海由重慶隨汪出走，並不曾攜帶君強同行。更有出乎意料之外的事。一天，君強和他的夫人孔慧明及我在閒談中，君強正在侈言佛海如何對他關係之深與信任之專時，而孔慧明突然說：「周先生對我們有什麼好？他離開重慶，不是完全瞞著我們嗎？」這樣使君強於尷尬之餘，大肆咆哮，險至揮拳相向。

在汪政權六年之中，整個的權力集中在佛海一人身上，而汪氏卻能大度優容，而在佛海的左右，君強卻又成為最倚畀的心腹。這是因為佛海隨汪氏由河內抵達上海以後，所有他的友好部屬，都留渝未來，而重慶的特務又遍佈四周，非過去有過相當淵源的人，自難加以信任。最初與佛海同來的僅有妻舅楊惺華一人，那時惺華的年齡還不過三十左右，而且是上海交通大學學習土木工程的人，不要說沒有政治經驗，連社會經驗也顯得非常欠缺。蜀中無大將，遂使君強得以得道飛昇。

當我兩次與佛海晤見後，終於為他所說動而決定參加。並指定上海愚園路一一三六弄六十號為我與君強共同辦事與居住之所。我與君強的友誼建立在此，此後有人因不滿君強，而對我也發生過不少的誤會，卻也是為此。

汪氏於一九三九年夏到達上海以後，先住在虹口的重光堂，不久即遷到滬西愚園路一一三六弄旁的一所大住宅中。這本來是前交通部長王伯群的滬寓，為了安全起見，令整條弄內的居民，全數他遷。弄內每一所都是獨立的小洋房，就由汪氏左右較為重要人物用為居停之所。住在弄內的有周佛海、褚民誼、梅思平等人。一一三六弄與極司斐爾路七十六號，在汪政權建立前，曾一度成為和平運動兩個最主要的機關。

佛海是住在弄內的五十九號，我與君強則同住在比鄰的六十號，這是佛海為了便於聯繫而特意作這樣安排的。君強到上海時，原住在法租界呂班路面對法國公園的呂班公寓，我則住在同路的萬宜坊，相距咫尺。由於他初來人地不熟，也因為我有架老爺車還可供乘用，雖然我暗中已經參加了這一運動，但仍然在執行律師職務，除了出庭的時間以外，幾乎與他終日形影不離。等到一一三六弄六十號的佈置完成了，君強與他的太太孔慧明立即遷入。我最先還有些猶豫，尤其內人極力反對我蒙惡名、冒危險、而去做這傻事，阻止我離家他住。但後來我以形跡已露，上海的暗殺案件愈演愈烈，每隔幾天，總有一個熟識的人陳屍街頭，為了保全性命，就不得不住到有充分保護的地方，但內人始終不願同去，因此只好由我獨自移居。

六十號為中醫殷姓的產業，一所二樓的洋房，後面也是一排二樓的小屋，下面為一間大會客室與一間餐廳。樓上有三間房，我與君強各占一室，望衡對宇而居，較大的一間，就作為我們的共同辦公之所。說到下面那間大會客室，對汪政權而言，一度具有歷史上的意義。在一九三九年的冬季，曾經作為與日方交涉調整中日邦交基本條件的會議室。出席過會議的，汪氏方面的代表，有周佛海、梅思平、林柏生等人，都已作了古人，現還生存的有在台灣的陶希聖，在美國的高宗武，與羈押在上海監獄的周隆庠。

六十號也有一個小小的庭園，但沒有什麼亭台花木之勝，事實上只是一片草地，因為佛海要我最先做的事，就是預定在汪政權成立日出版的南京「中報」，但那時在日軍佔領地區發行的報紙，只許採用以日本同盟社為主的電訊，其次為德國的海通社。而我卻決定了要兼用英國的路透社與法國的哈瓦斯社的消息，於是在後園又添蓋了一幢房屋，作為通報的電台，以路透社等稿件，從上海拍往南京，供「中報」的採用。

在汪政權的一段時間中，羅君強可稱也是個不可一世的風雲人物，尤其在他以後擔任上海市政府秘書長的全盛時期，曾被稱為「羅青天」，而君強也且居之不疑，甚至以他與佛海，自比於曾左。但是我相信，對君強的認識，因為他對我是純粹的朋友關係，不必做作，也不必有顧忌，一切赤裸裸地暴露在我面前，因此我應該較佛海認識更為真切。也就在六十號我們共同相處的七個月中，我們談得太多而且也談得很深很遠。每一天晚上，不是麻雀打到天光，就是長談直至破曉，他把心裡隱藏的一切，毫不諱飾地向我傾吐無餘。那時他還不曾想到以後會有那樣飛躍的進展，所以說話更毫不保留，遂使我如得見其肺腑，這可能就是以後不能和他和好相處之故；也始終成為我心理上的真正「畏友」的基本原因。

假如沒有利害關係夾雜在內，君強倒並不是一位不可交的朋友。在我們初初遷入一一三六弄的時候，並無多大的事情可做；也儘管政治暗殺事件已經不斷發生，但君強那時的地位，還不是一個主要的目標，而且在上海也很少人會認識他。因此，我們還有出外到處流連的雅興。我不否認是上海風月場中的識途老馬，這就無可避免地成為他的義務嚮導，幾家所謂「貴族屠門」，就時常有我們的蹤跡，有時在看「妖精打架」的真人表演時，君強總不肯後人，拉了一張椅子，坐到最靠近「火線」的邊緣，屏息靜氣地觀看兩人的肉搏。

有一次，我同他和另外一位朋友到永安公司的大東舞廳去跳茶舞，那裡我有不少相熟的舞女，舞罷，拉了她們一起去晚飯。這三位舞孃是胡弟弟、杜愛美和朱玉英，不料三杯落肚，她們竟然嚎啕痛哭，訴說她們做舞女的慘況。其實非但這三位還是紅舞女，而且當時的舞客，都還要保持出一些紳士的風度，出手爽，舉動也還不會失之粗鹵，她們的哭，不過在吃一行怨一行中一時的感觸而已。不料君強也居然陪著她們涕泗滂沱，傷心欲絕。我發覺他是一個屬於神經質的人，也以為他在本質上還不失其富有同情心的人。

佛海給我們的第一件任務，就是招兵買馬。既然「和平運動」的最後目的在建立政權，不得不在上海就地取材，作為未來的班底。一一三六弄無疑使人會望而卻步的地方，於是在公共租界威海衛路租賃了一層公寓，為接洽的地點，那裡掛了一個藝文研究社的招牌。那是佛海在漢口任中宣部長時代，與陶希聖曾合辦的一個宣傳抗戰的學術機構，這時就假用了這一舊日的名稱。佛海委君強為總秘書，我為總幹事，開始向熟識的朋友拉攏。反正政治這東西不論是真是偽，也不問什麼主義與政策，有利祿，就會有人鑽營，不招自來的，或輾轉托人介紹而來投效的，就頗不乏人。入社的手續十分簡單，寫一張履歷片，再填一份志願書，由我持請佛海加批，批准加入以後，每個月不必擔任任何工作，即可坐享厚薪。現在想來，這是十分危險的事，由於我毫無政治工作經驗，更不知道特務工作人員的無孔不入，並不經過調查，就來者不拒，概予錄用。這其間自然魚龍混雜，各有其不可告人之目的。以後發現的，就有紅幫領袖徐朗西介紹而來的程克祥、彭壽、彭盛木三人，是道地的軍統份子。當時能不出大亂子已算得十分僥天之倖了。

君強在這一時期，態度很好，他專心於包圍周佛海，以圖再獲得周氏對他的信任。佛海發動籌備在南京出版的「中報」，雖然名義上他是社長，我是副社長，但他從不對我干預。因他正忙著江灣開辦的中央軍官訓練學校政訓處長的職務。直到林柏生向我提出希望把「中報」改名為「中央日報」時，由於他的從中破壞，使我與柏生之間，有了很大的芥蒂，但君強卻因此而種下了此後飛黃騰達之因。

依常情而論，既要建立政權，自應有一張政府的機關報紙。南京在淪陷以後的「維新政府」時期，就出版了由老報人秦墨哂主持的「南京新報」，這是南京當時唯一的報紙。汪政權在上海籌備時期的中央宣傳部長是陶希聖，副部長為林柏生，如某南京有一張新報紙出版，名為「中央日報」而由中宣部管轄，自是順理成章之事。林柏生所以會與我談，因為「中報」是我在負責籌備，加之柏生在上海辦「中華日報」時，我幫過他一些小忙，也產生了一些友誼。所以柏生認為這是一個不成問題的問題，只要一提出自無不予接受之理，所以就由柏生來與我商量。

當柏生與我談過之後，我即以之轉告佛海，他倒是毫無成見，認為怎樣都可以。本來事情已告一段落，但我也不得不再徵求君強的同意，把柏生與佛海的意思都告訴了他。不料君強卻大表反對，理由很簡單，以為我們辛苦籌備，從房屋、機器、銅模、鉛字以及全部工作人員，都已萬事齊備，而忽然要由中宣部來坐享其成，那有這樣便宜之事，於是堅決予以反對，並致書陶希聖大事詬責。這卻使柏生對我發生了很大的誤會。並且由於以後事態的不斷演變，於是六年之間，一直有「公館派」與「CC系」間的暗中磨擦，君強也成為在這一局中派系糾紛的始作俑者。

但是，為了這一件區區小事，卻使君強因禍得福。因為「中報」的事，剛發生在陶希聖、高宗武出走之前不久，也正值緊鑼密鼓在安排政權建立後的人事之時。一天，在汪邸召開會議，以決定各院部的人事支配。在會議席上，汪夫人陳璧君先提出了陶、高出走的事，頗多惋惜之辭，汪夫人且認為陶氏之所以去港，是完全為君強一函所逼走。

會議接著就商量到政權的人事問題。原定陳公博任立法院長外，還兼軍事委員會的政治訓練部部長，佛海以君強從事這項工作有年，推薦為公博之助，而公博搖搖頭說：「君強的這份脾氣，我不敢領教。」為了汪夫人正在盛怒之下，佛海就不敢為他有所解釋。以後各院部的人選，均已決定，最後只留得邊疆委員會委員長一缺。本來內定由汪曼雲或蔡洪田擔任，而兩人都認為這是無事可為的冷衙門，婉辭不就，而一時又無適當人選。忽然汪夫人起立說：「反正邊疆委員會與其他各部會都無關係，不如就讓羅君強關門去做他的皇帝吧！」一言九鼎，就為君強鋪平了一路坦途。因為邊疆委員會雖確然無事可做，但論官階，卻是特任。君強求為簡任的政治訓練部次長不可得，不料人棄我取，從此竟然在汪政權中脫穎而出，為部長、為省長，得心應手，八面威風，實非其始料之所及也。

也不能不說君強是搞政治的能手，他能翻雲覆雨，無中生有。他知道因過去的若干作為，已失去了佛海對他的充分信任，於是給他想出了一項兩面手法，而且這手法顯得十分巧妙。他向佛海進言，說他負的責任太重，方面又太多，需要與各單位的人做到手臂相連，才能指揮如意，尤其現在來參加的，過去與他都缺乏深厚的淵源，應當設法拉攏，集中人材。他建議選擇十個人，以金蘭的形式，作為佛海的核心組織，將來把十個人安排為十部的次長，使部部有耳目，人人肯出力。佛海覺得君強處處為他關心，而且佛海過去就是軍統與CC的負責人之一，搞慣小團體，自然欣然應允。君強開定了二十多人的名單，送給佛海圈定了易次乾、耿嘉基、羅君強、汪曼雲、蔡洪田、章正範、周樂山、張仲寰、戴策及我，成立了第一次的十人組織。不過君強一手組成這樣的小團體，是有其討好佛海以外的其他作用的，一方面擬挾周以自重，使組織中之十人歸其支配；另一方面，以十人的團體來向佛海顯示其重要。

但這一個十人組織的組成份子，既顯得分量不夠，而其間除君強及易次乾與佛海有不太深的直接關係而外，張仲寰與周樂山為君強的大夏大學的同學，耿嘉基係我所拉攏，汪曼雲與蔡洪田則為原上海市黨部委員，章正範從佛海到滬後，任與上海新聞界聯絡工作，都與佛海過去並無關係，戴策則屬於褚民誼系。這樣雜湊而成，本不為佛海所滿意，以後周樂山因不堪君強與丁默邨的壓迫，憤而離滬，且臨走發表宣言，醜詆汪氏，於是這第一次的十人組織，不久即無形停頓。

君強又再接再厲，至一九四〇年的年杪，重加改組，除君強與蔡洪田、汪曼雲及我四人外，由李士群、周學昌、戴英夫、沈爾喬、朱樸、王敏中六人代替舊有份子。其中李士群以土肥原關係而參加「和運」，周學昌在抗戰前任陝西省教育廳長時已與佛海相識，戴英夫本為丁默邨系，沈爾喬為傅式說系，朱樸原為公館派，王敏中則與梅思平為襟兄弟。這樣，原以為吸收了各個實力派的份子的加入，可以聲氣相通了。無如意見紛歧，本是知識份子的通病，何況君強自己就說過：「中國人的習性，有了三個人，就會分成兩派。」這個第二次的周系十人組織，非但始終不曾發生過任何作用，而以君強與士群之間卻因權力上的衝突，凶終隙末，出以生死鬥爭，士群雖因此而曾飛黃騰達，也因此而終於斷送了生命。

這個第二次十人組織，君強內中有其很妙的安排。固然因為佛海與丁默邨之間常常發生意見，而君強的對默邨攻擊尤烈，他拉進戴英夫，就是為了探聽默邨方面的消息。至於默邨與士群之間，更有水火不相容之勢。因為上海極司斐爾路七十六號的這個特工總部，本是在汪氏到滬前由士群一手所建立，但論過去的歷史，默邨曾任中統的第二處長，且與以後軍統的實際負責人戴笠有同等資格。而士群在重慶時，不過是中統的一位中尉級的人物。因此默邨一到上海，就成為七十六號的主任，士群反而屈居為副手。一山豈能容兩虎？兩人之間早有不兩立之勢。君強處心積慮要拉士群加入十人組織，固然因為他擁有特工的實力，也用以打擊默邨。

最初，君強對士群真是竭力交歡。幾乎每一天晚上，都拉著我去七十六號，非聊天、即打牌，談笑風生，一時有水乳交融之狀。以士群來說，那時羽毛未豐，也希望有個堅強的靠山，因此雙方一拍即合，連第二次十人組織等於歃血為盟的儀式，也就在七十六號內舉行。而且依照原定計劃，這個組織中的十個人，每一人要再吸收十位，作為次一級的嫡系份子，但以後除了士群曾經在七十六號與他的親信幹部有過同樣組織外，其他各人，全未實行原定計劃。甚至佛海也因為有了這個組織，反而增添了不少麻煩，未見其利，先見其害，漸漸失去了興趣，此後口頭上的絕不再提，可知其心理上也早把這一個組織摒棄了。

到一九四〇年的二月杪，我帶領了「中報」全體人員前往南京。因為汪政權已決定於三月三十日以還都名義宣告成立，「中報」預定於同一日出版，要於事前試版，俾作好充分的準備。創刊一張大報，本來就不是一件容易的事，雖然在那時我在新聞界已混了將近二十年，一些淺薄的知識與經驗，最多也僅限於編輯部方面，一旦要統籌全局，就感到才力不勝，自已毫無信心。君強對報紙更是一個十足的門外漢，廖化作先鋒，也只好由我來獨任其難了。尤其「中報」是患上了先天不足的重症。因為佛海一到上海，曾撥出過一筆為數不菲的開辦費，卻給一位自告奮勇而最早負責籌備的朋友捲走了。我在後繼無人的情況下，又卻不過佛海的情面而勉為其難。當我接手以後，所能籌劃的經費很不充裕，有限的錢而既要在南京朱雀路自建社屋，又要購買印刷機、鑄字機、鉛字、銅模、製版機、白報紙等，一切就非出以精打細算不可。因此在先天的不足之外，又形成了後天失調。

最困難的還是在延攬熟手的各部份工作人員方面。報館工作辛勞而待遇低微，尤其在那時的非常狀態下，除了要背「漢奸」之名，還要冒生命之險，試問又有誰願來吃這碗苦飯？也儘管上海執新聞界的朋火，我與他們十九都相識，而我又雅不欲強人所難。還幸而淞滬淪陷以後，如時報、時事新報、中華日報、民國日報、大公報、文匯報等許多大報，都停刊已久，長時期的失業，為了生活，不少朋友就不顧一切地應邀參加了，這樣，一個班子，也總算能在不用一個外行的情況下而湊成了。

那時，我非但年少氣盛，又且過於好勝，不免失之操切。為「中報」擔任總編輯的是褚保衡兄，他有數十年的經驗，有熟練的編輯技術，先後主持過時事新報、國際日報等編務，在新聞界是一個知名人士。編副刊的是以後寫《秋海棠》得名的秦瘦鷗，都是當時報界中的佼佼者。可是就在試辦期內，保衡正迷戀著秦淮歌女王玉琴，第一第二兩晚，遲至午夜還不見總編輯駕到，派人追尋，才沒精打采而來。據傳來的消息，他又已應承林柏生而將擔任宣傳部的新聞司司長。我知已無可再留，遂毅然把他解職了。瘦鷗的文筆，應該是不壞的，可是第一天他所寫副刊「中流」的開場白，竟然寫得不知所云，我竟然當晚就請他離職了。其餘如創造社三傑之一的張資平，為「中報」寫長篇小說，我又認為內容不能滿意而予以腰斬了。這一切，都出於我一人的獨斷獨行。君強居社長之名而無社長之實，也就難怪他會對我心懷不滿。況且他還定出了許多衙門式的清規戒律，如他來社時，要全體職工起立之類，我又認為這決不宜行之於文化機關；也且不應施之於文化人而予以拒絕。因此君強對我，漸有去之為快之意。

有人告訴我，君強拉攏了他的左右三十餘人，組織了一個小團體名叫「力行社」，目的就是為了要對付我。最初我不相信像我這樣一個毫不足道的人，何必殺雞而用牛刀，要這樣大動干戈，但後來卻從別的方面證實了確有其事。我一時又沉不住氣，也出以十分幼稚的舉動，在「中報」上寫了一篇短評，揭露其事，雖並不明言為某人某事，而一開始就寫著「有些人想借團體之『力』、『行』其鬼蜮。」把「力行」兩字嵌入了文內，事實上已說得很明顯。這對君強而言，無疑使他非常難堪，他於是向佛海投訴，指我過分跋扈。而結果卻適得其反，佛海查明了事實，乃召集「力行社」的全體人員，作了一次訓話，勒令解散，並告誡不得再對我有其他行動。這樣的結果，君強自心有不甘，而又不敢與佛海抗爭，終於不久之後，另起爐灶，委於肇詒另外創刊了一張名叫「京報」的小型日報，這足以反映出他內心已加深了對我的惡感。

當然，君強對我的敵視，也不僅為了「中報」一端。他要在佛海左右包辦一切，任何人得受他的支配，而我偏是一個不受羈勒的人，有事自然都直接去與佛海商辦。其實，我從無野心，更從不曾要在這樣一個局面中有過任何打算，但君強則以為我是他的勁敵，處心積慮要給我以打擊。

其次，說來慚愧，當我們同住在上海愚園路一一三六弄的時候，還發生過有類於水滸傳上楊雄與石秀的故事。君強夫婦之間，我一開始就發覺他們並不和睦。他的那位太太，說話有些口沒遮攔，舉動上有時也顯得充滿神經質，我們在背後索性就稱她為「十三點」。有過幾次，君強把她壓在床上，揮拳痛打，第一次慘厲的呼救聲驚動了住在對房的我，不能不進去勸解，而君強卻鐵青著臉對我說：「這是我的家事，你不要來管。」話說到這樣，我也只好逡巡退出。但我從不知道他們究竟為了何事，抑且以後見怪不怪，也總是袖手作旁觀了。

有一天，君強外出了，他那位太太靜坐在房裡，默默地似乎正陷入沉思之中，聽到我的腳步聲走過，才瞿然驚覺，向我招招手，要我進去，竟流著淚對我說：「金先生，好不好請你幫一個忙？羅先生買給我的一點首飾，我私下與人合做生意因虧本而押光了。假如有一天給他發覺的話，我耽心真會給他打死的，可否請你借一些錢給我，去取回那一批飾物，更千萬不要告訴羅先生。」經我一追問，所需要的數目卻又不少。雖然她並沒有說出是和誰合作做生意，但我可以確定這必然是朱二少爺的花樣。

一一三六弄原是一個禁衛森嚴之地，外面的人是絕對不許隨便出入的。但在我與君強同住的六十號中，有一個人是例外，他以一個局外人而可以任意來往，那人就是所謂朱二少爺了。他是楊惺華交通大學的同學，他的祖父曾是上海洋場中盡人皆知的鉅商，與以後的虞洽卿後先輝映。因惺華的關係而介識了羅君強，君強認為他是名門之後，居然另眼相看。但這一位風度翩翩，而又能舌粲蓮花知道趨奉的人，行為卻很不正當，特別在女人方面，就有過很多傳言。他的成為六十號的常客，不論從任何方面說，都不太妥當，不過我一直隱忍而無從勸告。忽然有一次，我與惺華同車從上海到南京，車中無聊閒談，就提到了這位朱二少爺。惺華告訴我說：「我後悔把他帶進了一一三六弄來，雖然他是我的同學，又是朱××的孫子，但他的行為卻完全出乎我意料之外。有一天，他與我坐車去看一個朋友，我因先要回家去拿一樣東西，就留他在我車內，僅幾分鐘的時間我就回來了，誰會想到我留在車中公事包內的現鈔，竟全部被竊了，不是他還會有誰？」

聽到了惺華的話，我愈覺得這個人問題太大了，以我與君強的交誼，實在不忍再不告訴他，問題僅在如何不至傷害到他們夫婦的感情。剛巧事隔幾日，君強將隨佛海等去參加與臨時、維新兩組織舉行的臨時會議，幾個朋友就在他啟程的當晚，在六十號為他餞行。在終席之前，我拉了他一把說，我有點事想單獨與你一談。我們就避開了別人上樓去，我就把惺華告訴我有關朱二少爺的事轉述了一遍，我說：「這裡是一個政治機關的所在地，而讓一個不相干的人隨意進進出出，這責任似乎太大了。你有沒有考慮到這一點？」

君強是一個十分機伶的人，一聽到我的話，面上就變得鐵青，氣吼吼地直衝下樓，大聲吩咐副官們說：「以後不許朱二少爺再來，誰再放他進來，我就會殺誰的頭！」說完又轉過頭向他的太太說：「金先生明天要去南京，你和他同去，在我離滬期間，不許你留在上海。」我看到他太太也立時變色了，向我惡狠狠地瞪了一眼，她一定以為我已把首飾的事告訴了君強，或者說的還不止飾物的這一件事。

第二天，我上車去南京之前，打了個電話給君強太太，她拒絕與我同去南京，而且語氣之間，顯得怒氣未消。等君強由青島回來後不久，對我態度也大變，據別人告訴我，君強說我看不起他的太太，也就是為了看不起他之故，因此不可能再繼續做朋友。雖然在形式上並未絕交，此後卻永留芥蒂，我們之間終是落落寡合。直至事隔五年他們離婚之後，在重提當年的舊事時，我才將詳細經過向他說明，難得他還向我表示了歉意，但事過境遷，畢竟太遲了，五年中的種種糾紛，竟然泰半由此而起。

羅君強手段毒辣，視殺人如無物，他自己說，這是他充當南昌行營秘書時公事批慣了，在無形中所養成的。他對待我在形跡方面，以別人看來也許會覺得異常親熱，活像是兩個一鼻孔出氣的搭檔，特別在大庭廣眾之間，他常常表演出與我有一份十分深厚感情的樣子，不要說周系以外的人因此對我有所誤解，連李士群身前死後，都曾使我為了君強而受窘。

當羅君強與李士群開始交惡的時候，剛好我到廣州以代表團團長身分出席「東亞新聞記者大會」，事前我並不知道羅李之間，已演變到生死鬥爭的階段。當我正在參加會議的時候，突然接到了君強的來電，電文很簡單，寥寥「要事待商，會畢速返」八個字，我接電後莫名其妙，不知出了什麼岔子。本來大會閉幕後，還有去翠亨村、瞻仰中山先生故居等一連串節目，為此，我只好提前回滬，當天即趕往南京。君強一見我就提出了許多士群的不是處，表面上指他非但不再接受佛海的命令，而且有反抗的意思，他激昂的態度像真是為了佛海；不過說來說去，歸根結柢，還是兩人間權力上的衝突而已。君強要我參加他的反李陣營，共同對付，而我卻斷然拒絕了，我反而勸告他，千萬不要再蹈洪楊內鬨的覆轍，有問題，應該開誠布公地商量，不宜意氣用事。而君強卻認我有坦李之嫌，弄得不歡而散。

第二天我又匆匆搭車趕回上海，正在車廂中靜坐閱報，有人向我肩頭一拍，回頭一看，原來是士群與汪曼雲。他邀我到他的包房中去，一坐定，士群就板起了面孔向我說：「你好！從廣州趕回來就與君強閉門密談，竟想合謀對付我！而我也只好對你不客氣了。」我哈哈一笑道：「你太看不起你自己了，既是警政部長，又是江蘇省長，還兼著清鄉委員會秘書長，有特工、又有軍隊，大權在握，試問像我這樣一個無權無勇的人，你竟還怕我會對付你嗎？」士群道：「不要賴了，昨天你與君強鬼鬼祟祟地談了一天，還說不是為了對付我？」我道：「我又代你慚愧，作為一個特工領袖，情報卻如此不靈，虧你對待一個朋友竟然不問情由，擺出那樣大的威風來。」士群道：「那你對我與君強的事，是取怎樣一個態度？」我說：「我不問誰的是非曲直，但我有兩個原則：第一、你還記得歃血為盟的一幕嗎？這為了什麼？因此，我要說：如其你還是擁周的話，那麼我們是弟兄；你如不擁周了，我們只留得朋友的關係，但如你反周了，那就是政治上的敵人。其次，我反對自相殘殺，我也不參加任何一方從事自相殘殺的行動。」

假如我這幾句話是對君強說的，相信他會老羞成怒了，而士群卻又在我肩頭一拍說：「好！你有種！我們還是弟兄，不過請你轉告周先生，就是希望痛快一些給錢，我並無反他的意思。」經過了這一場戲劇化的場面，以後我與士群之間，反而彼此增深了一層認識，但他的左右、連他的太太在內，仍然認為我是參加君強方面的一切活動的。

士群最後終於慘遭毒死了，他在初喪時期，我並沒有去弔，但其他所謂十弟兄中的八位，除汪曼雲外，也一個也並沒有去。曼雲做人，看來好似十分圓到，但在羅李鬥爭中，卻處在夾縫中落得個兩面不討好，連佛海也受了君強的影響，認為他已與士群沆瀣一氣，而士群則又疑心他暗中在為佛海偵察動靜。到了五七的時候，我覺得大家不去弔唁，情義上太講不過去，但如我一去，相信又會引致君強的不滿。但我還是為了要無愧於對一個已死的朋友，不顧一切，從南京特地趕往蘇州。

那時，士群的棺木仍然停放在蘇州家中的大廳上，大批僧眾正在做佛事。事前我還恐引起誤會，弄成尷尬局面，特地約了與士群關係較深的汪曼雲與黃敬齋兩人陪著我去。因為曼雲正做清鄉委員會副秘書長兼清鄉事務局長，敬齋則是士群主政的江蘇省政府的秘書長。我進入李宅，在靈前行禮之後，方才落座，士群夫人葉吉卿女士，一身縞素，掛著兩行淚痕，就怒沖沖地走到我面前，手指直指著我，一面哭，一面罵道：「你們這批狼心狗肺的傢伙！害死了我丈夫，還不夠開心？再特地要來看看我們孤兒寡婦的慘狀。請你告訴羅君強與周佛海，難道你們是不死的？我看你們將來將會怎樣一個死法！」這樣嘮嘮叨叨地罵了一個多鐘頭，對著一個傷心欲絕的朋友遺孀，我不好辯，又不好走，她一定以為我真在學柴桑口弔孝的一幕。好不容易給曼雲與敬齋把她勸停了，我才能狼狽離開，這是我一生中從未有過的尷尬場面。

而且，士群夫人以後非但不曾對我諒解，反而誤會越弄越深。我在上海發刊過一張小型日報的「海報」，其實是專談風月不問政治的刊物，而寫稿人中間，有幾位是筆下毫不留情的，如唐大郎，不知罵過我幾多朋友，害得我一直向人打躬作揖到處陪罪。又如平襟亞，罵人的尖酸刻薄，有筆如刀。一次他寫了一篇「海上兩富孀」，就是指士群夫人與吳四寶太太佘愛珍的，看了題目，內容就可想而知。其實從「平報」與「海報」的創刊，我整整有一年的時間，一直住在報社裡，足跡不出大門一步，以後基礎立定了，我又忙於其他的俗務，就不常去，稿件刊出前，十九都未曾經我寓目，甚至襟亞還寫過一篇「雲樓兩豪客」，那是指的我與陳彬龢兩人。雲樓是那時上海最大的國際飯店十八樓的一間西餐廳，佈置最豪華，價格也最昂貴，我與彬龢確是那裡的常客。問題在於我與彬龢都是當時「上海市民節約會的副會長」（會長是上海號稱「三老」之一的聞蘭亭），節約會副會長而如此奢華浪費，當然是極大的諷刺，但我撫心自問，文中所寫，確然並不曾冤枉我，儘管這一篇稿刊載在我一手創辦的「海報」上，而我還可一笑置之。但士群夫人她們如何能有所諒解？到今天，這兩位一提起我，仍然會切齒痛罵。

人們是這樣看我對君強的關係；而君強的對我，卻不斷在步步進逼，他顯然並不蓄意要如對付士群那樣的對付我，其真正的目的，似在用壓迫的手段來要我向他降服而為他所用。而我正在朝不保暮的危險時刻，君強又準備給我以致命的打擊。

丁默邨於抗戰以前，曾在上海為中統工作時，還辦過一張小型報，這時又有了辦報的雅興，他收買了業已停刊的「文匯報」，預備改名出版，不料為他負責籌備的穆時英與劉吶鷗，先後為重慶的特務暗殺身死，因之接收了一年多時間，一直無法出版，他做了一個順水人情，無條件地送給了周佛海。佛海因為「中報」創刊半年，居然銷路蒸蒸日上，已迫使「南京新報」停刊，因此並未徵求我的意見，而欣然加以接受。等他約我去談話時，不但已成定局，而又委我負起實際責任來籌備發刊。佛海左右，也實在並無一個曾從事新聞事業的人，因此使我無可推諉。南京「中報」本來想取名中央日報的，因我認為官氣太重而用了其中的一個字。中之為義，有不偏不倚之意，也還說得過去。上海的那家報紙，他提議稱為「和平日報」，而我又以為「和平」是一時的政策，而且政治色彩太濃，取「持平」之意，而又把它縮成為「平報」。

事情決定之後，第一要佈置人事問題，而我一向主張，從事一項專業，決不可任用一個外行。回到「中報」，就立即召開了一次社務會議，在會議中，我宣布了將來再接再厲，去上海開辦「平報」，詢問有無人願意與我同去的。不料全社的職工，一聽到要去上海辦報，等於是去送死，就面面相顧，全室鴉雀無聲，連工人在內，竟沒有一個敢於自告奮勇的。

當然，我自不便勉強他們去冒生命的危險，因為「平報」的社址，位於上海最繁盛而環境又最複雜的福州路（四馬路），是租賃了一所三層樓的市房，穆時英與劉吶鷗輕易被人取了性命，雖發生的地點不在社內，但負責人的成為目標，自毫無疑義。我為了朋友而不得不去，因此單槍匹馬，決與死神作一次搏鬥。

我接手的「平報」，使我吃驚，地方是那樣地湫隘，設備是那樣地簡陋，而且除幾個留守的事務人員外，沒有一個懂得編寫的人。那架報社生命線的印刷機，又是向一家日文報紙買下來三十年前的舊貨，而且還是一架平版機，沒有一副銅模，沒有一架鑄字機，殘缺不全的鉛字，使我一見而啼笑皆非。

「平報」的社長一職，佛海還是委了羅君強，而我則仍居副社長的名義，由於人手缺乏，我還兼任了總編輯與總經理；也許那是一個太危險的地點，所以身為社長的羅君強，連一次也未曾來過。晚上九時，我要處理編輯部工作，直至破曉前五時，等第一張報紙印成經我覆核後，始能就寢。但上午九時，又得起身處理經理部發行、廣告等各項業務。在一九四一年的整整一年中，報社受過兩次擲炸彈與一次縱火的事件，那時我幾於終年不出大門一步，食於此、宿於此、工作於此、辦公桌旁邊的一張藏滿臭蟲的破沙發，就是我的臥床。現在回想起來，那時精力的充沛，也值得自慰而自豪。

正在我隨時可以畢命的時候，君強不同情我，反而在佈置著對我作進一步的打擊。因為我不在南京，他以為有機可乘，於是召集了「中報」全體高級職員到他頤和路一號的南京寓處，關上了門，不許自由離去。他正顏厲色的告訴他們，他已掌握了我在「中報」的舞弊資料，要「中報」的同事自己坦白出與我串謀的詳情。不錯，「中報」一切都是我從頭做起的，從建造社屋以及採購機器紙張，曾經用了不少錢，如其我稍不自愛的話，也的確大有油水可撈，這就無怪君強要認我一定已經撈飽了的。君強甚至用了威脅利誘的手段，說揭發我舞弊情事的，將會給以優缺，但如堅持為我隱飾，則將送往法院究辦。這一天，從下午四時一直逼到晚上十一時，因各人必須回報社工作，才於無結果中而散。

「中報」的事情方了，「平報」的事卻又發生了。一天佛海找我去，笑著說：「君強這傢伙總不能與人好好相處，為什麼他常要在我面前說你的壞話？昨天他又來對我說：『雄白經辦「平報」，表面上不支薪，不受車馬費與交際費，事實上暗中的收入卻不少，買白報紙，洋行照例送回佣，餘下來出賣的「白破」（指不能用在捲筒機上有些殘破的白報紙，還可以切小了出售），每月的數目也可觀。』他對你無的放矢，豈非可笑？」我對佛海說：「我很佩服君強的消息十分靈通，他說的卻全是事實。不過，我想讓你知道這兩年的數目究有多少，我去取賬簿來給你過一下目。」說完，就匆匆趕回「平報」，攜著我一本私人的小賬簿，交給佛海，他一面看，一面不住了的皺著眉搖頭嘆息了。

原來，買大批白報紙，洋行於事後必然以回佣送給經手人，白破每個月也總有不少出售。這兩項收入，都沒有歸入報社的公賬。我之所以如此，鑑於報社的待遇過分清苦，尤其在「平報」服務，還要冒生命危險，職工中遇有疾病婚喪等事，或逢年節，應當有調劑的方法。但如一入了公賬，一定要一視同人。我把這筆錢暗中要作為津貼特別出力的部份職工。因此在那本小賬簿上，既寫明了回佣與白破的收入，而在支出項下，也由職工領款後，分別簽名於數字之下。因此，我可以不必用言辭解釋，而使佛海得瞭然於胸。

政治舞台上的彼此攻擊磨擦，實在是一件大醜太醜的事，正有同於婢妾爭寵，無端詬誶。我同君強關係的劃分，卻得力於李士群、朱樸之兩兄的為我代抱不平。從一九四〇年二月起，我雖已離開了愚園路一一三六弄六十號，於經辦「中報」與「平報」期間，不再住在那裡，但那間臥室一直還是如常地保留著。君強卻事前並未通知我，就把我的行李搬至後樓的一間小室，那裡本來是副官傭僕居住之所。在我，既早已決心不再去住，倒是毫無所謂，而李朱兩兄去對佛海說：「君強這樣做法，是逼著他住在『平報』，如此危險之地，他是否意欲送他的性命？」佛海聽了非常憤怒，約我去要我住到隔鄰他的家裡，當時我聲明為了工作上的便利，非住在報社不可，這事與君強毫不相干。而佛海還是決定了要君強退出「平報」，專主「中報」，而由我擔任「平報」社長，這樣使我與君強之間，從此劃清了界限，也減少了許多不必要的磨擦。

君強為人，有時顯得器小易盈，流於淺薄。他的幫助佛海，卻又常常為佛海樹敵，而添給他以不少麻煩。而君強的對待部下，約束得非常嚴厲，要求得也非常苛刻，除了他的堂弟羅光煦外，蔡羹舜、唐建侯、葛偉昶、彭望軾等都成為他的死黨。他本來生得面白無鬚，有一些不如意的時候，格外顯得臉上又青又白，煞是可畏。梁眾異氏在獄中臨命前說：「世界上最骯髒而又為男人最喜歡玩的兩件事，就是政治與女人的生殖器。」君強不愧為一個男人，所以對這兩件事也最感興趣，其他友誼等等，都不在他考慮之列。我與他兩人私室對談的時候最多，常常風花雪月，談得興致淋漓，但一涉到正事，尤其在他權力範圍以內的事，如有一些人情上的請托，君強就立刻會收斂起笑容，突然面罩重霜，一口拒絕，假如再加多講幾句，他就會說：「本來對這事還可以馬虎辦，既然有人幫忙，那我不客氣，就不得不重辦了。」君強這種令人畏懼的性格，可以用下列兩件事實為例：

當他任司法行政部長時代，上海發生過一件藉法律來敲詐的案件。上海有一位很有名的喉科中醫朱紫雲，以行醫致富，有一個小孩因喉病請他去診治，朱紫雲為他在喉部劃了一刀，幾天以後，這小孩不幸死了。病者的家長，一經別人的攛掇，因為朱紫雲有錢，就想用控告他業務上的過失殺人罪來達到敲詐的目的。我當時正恢復執行律師職務，最初有個申報記者姓梅的朋友來看我，要我承辦此案。我問他：「究竟這個孩子是否朱紫雲醫死的呢？」他說：「當然不是。」我說：「既然不是他醫死的，那又為什麼要告他？」他說：「有錢人最怕事，更何況由你來出面代理，我相信只要你去一封信，朱紫雲就會乖乖兒拿錢出來了事。」我聽了很生氣。我說：「那是你想我幫你敲詐，也當我是背著老虎皮的吳四寶。」當然我拒絕接受。但以後他們終於又請了別的律師進行訴訟。

代表朱紫雲辯護的是袁仰安律師，他要我向君強解釋一下關於這一案的事實真相。我真去看了君強，並連姓梅的委託我承辦的經過，也向他和盤托出。而且我還陪著仰安去看過君強，再度加以說明。不料案子一開審，承辦推事卻奉了君強的命令，立即把朱紫雲當庭收押了。朱紫雲是染有很深煙癖的人，年事又高，如長期羈押下去，可能會有性命之憂。我受仰安之托，又去問君強說：「你明知朱紫雲是無辜的，為什麼還要收押他？」君強大笑說：「匹夫無罪，懷璧其罪！」這就是他的理由，我為之悚然無語。

還有兩件事是發生在君強任上海市政府秘書長時期。過去的上海，原為全國的第一大都市，是金融、工商。文化的中心，有時且成為政治的中心。儘管所有心臟地帶，是英國與法國的租界，但政治舞台上的人物，無不覬覦上海市長的寶座。當年吳鐵城因拉攏張學良，實現東北易幟，完成統一有功，他所要求的酬庸，就是薄江蘇省政府主席不為而出任上海市長。在他以前，任上海市長的有黃郛、張群等人，又都是蔣先生最親近的股肱；過去一百年中，也往往因這一隅而會影響及於全國。

記得一九三九年君強初到上海的時候，我與他在馬路上閒逛，途經四馬路公共租界工部局（事實上就是英人在公共租界中的最高統治機關，卻用了這個不倫不類的名稱），這所建築，雖非高樓，卻無愧為大廈，全部以整塊的大石築成，顯得雄偉壯麗，無限威風。君強於徘徊瞻望之餘，忽然對我說：「有一天，如能置身其中，也就無負此生了。」彷彿有項羽「大丈夫不當如是耶」之概。

一九四四年汪氏逝世以後，陳公博因代理汪政權的主席，勢不能再兼任上海市市長，而在汪政權中，除周佛海外，也無人能當此重任，又以重慶方面，深望保全這全國精華所在之地，通過了蔣先生駐滬代表蔣伯誠的秘密電台，務必要佛海繼任其職。而佛海當時最躊躇的問題以本身職務太多，且又常駐南京，事實上無暇親自處理上海的事務，因此，最為難的就是秘書長的人選問題。最先，他屬意於我，我自知材輕任重，力辭不就，十人組織中的周學昌也曾自告奮勇，而佛海又以學昌南京市市長的地位也很重要，不欲放棄，最後終於要君強由安徽調任此職。表面上好似君強由封疆之寄而屈居為僚屬，但可以相信正為君強求之不得的事。因為名義上雖為幕僚地位的秘書長，事實上卻掌握了市長的實權，所以佛海就職後，第一次招待全滬紳耆時，君強在席上的演講，擺出一副要為佛海賣命的面孔，演講中竟然自比於一頭噬人的惡犬。我得知他的意思，自稱為「犬」，是為了取悅於佛海，而「噬人」也者，則是向市民立威。我看到當時君強說話的神態，真也有些大丈夫不當如是耶之概了。

佛海任上海市長時期，還兼了警察局長，他之所以要兼理警政，主要還是為了那時升斗小民，盛行以走單幫為活，以上海的日用品來換取鄉間的米糧，公路之上，男女老幼，絡繹於途，警察乘機公開勒索，竟至毫不避人耳目，貪污盛行，形成處處關卡，警察風紀之壞，實為前所未有。佛海就任後，多半出於君強的意思，在跑馬廳首先槍斃了兩名警察，亂世用重典，此風才得稍戢。

君強一到上海，也真想做一頭惡狗！這是為了要表演他幹練的人材，也是為了要顯示出他的「廉明公正」，但又不免失之於專打蒼蠅的苛細。他到任後的第一炮，就把跑馬廳對面高樂歌場的經理胡佩之以偷稅罪嫌，拘押在新成區警察分局，說要送到專為懲治貪污而設的特種刑庭重辦。這確有被處死的可能。我本來並不知有此事，因胡佩之過去曾辦過小報，雖為同業，但與他向無來往。一天我正在銀行辦公，我所主持的海報長期作者唐大郎忽然闖入，還偕同一名婦人同來，一進門未及開言，那人已涕淚交流，就直挺挺地跪在我面前，使我一頭霧水，不知所措，以後經唐大郎說明原委，原來同來的婦人，正是佩之的太太，她定要我為她的丈夫設法營救。

在尷尬的場面下，使我了無拒絕的餘地。他們去後，我立刻寫了一封信給君強，辭意寫得十分委婉，信裡說，不是我來阻擾他對市政的整頓，由於胡佩之是新聞界的同業，為了生活，不得不經營這種職業，其行雖有可議，其情亦覺可哀！如真有偷稅情事，亦請從輕發落云云。不料去信以後，如石沉大海，毫無音訊，大郎不斷來催問，如說我與君強的關係，而連回信也沒有，朋友又如何能信？

佛海出任上海市長後，網羅了一批地方上有名望的人士，組成了一個市政諮詢委員會，性質有類於一個市參議會，其中有顏惠慶、李思浩、馮炳南、聞蘭亭、林康侯、周作民、唐壽民、郭順等人，都屬一時之選，我則因與佛海的私人關係，也濫竽其間。諮詢會每月開會一兩次，因佛海在南京時為多，常由君強代表主持。就在我寫信給他之後不久，又值開會之期，我故意與他離得很遠，不去睬他，他倒不時遠遠的望著我微笑，我背過身裝作木然不覺。

會議終了後，我匆匆地起身離座，他向我招招手，我還是一直跑出室外，他派了一名副官追了上來說：「秘書長有請。」我說：「我有事。」君強也真會做戲，自己上前來拉住了我，進了他的辦公室，滿臉笑容地說：「動氣了？」我說：「言重了，對秘書長，那裡敢？」他又說：「老兄，何必管此閒事？」我說：「事關一個朋友的性命，豈能說是閒事！」他問我：「你要怎樣？」我反問他：「你要怎樣？」他倒笑起來了，說道：「既然你一定這樣，現在我不能說定要怎樣了。」經他那樣一說，我倒反而有些不好意思起來，我說：「胡佩之即使真有偷稅的事實，也不過是為了錢，何必定要人家的命？不過要張羅錢，就必須讓他出去親自料理，要保，不論怎樣的舖保都找給你，這樣，總不怕他會跑掉了吧！」君強說：「好！既然你要管，我就要你保。」說畢，把桌上的紙筆授給我，我毫不考慮寫好了一張保證書交給了他，他拿起電話，打給新成分局的局長，立刻由我把胡佩之領了出來。這是第一次我與他在不愉快的氣氛中，辦好了一件愉快的閒事。

心軟，卻不過情面而多管閒事，確是我一生的大弱點。一九四四年的秋冬之季，日軍在太平洋作戰，節節敗退，上海不時舉行防空的燈火管制，一切娛樂事業，本已受了很大的打擊，而作為上海繁榮象徵的大小舞廳，市政府又下令營業時間改為晚間九時半止。舞廳全靠夜市。這樣就弄得門可羅雀。生意人的鑽營門路，也不能不使我佩服。我有一個相識的舞女名叫唐湘英，有位朋友本與她有著特殊關係，因朋友遠離而托我照顧。她早年曾經紅極一時，與舞國總統王小妹隸於同一舞廳而具有同樣聲勢，一度嫁給浙江省長楊善德的兒子，不久又脫輻下堂，重披舞衫。我認識她時，紅顏不駐，已是垂老徐娘，可是舞跳得身輕如燕，也沒有一般舞女的習氣，因此到夜總會去，常邀她作舞伴。就在那一年的農曆年關之前，她忽然以電話相抵，說因我不曾去過她的家，因此想親自下廚，燒幾味可口的菜請我一試。我以為也許她年關需要錢，借此名目，使我不能不稍解慳囊。在風月場中，既要買笑，手頭就不能不鬆，出手也不能不闊，她既然來邀，在理也就不應推卻。

本來她約我先在霞飛路「提提斯」咖啡室見面，再一同到她的家裡去的。我準時前往，她說；「居處湫隘，不便迎迓貴客，改借到一處小姊妹家中，共謀一日之歡。」地點就在離「提提斯」不遠的華龍路，一所小洋房，佈置得還很整潔。一進去，她為我介紹屋主是當時舞業公會的副主席孫洪元（現在台灣），還有舞業公會的主席鄭煒顯也在座，其他六位，都是上海第一流的紅舞女，除了我與兩個事實上的主人為男人之外，其他儘是群雌粥粥。

那天，有豐盛的菜肴，殷勤的招待，使我置身在珠圍翠繞之中。酒過三巡，話入正題，鄭孫兩人說：「因素未謀面，不得不請湘英冒昧代邀，想有一事懇求。現因市政府限令舞場營業時間至晚上九時半為止，已弄得舞客蕭條，上萬職工生計將絕，可否代求羅秘書長把營業時間放寬一小時，至十時半為止。」不料一餐晚飯，找來了如此麻煩，在席上的幾個舞女中，有些本屬相識，在她們你一言我一語連懇帶逼之下，也就不容我不點頭答應。

幾天後，我向君強談到了這事，不料他板起了面孔說：「雄白，以你的身分，怎樣竟然會為出賣色笑的場合說情？」當然我有些不高興，但他說的也不是全無道理，使我不能再說什麼。而舞業公會方面卻以為我真有一言九鼎之力，為了配合我的暗中疏通，還送了一個呈文給市府，而君強批示下來，是照原來規定的時間再縮半小時，結果弄成求加得減。

剛巧佛海聽說亞爾培路二號我的宴客之所，地方還寬敞，佈置也還不俗，而所雇的廚子，烹調得亦尚堪下箸，更主要的是他知道我「人不風流枉少年」的那副脾氣。在抗戰以前，他有空就溜來上海，目的就是為了玩，與他同來的，常是又一位好色成性的陳調元。我既是上海的半個土著，而且新聞記者的職業，需要深入到各個階層，風月場所，處處熟識，因此，他們每次來上海，也總少不了有我一份。但當他一九三九年邀我參加「和平運動」時，我曾經說明不再參加他正事以外的其他活動。因為彼一時，此一時，地位與關係既有所改變，雅不願以此受人批評，所以儘管他仍不免於怡情聲色，在過去幾年間，確實沒有再來找我。這一次他要我請他吃飯，提出另外一個要求，則是希望約幾個洋場尤物。

那晚，我集女伶、明星、交際花、舞女、長三堂子的姑娘於一堂，四五十位賓客，倒有一半以上是女人，形成了陰盛陽衰之局，醇酒婦人，本是人生的一樂，佛海左顧右盼，更顯得十分高興。散席以後，他坐在一張長沙發上還流連忘返，左右是兩個紅舞女周麗娟與許愛娣，他越談越起勁，忽然問到近來舞場的生意情形，周麗娟裝著嬌嗔說：「都是你不好，晚上營業時間那麼短、那麼早，連鬼也已不來上門了。」我正坐在他們的對面，想起了別人的請托，乘機對佛海說：「跳舞與和平運動和大東亞戰事有什麼關係？何不把時間就放長一些？」佛海毫不遲疑地立刻要他的隨從打電話給警察局副局長盧英來，吩咐他道：「你去與日本方面聯絡一下，說是我的意思，要將全上海舞廳的營業時間，延至半夜十二時。」果然，一星期之後，就容易地獲得了實現。佛海的為人，就是那樣乾脆、爽直，既不拖泥帶水，也不矯揉造作。

但是這一個小小宴會，卻曾經給君強帶來了一項小小的麻煩。那晚，佛海去後，君強仍留著未走，有了幾分醉意，不免流露出輕狂的本性。他取出了一張名片，雙手送給在座影星白光說：「我就是市政府的羅秘書長，不要以為我只是秘書長，事實上我就是市長，有事，儘管來找我。」這一份酒後狂言，以後竟使君強一度陷於狼狽。原來君強這時正在嚴行禁賭，雷厲風行。一個名叫王茂亭的，他雖是一個留法學生，卻在馬立師路設有一家規模很大的賭窟，君強命令警察局予以包圍查抄，並把王茂亭拘押了。而白光那時與王茂亭的兒子傑美正在熱戀時期，國際飯店中時常見到她們的雙雙儷影。事情一出，白光想到了君強，就去霞飛路他的寓所求見，君強當然知道來意，一再予以擋駕。好一個白光，竟效秦庭之哭，天天立在君強門前，等他出來，想攔車叫屈，君強有好幾天竟至不得不避道而行，改由後門出入。

君強有些官僚氣，也不免仗勢擅權，他開罪於人，人們也總以為是佛海所授意。佛海對君強的作風，不是全不知道，有時把君強叫去痛罵一場，君強也總是拭淚無言。尤其他開始與士群交惡時，佛海頗不以為然，面斥之不足，更貽書切戒。而事實上佛海還是事事委之。在怒斥之後，又生悔意，一次他嘆口氣對我說：「君強這傢伙，脾氣那樣壞，為我得罪了不少人，我所以總加以原諒，正因為他操守尚稱廉潔，而對我也還忠心。」佛海確是有著他「疑人不用」的那份天真。

君強之所以對佛海百般恭順，正因視佛海為趙孟所貴之人。記得他從邊疆委員會委員長調任為司法行政部部長之翌日，我去向他道賀，他在得意中有些忘了形，對我說：「過去我唯周先生之命是從，今後，汪先生要我如何我就如何了。」但是君強錯了，把他調任為司法行政部部長，固然由汪氏所提出，但汪先生亦只是對佛海作屋烏之愛耳。兩個職位雖同為特任級，不過邊疆委員會實在是無事可為的冷衙門。我們就常常笑著說，所謂汪政權的邊疆，就在南京的城門口而已。最初，君強雖以能獲得此特任缺而引為自傲，久而久之，自然也漸覺乏味，一旦得此可以大顯威風的法曹首長，又安有不躊躇滿志之理，而無心之言，不期流露出對佛海的真實感情。

君強的不要錢，倒真是遐邇馳名，在任上海市政府秘書長時，人們稱之為「羅青天」，即勝利以後，在首都高等法院受審時，依照當時內定量刑的標準，部長為無期徒刑，省長則為死刑，因此，梅思平、林柏生、傅式說、丁默邨、項子莊等，無一不處極刑，君強之終得末減而判處無期徒刑，在判決書中就記明因其廉潔而加以末減的。

君強的是否真是一錢不要，我無從為其作證。但當其盛時，蚌埠、南京、上海三處公館，僕從如雲，開支浩大，我誠不知其將何以能謀其挹注。但若有人公然向其行賄，則不論至親好友，君強真會大義滅親，立時送往有關機關嚴辦，這是千真萬確的，周樂山的事，即其一例。但他的堂弟光煦，與他的心腹如蔡羹舜、唐建侯、葛偉昶之流，卻又一一為他們謀到了稅務上的優缺。

抗戰時期，上海曾經發生過三件刑事鉅案，一件是我在前書中所寫的華美藥房胞弟弒兄案；另一件是詹周氏支解親夫案；尚有一件為集體謀殺繼母疑案。其在除詹周氏一案與本書無涉，這裡不擬追述外，第一、第三兩案最後所以產生相反的結果，都為了君強與我的關係。華美藥房胞弟殺兄案，第一審所以輕判徒刑十年，相信法院方面可能有些不乾不淨之處。初審判決後，法捕房當庭不服判決，聲明上訴（上海兩租界均稱警察局為巡捕房，並代行檢察官職權）。上訴在江蘇高等法院第三分院（事實上為上海法租界內之高等法院，而以公共租界內之高等法院稱為第二分院）審理時，君強正任司法行政部長，暗中已諭令經辦人員嚴辦，被告家屬聞訊，曾挽知友不惜重金，要我進行辯護，他們認為可向君強疏解者，律師中僅我一人，而我則堅予拒卻。因為該案既為我所主辦的平報於無意之中所揭發，而最後反而由我來擔任辯護律師，即使別人不說我故意製造案件，為斂財之計，自覺亦問心有愧。也有朋友問我是否因打不通君強這一關而未敢接手，我則但笑不言。知君強者無如我，要改變他的主意，非不能為，而我不欲為之也。

第三案發生後，是由我經辦的，而我之再度執行律師業務（本為律師不得擔任公職），為避在這政治的是非圈中牽惹無謂的麻煩，原意並不想接辦任何案件，但對謀殺繼母疑案終於接辦之故，就是為好奇心所驅使。

案件發生的經過是這樣的：上海絲業鉅商朱靜庵，除繅絲廠外，又在河南路開設朵雲軒裱畫店，家財鉅富，娶一繼室後，不久身故，繼室無所出，而原配生有子女三四人，長次早已結婚成家。而那位繼室，正值盛年，難安孤寂。與一無錫籍的律師名張桐的，有著不尋常的關係，且在家公然留宿，不避兒媳耳目。繼室又向諸子諸多需索，稍不遂意，因為張桐是留日學生，與日本頗有勾結，幾次向日本憲兵隊誣告長子仲平等私通游擊隊，被拘後慘受榜掠。

仲平等缺乏法律常識，怨忿之餘，竟出以鹵莽幼稚的舉動。諸子合謀，將其繼母的臥室之門，在外加以反鎖，目的只在阻其與張桐往來。而這位繼室也大有神通，在香菸空盒上寫了求救的字句，從樓窗拋向街上，說兒媳把她禁閉，將遭殺害，請路人拾到這空盒的代報捕房，迅即營救。固然有人為她報案，法捕房認為是一件殺人鉅案，派出警車抵現場，事實證明她確遭禁閉，從而推定也確會有被殺的可能。於是把兒媳一起帶往捕房，以殺人未遂罪嫌向法租界的第二特區地方法庭提起公訴。

這案剛發生在華美藥房弒兄案不久，因之特別受人注意，因前一案曾經轟動上海，於是各報也把這一案當作最大的新聞，連篇累牘地還作了過分的渲染。又有朋友把這案介紹給我承辦，說羅部長也受到宣傳的影響，又已諭令法院鄭重處理，因此非我就無人可以解救。既有司法部長要嚴辦的授意，則不待審訊判決，其兒媳自已難逃無可避免的厄運；但正因為有君強的干預，引起了我的好奇心而接受辦理。我想到主要關鍵既在君強身上，解鈴繫鈴，首先應當向這方面進行，也是要對君強的一種考驗。

當天晚上，我就去看了他，幸而並無其他訪客在座，可以從容長談。我們天南地北東拉西扯地不斷閒聊，我總是作洗耳恭聽狀，到他誇耀政績，侈言廉潔的時候，我就乘機說：「廉潔當然是美德，也沒有人應該勸你改變這一美德，但在政治舞台上總有一天會下台的，我一直在為你耽心，以你的排場與手面，真到那一天時，看你將如何過活，難道你還能仰面求人？」他說：「我對錢財既看得輕，而且也向沒有求財的本領。」我說：「你做你的官，我經我的商，做官確應有為有守，經商則不得不操奇計贏，我們總算有過兩度金蘭之誼，最近我投了一筆資金，預計會頗有收穫，日內就可結賬，我會分贈一部份給你，以留作他日下台後的活命之需。」君強當時卻並無推卻之意，也或者他以為我不過是說說而已。

我向當事人要求了一筆驚人數字的公費，於是進一步約見了法院院長陳秉鈞，我與他過去毫無往來，而見面後一談到這一案時，他卻十分客氣地說：「既是你承辦的案件，一切我無不唯命是從，為了事實上的困難，希望你能做到三件事：第一、得到羅部長的諒解；第二、初審判決以後，捕房不再提上訴；第三、即日起各報停止刊載這一案的消息。」這樣就作好了初步的安排。

那時，上海各報編者，都與我有一些友誼關係，經分別去了一個電話，就把這一切消息完全封鎖，首先祛除了陳秉鈞對宣傳上的恐懼心理。大約一星期之後，我又去看了君強，還帶了一批為數不菲的金條。我告訴他：「前幾天說的一筆投資，已經結束，幸而賺了些錢，我帶來給你，你可以安心做事，但為了免得你隨手送人，所以換成了金條，交給你太太代你保藏。」說完就將一條條燦爛的黃金雙手奉上，君強於驚愕之餘，終於欣然接受了。

他對我說：「看不出你倒有偌大的本領，竟會賺到那麼多的錢。」我說：「上海十里洋場，遍地黃金，可說俯拾即是，區區之數，那裡談得上什麼本領？賺錢的機會多的是，但是我有了你這個朋友，卻反而阻礙了我許多的機會。」他愕然說：「怎樣我會阻礙到你的事業？什麼事我影響了你？」我說：「現在我又執行律師職務了，老實說，上海發生較大的案件時，也一定先來找我，但是有了你這一位部長大人的朋友，就使我不敢貿然接辦。譬如最近一件謀殺繼母疑案，願出很大的公費，為了不願辦的案件都是敗訴，因此也只好放棄了。」他問我這是怎樣的案情，我就據實告訴他了，我又說：「這明明是一件妨害自由的案件，而捕房的起訴為殺人未遂，聽說你又已諭令法院要重辦，我是為被告辯護的，既有你的諭令，我又何能為力？」他說：「既然事實如此，你又何必有那麼多的顧忌。」我說：「既然有你的同意，那我就去接洽承接如何？但至少我們不是冤家，希望你不要讓我為難。」談話也在他的笑聲中結束。

我再度與法院院長陳秉鈞相見，告訴他本案已得羅部長的諒解，他遲疑了一陣說：「不是我不相信你的話，但對這案要重辦是羅部長當面吩咐的。」我說：「好吧，那你就去再見羅部長，約定了時間之後，請先通知我，我會當面給你證實。」

果然，幾天之後，陳秉鈞借了別的因由去見君強，到時我也去了，他們正在客室中談話，我就闖了進去，一見面，我就對他說：「陳院長，我最近接受了一起謀殺繼母案，為被告辯護，案屬貴院管轄，請依法秉公處理。」陳秉鈞聽我說話，卻不敢答覆，回過頭去望著君強，期期艾艾地只說出了：「部長……」兩個字，我就接著說：「部長萬無干涉審判之理。」君強笑著點點頭，陳秉鈞看見君強的表情，當然明白是怎樣一回事了，才敢向我說：「我一定尊重金先生的意見。」到此就算內定了一個結局。當然，我另外也以一筆鉅款疏通了法捕房的刑事處長范郎當與首席律師費席珍，同意了不論法院如何判決，捕房方面將當庭聲明放棄上訴。

案子開了三庭就終結了，在宣判的前夕，陳秉鈞又來看我，提出了無罪或緩刑兩點，請我選擇。這樣的判決，作為一個辯護律師的話，實在求之不得了，但我也不能不為陳秉鈞著想，而且華美藥房一案，就為了初審處刑太輕，才會造成嚴重後果，因此我說：「儘管這案所謂殺人未遂是毫無佐證的，但妨害自由，則是毫無疑問，也是無可抵賴的。一般人對繼母而言，雖非法律上的直系尊親屬，人情上總重於一個普通的人，無罪是說不過去的，緩刑卻嫌拖了一個尾巴，不如判處徒刑，准予易科罰金吧，你以為如何？」結果當然照我的意思辦了，而君強事後也並未有何發言。我又送了一筆錢給陳秉鈞，他卻毅然堅拒，怎樣也不肯接受，這樣讓我心理上欠下了一筆很大的人情。

事有湊巧，大約一年之後，幾乎成為君強心腹之一的陳秉鈞，忽以貪污瀆職罪嫌，為君強下令逮捕，並立即送往南京特種刑庭懲辦。他的太太來找我幫忙，為了前一起案子，我覺得義不容辭，就一口應承為他設法營救。我明知道直接就去對君強說情，不特毫無用處，也許會得到相反的結果。特地為此事由上海趕往南京，去見司法行政部次長兼特種刑庭庭長的喬萬選，等我一提到陳秉鈞三字，他立刻就知道了來意，搖頭說：「這是羅部長交辦的案件，請原諒我無能為力。」我說：「我知道，也不想讓你為難，只要請你幫我一個忙，就是在定讞宣判的先一日，無論如何能先通知我。」萬選對此不費之惠，自然滿口答應。幾星期之後，我在上海接到萬選從南京打來的長途電話，告訴我陳案將於後天判決。我就匆匆於翌日又趕赴南京。一見面，萬選就對我說：「陳秉鈞一案已經審結，從輕只判處了有期徒刑九年。明晚七時，已約定羅部長將判決書先呈他審核。」我稱謝而退。

第二晚的七時許，我也去了君強的京寓，喬萬選正在樓下客室中談話，我就上樓在他的書房中等候，不久君強上來了，手裡拿著一個卷宗，我明知道這是什麼東西，卻故意問道：「是誰來看你？手裡是什麼重要的公事？」他漫不經心地說：「是陳秉鈞案的判決書正本。」我問他：「陳秉鈞犯了什麼案，將判他什麼刑？」君強當然不會察覺到我的意思，就說：「貪污罪，判九年。」我道：「陳秉鈞為人還不錯，過去你也曾對他另眼相看過，我為他求個情，可不可以略予減輕？」君強又是面孔一板，厲聲說：「想不到你竟然來干涉到我的公事！」我說：「部長大人，不要生氣，司法行政部長既然可以違法干涉審判，你總不在乎一個朋友來為人求情吧！」他說：「陳秉鈞貪污證據確鑿，你如再說，我還要加重。」

他既然毫不講理，我也就不客氣了，大聲道：「你說他貪污，我卻知道他比別人還要廉潔。你還記得上海那起謀殺繼母案嗎？他幫了個大忙，我送去五十根十兩的大金條，他還曾全部退回。為了這一事實，我相信他決不貪污，為了顧全你的面子，我希望最多也只能判他兩年。」說到這裡，我在書桌上抽起一枝筆，沾好了墨，送到他手上，又接著說：「你如堅持不肯減輕，我自不敢勉強，但我既干涉了你的職權，我會將前後經過，去報告周先生（佛海），自請處分的。」君強沉思了一下，也許他想到過去的經過了，終於拗不過我，居然把九字改成為二字。我那時年少氣盛，做得有些太過分了，現在想來，君強會恨我，這恨也是應該的。

事隔二三十年，我還是不明白當年君強的對我究竟是好是惡。有時他做得反面無情，而有時又把我竭力拉攏。喜怒無常是他的性格，而在政治圈裡，就免不了爾虞我詐，此排彼擠，君強又沾染了很深的官僚習氣。我也不得不承認有時失之衝動，過去在言辭上我是從不肯讓人的。兩個倔強的人，非但常常鬧出不愉快的事件，有幾次竟至當場發生衝突。

在那個時期，我創辦了一家南京興業銀行，除了部份南京商人投資外，其餘都由我認股，並且在南京中華路蓋了一所大廈，在當時，規模確然不能算小。我對銀行本來是百分之百的外行，所以敢於嘗試，無可諱言，為了有任財政部長的周佛海的奧援。我送了君強與楊惺華乾股各三萬元，並推君強為第一任董事長，惺華與我及其它兩名南京商人為常務董事，這樣做，為了友誼，也希望把這一份事業能夠做好。

南京興業銀行開幕時，連中央儲備銀行也尚未成立，又因建起了戰後在南京僅見的巍峨大廈，獲得市民的信心，因此第一日就收到比之資本要多數十倍的存款，君強對這個不勞而獲的董事長，自然躊躇滿志了。可是他僅僅做了三個月，因政府下令公務員不得兼營商業，不能不辭去銀行這一方面的名義，於是由我自己來繼任。可是君強還是無法忘情於此，此後還常常很關心地盤問到業務情形，以後因在上海又開設了分行，規模與業務都不斷飛躍進展。終於有一天他忍不住向我要求，希望我僅保留董事長名義，而以總經理兼職，讓給他的湖南同鄉唐建侯。唐是君強的心腹之一，過去已有過坐享其成的事實，當創刊「中報」時，我辛苦地建立了較為完備的印刷所，本來一個報社的大部份資產，都在印刷部份，君強忽然把印刷所與報社分開，而成立了「新中印刷所」，即以唐建侯任經理，這次重施故技，我自然一口加以拒絕，因此展開了一場針鋒相對的舌戰。

君強因為我拒絕了他的要求，不免老羞成怒，大聲對我說：「與你情商，不肯喝這一杯敬酒，你應當知道湖南人的脾氣？」我說：「但你又何以不知道江蘇人的骨頭？」我懂得他所謂「湖南人的脾氣」，意思是（硬），我回答他「江蘇人的脾氣」，也是硬，就是說：堅持而不受威脅。我們怒目相視了一會，也終於不了而了。

但是我不瞭解為什麼一有機會，他又總想拉我與他一起共事，也許是出於他的善意，不過也不會絕無其他的作用吧。在他出任司法行政部長時，顯得最為志得意滿，他一就職就約我擔任他的政務次長，我表示不想擔任行政工作而向他婉謝。有一次，我去司法部看他，他打開了次長室的門指著我說：「虛位以待久矣！」我還是但笑不言。

他等待了幾個月而我迄無改變初衷之意，竟向我下了最後通牒，他說：「你是學法律的，你與我的關係又是人所共知的，我擔任司法部長而你不肯屈就次長，對我的面子太不好看了。今天我對你下最後忠告，就是非做不可。」而我的答覆，雖然是由衷的實話，但不免失之於過分的率直。我說：「請原諒我向你說老實話，我知道你的性格，如我幫你而做不好，將受不了你的氣；如我幸而能有些表演，你當然不會容我。因此，我如不做這個位置，我們還是弟兄，一旦做了，連朋友也就完了。我早有一份決意：你做部長，我不做你的次長；如果我做了部長，也決不要你這樣一個次長。」

這次傷害他太厲害了，也使我們之間，更加深了一道裂痕。但是，我越來越糊塗，他調任安徽省長後，卻又一次要我與蔡洪田去分任省府的秘書長與民政廳長。真的，我對政治，在當時已經十分厭惡，而且自己也清楚知道，心不狠而手不辣，決不是搞政治的料，因此終汪政權之局，我始終做了一個閒角。

勝利以後，君強的心境，也許陷於十分矛盾複雜的苦悶中，他不能不惴惴於未來不可知的命運，但他仍然陶醉於無限的幻想中。他曾親口告訴我，他與顧祝同、戴笠、蔣經國之間，都有聯絡，他確信不會有問題。日本人一投降，他第一個向我追逼私產，軍統在上海開始逮捕汪政權的大小人物時，他要他的親信如蔡羹舜等人，去自投羅網。但是他最親信的人羅光煦與唐建侯，卻讓他們及時遠避，傳說中，所有君強的私財，也一併被這兩人挾之而去。最後在牢獄中的醫藥費用，還需要由他的太太來告貸張羅，幾年的榮華富貴，也真不過是黃粱一夢！

在君強隨同佛海飛渝之前，也顯出他的方寸已亂。他與熊劍東及袁殊兩人，突然往來得十分親密。熊劍東是與他共同鴆死李士群的人，而且佛海一手所建立有著最精良武器的稅警團，以及上海市的保安部隊，劍東儘管只擔任副團長與參謀長的名義，而實際權力，則完全由他掌握，君強與他聯絡，有淵源，也因為有槍桿子，尚不足異。而與袁殊間的密切關係，不免使人疑訝。

我與袁殊相識甚久，知道他的底細也較深。他是湖北人，曾留學日本，說得一口流利日語。他肥矮的身裁，毫不顯得風流瀟灑，但偏有許多女人自會對他投懷送抱。抗戰前他剛到上海時，不過在嚴鍔聲主辦的新聲通信社當一名練習記者，事實上他以記者的名義，來便利他從事特務工作。搞情報，我還沒有見過比他更出色的人。那時日本早已蓄心侵略我國，間諜遍佈，以刺探我國的軍政秘密。當時上海的日本總領事是重光葵，而副領事岩井英一則負責情報部份，袁殊就是岩井下面的一個諜報員。他同時又是軍統與中統的份子，相信他也早已是一個共產黨員，他以任何其他三個方面的情報，供給另一方面，以此揭彼，又以彼注此，因為他都是幕中人，因此他的情報既快速而又正確，竟獲得了四個方面的賞識。

我因朋友的介紹而與他相識。有一段時期內，不時在一起遊宴。他與紅影星王瑩似正有秘密同居關係，因王瑩與藍蘋為好友，常常相偕同來，因此，我與他們三人也屢共談笑。那時藍蘋在電影界還不過是二三流的角色，而且還不曾與唐納在杭州六和塔下結婚。假如今天她不是已成為一人之「下」的人物，也許我早已把她忘得一乾二淨了。在今天還能對她留有一些回憶的話，只是她與王次龍主演的那部「王老五」電影所引起。現在稱未婚或失婚的男人叫作王老五，也就是由那部電影而來。

「王老五」的影片，在上海中央大戲院首映，我即因他們的邀請而往觀。劇情已記不清楚，大抵說一個工人最初因貧窮而失婚，並有所謂「衣裘破了沒人補」的慘狀；而結婚以後，又以家累之故，胼手胝足，尚難謀全家的一飽。有一幕在三十年前，已算是色情的表演，影片中映出藍蘋飾演的妻子，正橫躺在陋室中的床上，而飾演丈夫的王次龍方工畢回家。看到妻子如海棠春睡，不禁意興大動，正擬謀片刻之歡，而妻子卻嘮嘮叨叨地不斷數說柴米，饑餓的孩子們又在旁牽衣索餅。面對著這樣的場面，自然雅興全消，一變為垂頭喪氣。那時床前的破桌上，本有一支翹然直挺的蠟炬，忽爾也隨著主人的意志消沉，倏地彎曲下垂。這一烘托，全場不禁作出了會心的大笑。中共在文化大革命中，全面清算三十年代的文藝毒草，獨有「王老五」榜上無名，也許就是為了是藍蘋主演之故吧。

袁殊在汪政權時代，不愧為搞風搞雨的能手，先與日人岩井英一搞「興亞建國運動」，但因「軍統」關係而為「七十六號」一度拘捕後，又與李士群搭上關係，在勝利之前，忽又成為羅君強家的常客。淪陷時期，他在上海創刊了一家「新中國報」，出版的第一天，封面正中印了日皇裕仁的照片，下面赫然是「天皇陛下」四字，誰都相信這是一張十足的親日報紙，有誰知道這竟然是中共的地下機關。同時也永不改他的風流行徑，電影明星英茵因受騙而為他自殺，交際花×妮一度與他試婚，因鼾聲太高，擾儂清夢而告吹。君強的忽然與他契合，必有政治上的原因，但不知是為了要由他來勾通軍統呢；還是與中共之間有何作用？聽說袁殊現在還在中共外交部日本問題研究室工作中。

但是，君強認為有辦法的幾個靠山，卻並不曾產生任何有利的影響，也且終不免於智者之一失，在日軍未投降前，與這些當代權要即使有過任何默契，也不過因為當時勢力的不及而暫時作為利用的工具，佛海且不免於瘐死，更何況於他！日軍投降以後，他一度在重慶任命周佛海為京滬行動總指揮部擔任秘書長名義，似乎已不感興趣而並未正式辦公。不久，又結束自己的家，遷往湖南路周宅的一間客室中，還是謀托庇於佛海。其後，隨同佛海飛渝，在重慶的土橋監獄羈押半年之後，解往南京老虎橋監獄受審，被判處無期徒刑，共軍渡江之前，所有獄中一切無期徒刑以下的人犯，全部釋放，而君強以終身監禁之故，又被移送上海提籃橋監獄繼續監禁。一九五〇年我留在上海時，其家屬還可定期探視，就證實了已患有嚴重的肺病，以後就被完全隔絕，消息杳然，再也無人知道他的生死存亡了。

我與他的最後一面，是在一九四八年的秋季，他剛由南京解抵上海之後。本來依照提籃橋監獄的規定，探視人犯，只限家屬於指定日期每月可以接見一次，還要隔著鐵絲網才能談話，而君強獨邀例外，不論何人，不論何時，隨時可見。我去了，一經通報，即刻在一間會客室中相晤，他穿了一襲藍色的綢質長袍，當時完全看不出有一些病容。他問了我許多朋友的近況，還談到他將來出獄後的計畫，並不曾因為已經禁押了三年而消失他的堅強意旨。當他談笑風生之時，我感覺到一陣心酸，他還在做他的清秋大夢，此時不放，是當局正把他們等待共黨來接收，結果那會有好的收場？況且他早年還加入過ＣＹ的組織，豈有不把他作為「叛徒、內奸」之理？我不忍再與他長談下去，就匆匆握別。不論他現在還在掙扎地活著，或因受不了長期磨折而早已撒手塵寰，總之，當時的一面，竟成訣別，生死殊途，此生也再無見面之期了。

我對君強這位六年中朝夕相見而又共富貴同患難的朋友，我懷念他，也感激他，儘管因為我太渺小了，因殺雞不必用牛刀，雖有過不知多少次的齟齬衝突，他總沒有以對付李士群的手段來對付我。過去的恩恩怨怨，經過了二十多年的兩度世變，早已一筆勾消，一切現在也已只供回憶了。我認為他有時對人的任性忍心，也不過是政治害了他，應該是非其罪也。但是最後他所表現出對佛海的態度，無論如何，是無可宥恕的，也不是友道所應有的。他同押在南京監獄時，佛海先被判處死刑，以後雖特赦為無期徒刑，而心臟病復發，慘呼號叫，亙數晝夜，即使是路人，也應為之惻然心動，君強受恩深重，昔日且以曾左自況，而佛海當臨命之際，非但不加慰問，反以譏刺之語加諸佛海，一若過去佛海所給他的榮華富貴，都是為了今天讓他受縲絏之災的預謀，使佛海受到人情上的刺激，更對人生增添了一層絕望，以至於加速其死。

君強有一子一女，子伯偉，係元配所生，戰時與周佛海、岑德廣、梅思平之子一同遣送日本留學，今不知其所在。一女則君強於一九三九年到滬時，為其第四任太太孔慧明從難民營所抱養，因尚在襁褓，特雇一護士王小姐者加以撫領，兼為君強注射補劑，因近水樓台之故，兩人似已早有情愫，迨與孔慧明仳離，即與王小姐結婚。孔慧明於共軍南下前輾轉來港，再嫁與人，夫婦間偶以細故詬誶，竟一怒仰藥自盡，距今亦已多年。那位王小姐的近況，則久已不聞其消息。

羅君強並不是怎樣一個了不起的人物，雖在淪陷時期，一度是上海盡人皆知的人物，而在我筆下，卻寫的儘是我與他私人之間那些雞毛蒜皮的小事。不過要瞭解一個人，正要觀人於微。在細小處才能顯出其真性情、真面目。君強不能不算是一個幹才，能說能寫，可屈可伸，做文像文，做武像武，而且有靈敏的腦筋，堅強的意旨，面白無鬚，儀表也是不弱，神態有時顯得不怒而威，性情更難捉摸，正在談笑風生之際，忽焉面罩重霜，凜然若不可犯，御下嚴，其部屬無不趨承唯謹，常恐違忤。他與周佛海相較，顯得兩人截然不同，佛海的外型宛然一書生，對人誠懇，坦白而溫厚，雖有時失之衝動，迨怒氣稍平，即盡忘前事。佛海常自詡為「疑人不用，用人不疑。」我則笑他對好人固然不疑，但對壞人也復深信，佛海的長處，肯負責，肯代人受過。但佛海也因相信君強，而有時過分聽信了君強的話，至與「公館派」間有摩擦，君強誠難辭其咎。

君強由於野心太大，自信太深，在政治圈中打滾了數十年，沾染了壞習氣，有官迷，更有官僚氣。對人總是板起了面孔，大打官腔，而且很會裝腔作態，以顯示他的無比尊嚴。常常我與他在書室中閒談，談的不過是不及於義的風花雪月，有人投刺請見，經他同意後延入客室，而他還是與我縱談如故，我有時不禁天真地問他，不是某人已等待了很久嗎？先去見了他再談吧。我還以為他談得忘記了這一件事，不料他意外地說：「誰教他來看我，我就是要他多等一些時間。」

以君強之才，假如他從事別項職業，也不愁不出人頭地，可惜他一出學校，就投身到政治漩渦中去，至耳濡目染而不自覺。有人說，政治像舞台，我以為政治是糞坑，一群糞蛆在臭坑內你擠我擁，人家正掩鼻而過，如糞蛆者，卻正樂此不疲。汪政權如此，其他政權中又何獨不然？于右任說得對：「江山代有才人出，各苦民生數十年！」所謂政治，也不過是如此一回事耳。

記得君強與士群鬧得最厲害的時候，士群手中掌握的實力，無疑超過君強，而君強對士群曾經說：「搞政治是看壽命的，誰活得長，誰將取得最後勝利。」士群雖在盛年被毒死，也儘管君強的壽命要長得多，但二十多年的囹圄生活，即使到今天他還偷息人間，長壽換來的卻只是嘗嘗政治的最後苦果而已。寫本文時，回憶君強的聲容笑貌，我念斯人，為斯人惜！

# 二〇九、梁鴻志獄中遺書與遺詩

關於梁眾異（鴻志）繫獄事，曾略述於前書中，掛漏太多，不足盡其萬一。尤其感到遺憾的，則是像他那樣的一代詩宗，除於其生前刊有《爰居閣詩集》而外，曾先後在上海「軍統」優待所的「楚園」與移解至提籃橋監獄後的就鞫時期，續成兩卷，命名為《入獄集》與《待死集》。我與他共戴南冠，隔室相處者一年有餘，目擊他在長廊中徘徊吟哦之狀，也看到他趺坐在獄室的水泥地上，憑一小木箱為几，以洋鐵桶蓋為硯，俯首懸腕，以其所成詩，工楷謄錄於白紙上，一一編其次第。每有愜意之作，則囅然微笑，若頓忘其身在何處，命在何時矣。

梁鴻志字眾異，以爰居閣名其詩集，福建省長樂人，生於光緒八年（一八八二年），為梁居實之子。梁氏名門之後，曾祖梁章鉅，為嘉慶進士，道光間，累擢廣西巡撫，調江蘇，有政聲。眾異家學淵源，且又天資穎悟，弱冠成秀才，光緒二十九年，又中舉人，時方二十一歲。入京會試，座師龔心釗激賞其文，薦而未中，感恩知己，畢生師事之。翌年科舉廢止，入京師大學堂（即北京大學前身），畢業後歷任山東登萊高膠道尹公署科長，奉天優級師範學堂教員等職。旋受知於段祺瑞，羅致幕下，任法制局參事兼京畿衛戍司令部秘書處長，肅政使等職。民國七年，任參議院議員兼該院秘書長，成為安福系要人之一。民國九年八月，安福系失敗，指為禍首之一而被下令通緝，逃匿北京東交民巷日本公使館得免。民國十三年段祺瑞任臨時執政，又為執政府秘書長。民國十五年，隨段下台，此後十年之間，隱跡天津、上海、大連等處，以吟詠自遣。

民國二十六年盧溝橋事變之後，日人在南北製造政權，華北為王克敏領導的臨時政府，華中則為梁鴻志領導的維新政府。維新政府於民國二十七年三月二十八日成立，眾異任行政院長兼交通部長。直至民國二十九年三月三十日汪政府成立，維新解體而改任新政權的監察院長。汪氏在日逝世後，原任立法院長的陳公博為代理主席，又由眾異繼任立法院長，直至日軍投降為止。

梁氏的詩，與其同鄉鄭孝胥，陳散原並稱，為清末以來當代三詩伯，自光緒三十四年至民國二十六年的三十年間，先後刊有《爰居閣詩集》十卷，錄存詩九五六首。民國三十四年十月二日被捕入獄，至翌年十一月九日畢命止，又成詩三百餘首，分為《入獄》、《待死》兩集。

提籃橋獄室，長不過八尺，闊才五尺，三面是堅厚的圍牆，前為鐵柵，室西向而不通風，夏日苦熱，眾異體又肥碩，常揮汗如雨。室內又無燈，僅長廊中疏落高懸若干盞，作為禁卒窺視獄囚動作之用，光線黯弱，陰森可怖，眾異常移几近鐵窗前，偷一線之光，伏身握管作書。繫獄已是人生的大不幸，況乎黨錮？因此，到了深夜萬籟俱寂時，獄囚們眾聲雜作，嘆息聲，夢魘聲，呼叫聲，啼哭聲，狂笑聲，咒罵聲，此起彼落，聲聲相應，我總清楚聽到眾異猶未入睡，在這斗室室中或繞室徬徨，或咿哦吟詠。有時，他以指叩壁作暗號，我們就貼面於鐵柵之上，僅透一鼻與兩唇，低聲細語，各訴衷曲，但聞其聲，一鄰之隔，竟至各不能相睹。

眾異在任段合肥執政府秘書長時期，我生也晚，還在就讀中學時期，自屬無緣識荊，迨至抗戰軍興，國軍西撤，「維新政府」在南京成立，出任了等於首長的行政院長，我與他仍乏一面之緣。

及汪政府成立，他貴為監察院長，而我則僅為搖旗吶喊之閒角，除在公開場合相見一頷首外，連一次談話的機會也不曾有過，直到「楚園」時期，同羈一樓，我與唐壽民、聞蘭亭、李閎菲、張蓮舫五人在二樓合住一室，而眾異則在樓頭獨居一小室，像是優待，實際上當局早已把他另眼相看，敏觀的我早知道這情形絕對與他不利。

楚園司炊事者即為梁宅的舊廚，煮閩菜極為出色，我們於前一晚書就菜單，自行出資，交其代辦，因此雖為楚囚，飲食尚極豐腆。眾異之新太太意真夫人，又許其每日來探一次，照料其起居，逗留室內，行動自由，不受任何干預。與盛老三（文頤）的特准吸食鴉片，為楚園的兩大特客。似乎眾異尚未覺察到當局對他的所以特加優待，未來的命運早已有所決定。而眾異此時，心氣和平，既絕口不談政治；也且絕口不談獄事。與我們相處，有時只研討學問，或述民初故都風光。我不信他也會與我一樣天真，安有不知政治上的只論成敗而不問是非功罪，早成千古定律。在他以後就鞫中，當時渝府行政院院長孔祥熙，且特派薛大可到庭為其作證，這說明了他之所以建立「維新政府」，曾得孔院長之同意，或竟為其所授意，然而這奧援又真可恃耶？

直至主持所謂「肅奸」工作的軍統局長戴笠撞山身死，於是上海被拘在楚園及南市看守所的汪政權中人，不問職位大小，也不問罪嫌輕重，一律移送江蘇高等法院第二分院處理，從此再也無一人得以倖免於罪。眾異在與我同乘十輪大卡車押解之時，始露不安之態，方抵獄門，即緊握我手，惶急而問曰：「此何地？」我方吐「提籃橋」三字，眾異即仰天而吁。提籃橋監獄本為公共租界時代囚禁罪犯之所，一般人稱之為西牢，我以過去曾執業律師之故，此處曾是常客，所不同的就是以往以辯護人的身分來探囚，今日竟一變而自為獄囚耳！

古人往往以「帝德乾坤大，皇恩雨露深」來作春聯，我於當局對我們這批「賣國叛徒」在獄中的優遇，無限感激之忱，亦只能以此十字報之。拘留在楚園時代，當我們從愚園路的吳四寶宅遷入時，堂堂拘留所長，竟親自迎迓，指揮安排，還連聲說「招待不周，多多原諒」的話。室內窗明几淨，有床有桌，戴笠來視察的時候，也說：「這裡只是一處供你們療養之所。」在外表看來，也真絕不似什麼囚室，這已使我們有受寵若驚之感。迨移解到提籃橋監獄，這是上海有名虐待犯人之地，管理的嚴厲，獄卒的兇惡，積弊重重，使人談虎色變，而獨對我們這一群，卻又例外地放寬待遇，入獄時不必薙髮，不必以冷水和臭藥水沐浴，也不必換穿囚衣，獄室可在同一建築內由我們自己選擇，可以選擇談得來的朋友住在左鄰右舍，而我們住的一所，卻是「忠監」，不知這是對我們的諷刺，還是代替我們表白心境。

因為本文與眾異的遺書和遺詩有關，有兩件獄中生活，值得先為說明的。第一，獄中雖禁與外間通信，甚至不許閱讀書報，但是我們與家人魚雁往返，幾乎無日中斷。交通的方法：我們分別與一獄卒約定，每日由家中取得來信，藏在他們的綁腿布或制帽的夾層中偷偷地交給我們。下班時，再付以覆信，即可當晚送達。如此日以為常，而我們也每月給以固定的報酬，因此樂於效力。本文的兩封遺書，就是依靠這一辦法而傳遞的。

第二，獄中准許家屬每週於星期二、五兩天，攜送食物，這對我們是一種恩賜，而對家屬來說，則是一件慘事。在半夜時分，家人就得起身煮菜，還在晨光曦微的時候，各人的妻女已經在獄門外排隊，等候檢查交付，迨送到我們手裡，飯和菜都還是熱騰騰的，許多難友們睹物思人，想到她們的辛勞和受辱，呆呆地望著面前的大鍋小壺，哽咽至不能下嚥。因為每週只送食物兩次，但要維持七天之久，到了夏季，家人固然對選擇不易變壞的菜肴，煞費苦心，我們也必須精打細算，以免食盡中斷，以我來說：在獄中前後九百一十二天，始終未食過一次囚糧，但獄中對這二十餘人的伙食，當然如常報銷，監獄當局對我們的放縱，也許多少有些知恩報德之意。

沸水也是一項珍貴的物品，每天在晨間第一次開封（開封是開啟獄室的鐵門，讓犯人們可以出室在長廊中散步半小時），服役的普通刑事囚犯扛來了一大鉛皮桶的沸水，吆喝著讓我們持杯汲取。儘管名叫為沸水，但因停沸已久，早已變成微溫，要用以泡茶，這只是對茶葉的一種浪費。眾異向有盧同癖，其間曾二十日未得茶飲，因此家人送來了一熱水瓶的沸水時，竟為之欣喜若狂，更且付之吟詠。

我與眾異在楚園時期，見到他的博聞強記，在我服務文化界數十年中，所遇的文人名士，不一而足，而淵博如他的，曾無一人可與頡頏，在衷心欽佩之餘，就不時向他作學問上的請益，因此短短數月，如我那樣的末學膚受，竟得備蒙青睞。他也一直鼓勵我向其學詩，雖偶有新作，以自慚形穢，不致向其請益，至坐失大好良機，迄今仍覺猶有餘恨。

眾異在獄中的詩境，隨著他心境的變幻而日趨於消沉，初在提籃橋時，他似尚寄以一線之生望，所以入獄之翌日，猶強顏歡笑，以宮體詩七律描繪獄中景象，與趙叔雍（名尊嶽，以珍重閣名其詩集，為況蕙風之入室弟子，尤工於詞。在汪政權時代曾任上海市政府秘書長、宣傳部長等職。出獄後來港，轉赴星洲曾執教於馬來亞大學，前數年已病逝客中）唱和，疊韻至二十首以上。自被判處死刑後，作詩更勤，用以寄意，亦所以忘憂也。其《入獄》、《待死》兩集，共成詩三百餘首。全部詩稿及留給其幼女公子的遺書、暨身與其事而又饒於歷史價值，「直皖戰爭始末記」一文，在他臨命之前，一併交我保藏。而我則以兩經世變，生命之苟全且無計，倉皇避地，遠走天涯，竟不克攜以與俱。古人云：「言為心聲」，又云：「詩以言志」，以眾異在詩學上之戛戛獨造，獄中詩兩集，悽愴憤慨之情，躍然紙上，實為傳世之作。當拙著在「春秋」雜誌連載時，不少讀者曾紛紛來函要求發表，而我既不克為其妥為保存，自更不能為其刊行，深覺愧對故人於地下。

最近，於眾異之女公子朱省齋夫人梁文若女士處，得讀其遺書兩函暨遺詩十六首，獲其同意，亟為發表，所以稍贖我之愆尤也。眾異遺詩，十九寫於粗劣之紙上，若干且為拭穢用之廁紙，足見在獄中之慘狀，除兩函為製版以存其真外，茲併為添入注釋，藉明真相，分別錄之如下：

## 遺書一

（）為筆者按　〔〕為原注

有兒（筆者按，即文若女士）閱：去秋獄事將起，我避地吳閶（按為蘇州）城外，惟慧（其第二姬人慧真）意（第三姬人意真）兩太太知之。吾家梟獍（按指其侄女星若，為黃秋岳之弟竹生之婦），誤聽人言，以為我不出頭，則累其夫婿。於是勾結我舊部（按指任援道），意圖破我秘居。適我令意來滬，晉（即星若）遂圈置其家，強迫同行，並有某人（按為任援道）及其副官偕往。吾秘居既已不密，只得歸案。先在楚園〔軍統羈人之所〕五閱月，移交法院者又已三閱月，至十五日前〔即六月二十一日〕已處死刑矣。〔頃已上訴，入獄後得詩甚多。〕先在楚園時得家報，如報載左筆（按指其令婿朱省齋）在平被拘。前一個月，珊侄（按即李珊塵，為其內侄）報知其誣。並謂得汝消息，心中稍慰。吾身將死，決不恐怖悲哀，惟三十餘年父女之情，吾又特別喜汝聰敏，故獄中作此以訣汝也。〔獄中無几案，用小木几代桌子，洋鐵桶蓋作硯，其苦可知。〕

汝生甫十月，革命事起，汝母奉祖母避津，汝隨乳母寄居二姑家。乳母因亂辭雇，二姑又不肯管，我抱汝由京赴津，歷五小時始到。汝沿途哭鬧不已，吾抱汝未嘗釋手，此景如在目前。今汝幸得所歸，家室雍睦，而老父含冤待盡，異時墳頭麥飯，縱汝不忘祭掃，所謂一滴何曾到九泉也。人世空華，於茲益信。

左筆諸友，在滬同羈者，為英（指戴英夫）、雄（指筆者）、曼（指汪曼雲）三人。雄因本來認得，又因同居楚園之故，感倩尤親。雄與左筆為異性弟昆，輒欲以長者相待，我則以四海兄弟曉之，近日則吾與雄為親家，此一段事實，不得不詳細告汝也。先是，去年九月，梟獍既破吾秘居，余則決心就吏，當時已預料有今日之事。慧意二太誓言與我同死〔非必同日，俟我身後事了，相從地下也。〕吾謂意尚有稚女（即毛妹），似無死理，而意執意不回。故獄急時，商量毛妹將來保護教育問題，不可無人負責，遂令其拜雄夫人（指內人）為母。因雄夫人中西學問皆好，善於持家也。吾於獄中又珍重托雄，且將與毛遺書〔非遺囑，皆言其年庚、家世、名字〕，交雄保管。而毛妹兩母，遂於上月廿八，攜毛親往金家拜母矣。

又數月以來，親朋交絕，獨龔懷老（按即龔心釗，為眾異會試房師）全家，待我至厚，我在楚園時生日，尚在其家為我置酒，其他可知。安英（按為龔懷老之女公子）世姑，侍父不嫁，汝所認識，故春間已決定將毛與彼作義女，亦於上月底正式寄名。將來教之養之，有金龔兩家，其父母可九泉含笑矣。毛妹性質如何，因不可知，而穎悟則超常兒數倍。余老得此女，不無愛憐少子之識，然汝今見之，亦必深喜也。雄與左筆交親，自是異姓兄弟〔此左筆事，與汝無涉〕。汝如念老父冤死，弱妹無依，恃雄夫人以教以養，又是一門患難親眷，則推汝愛毛妹之意，必以長者事雄夫人，如一切平等觀，則非吾之所望也。

左筆社友陶柳（按指陶亢德與柳雨生）二人，亦同縲絏，渠對我亦相當親切，吾之觀察，柳之前途甚有希望也。二人風流罪過，已定東山零雨之期，至遲明春必可出獄。雄始受訊，看來亦無大問題。曼、英或以地位問題，較雄略重耳。〔今日新聞楊淑慧（按即周佛海夫人）及其婿（按為吳頌皋之子，名已忘）、女（按名慧海），皆拘於吾所居之楚園，不知何故來滬？〔來滬已一星期矣，真屬不識環境〕。

吾之薄產，損耗已盡，然慧意生活，渠如將首飾變賣，亦尚可生，所以不樂生者，正不關生計也。字畫尚有數件，將來擬擇兩件以畀左筆〔我於諸婿中最愛左筆，汝當默喻〕。三年翁婿之情，常苦未能深談。我之為人，自愛太過，及不合時宜二事，實為我之病根，〔此次獄事，則政治問題，與此無涉。〕即左筆亦恐知我不盡。

去年初夏，周宅晤安英之姊〔即胖子〕（按即張燕卿夫人，蓋龔安英女士之叔伯姊妹也），說汝有身，娩在何時？是男是女？至今未詳，望來信告我，速來信或尚可親見也。左筆沈室（按為省齋兄之前夫人，早逝），只有一男，汝必須視如己生，彼自能忘其失母。此事似難實易。萬一存世人爾我之見，使人笑汝，兼及老翁矣。汝對左筆必力守禮讓二字，設時時欲以口舌勝之，則所勝少而所失多矣。

去年因飛機炸彈，將肇火災，遂葬汝母於靜安寺公墓。五壙之穴，與祖母伯父共占三壙，當時知汝有身，故未告汝，知不能來也。嗣後則時局驟變，亦不遑告汝矣。將來到滬，汝可一往祭奠。

書盡三紙，吾力已憊，不多述。書由珊轉。此或為汝父最後之函，已囑其慎寄勿失。珊為去年亂後親友中最有肝膽之人，不可輕視，將來將以遺囑託之。

丙戌（按為一九四六年）七月七日，父書。

## 遺書二

### 雜詩之一

丙戌五月廿一日獄具論死旬月間得雜詩十章此其一也

昨日詣訟庭，庭外見嬌女，牙牙初學語，見爺呼不止，逕前撫其頰，父女緣盡此，

獄成人聚觀，所恨不見爾，佛言別離苦，此苦緣愛始（內典愛別離苦為人生八苦之一），

徒今斷諸愛，心或先身死，期汝為緹縈、嗟汝未毀齒！

那知汝爺冤，此冤真井底，他年汝長成，字與誰氏子？

慎勿學汝爺，讀書識道理！

有兒閱：得書深慰，居然老眼得見覆箋，亦一快也。書上說到孝女緹縈，因憶及獄具之日，家人抱毛妹來，已九個月未見面，呼我不已，感愴作前詩，並說到緹縈事，汝讀之，必墮淚也。暑盡涼來，尚羈縲絏，在滬兒女，無以一肴一餅相餉者，身後之墳頭麥飯，何待言耶！佛經疏中有言：「癡是愛因，惱為愛果」，這八個字真真透澈。我平日視民如傷，捨身救世，何嘗不是愛字驅使；何嘗不是愛字種因？結果得今日之絕大煩惱，小之如妻子兒女之愛，又何嘗不是癡耶？左筆宜息交絕遊，過今年再說。文字之友，更不宜往來。至於汝之來札，隨付丙丁，不必交珊火之，更多周折也，小紙兩條，閱之當知為（按此處疑漏一「誰」字）氏之筆，因彼我近已相隔一樓，故以書代面。東原後人（按指戴英夫）刑期闌干之數，聖嘆裔（按指筆者）尚無朕兆也。寶孫（按指省齋次子明）像肥碩可念，鄭良斌（亦為提藍橋難友，現在港）謂與其兩兄小時面貌相同。

八月廿八迂叟字，寫成半月始發

這兩封遺書，骨肉之情，真有因愛成癡之概，及今雒誦，雖外人亦覺盪氣迴腸。函中若干事，局外人不易明其真相，不嫌辭費，再為敘述其梗概：

首先是眾異被逮經過，在前書中所述，這是眾異生前親口為我言之，但遺書中「梟獍」云云，當時痛心之餘，或不願自洩於外人，故於我所記述的，於事實不免有所缺漏。

當日本於一九四五年八月十五日（時為農曆乙酉年七月初八日）無條件投降之後，相隔一月，至九月中，重慶特工人員已先在南京上海各地開始行動，佔住房屋，追查財物，與汪政權稍有牽纏的大小人物，不問情節，悉加拘禁，人心惶惶，秩序大亂。眾異在蘇垣賃屋一楹，攜意真夫人與毛妹俱，秘居以求苟全。他所以會選擇蘇州來作為避地之謀，我相信是為了他「維新政府」時代的舊部，時任汪政權的江蘇省長，勝利後又奉重慶政府委任為京滬線行動指揮的任援道，手握大權，以為住在他的轄區，總會念到過去的一段淵源，即有什麼風吹草動，或能陰為之庇。不料事實剛好適得其反，任援道為了要邀功，對眾異這樣一個地位的人物，自無怪其不肯輕輕放過也。

正因為過去有過深切的關係，任援道自然容易獲得線索。眾異的侄女星若之夫黃竹生曾任蘇州某一機關的處長，勝利以後，凡是與汪政權有過關係的人，雖然政府一再說寬大處理，但總不免懷有徬徨的心理。任援道認為黃竹生既與眾異有姻婭之誼，自是最理想的工具，他以這樣的理由來打動黃竹生，他說：「只要梁院長肯挺身自首，我敢保證他生命的安全。至於你，只要能供給情報，能使梁院長歸案，自然更是一項最大的功勳。」黃竹生竟然相信了任援道的話而甘為鷹犬，而星若也以為是出於任援道對她丈夫的另眼相看，如其找不到眾異，則辦事不力，後果堪虞，於是便百計尋訪眾異的蹤跡。剛巧眾異令意真夫人赴上海，途次與星若相遇，即被邀往其家，不許離去，並立即密報任援道，強迫意真夫人同返蘇，這樣秘居既已敗露，使眾異再無法隱藏而不得不挺身投案，終且難逃於一死（眾異殉難日為一九四六年十一月九日）。

這位任援道先生，我是十分欽佩他的手段靈活，變幻無端，在政壇上手揮目送，確是一個玩弄政治的能手。他一生為政府立了不少奇功，但在「維新政府」以前，卻似乎並不得志，雖對鄧演達等幾件大案，他都曾表演過他的一手，而始終不獲重用。抗戰勝利以後，政府雖頒有「懲治漢奸條例」，而事實上則是不問功罪，但問職位，即或枉或縱，亦愛憎隨心，以任援道在淪陷時期之職位，似無脫身事外之理。而有湯恩伯為他庇護，又以拘捕梁眾異立了大功，終於逍遙法外，安然先後為香港為加拿大的寓公，蓋有由也。

當任援道在國軍復員接收前的一段時間內，左右逢源，確曾一度氣焰高張，當年同事六載的汪政權中人，都不免要看他的顏色，但他在香港一再向人表示，眾異的繫獄，完全不是他處心積慮的結果，他所以有此表示，蓋以彼一時，此一時也。但依我的判斷，眾異遺書中所言，絕非出諸虛構。任援道想一網成擒的人物，也且不僅是梁眾異一人。前上海「中報」社長陳彬龢，在港時曾欣然屢屢對我說：「日本投降以後，任援道曾一再堅邀我赴蘇州暫避，自謂有力為我迴護，而我鑑於任援道過去的作為，不能不疑其別有用心，因而婉言加以辭謝，始得保此殘生。」是的，論政治上的地位，彬龢自還不如眾異，當在淪陷時，因他與日人關係的密切，「中報」上對重慶方面攻擊的猛烈，確為當局欲得而甘心者。我也不能不疑心到任援道的邀他，是有其友誼以外的其他目的的。

陳公博在蘇州高等法院囚禁時所寫的自白書，名曰「八年來之回憶」，其中有一段是表白他所以赴日暫避的經過說：「國家能夠統一，能夠勝利，這是我數年來夢寐求之之事。蔣先生如果以我過去數年之事為有罪，我應該束身歸案；如果置數年之事於不問，而認為我終是統一的障礙，也請蔣先生定罪。因此我決定留京待罪，聽候蔣先生命令。但任援道先生到京以後，告訴我許多消息，說：蔣先生是對我諒解的，因此我不宜留京。若滯留南京，反使蔣先生處置兩難。任先生直接勸我兩次，間接託人勸我兩次。當時我無法能得蔣先生的真意，而能通電的，據說也只有任先生。任先生還說蔣先生要我離京是不會來電，而且不好來電的。」當時公博既鑑於南京秩序的極度混亂，又以任援道的一再勸告，終於在臨行赴日之前，先呈蔣先生一函，函中有「鈞座一有命令，公博當出而自首」之語。公博總不會無端端卸責於任援道吧！而任援道在香港時卻又竭力否認其事。但是當去年我赴日本時，遇見舊時任部師長劉毅夫時，閒談及於這一經過，毅夫說：「任老總的確有力勸陳主席離京暫避的事，其中有一次，還是任老總要我面見陳主席代達的。」我不知任援道先生何以要事事隱飾？或亦有其難言之隱耶？

眾異遺書中的第二件事，是有關其幼女公子毛妹過寄給愚夫婦為義女的事。眾異共有男女公子八人，其中長女公子現留大陸，存亡不知外，二女公子以腰病早逝，存年僅得十八。六女公子在戰時以傷寒症轉為腸出血不治而死，七女公子又早自戕。省齋夫人文若女士行三，現在港。公子兩人，長淵芳，戰前赴法，即不知所終，次公子秋若，又因肺病窮困而死，現所存者省齋夫人外，僅為羈身大陸之毛妹耳。

愛憐少子，本是天下一般做父母者的常情，況毛妹出生未久，眾異即陷身縲絏，想到她未來的教養，骨肉之情，自不能恝然置之。既自知決無生還之望，而要以愚夫婦為其義父母，無他，在入獄以前，我與眾異可說毫無交情，但入獄以後，那時我還血氣未衰，對獄中不合理的待遇，好抗爭，也好為難友抱不平而出頭干預，眾異卻頗讚許我的這一副傻勁。至於內人，眾異卻從未謀面，而在其遺書中溢美的盛讚，則以難友之間，已到了彼此間全無秘密的境地，通常即以秘密遞入的萬金家書交換閱讀，他以內人尚能持家，遂要以毛妹相托。當時我曾力辭以為不可，最大的原因，即因我與其愛婿省齋，既有金蘭之誼，行輩不稱，再則，自問破產之後，更恐無力加以照料，而眾異卻正顏對我說：「這是在獄室中於臨命前的托孤，任何藉詞，即為推託。」這樣才使我不得不惶恐從命。但是當我出獄後不久，即襆被南來，對毛妹也未曾負過一天的責任，及今思之，猶覺內愧於心也。

遺書中提及陶亢德、柳雨生二人，實則他們與汪政權絕無關係，僅因他們在滬頗有文名，又均以家累不克捨之而遠走內地，在滬共同主持太平書店時，筆下也絕無媚日言論。但以日人在東京召開大東亞作家大會，迫人參加，在日人槍刺之下，抗拒即殺身，於是一經出席，遂成罪證，終於同繫提籃橋獄，又各被判處徒刑三年。亢德恢復自由後，家居閉門養晦，共軍南下後，又被送往遠地勞動改造。柳雨生在眾異遺書中謂：「吾之觀察，柳之前途，甚有希望。」今雨生以苦學成名，浸成為國際著名學者，可見眾異之目光如炬，確有其知人之明。

眾異在獄中於絕望之餘，俯仰興悲，惟以吟詩來遣愁明志。同囚者雖泰半為知書之士，但真正能詩而堪與眾異唱和者，又僅得叔雍一人，故其遺詩中，甚多為兩人間次韻之作。眾異在獄，又常為難友所窘，人人知其為詩學中當代的泰山北斗，乃紛紛向他請益，有些人文字且未達清通之境，居然也大膽寫作，詩成，且丐眾異為之潤色。記得有一天，我正與他在獄室長廊中小談，他忽然匆匆走避，我以為有事發生，他卻附耳向我低言說：「檢察官來了，我怕了他！」舉目遙望，來者只是油糧商人陳子彝。我說：「這是子彝。」眾異也不禁莞爾說：「是的，他又來與我談詩，我怕他的與吾談詩，或尤勝於檢察官的問案。」自他判處死刑以後，人人都知道他命在旦夕，於是不論為難友，為獄卒，或為難友外間之親友，向他索詩索書者應接不暇。眾異又常為他們在黯淡的燈光下徹夜為之，獄居而又不能得一日之清閒，其可憐可悲又為何如耶！

茲於省齋嫂處獲得誦其尊人遺詩十六首，片羽吉光，彌足珍貴，亟為謄正錄刊，以作為本文之殿：

# 梁鴻志獄中詩

## 獄述

賸有宜州數卷書（篋中惟山谷集），鐵檽疏處任咿唔，
窺天未肯呼蒼昊，席地渾疑返古初。
婦饁淚凝方寸肉，家書形似膾殘魚，
平生飲水今知味，便與盧同碗盞疏（久不茗飲）。

## 次和獄居春暮

不見朝曦見夕暉（獄室西向），人間春不到圜扉，
誅求更比追逋急，羅織從知漏網稀。
豈有茶湯供晚食，斷無風浴厭春衣，
無差別定吾能入，窮子何須更念歸。

## 落暉　次叔雍韻

又見遙燈送落暉，旋憑高枕對窗扉，
漸空塵障冤親盡，迴念朋尊故舊稀。
洗面細君惟有淚，忍寒聲叟不求衣，
一房久作無家客，已信春歸客未歸（室人書來言以淚洗面與李後主語暗合）。

## 獄中送春索叔雍同作

春在江南何處春，曉鐘才動便無痕，
亂紅作態連玄圃，新綠驕人點白門。
一客墜鞭瞻馬首，千家啼血怨鵑魂，
危困何與南冠事，煙柳斜陽懶更論。

## 入獄日叔雍有詩奉和

壺觴難賞不貲春，縲絏猶留未死身，
孤負清明連上巳，本來無著是天親，
無燈暗坐星窺客，引被酣眠夢趁人，
卻笑南冠珍重閣，強持宮體遣芳辰（叔雍同日入獄有移居宮體之作）。

## 獄圃閒步

眼底芳春似晚秋，意行聊用散幽憂，
雁行何限范興話，鳶站今忍馬少游。
垂老英雄宜種菜，已衰筋力怯登樓，
妻孥莫問眠和食，自有丹心照白頭。

## 無題

早是元龍豪氣盡，雲表空談百尺樓，
砌陰初長三年放，新詞忍譜掃花遊。
舊夢漸散隨水逝，底事行吟集百憂，
不關春恨不悲秋，漫勞恩怨在心頭。

## 四月一日雨中午睡疊前韻

細雨斑斑入遠村，高樓惘惘惜春痕，
尊前岸幘知無地，花底支節別有門。
餘瀋尚堪書牘背，小眠聊與慰詩魂，
風波屢試身猶健，一霎陰晴不待論。

## 獄中驟熱三次前韻

驕陽未夏已暉暉，便想籐床倚竹扉，
我自棄材天亦妒，世皆疑獄古應稀。
招涼正待髡霜髩，作健猶堪試赭衣，
初聞生還等閒死，算來無往亦無歸。

## 晨起四次前韻

蜂房處處見晨暉，詗卒遲遲為啓扉，
沃盥持匜成慣習，旗槍試茗久疏稀。
朝饑自瀹前宵飯，老懶誰更臥內衣，
昔為眾生今入獄，此心禪定算知歸。

## 雨中五疊韻

彌天陰翳失朝暉，雲氣垂簷雨打扉，
不為鵬來傷運蹇，轉因麟獲悟知稀。
然多囊篋供群盜，有限緇塵點素衣，
依舊年時閔農意，課晴占雨憺忘歸。

## 獄述寄內六疊韻

了無夕月與晨暉，以地為床鐵作扉，
雜報傳觀公論少，故交彌望尺書稀。
勢如潮湧囚爭飯，靜待風生客浣衣，
舉室飢寒莫關白，無家我已不思歸。

## 閨人餉沸水一瓶始得茗飲蓋二十日未嘗此味矣九疊前韻

自挈軍持犯曉暉，相攜來攲訟庭扉，
煎成定覺羊腸繞，瀹後稍憐蟹眼稀。
與子同心指瓶水，不須鬥茗濺春衣，
兼旬磊塊澆難盡，累汝銜愁緩緩歸。

## 樓居十疊前韻

樓居無地賞林暉，獄户何人更欸扉，
補睡光陰春夢淺，食貧風味晚餐稀。
訟冤自奮哀時筆，忍辱先裁蓋瘻衣，
世議萬端身一笑，餘生焉用苦思歸。

## 贈陶柳二生意有未盡再贈一絕句

東坡二友共南遷（東坡渡嶺上攜陶靖節柳子厚二集謂之南遷二友），
與古為徒意凜然，
伴我幽囚得陶柳，
故應一笑傲前賢。

的印象中，僅知他一度會代理過浙江省主席，在韓復榘主魯時代，他代表國民政府在濟南負起聯絡與監視的任務。抗戰以後，又奉命到上海主持地下活動。

像他這樣一個人物，而又留在淪陷區內，是不會不受日本憲兵的注意的，遲早也總將逃不過被捕的厄運，而這事也終於發生了。事發以後經過了相當的日子，我才於無意中獲得這個消息。事情的經過是這樣的：在一九四一年的初春，一次周佛海上海居爾典路（後改稱湖南路）的住宅中，舉行一個電影晚會，放映一部剛拍好而尚未正式公映的歌舞片——中日合作的「華影」公司出品，而由李麗華主演的「萬紫千紅」。那天的晚會，是為了張善琨在不久以前，因為私通重慶嫌疑而被日本憲兵所拘捕，得周佛海的營救而獲得保釋，他為表示謝意，以這一部影片送至周宅獻映。

善琨是太懂得一切世故人情的人，他知道佛海不一定歡喜看電影，但一定高興欣賞影星們的丰姿與演技。那天的場面，因所有「華影」的影星，幾乎空群而往，倒真稱得上「萬紫千紅」。周宅的大廳上設了四席酒，影片的放映地點，是在大廳前綠茵一片的草地上，善琨悠閒地立在草地一角，因為我與他也是朋友，為了他的脫險，不免上前去向他道喜。說來慚愧，我對善琨的「捉放」，事前也是一無所知。由於我當時在南京與上海辦有兩張報紙，就不免要向他探問在憲兵隊中的遭遇，他偷偷地告訴了我兩項秘密消息，一件是新聞報以「小記者」為筆名的嚴諤聲與他同囚在一處，這意外的消息使我感到非常驚愕。

嚴諤聲與我是新聞界的老朋友，但由於個性相距得很多，他是穩重而又嚴謹的人，剛與我的放蕩衝動相反，因此儘管是同業，而且多年來又同是上海記者公會的執行理事，但以性格上的格格不入，很少有友誼上的來往。他不但主編新聞報的副刊「茶話」，而且還兼任了上海市總商會與公共租界納稅華人會的秘書。國軍從上海撤退以後，主持該兩會的負責人，如王曉籟、杜月笙等都相繼離滬，而私章卻都交在諤聲之手。因此日本憲兵隊就處心積慮地要把他拘捕。

早在一九四〇年汪政權建立不久，嚴諤聲的太太就被汪政權的上海特務機關「七十六號」所拘押過了。關於這事，倒有一段有趣的插曲。諤聲太太被捕之日，我正在南京。第二天的傍晚，我在夫子廟的太平洋菜館與朋友們共進晚餐，諤聲的一位表弟由上海趕來看我，說是受諤聲之托，要我對他的太太加以營救。諤聲夫人是一位篤信基督教的純粹家庭主婦，患有很深的胃病，身體十分孱弱；決不能抵受長期羈禁。而她之所以被捕，是因為「七十六號」捉不到諤聲，遂以他的夫人來作為人質。

當年我的基本態度，還不懂是什麼「忠貞」、「愛國」等一類自裝門面的高調，我對特工的行徑，心理上一向深痛疾惡，我以為不問中國歷史上的東廠或西廠，外國的蓋世太保或格別烏，他們的殘忍卑劣，都是一丘之貉。尤其當對外戰爭時，儘可以不同的見解，各行其是，又何必箕豆相煎，自相殘殺，這是因政治而埋沒了人性。因此，我對諤聲的請托，就一口應承。

因為李士群也是周佛海左右十人組織之一，我與他也算有著金蘭之誼，於是毫不考慮地就在菜館中打了個電話給士群，我在電話中剛說了一句「七十六號為什麼要把嚴諤聲夫人拘押」，士群就搶著說：「雄白！你真是糊塗，這種事豈可在電話中商量的？有什麼問題，可立刻來我處面談。」我一想不錯，於是放下話筒，就立刻趕去。到得那裡，士群京寓的起坐室中，除士群外，正坐著蘇成德（首都警察廳長）與唐生明（唐生智之四弟）兩人，見我趕到，同時發出了笑聲。士群說：「我明早將搭七點鐘的京滬快車回上海，在火車上正好休息，今晚就不擬睡覺了，想打一晚通宵麻將來消磨時光，正苦三缺一，而你卻來了電話，恰好自投羅網。現在賭意正濃，無心聽你講別人家的閒事，什麼話等打完了牌再說。」他也不等我的同意，拉開牌桌，這樣就一起打到了清晨六時，我敗了，而且敗得很慘。

在士群起身搭車之前，笑著對我說：「看在你陪我打了一場通宵麻將的份上，又輸給了我們那麼多錢，不是你來要為嚴諤聲太太說情嗎？那麼，你可以打電話到上海去，要他們來『七十六號』把她領回好了！」想不到這事就輕輕鬆鬆的如此解決了。士群雖然是一個特務工作人員，外表瘦削斯文，對人也很有一些人情味，決不像外面對他那樣的種種傳說。既然張善琨說諤聲是與他同囚在一處，事實當然完全可信。

善琨告訴我第二個消息，是蔣伯誠也被日本憲兵所拘捕了。蔣伯誠怎樣被捕與關在何處，他都不知道，但事情是千真萬確的，而且他之被捕，就是受到蔣伯誠的牽累。原來蔣伯誠的太太，是名坤伶杜麗雲，凡是老夫少妻，家庭中總不免有些難言之隱，杜麗雲一度曾棄家出走，最後仗善琨之力，才把她追尋回來，始得重圓破鏡。因此，他與蔣伯誠之間有著相當密切的關係，而蔣伯誠被捕後，在他家裡卻搜出了善琨的去信，於是也一併株連。

事有湊巧，兩三天後，為「海報」長期撰稿的唐大郎也來看我，告訴我他的好友毛子佩與蔣伯誠一同被日本憲兵拘禁了，他要我設法營救。毛子佩在戰前曾辦過一張小報，但我與他並不相識。子佩不知以何淵源，抗戰後攀附上了上海市黨部主任委員吳紹澍，而竟然也榮任為委員，留在上海從事地下工作。說來可憐，雖然我參加了汪政權，但除公開場合以外，向不與任何一個日本人來往，一無門路，試問我有什麼力量幫忙。但由於大郎的苦求不已，而且他還告訴了一個秘密，就是毛子佩等雖然失去了自由，但在押所還可以看報，因此大郎就在他「海報」所寫的稿件中，與他暗通消息。大郎說：「你自已不留意，我在『海報』上已通知他將由你設法營救，份屬同業，只有請你勉為其難了。」

我是絕無辦法的，唯一可以進言之處，只有轉求周佛海。我去見他，一述來意之後，佛海就說：「毛子佩雖情節較輕，但因他與蔣伯誠同案，不便單獨為他說項。關於伯誠的問題，我與他是老友，論公論私，都應為他出一些力。我已奔走了多時，請川本（當時日軍駐滬「登部隊」的陸軍部長）與岡田酉次兩人向東京軍部疏通，已經有了眉目；現在只候日軍部的最後決定。一旦如能實現，我還想請你出面，完成保釋手續。」這一席話，頗出乎我意料之外，不但不費吹灰之力，使我可以對朋友有個交代，而且像堂堂軍事委員會委員長代表如蔣伯誠這樣的一個人物，要由我來擔保，這自然是出於佛海對我的好意了。

大約至一九四一年的仲春，佛海通知我蔣伯誠等於翌日覓保釋放，但日期已經記不起了。那天的下午二時左右，約會了另一保人徐采丞（徐是杜月笙在上海的代表，但他有辦法同時獲得日軍的信任，不但與川本好，而且與日軍特務機關「松機關」的阪田也有密切關係。在抗戰中，後方物資缺乏，由孔祥熙、杜月笙、戴笠、顧祝同等辦了一個通濟隆公司，專向淪陷區搜購物資濟急。采丞竟然說動了阪田，撥出鉅資，也成立一個民華公司作為聯繫，曾將大批紗布、橡膠、藥物等源源由淪陷區運往抗戰區）會齊，先往上海靜安寺路原前清郵傳部大臣盛宣懷私宅的川本公館，由他派出了一名聯絡參謀，同赴貝當路憲兵隊會見杉原隊長。杉原取出了一紙保狀，要我們簽字蓋章，而擔保人的責任，又是異常吃重：一、今後被保人不再作任何政治活動；二、如需離開上海，應先取得日本憲兵的同意。對皇軍是沒有討價還價的，我們只有硬著頭皮把名字照簽在保狀之上。

寫好保狀，才一起驅車赴西蒲石路本為萬墨林住宅的軟禁之所。那時蔣伯誠還偃臥在床上，其餘幾人，是他的大太杜麗雲，他的兒子宇鈞，上海市黨部委員王先清、毛子佩以及杜月笙的親信萬墨林夫婦。杉原要他們在室內整整地一字排列好，肅立聽他的訓話，然後再要他們向我和采丞深深一鞠躬致謝，才命令監視他們的便衣憲兵全部撤退，完成了保釋手續。

全部七個人看到保釋他們的竟然是一個絕不相識的我，那時臉上所露出感激與欣喜的表情，以及蔣伯誠的連聲稱謝，現在回想起來，此情此景，還如在目前。但是政治就是政治，所有參加汪政權的人，都天真得可笑，往往把友情放在政治之上，就以這事而論，在營救方面，我雖未出力，擔保卻要負起很大的責任，而以後他們對我的報酬，將使我永難忘卻。

在一九四九年時，抗戰勝利所獲得的成果，短短於四年之間，又全部斷送了。他們也與我一樣，倉皇辭廟，遠走海外。一次，我與朋友去九龍五芳齋進餐，旁桌上坐著王委員，見到我竟然若不相識，朋友是知道過去這一段經過的而又與他相熟的，就上前去輕輕問他：「雄白不是曾經救過你，怎樣你連招呼也不打一個？」他回答得很乾脆：「沒有這回事」，朋友回座告訴了我王委員的話，我感到一陣莫大的追悔。

其中的萬墨林與杜月笙為上海浦東同鄉，兩人的關係，介乎主僕、師生之間。杜月笙離滬以後，他仍然留在上海供奔走之役。他的兩次被捕，都是我營救脫險的。除了我受他夫婦一鞠躬之外，此後即不曾再見過面。他前年在台灣的某刊物上寫過一篇兩次被捕的經過，筆下大義凜然，我是心知內情的人，讀後就不免為之啞然失笑了。

毛子佩的鑽營本領，我十分欽佩。他在保釋以後，當然仍照常工作，也承他不避嫌疑，常來看我，多半是為了經濟上的通融。一次日憲又要把他拘捕時，他乘夜來我寓所，要求為他掩護，我臨時給他一張我所主持的「平報」職員證，填上假姓名，才得避過日軍耳目，登上火車，從容自杭州逃往內地，非但我沒有履行擔保的責任，反而協助了他的逃亡。

日本投降以後，毛子佩就急急趕回上海，一到就來看我，提出了兩項要求，第一：今後要展開工作，身分不同，應有一所像樣的房子居住；第二，想接收「平報」，改名繼續出版。我很清楚自己已不再有利用價值，生命且難保，況乎身外之物的財產？當場就痛快地答應為他安排。

在舊法租界的福履理路，我有兩所連在一起的花園洋房，同一大門出入，中間僅隔著一個花園，買來以後，重加改造裝修後，即不曾有人居住過，我就貢獻出來作為新的毛公館，他自然欣然遷入，與他兩位夫人一同居住。不幸妻妾之間，偶因詬誶，他的如夫人竟跳樓自戕身死於此。他住的是前面一所，後一所他代我送給了章士釗居住。記得一九五〇年時，這位章行老為了某家析產的事來港出任調停，當他住在香港利群道時，我因受某家長兄之托，也參加為魯仲連，與他相見。雖然我與他是當年的上海律師同業，而且曾經辦過幾起對手案子，不知他是身價自高呢，還是年老健忘？通名報姓以後，他竟表示從不相識。在談話中卻忽然若有所悟，問我道：「現在我上海所住的房子，是否就是你的？」不錯，房子本是我的，但既由毛子佩慷我之慨，更何況成王敗寇，敝產早成「逆產」，教我怎樣好意思還以房東自居？我只有惶恐答道「招待不周！招待不周」！

關於第二問題，我勸毛子佩，「平報」是一張大報，不易經營，不如接收我另一張小型報的「海報」，因在東南地區有著良好的基礎，倒不失為生財之道，他虛懷若谷，當場決定，就將「海報」改稱為「鐵報」而繼續發行。在中共南下以前，四年之間，仍行銷如舊。對毛子佩而言，這是他一生際遇上的迴光返照。至於「平報」，由他送給了吳紹澍，改名「正言報」，應了我那句話，始終沒有經營好。

言歸正傳，蔣伯誠經我保釋以後，自由雖然恢復，而身體仍未復原，一直到他逝世為止，長年睡在床上。但因為除他本身工作以外，他與吳紹澍公私上均有聯繫，上海風聲緊，吳紹澍遠避在安徽的屯溪，所有吳紹澍所主持的上海市黨部與上海市三民主義青年團，事實上均由蔣伯誠就近直接指揮，但他以癱瘓之身，試問尚有何事可為？這一時期我不但成為他家的常客，而且是他家的特客。也不但是他與佛海之間的聯絡人，也且是他工作上的助手。

他在保釋以後，即遷住到靜安寺路愚園路口的百樂門公寓，名義上雖然已恢復自由，而在他寓所的四周，仍有日本憲兵隊的密探在暗中監視，因此真正的抗戰工作份子，反而明哲保身，裹足不前了。我因係保證人之故，且負有他們不得擅離上海的責任，故由佛海通知日軍，為了需要經常前往探察，反而可以公然出入。每當我去時，總先由杜麗雲殷勤招待，再陪同進入伯誠的臥室，立時摒退左右，就坐在他床前與他傾耳密談。直至抗戰勝利為止，他們對我的優禮，始終不衰。凡是他對我提出的任何要求，我也總是奉命唯謹，如上海市黨部與三青團的經費，從此都由我一人負擔，被日憲拘禁在鎮江監獄的重慶工作份子，數達一二百人，由我奔走釋放。當我每完成一件任務，他總懇切的對我說：你如此為國家出力，我已代你向軍委會呈報備案，將來有關你的問題，也將由我完全負責。我也照例對他以微笑來代替道謝。

周佛海對蔣伯誠可說關顧備至，日常生活費用都交我送去，有事商量，總使他如願以償，而伯誠對佛海說，確然也有過一些真心，如一九四四年佛海兼任上海市長時，還是由他去電重慶請示的。一九四五年的初春，因不放心佛海與戴笠之間的關係，要佛海寫好親筆信後由他輾轉帶渝呈給極峰，以窺探真意。日本投降之後，他又托我轉言佛海，力阻他隨戴笠飛渝。以上各種經過，已詳前書中，茲不再贅。

蔣伯誠儘管以病廢之身，做不了什麼事，但他的處境無疑是危險的，無日不可以被日憲逮捕，也無時不可以送命。一次他在閒談中向我嘆息著說：「人家是發的國難財，而我在滬為國家辛苦了幾年，卻換來了一身的病，連上海一所住宅，也忍痛賣掉了。你是知道的，這裡四周都為敵人所監視，如其有一天需要逃難的時候，將連一個藏身之所也沒有。」那時我自問只是對一個為國家出力的人同情，三天之後，就在舊法租界一處隱僻的所在，用了一個化名，為他買進了一所不算太小的洋房，還立即重加裝修，並加添各種安全設備。等一切佈置就緒之後，我把產權憑證與印鑑一併送給了他，他不但欣然接受，而且還命杜麗雲親往察看，表示出十分滿意。

其實汪政權中的人冒險幫忙，只是一時利用的工具而已，不要說我，連地位與關係如蔣伯誠者，最後也逃不過鳥盡弓藏的命運。日本宣布投降後的第二三晚，我又去看他。杜麗雲告訴我，他受了一些刺激，血壓劇升，情勢危殆，我走到他床前，看到他滿面通紅，正呻吟不已，一問原因，原來是聽到廣播中重慶任命了錢大鈞為上海市市長之故。他一直以為在上海冒險工作，如一旦勝利，上海市長一席，自然無人可以與之爭衡，勢將非他莫屬了。這一消息，使他失望，也使他衝動。我與他談話時，在他低微斷續的談吐中，充滿了憤激牢騷之語。

以後雖然曾在大西路成立了「軍事委員會委員長駐滬代表公署」，一時臣門如市，當年的蔣委員長又曾親筆寫給他一封全文二十九字的慰問信，可稱慰情聊勝，但依照常理而論，這一公署應該是上海的最高指揮機關，而他無疑是最高的負責人，但等到天上飛下來的，地下鑽出來的捲土重來之後，他卻反而處處受制於人。某一天，他的兒子宇鈞，因幫人交涉誤被查封接收的房屋時，軍統認為干涉了他們的行使權力，到門向他指責，他在氣憤之下，一記耳光就把他的兒子宇鈞一邊的耳朵震聾了好幾天。

不知怎樣，連我送給他的那一所房子，也給軍統查出來了，派人去向他詢問。這一來，卻急壞了杜麗雲，連夜把內人找去，將房契與印鑑強行退回。我那時已置身縲絏，本來不知有此事，而追查財產的檢察官忽然將我提審，專門審問我那所房屋的事，我當時竭力否認，檢察官卻妙想天開，厲聲說：「你說不是你的，有什麼證明？」我戰戰兢兢的作供說：「大老爺明鑑，如其你以為連跑馬廳也是我的，試問我又怎樣能提得出證明？」一次審問就在尷尬場面中不了而了。

勝利以後，我被安上了一頂帽子，抄了家，也入了獄，在法庭宣告判決以前，連生死都不知道，我自己反因既然插翅難飛，就抱著聽天由命的態度，倒是把家人急壞了。照理最應該幫我忙的是這位蔣伯老了，但今非昔比，情形既已大變，一切交誼，早成過去，今天我仍然不能怪他的食言而肥，因為我知道他勝利後的環境，也許比之秘密工作時更壞，於是心境影響了情緒，環境也影響到他的出力。在審判中，內子曾去求他證明，他說：「你丈夫之所以有今天，就是你丈夫當年太紅之故！」內子向來有遺傳性的神經衰弱症，怎樣也料不到他會說出這樣的話來，勉強說了一句「伯老！當年是不是你都曾經唯恐我丈夫不夠紅的？」說完，就昏倒在他床前的沙發椅上。

大約由於內子的這一舉動，激發了他對我的同情心，終於由「委員長駐滬代表公署」以正式公文送交了法院，按事列舉，證明我當年曾經做過些狗捉老鼠的閒事，並派他的兒子宇鈞為我到庭作證。我感激他的成全，也因為他的證明，帽子減小了，一再末減結果，渡過了九百十二天的牢獄生涯，使我今天還得優遊海外。

一九四八年，當我出獄以後，我去向他道謝，那時他又搬到了王家沙的一處小公寓中，早已門庭冷落，不再有一些風雲人物的跡象，只有杜麗雲還陪伴著他，他也仍然斜臥在病榻上，病況毫無起色。我表達了幾句謝意之後，彼此就默默的相對著。因為我正在想：過去的事，像是一場大夢！相信他也是在想吧！過去的事，真像是一場大夢！這是我與他最後的一次見面了。因為我來港以後不久，就由大陸來人，傳來了蔣伯誠逝世的噩耗。此後數年，又有人說：連杜麗雲都也因病而追隨她丈夫於地下了！

## 二二一、「黑白大王」盛老三

在不尋常的時代中，往往會出現些不尋常的人物，所謂時勢造「英雄」也。一般亂世英雄，固不必定有什麼濟世匡時的能耐；吹得了牛，狠得起心，依靠一些憑藉，拼著一條窮命，不難際會風雲，出人頭地，特別在戰亂之際，這情形就更為顯著。歷史上本來就不乏其例：如一個微不足道的泗上亭長，一個皇覺寺裡的酒肉和尚，也且能稱王稱帝，則章士釗所謂「居然吾郡成豐沛」，適見其少見多怪。所以，等而下之，不論那一次易代，許多雞犬同升的新貴們，也儘多是些名不見經傳的屠沽之輩而已。

即以本刊所寫汪政權一代而論，其中人物，除了極少數有些學識，有些抱負，尚不失為有志想創造時勢者而外，其他都不過是依違其間，夤緣謀食，儘管有些人徼倖得志，而好夢易醒，竟是黃粱未熟！我一生所目擊的芸芸眾生之中，都逃不出「眼看他起高樓，眼看他樓坍了」的命運。其中，使我想到了盛老三這個人。

在抗戰時期淪陷後的上海，幾乎人人都知道有一個手握鴉片與食鹽兩大利藪，被稱為「黑白大王」的盛老三，很少人知道他本來的名號。而別人卻並不如此，如同一時期，同樣受日人卵翼而紅極一時的「蘇浙皖統稅局」局長邵式軍，人們且絕不知他的排行為第幾。

盛老三名文頤，字幼盦，是前清郵傳部大臣盛宣懷的胞侄。盛宣懷的幾個兒子，藉了先人的餘蔭，又當宋子文初自美國返抵上海，曾一度進入盛家事業圈的漢冶萍煤礦公司任事，因此淵源，在抗戰以前，盛氏諸子，有些得在國民政府財政部所屬的稅收機關中出任肥缺。而以排行為人所稱，又似是盛家的特徵。如盛老四、盛老五、盛老七等人，都曾經是上海「上流社會」中的一時知名人物。可是好景不常，戰後情形大變，老七於一九五一年去了日本，不久逝世，身後蕭條，他的一位由如夫人扶正的妻子，還是在香港時期補行了一次簡單的婚禮，而由我證婚的，聽說現在在東京竟屈為一家中國菜館的女僕。老五前數年還住在香港英皇道，已是貧病交迫，連醫藥費也至無法張羅。我與他本不相熟，因他自知將不久人世，由朋友約我去為他寫一張遺囑。有一天，方告落坐，剛好他家裡叫來了幾斤白米，一罐火油，總計不過十餘元港幣，而戔戔之數，竟訕訕要向我告貸。老五死了以後，他的那一位遺孀，情形之慘，更甚於老七的那一位，她最近的遭遇，就不忍言了。

現在比較得意的是老四的兒子毓度，十餘年前他在香港時，同樣一籌莫展，結果遷地為良，去了日本。因他祖父的關係，得到了日本人的幫助，在東京開設了一家規模不小的「留園」中國菜館，名宦之後，卒以吃上海人所謂「油炒飯」為生。每次我去東京，有時也往那裡進食，看到他對主顧們卑躬迎送。口中還不斷喃喃地多謝連聲，見此情景，心中自有說不出的一種滋味。「留園」原是盛宣懷生前在蘇州所置的一所頗有亭台花木之勝的花園，而其令孫卻移作為食肆的招牌，而且在大門入口處還懸上了一幅他令祖巨大的遺影，朝服輝煌，儀容肅穆，儘管這地位有些像是司閽模樣，但總是出於這位賢孫的光輝門庭，孝思不匱之意。

我並不知道盛老三過去的經歷，在交往以後，才在他口中告訴我曾經在民初出任過京漢（？）

路局的局長，因此，熟識了不少華北方面的日人。數十年的時間很快過去，他相識的日本人，到了抗戰時期，都已躋身高位。盛老三正值窮愁潦倒的時候，日人想到了他，而要他辦的卻又是一件專賣鴉片的發財事業，這對他當時的處境而言，自是求之不得之事。

戰時，日本人在軍事佔領地區，不但搜括物資，以戰養戰，而且大開賭禁，販賣鴉片，以毒害中國人民來籌措特務經費。被人稱為「歹土」的上海滬西區外人越界築路地帶，以及南市的華界，日人發動許多「白相人」開設賭館，規模宏大，無數市民為之傾家蕩產。至於鴉片，則委由盛老三組織了一個機構，而名字怪得很，銷售害人的毒品，反而叫作「宏濟善堂」。那時因為交通中斷，雲土、川土來源不繼，日軍負責自古北口及安徽亳州出產的煙土，源源南運，向華中各地傾銷。街頭巷尾，吸食鴉片的所謂「談話所」，到處都是。

「宏濟善堂」是淪陷區中早期唯一專營鴉片的機構，除總堂設在上海之外，各省各縣，下至各鄉各鎮，無不有分支機構來經營其事。鴉片這一項生意，向來就是一大財源，儘管中山先生在他的遺教中指出：要靠鴉片來籌一文錢的，就是賣國賊！但「特貨」一向成為國家除正當稅收以外的一項最大收入。過去數十年中，秘密經費以至內戰費用，無可諱言，都仰此挹注。各省的武人們更視此為生財大道，甚至戰前上海幾個所謂「大亨」也者，也以此起家發跡，居然由草莽而成為廟堂中的人物。盛老三一旦獲得專營，財源滾滾，利潤之高，自可想而知。

盛老三對鴉片原是一個外行，但在上海租界內鴉片公開時代，經營此業者以潮洲幫為最具實力，鄭家木橋一帶，鱗次櫛比，掛滿了金字招牌的鴉片字號，都掌握在潮州幫手裡。盛老三在經營鴉片方面，也以潮州幫中的藍芑蓀為他手下的第一大將。但日本人總想利用中國人來為他們的傀儡的，對盛老三也並不例外。一個名叫薩多米，而有著「李劍父」中國姓名的日本浪人，才是真正的「宏濟善堂」的主持人，盛老三完全受他的指揮監督。

「宏濟善堂」固然以籌措日軍在華的特務經費為主要目的，但因收入過於龐大，於是由李劍父經手，在華的軍部以外，連日本國內的大臣及國會議員，都按月獲得分潤。太平洋戰爭以後，日本又成立了一個「興亞院」，事實上等於過去英國的殖民部，而院長鈴木，又是盛老三在華北時代相識的朋友，有此奧援，聲勢更是不凡。

他家住在上海法租界金神父路，是一處占地二三十畝的大花園洋房，論氣派之大，是那時中國人中的第一，連汪精衛、陳公博、周佛海等的住宅，也還不足與比擬。房屋四周一帶高崇的圍牆，兩扇烏黑的大鐵門又常年緊閉，防範嚴密，有人往訪，汽車開到門前，喇叭一響，大門上一個小洞開啟了，因為門後的右側，就是傳達處，不但有司閽，而且有四名日本憲兵經常駐守。來客取出名刺，日本憲兵記下了汽車號碼，用目光向來客仔細端詳，認為並無可疑之處，才以電話通報。准許進見的，大鐵門開啟，汽車緩緩駛入，兩個日本憲兵緊握手槍，立時分左右跳上汽車兩旁的腳踏板上，像押解犯人似的，通過長長的花園通道，在花木扶疏中，直送至大廳階前，那時早有屋內的傭僕接應，送入樓下的大會客廳，恭坐等待。

盛老三預約的普通賓客或宏濟善堂的職員們，往往許多人約在同一時間接見，他居中上坐，放言高談，來客們屏息而聽，連聲喏喏。有特殊身分的人，才被延至樓上他的煙榻畔相見，他一面抽煙，一面談話，房中也只有一個姓羅的心腹長隨隨侍在側。前見近人在報上所寫的記述中，說看到周佛海的大廳上，竟然放的是金質痰盂，這才是天大的笑話。姑不論周佛海的政治立場如何，他到底還是個讀書種子，又何至庸俗一至於此？況且，即使是一個金質痰盂，試問又所值幾何？如要以金痰盂來炫耀他的財富，不但顯得庸俗，亦見得十分愚蠢。倒是盛老三的鴉片盤中，確然放著一個金痰盂，但也不過高兩三寸的小小一具而已。

我認識盛老三時，他已經六十七八歲的年紀，大約由於染有太深的煙癮，清癯瘦削，體重不會超過一百磅，望之儼然一頭猴子模樣。但當他過足煙癮之後，發音清朗，精神健旺，談數小時而娓娓不倦。他家中只有一位如夫人，本出身於長三堂子，一個弱冠的兒子，又是螟蛉而來的。如此簡單的家庭，不但房屋寬敞，而且陳設豪華。一九四四年前後，上海因煤斤缺乏，實行節電，而盛家卻自置發電機發電，整日燈光燦爛，全上海不知有多少巨紳富賈，能夠有如此排場的，也恐只此一家而已。

我與盛老三從相識而合作的經過，說來話長。原來當周佛海隨汪精衛氏由渝輾轉來滬，發動「和平運動」，進而組織政權的準備時，他邀我參加。他告訴我，他的職位，雖是財政部長，但他將協助汪氏展開全面的政治工作。意思很明顯，他所負的責任與所處的地位，是僅次於汪氏。我忽然心血來潮，以為搞政治，第一就是要錢，沒有錢，則一切無從談起，基於他將出任財政部長這一點上，我作出了兩個計畫：第一、創辦一家銀行，讓他可以有所運用而放手幹去。以後我所主持的南京興業銀行，不但開辦還遠在「中央儲備銀行」之前，而且領到了財政部的第一號銀行執照。第二、我想到食鹽非但一向為大利所在，而且在淪陷地區中，中國的鹽政與鹽業，早已被日軍所攫奪，他們不但控制了產鹽最多的華北長蘆鹽場，也佔有了淮北鹽場。過去經營鹽業的場商、運商與銷商，分得很嚴格，不得兼營，而這時早已紊亂不清。在東南地區，由日軍直接卵翼下，成立了一個通源鹽公司，主其事的為丁劍橋（伯雄）與周吉甫兩人，為華中地區的唯一銷商。

佛海這個人，確是有些氣度的，他也決不斤斤於細節，只要你能言之成理，無不坦然採納。我的兩項建議，一經得他的同意，在汪政權建立之前，即已著手準備。此後，銀行業務依賴他的支持，辦得很有成績，南京總行，在中華路自建了一所戰後最具規模的大廈（勝利後被接收而成為中央信託局局址），以後在上海又開設了分行。迨佛海兼任上海市長後，事實上成為上海的市庫。佛海為重慶工作，從未領過一分經費，這銀行多少給了佛海一些政治上運用的便利。

對銀行我已經是門外漢了，而對鹽業，更是一竅不通。我先收買了一些還是前清遺留下來運鹽憑證的引票，就開始籌備。佛海同意將來淮南、松江、餘姚三個產鹽區域的食鹽，因日人尚未染指，交給我一家收買。這應該是一個最優惠的條件，無如我本身已是外行，而延聘來的專職人員，又了無經驗，如此，豈非是盲人又騎瞎馬？因此，一直等到汪政權的建立，雖然分在三個鹽產區成立了三個公司，而業務仍然無法開展。名義上我是個三個公司的董事長，但事實上卻又一直無暇過問。

事有湊巧，不知怎樣，周吉甫走通了佛海的門路，又時常出入於佛海的私宅，而佛海對他，也有著不壞的印象。有一天，佛海突然問我鹽公司的情形，我只有據實答覆。佛海遲疑了一陣對我說：「通源公司幾年來已辦得有些成績，周吉甫為人尚還幹練，他也想擺脫日人的羈絆，重新改組，我以為你不如和他合作，較之另起爐灶要有利得多。」既然佛海的意思很堅決，於是事情就決定了下來。

我開始與周吉甫商談進行合作的事，在我這一方面，參加談判的還有擔任常務董事的楊惺華。

惺華的參加，因為我想到如鹽公司辦得好，將會有龐大的利潤，佛海雖信任我，但我覺得總也應該有所交代，因此拉了他的妻舅楊惺華擔任常務董事，以示清白。更因為惺華與周吉甫為上海交通大學的同學，在談判時也許可以格外方便。吉甫表面上是一個十分圓滑的人，而實際卻見風使舵，無孔不入。初次的商談，就在吉甫跑馬廳畔的卡爾登公寓他的私寓中。他認為惺華與佛海的關係，遠較我為親，拉得住惺華，就可以抓得住一切。因此入座未久，他就拉了惺華進他的臥室中閉門密談，反而把我這個名義上的董事長冷清清地擱在客室中，儘管我感到他的做法過分淺顯，還是不露聲色，獨自枯坐了達一小時有餘。吉甫給我第一個印象，就引起了我對他的警惕。

以後，合作雖然還是勉強談成了，並簽了合約，由雙方各半出資。我這一部份的資本，全由南京興業銀行撥付。改組後的業務尚未開始，而吉甫忽然向佛海獻策，他說：湖北方面鹽價很高，那裡雖也在汪政權的管轄之下，但對於鹽政，向由當地的日本軍人包辦而政府無權過問。吉甫向佛海擔保，已疏通好日本軍人，今後的運銷，可以改由通源公司承辦，只要經過再度形式上的接洽，即可實現，這是他對新公司的一項獻禮。

佛海是性格極端衝動的人，對吉甫的話，也就深信不疑，他立刻找我去，欣然對我說：「吉甫確有辦法，我正為湖北方面的鹽政而頭痛，他居然能輕輕易易地辦好，這機會就不容錯過。他要求雙方各派一個代表同往武漢，向日軍作最後接洽，你就物色一個人與他派出的代表一同啟程。」佛海的話，不無使我有懷疑之處，因為通源公司雖然完全以日軍為後台，而力量也僅在蘇浙皖地區，我不以為吉甫真會有此辦法，或許有錢好使鬼推磨，他向日本人答應了一筆很大的代價，來換取這項權利，若真是如此，就不能不考慮到條件的內容。

吉甫的代表是蕪湖分公司的經理，姓名已記不起了。我則派了一位向無人知的李正兆同去。正兆是一個日本留學生，外表看來十分拘謹而老實。我給他的指示，要他裝成完全不懂日語，任何與日人交涉，他只要靜坐傾聽而不必參加任何意見。但要把每天的工作情形與談話內容，詳細紀錄。半月以後，他們從武漢回到了上海，正式向我報告，在與當地的日本駐軍與特務機關談話中，證明了吉甫事前與日軍方面並無任何接觸，他向佛海說的話，不但是一種買空賣空的手段，而且完全是投機取巧。他派去的代表向日本方面的說辭，明言通源公司最近改組了，由周部長參加了一半資本，因此希望日本方面看在佛海的面上，讓出經營食鹽的權利。而這次接洽的結果，事實上也並未獲得任何進展。

我不清楚吉甫是怎樣向佛海搪塞的，因為他們由武漢回來以後不久，佛海又找了我去，我知道定然是為了湖北銷鹽的事，就攜帶了李正兆的一份武漢之行的談話紀錄。佛海似乎還並不曾知道此事已經失敗，自然更不知道與日人談話的內容，他表示出吉甫的報告，僅為尚未獲得預期的結果。我笑笑說，這一件事，在我表示意見之前，我想先請你看一份在武漢與日軍部等談話的紀錄。他取來看了幾頁，臉上就表露出非常憤怒的神色，把這份紀錄一擲說：「周吉甫這傢伙真是豈有此理，不但把我來招搖，又豈能向日本人說我一個財政部長而可以參加投資經營食鹽之理？」佛海說完，立刻呼喚他的副官厲聲說：「今後再不准周吉甫到我家來。」經此一幕，我不必再有所說明，與通源公司的合作，自然就此完結。

以後，通源公司也終於結束了，照理，通源在東南地區的統營食鹽，還在汪政權建立之前，不論從歷史上及日人的關係上說，都已根深蒂固，這是否受了佛海的影響，我不得而知。但繼起經營鹽業的，就是盛老三，這卻給予佛海以更多更大的麻煩。

由盛老三主辦的、叫作裕華鹽公司，也許由於他辦理宏濟善堂，為日軍開闢了一大財源，因此取得了進一步的發展。正因為他有這樣的靠山，於是就不把汪政府看在眼裡。形式上，鹽政應由汪政權的財政部管理，一切業務，都要經由財部批准。但裕華常有不合理不合法的事向財部呈請，佛海就予以批駁，而批駁之後，日軍駐華司令部卻又以種種軍事上的理由，行文財部，為盛老三支援。這樣，常使佛海陷於非常狼狽之境。這種磨擦，而且在逐漸加深，竟形成了一個私營公司與一個政權對立的狀態。盛老三又常於得意之餘，公開對佛海加以口頭上的攻擊。儘管如此，在他的內心上，為了財政部到底是他的一個主管部門，他不能事事向日軍聲訴，也不能事事仰仗日軍出頭，軍部更未必能使佛海件件屈服。這情形的延續，使雙方都感到了無比的困擾。

佛海曾經派人向盛老三那裡暗中斡旋，但數易其人，而迄未能有何改善。一天，佛海向我赤裸裸地談到了這一件事，而且希望我能打入盛老三的圈子，使他能夠就範，我也覺得不容推辭。

在有意無意間，我終於結識了裕華公司的兩位大將周旭初與惲藝超。他們當然知道我與佛海的私人關係，而他們在平時，總也聽到盛老三談起財政部所加給裕華公司的掣肘，因此，相識未久，就深入地談到了這種種問題，終於有一天他們為我介見了盛老三。盛老三平時架子很大，平常人輕易莫想見他，這次主動約我，我已知道對這一任務有了幾成希望。初次在金神父路與他見面時，在我面前，他還故意恭維了佛海一陣，但又明顯地表示出他與日人間的密切關係。但既然他約我是有目的的，也就不能不透露出辦理鹽務上的困難，而希望我能向佛海有所解釋。

到了這關鍵所在時，我就老實不客氣地單刀直入說：我知道你和周部長之間，過去不免有些誤會，這只是由於雙方隔膜之故，我以為只要有人能從中解釋，那什麼事不可解決？但中國的內政，如鹽務那樣由你經辦的事，而要事事由日本人來出面代向當局進言，即使成功了，也將使日人懷疑到你的力量，我以為這與你的面子，多少有些不太好看。他聽了我的話，倒並未老羞成怒，反而表示出一副誠懇的態度說：「那末，你肯不肯作為今後我與周部長之間的橋梁呢？」我自然答應將盡力而為。

果然，此後盛老三與佛海之間，由我從中奔走之後，居然在表面上化敵為友了，這發展而且是出乎意料之外的快。因為盛老三知道我也在淮南、松江與浙東地區辦有三家鹽公司，他也明知道這與佛海有些關係。因此他建議三公司與裕華合作，統一辦理，以收事半功倍之效。我轉告佛海，取得他的同意之後，就實現了這一計畫，我在裕華公司又投下了該公司百分之五十的資本。

裕華不僅資本額大，而且每當鹽汛，就得向鹽民大量收購，流動資金的需要尤多。投資裕華是由銀行籌付的，但我這家銀行也並非力量雄厚得可以經受得起任何風浪的。因此我與佛海有個約定，投資由我負責，如有盈餘，全部移作為佛海政治工作上的運用，特別因為他所負起重慶政府的工作，總不能開支到南京政府的賬上。但如一旦我銀行因投資而出現現金不敷時，不能不請他全力支持。因而他曾經寫給我一張給中央儲備銀行各局處長的手諭，要無限制供應我這家銀行的頭寸。這事無疑會使中央儲備銀行的人感到驚詫，但誰也不知道他的動機與真正的內幕。

佛海的作風也確是可愛！他絕不拖泥帶水。自從我與盛老三在鹽業方面合作之後，他告訴了財政部的鹽務署署長阮毓祺，任何鹽政要先與我商酌，各地的鹽務管理局長，也幾乎全由我保薦，這樣使我取得了無限便利。裕華最重要的問題，就是食鹽的加價，過去爭執得最厲害的，也是為此。

自從由我居中聯絡，每一次要加價，均由裕華先於事前提出一個數字，經我與阮毓祺商酌後，依實際情形加以核減，再報告佛海而定案，裕華等候我的通知，才正式備文向財部呈請。說來可笑，佛海大刀闊斧，不避嫌疑的作風，又往往使我受到了若干不虞之「毀」。因為裕華的正式呈文，是先由我逕交佛海，由他核批後，再送財政部收發室，等主辦人員看到，部長卻早已在上面批示決定了。為此，財政部方面，又對我作出了種種的猜測。

事情已過了將近三十年，到今天已再無將內情掩飾的必要了。在裕華每一次加價中，是暗中約定了每擔提出若干數額交予佛海的。因為我是經手人，不能不在手續上搞得清清楚楚。辦法是這樣的：裕華在我銀行中開了一個化名的戶口，解款簿在裕華，支票簿交佛海。每月再由裕華交給我一張銷售清單，鹽務署也憑各地管理局的報告，製成銷實數的表格，用以作為兩者的核對，我再將銀行的月結單一併送交佛海，這樣做，數額不會錯，經手人自也無從中飽了。

勝利以後，各方對佛海不斷有聚斂的傳說，這因為他主管了汪政權的財政、金融兩大部門，就不免有想當然的成份在內。即以我所清楚知道的在我銀行中的這一戶而論，卻時常會出現赤字。我行裡的職員不知道是誰的戶口，記得簽字是寫的一個「飛」字，竟有過因存款不足而退票的笑話。佛海並非是一個聖人，白骨早枯，我也不必定要為他掩飾，但到底他還有一些書生的氣息，又自恃與蔣先生的關係，又正在為重慶冒險工作，他一直對未來存有天真的幻想，又何必於此時搜括以自毀其前途？

說來慚愧，合作以後的裕華鹽公司，無可諱言，曾經賺過不少錢，但對我來說，結果卻遭到了鉅大的損失。參加的資本當然不能半途收回，而收鹽時的流動資金，又需要各半籌墊。一九四五年勝利的那一年，餘姚場食鹽增產，裕華一口氣就收了上千萬擔，以戰時交通關係，都擱在當地鹽場。而兩顆原子彈迫使日本投降了，這許多收來的食鹽，也自不及搶運。使我代佛海投入的資金，以及臨時墊付的款項，全部血本無歸。

盛老三這個「黑白大王」，在當年的上海，真是無人不知，無人不曉。記得勝利上一年的冬季，他剛逢七十生辰，就在他金神父路的寓所大張壽筵，邀來了南北名伶，日以繼夜地整整唱了三日三夜的堂會，滿院笙歌，人頭簇擁，好一派的榮華景象也！但這只是他一生中迴光返照的一剎那。

勝利以後，他的住宅不久即為中統所接收，那年的十月中旬，也被拘捕後羈押在上海軍統拘留所的楚園，百足之蟲，死而不僵，軍統對他也另眼相看，知道他煙癮深，特許他在內公然吸食，依然一榻煙霞，橫陳笑傲。但數月之後，又與楊揆一、羅洪義、沈長賡等四人，解往南京，最後判處了無期徒刑，終至瘐死獄中。

一九四八年當我出獄以後，一天收到他托人轉來的一頁紙條，上面僅僅寫了六個字：「雄兄，請來救命！」我特地去了南京，往老虎橋監獄探望。見到他更老、更瘦、更憔悴了，以當時的健康情形而論，即使恢復自由，也將活不了多久？他要我為他向當局疏通，早謀出獄。試問我這劫後餘生，還會有什麼力量？說了幾句空言慰藉之後，就匆匆告別，這是我與他的最後一面了。

# 二二、倚病榻，悼亡友

飄泊在天南的海角，不知不覺已渡過了二十多個年頭。在過去的歲月裡，每天晨起讀報，不時會看到有相熟的人或至好朋友們的訃告，出現在眼前。他們為了苟全偷生而來，但終於受盡了煎熬之後，長辭人世去了。在悼惜之餘，我總為自己慶幸，儘管旅中生活，偃蹇了無善狀；也儘管勢易時移，受盡人間白眼，而我卻能渾渾噩噩地忘記過去，不計將來，只求得存一息。因能忘我，於是能在過去二十多年中從未病倒過一天，常常還以自己六十八歲的高年，仍能有四十八歲的健康，而且還保持著一顆二十八歲年青的心，也一直以此自慰而自豪。

可是這種聊以自娛的僅有心情，在一九七〇年兩場大病以後，就完全幻滅了。還記得去年七月二十三日，「大人」雜誌編者沈葦窗兄約我在大人飯店晚餐，那晚菜肴既豐盛而又精緻，不禁頻頻下箸，已覺食得有些過量，不料最後又端來了一個大「一品鍋」，這本是家鄉卒歲時的珍肴，不嘗此味者亦已二十年，乃有如遇故人之感，於是又恣情大嚼，飯後雖微覺飽脹，而越宿就已無事。到第三天的七月二十五日，方在辦公室洽事，葦窗兄來電話說有事見訪，我還說一定等他相見。詎放下聽筒後不久，忽覺胸口作噁，周身發冷，一按額角，竟已火燙，於是不及等他的光降，就匆匆返家。

當晚寒熱高至攝氏三十九度，不時嘔吐，因為第二天是星期，不克就醫診治，以後接連四日，經針藥兼施之後，體溫雖已回復正常，而精神卻日趨萎頓。三十一日晨起如廁，發覺大便烏黑而有光彩，宛如印刷用之油墨，急持赴醫生處查驗，斷為胃出血，一量血壓，最高已僅得八十度，自覺已陷於半昏迷狀態。醫生以失血過多，要我立即入醫院輸血，那時身體漸覺不支，連說話亦已無力，回到家去，就倒臥在床上，懨懨待斃。剛有朋友來探我，他認識一位可以輸血的醫生，立刻扶我起身，趕去診治，原意本為輸血，而一經測量血壓，竟又劇降至最高僅得五十度，一探肛門，全是黑色的瘀血，他認為輸血已無補於事。因已瀕於休克狀態，如再遲兩小時，因失血過多，勢將不治，除非立即一面輸血，一面施行手術，尚有萬一之望。我那時已完全喪失了思考能力，只是呆呆地望著醫生，朋友代我決定了，立刻送往九龍聖德肋撒醫院，先作一切必要的準備。到當晚八時二十五分施行手術，至九時十五分畢事，把胃部割除了五分之三，發覺上面已穿了四個小孔，還幸而將割下的患部送去檢驗後，證實僅是潰瘍，尚非癌症。

在施行手術時，因全身麻醉，一任擺佈，雖有切膚之痛，卻能了無感覺，但蘇醒以後，臂上因輸送血液、鹽水以及葡萄糖水，吊著一條橡皮管，數十小時中不能移動，鼻孔中又插入了另一根橡皮管直通胃部，不時抽出黑色的瘀血。創傷部份，稍有轉側，即痛楚難當，真有如被凌遲處死之狀。人也迷迷糊糊地時醒時睡，面部表情又忽笑忽啼。一隻可以移動的手，食指更不停地在被單上鉤劃，作爬格子狀。護士們注意著我莫名其妙的動作，她們哪裡知道，這個垂死的病人，這十餘年來，正以衰殘之歲，日夜以此作為療饑的職業，不意習慣竟成自然，病中猶且不忘其本職，是誠大可哀矣！

留醫了十天，先後輸血達五磅、刀口也縫合了，總算又把殘喘苟延了下去。但是體重減了二十磅，偃臥起床時，就會一陣昏眩，搖搖欲墮，形銷骨立，變得真有「扶上雕鞍馬不知」那一份弱不禁風之概。不料禍不單行，十一月十三日起又患了另一場大病，忽然小便作黃褐色，大便作藍色，膚色泛黃，高熱又作，一驗血，才知是又患了傳染性肝炎症。醫生說：肝炎症雖無大礙，但如不節勞，一旦變成肝硬化，就成絕症。他要我終日睡在床上，不起身，不操作，嚴禁油質，而要食大量的糖份。無如我在上一年四月赴日本時，剛應允再為他們寫一本新書，約定字數達二十五萬字，遷延已久，乃不得不力疾捨命趕寫，因此復原較遲，纏綿又達三月。對我來說，一九七〇年真是太不幸的一年。

活了這一把年紀，可以算得已是百劫餘生，一生所遭遇的坎坷，不一而足。一九四五年，在一場政治運動中失敗了，蠶室腐刑而外，更有破家之痛；一九五一年投筆從賈，全軍盡墨，又不意會嘗到饑寒之苦！一九七〇年這兩度大病，在進入手術室的時候，自維衰弱至此，也許將不復回生，真覺生死只是一間耳！因一生歷盡了艱苦，也就洞澈了人生，在飄泊的二十年中，意志本已極度消沉，自經疾患，益覺萬念皆空，所不能恝然忘懷者，則以過去多得朋友的獎掖扶持，始能混跡於社會，因此在病榻上，無時不在追念故人。尤以一九七〇年中，在香港的寥寥朋好中，胡敘五、陳彬龢、朱省齋三兄先後淹化，回念半生交遊之往跡，自不能稍已於悲愴。

上海是一個奇特的地方，五方雜處，伏虎藏龍，其間最特出的人物，無疑是杜月笙。我既是記者，又為律師，但與杜氏卻無絲毫淵源，自更不會認識在杜左右有胡敘五這樣一枝健筆了。

這還是十餘年前的事，我方為天文台報及春秋雜誌寫稿，有人介紹敘五以「拾遺」筆名寫的那部「杜月笙外傳」投刊春秋，編者姚立夫兄以原稿見示，想取決於我。讀了開始的幾行，就覺得意外的好，我一向認為為杜月笙這樣的一個人，自然不失為極佳題材，但任何人有他的長處，也會有他的缺點，更何況於他。所以為杜氏立傳，褒貶之處，下筆頗難得當，而敘五以與他多年賓主之情，知道得多而翔實，評論得生動而中肯，文字的優美，反成餘事。在春秋連續刊載中，他不時親自送稿，而此時彼此僅目逆而未交一語。

直至他那冊單行本問世，因印刷與發行上的種種問題，使他煞費躊躇，我忍不住將我經驗上所知道的告訴了他。而一經交談，此後的十餘年中，就時相過從。敘五狀貌如三家村學究，木訥又如一謙謙君子，對同文中稍有一得的人，即服膺勿替，說話帶有濃重的安徽土音，雖訥訥不出於口，但嫉惡如讐，極富正義感。他因曾為杜月笙佐筆政，過去時與俠林中人交遊，最難得的就是他能不沾此中習氣。敘五下筆輕靈，辭意茂博，如以貌取人，會不信是出於其手。

在最近數年間，他孑身客寄，僅持筆耕為活，人情冷暖，時遭拂逆，尤以眷屬困居大陸，備受摧殘，由於處境的不佳，流露出性情的急躁，每以小故，輒發盛怒，又常因稿件上的問題，大起紛爭，而頗承不棄，總由我出面片言解紛，這種反常的現象，我早為他的健康耽憂。還記得去年春，有一天與他同飯，匝月不見，敘五顯得憔悴而萎頓，他本豪於飲，那天竟涓滴不入口，而咳嗆頻頻，咳聲亦有異於尋常，我更確信他的病況已到了嚴重的階段。

至去年四月初，我因受邀赴日演講，正摒擋準備啟程的前數天，忽得「春秋」雜誌伍爰嫂的電話，謂敘五已因病亟送入瑪麗醫院。翌日，我們就約了省齋、憨珠、陳孝威夫人、爰嫂與葦窗兄等同往探視。他偃臥在三等病房的一張病榻上，上面高懸著的一瓶血漿正在為他輸血，他發音雖較微弱，但神志仍極清明，完全看不出是已危在旦夕的人！我還以為稍加療養，他年事不算太高，總還能霍然全癒。我們略加慰問，卻即珍重道別，不料這竟然是與他最後的一面了。

第二天，知道他病況已有轉機，正為他慶幸間，不意到第三天的清晨，他自行起身漱洗，因無人扶持，稍一傾跌，就此一瞑不視。他在客中，沒有一個家屬，也沒有一個親戚，寥寥十餘朋友，為他在殯儀館草草辦妥了飾終之典，就送往火葬場火化安葬。從此，宿儒又弱一個，在客中，談得來的朋友又少一個！

在赴日的飛機上，敘五的聲容笑貌，還時縈腦中，念到朝露人生之句，不禁無限低徊。又那裡想到，抵達東京之後，又與一個數十年老友的陳彬龢再演出了訣別的一幕。

人們對於彬龢有著種種不同的看法，也因此有著種種不同的評論，我自以為在數十年的交往中，知道得他很多，但知道得越多，卻越是覺得瞭解他得越少。他是塵海中的妙人，尤其是文化界中的奇人。且不要看他肥胖禿髮，貌不驚人，一口蘇州官話也且語不驚人，而行動十分飄忽，說話每流於高調，但先後卻能受知於陳濟棠，在港創辦「港報」，以黃炎培的汲引，於戰前史量才革新「申報」時，人材濟濟中，竟延其參加筆政，太平洋戰爭突發，他由港抵滬，在日人接收上海兩大報「申報」與「新聞報」時，逐鹿者不知有多少人，而「申報」社長一席，卻為他輕易取得。

他並沒有受過高深的教育，甚至我不知道他的學歷，但他在教育界先後擔任過上海啟秀女校，有名哈同花園附設的倉聖明智大學的教席，又做過澄衷中學的校長。我沒有讀到過他親筆撰寫的洋洋大文，而他批評別人的寫作，不能不說有他的一種見地。甚至他寫給朋友的信札中，文言與白話雜出，決不類是此中高手，但，他在戰前，商務、中華兩大書局中，就出版過不少他有關文藝等的著作。在他為「申報」寫社論時，家中就延聘了不少有名的文士，由他口授大意，而由別人為他執筆，胡風就是其中的一人。在港時，他說為日本與美國寫稿，而從未看到過報刊上發表他的文章。他不事生產而舉止豪闊，在他過去的早期半生中，總有人為他作經濟上的後盾。

在他一九六七年赴日定居之前數年，忽然又於極度潦倒中否極泰來，酬酢宴客，幾無虛夕，一方面他確是好交遊；也不能不說有些不脫蘇州人愛好空場面的積習，所有朋友都驚訝他不必要的揮霍，但所有朋友，誰也不知道他經濟的來源。在宗教信仰方面也是如此，在上海，他是佛教會的副會長，在勝利後的逃亡時期，他以天主教徒的身分獲得掩護，來港以後，又成為一個基督徒，改名為「陳約翰」而長時期出版基督教刊物。十餘年前，他於戰後第一次去日本，而且還以代表身分參加基督教的一次大集會。

在私生活上也是如此。還記得戰前上海有過「上海市民節約會」，由上海「三老」之一聞蘭亭任會長，我與他分別擔任副會長，我自問是一個浪費無度的人，內愧於心，從不敢出席一次，他卻十分熱心提倡，在「申報」的社論上也常常發表勖勉市民節約的鴻文，他以身作則，家中且以雜糧作主食為市民之表率。不過說來可笑，那時上海最豪華最昂貴的西菜，首推跑馬廳畔國際飯店十八、十九兩樓的「雲樓」，我與他幾乎每天攜豔侶，恣笑謔，以此處為最多飲宴之處。我創刊的「海報」上，唐大郎寫了一篇「雲樓兩豪客」，備加譏刺，所謂「兩豪客」，指的就是我與彬龢。

儘管我與彬龢是上海新聞界的同業，但在戰前，相見僅一頷首而不交一語。太平洋戰爭以後，他已由香港來到上海，有時在公開場合相遇，因為他總是與日本人一起，說來也許讀者認為難以置信，我與許多朋友們雖然參加了似是「親日」的政權，但見到真與日人沆瀣一氣的人，卻總是側目相看，因此，與他還是保持著相當距離。與他的訂交，是在他擔任「申報」社長之後，那時我在上海也創刊了一張「平報」，業務上就未可避免地常有接洽。上海那時不時舉行市民大會，絕大多數由我和彬龢輪流擔任主席，因此，見面的機會也就越來越多。從周佛海兼任上海市長以後，網羅了當地所有的名流如李思浩、顏惠慶、馮耿光、周作民、唐壽民、朱博泉、吳蘊齋以及三老的聞蘭亭、林康侯、袁履登等，組織了一個性質等於市參議會的上海市政諮詢委員會，雖由李思浩擔任主席，而事實上一切對內的接洽，對外的活動，都以彬龢和我為中心。太平洋戰爭後期，日本的失敗已成定局，佛海正奉了重慶的密令，著手準備一切策應反攻的敵後工作，對十分活躍而與日人有較深關係的陳彬龢就特別加以注意。

從彬龢一切的表現來看，他不但親日，而且是媚日，「申報」上對日軍的作戰，有過分誇張的渲染，他不但對重慶政府，而且以有日人為靠山之故，對汪政權中人，也同樣指名攻擊。彬龢的性格，有時十分衝動，在報上，集會上發表的言論，但求一時之快，不問後果，時時提出激烈的主張。又因他與日人之間，海軍、陸軍，外交方面，似乎都有一些關係，而外人又莫能測其底蘊，那時所有東南地區的人，也都以他為一名道地的親日漢奸（前數年，他在「春秋」雜誌發表過一篇「一個漢奸的自述」一文，他既不自諱，因此我也只好如此寫了）。佛海深恐有這樣一個中國人，會使他的工作受到阻擾，因此給了我一項嚴密監視他的任務。從此，是他參加的團體，我也一定參加，是他活動的目標，我更份外注意。每天報上，總見到他與我一搭一檔地把名字相連在一起，因此也有人誤會我與他是一狼一狽。

但是彬龢在這方面卻成功了，他對朋友，不能不說是有著一份熱情的，那時我住在法租界的福開森路，他住在趙主教路，相距咫尺，每天清晨七時前後，他由家裡出門，第一個就來看我，同我商量當天的工作，以及徵詢我的意見，而且他也總屈從我的主張。我為他的誠摯所感動，原來奉命監視他的，反而在佛海前為他解釋而漸漸獲得了佛海的諒解，如其不是原子彈促使日本投降，汪政權曾經有過使他出任糧食部長的擬議。現在想來，彬龢之所以發出似乎不避嫌怨的議論，他的目的就是為了吸引當局的注意而自顯其地位，這是高明而又冒險的一著，他一生行徑，大抵類此，也不斷有過若干收穫。

彬龢常常自承為「漢奸」，我曾與他有過好多次的爭論。我說：「如果是『漢奸』，即是出賣了國家民族的敗類，一旦自己覺悟了，就應當自殺以謝國人。但如認為當時的所以如此，還有真正為了國家或民族的其他原因，乃不惜自毀其聲名而從事一項不為人所諒解的任務，則別人加給的一頂帽子，即萬無自承的理由。」而他則以我為迂腐，處於危險邊緣而不自知，貽禍人民而不自覺。我對他政治上的作為，外表的行動與內心的反映，大異其趣，因此同樣也難以瞭解。因為在大戰結束的前夕，有一次他曾經對我這樣說：「你們不要太自作聰明，以親日為幌子，而與重慶暗通款曲。你們以為日本人真是傻瓜而對你們的秘密毫無所知嗎？果然這次戰爭，日本已是敗定了的！但他們還有幾百萬軍隊在這裡，隨時收拾你們是太容易了，你們的犧牲將是無可避免的，但如日軍遷怒而在投降前大肆殺掠，這是你們害了地方，也害了百姓。那時，也只有我陳彬龢可以挺身而出，日本人相信中國人中尚有如我那樣真正是日本朋友的人，我的說話，就有了分量，到了這最後的關頭，也只有我可以發生一些阻止他們的作用了。」彬龢的話不能不說自有其相當理由，於是對他一直留下了很深刻的印象。

彬龢性格上的衝動，特別表現在用錢方面，這十年來，他過著十分優裕的生活，開支的龐大，誰也不知道如何挹注，而使朋友們都為他耽心。他可以把艱難告貸而來的錢，於一日之間，浪費淨盡。有時邀人飲宴，已到了酒樓，而身邊仍不名一文，他會臨時以電話請朋友送來應付。到了一九六七年，香港正在大騷動時期，他經濟上已到了山窮水盡之境，不幸又患上了老人常有的攝護腺症，一度進入醫院施行手術，出院以後，就悄然買棹前往日本。遷地為良，他原想改換一個環境，以圖重振旗鼓，那裡知道從此與世長辭，終至葬身異國。

我每年為了賣文之故，照例去日本兩次，在彬龢抵日的最初一年多的時間內，他依然酬酢頻繁，舉止豪闊。前年十月，我到東京的第二天，他就來逆旅看我。已患了風濕症，眼疾，且有血管硬化現象，他告訴我他的經濟來源已告中斷，正在另謀出路。由於健康的衰退、經濟的艱窘，流露出無限傷感，最後且潸然下淚了。

一九七〇年四月，我又去了日本，因朋友告訴了我他的情況，我急急的約他見面。本來由他的住所到我所住的旅館，汽車的行程，僅需十五分鐘，而我等待他一小時有餘，始見他蹣跚而來，形容的消瘦，又使我幾乎不認識他了。在臥室中落座以後，我首先發覺他手部顫抖，竟至無力端起一個茶杯。語音含糊，發言無條理而不相連續，神志已在若明若昧之間，記憶力也瀕於喪失。

在短短的半小時談話中，他提到了日本一個知好朋友對他的勢利刻薄的情形，大哭了一次；再提到一個日本小姐當他有錢時曾呵護備至，一旦艱窘，就反面若不相識，且有逐客之意，再大哭一次。最後又說到留在大陸他所最鍾愛的幼女即將結婚，但男方提出的條件，必須與他斷絕關係，到傷心處，再大哭了一次。他一向是極端樂觀的人，在最困難的時候，總說「天無絕人之路」，那天的情形，已顯出他有了絕望的感想。他一面說，一面又從他帶來的一個大紙包中，取出了僑日的身分證，向各醫院診病的門診證，還有張季直的年譜，說要把它重印，最後還送給了我一幀他的近影。我與他相交數十年，過去從未送過我照相，這一切，都顯示出不祥之兆，而終於這次的晤談，成為訣別，也是香港他的無數友好中成為最後見到他的人。

竟然從那天起，他完全陷於精神錯誤狀態中，那天與我握別以後，即未曾回到寓所，流浪在街頭，有時竟闖入不相識者的家內。在我留日期內的不到一個月中，曾三次進入警局而由朋友們代他保出，最後就把他送入了醫院，纏綿四個月，終於在一九七〇年八月卅日午後五時五分，逝世於日本茨城縣水海道市的厚生病院。古人說：蓋棺論定，但我與彬龢，當他蓋棺之後，對他仍然無法作一定論。

一九七〇年的十二月九日，朱省齋兄又突然逝世了，在報上看到他的訃告以後，使我十分震動！那時我正在患肝炎症，臥病不起，竟不克赴靈前一弔，尤其感到了無限的歉憾。

省齋兄在留學英倫時，很早就在巴黎遇見了汪精衛氏，從此就注定了他前半生的命運，他一直被目為國民黨改組派的少壯人物。我的與他相識，還在東北事變發生後，汪氏由法趕回共赴國難之時，他為汪氏主持宣傳工作，我因服務在上海的新聞界，就不時與他接觸。到了抗戰，他由港到滬，一起參加了汪氏領導的和平運動。他不但與我同為復業後中國銀行的董事，又同為周佛海左右十人組織的一員，因此，我們更有著金蘭之誼。那時他雖先後擔任過組織部副部長、交通部次長等職，但他志不在此，也從不在此中熱衷奔競。他為人詼諧風趣，是典型的名士作風，因此他最大的興趣，還在一手創刊的「古今」雜誌。他網羅了當代所有的文豪，為「古今」撰稿，一時成為東南地區最暢銷也最有分量的定期刊物，而「古今」的社址就設在我上海亞爾培路二號的一處地方。因此不但五年之間，我們朝夕相見，有空時非去飲宴，即同雀戰，可是他正在春風得意之時，忽然驟萌退志，遠離這政治漩渦，在一九四四年，悄悄地舉家遠去北平，閉門謝客，以讀書看畫為樂。

在香港二十餘年中，他已成為中國古代文物的賞鑑專家。以他的天賦聰明，兼得他丈人峰長樂梁眾異氏之指點，又因先後與吳湖帆、張大千交遊，耳濡目染之餘，又寢饋於此，乃卓然有成。近來他的著作中，也十九屬於談論古今的書畫人物，遠至美國，每遇珍品，輒先央其作最後的鑑定，以為取捨之標準。

最近兩三年來，因為他與我都是到下午才去上班的，幾乎每天就會在輪渡上相遇，相遇也必然先同往附近咖啡室中小坐，從此習以為常。前數年，他曾經患過嚴重的心臟病，有時在途次看到他憔悴瘦弱，行動遲緩的情狀，一直為他耽憂，但他以樂觀的心情，又以書畫陶冶，身體竟然逐漸轉好，面部的痛容也已消失，又恢復了青壯年時代談笑風生的常態，我為他慶幸而他自己也以此為慰。一次他與我談到了往時的朋好，他說：「當年我們義結金蘭的十人，現在猶偷生人世的，也只有我與你了。」我看得出他談話時的表情，有著複雜的感想，為朋友的逝世而悼惜，又為自己的健康而欣慰。我真以為他吉人天相，期頤有望。

去年四月，也在他弔過敘五的喪後，與我在同一時期去了日本，我是為了一些俗務，而他是去欣賞一些流傳在那裡的中國古代名畫。閒來無事，每天總相約在帝國飯店的咖啡室中見面，由於此行他有些超過預期的收穫，因此精神就顯得特別愉快。大家事務辦完了，又相約同機返港。在飛機上，我首先發現了他的宿恙並未全癒。飛機遇到雲層，不免有些震動，他搭機不是第一次，應該不會有什麼特別的影響，而他竟然驚惶失措，連面色也有些變了，與他並坐的我，覺察到他心臟仍有病態而深為之感到不安。

說來似乎是迷信，當「大人」雜誌創刊之前，葦窗兄拉他寫稿，第一篇他寫的是以往半生中的若干賞心樂事，而安上的題目竟然是「人生幾何」，發表時偏為他改易了，他還為此而有些不懌，且一再為我言之。他對「人生幾何」這一句成語，不知何以偏好得會有些流於固執，終於他為另一雜誌寫了另一篇「人生幾何」，出版以後，又欣然指給我看。言為心聲，現在想來，也許省齋那時的心理上，早有此不祥之感了。

當我胃部施行手術時，因為不願驚動親友，事實上在入院以前，早已陷於半昏迷狀態，也已無力通知親友了，但在我病中，他多方探問，表示出異常的關切。大約是一九七〇年的十一月十一日，是我與他最後的一面了，我們又在常去的咖啡室中會面，他看見我病骨支離的樣子，殷殷囑咐我還要加以調養。我想到他已是六十有九歲，我說：「明年是你的七十大慶了，以你早幾年的病況而能霍然全癒，更值得祝賀了。」他竟然說：「真是人生幾何！明歲的賤降，擬約少數的親友，歡聚一天。」又那裡料到，這一天就永遠不會來到了。

他逝世那一天，晨起還偕同夫人同出早餐，回家以後，坐在客室中的沙發椅上，忽然覺得胸口有異常的痛悶，神色又轉而大異，他夫人知道情況嚴重，立即延醫診治，迨醫生來到，早已返魂無術。那時我又患著肝炎症，在病榻上看到了報上的噩耗，使我無限震悼，相別還不及一月，而從此人天永隔，使我也更有了「人生幾何」之慨！

# 二一三、「海報」的創刊與停刊

提起「海報」，它是汪政權時期在上海地區風行的一張小型報紙，其事距今，已將近三十年之久，過去種種，早成陳跡，但是這張小報，不辭自我標榜之嫌，尚有其不同凡響之處。它在東南地區的行銷，曾創過新紀錄，內容的活潑生動，在在能引人入勝。記得創刊兩週年紀念之日。我在上海金門飯店廣宴同文，一堂濟濟，朱鳳蔚在簽到簿的封面上題上了「賓主盡東南之美」七個字，除了我這個主人庸碌無能，愧不敢當之外，而為「海報」撰稿的同文，妙筆生花，的確都是一時之選。其實「海報所能引以為榮的，也正止此而已。」

報紙是歷史的紀錄，關涉到某一時代的政治、社會與文物，尤其「海報」創刊在歷史上一個不尋常的時代，而行銷的區域，又是在胡騎縱橫下的淪陷地區，儘管「海報」極力避免談論政治，也總脫離不了受政治的影響，今天來追述過去的艱危，依然足以反映出當時的情景。在香港及東南亞各地現在還有著不少曾為「海報」長期撰稿的朋友；更有著無數愛看「海報」的讀者，拉雜寫來，好一起去追尋舊時的夢境。

「海報」這一名詞，本來是專指戲院在街頭張貼開演劇碼的招貼而言。我與梨園行向無淵源，「海報」又非專談戲劇的刊物，所以抄襲這一名詞，說來可笑，因「海報」不僅是在上海創刊的報紙，當年上海的許多朋友，往往說成我是一個充滿海派作風的人物，我無從否認，而且也不想否認。事實上，我想創辦的一張小型報紙，內容也希望十足表現優良一面的海派作風，那末，叫它做「海報」，不是十分貼切嗎？

我之所以創刊這一張「海報」，雖然只憑一時的心血來潮，但也有其複雜的內幕。當我於一九二四年投身報壇之時，上海儘管有申報、新聞報、時報、時事新報、民國日報與商報六張大型日報，而最受讀者歡迎的卻是三日一出版的小型「晶報」。「晶報」原為「神州日報」的副刊，「神州日報」停刊了，而「副刊」卻單獨發行，由余大雄主辦，而為該報撰寫的有張丹斧、袁寒雲、畢倚虹、錢芥塵等人。「晶報」臧否人物，指桑罵槐，內容多姿多采，文字的尖酸刻薄，為板起面孔專發高論的大報紙所萬萬不及，我對此早有效顰之意。

大約在一九三四年前後，由於友人張恂子的慫恿，就曾辦過一張「今報」，體例雖大致與「晶報」相仿，但問心卻並無影射之意。但「今報」的「今」字依上海的讀音，確與「晶」字相近，當定名的時候，只顧字義而疏忽了字音，「晶」報卻指為魚目混珠，張丹斧在「晶報」上撰文大肆譏評，當然我也不甘示弱，立予反唇相譏，因為丹斧的筆名是丹翁，因此在我反擊的文字中說：有人罵赤佬（赤佬是上海通常罵人之語，意謂鬼），丹翁是否就以為罵的是他？但是「今報」辦了十期就停刊了，那時我因執行律師職務，無暇兼顧，內容也確然不如理想，而我對這一次的失敗，數年之後，還是耿耿於心。

而最主要的原因，還是由於我放浪不羈的性格，更其因為做久了新聞記者，洞悉政治的黑暗與齷齪，一直對於所謂政治，十分厭惡，卻偏偏為了友情關係，無意中捲入了那次的政治漩渦，一九三九年起先後在南京與上海，創辦了兩張半官性的大報——「中報」與「平報」，半官性的報紙，就不能不打些官話，每天愁眉蹙額地要看要寫那些言不由衷的官腔，內心上的反感，早已與日俱增。忽然想到有著「平報」現在的基礎，一切人力物力都不必外求，辦一張只談風月的小型報，大可用以自娛娛人，於是「海報」就在我這樣的心理狀態下問世了。

「海報」也並非順利產生，因為辦報，就得向當局申請登記，也儘管我與當時的主管人員有些交誼，但在戰時，白報紙早已實行配給制度，為了核准登記，就得配給紙張，這一關就很難打破。我特地去南京訪問了宣傳部部長林柏生，等我陳述了來意之後，他說：「你手上已掌握了兩張報紙，何苦另起爐灶，再辦第三張？」我說：「性質完全不同，南京的『中報』與上海的『平報』談的是國家大事，而未來的『海報』則是專談風花雪月的。」柏生說：「在這個非常時期，是否需要那種軟性的刊物？」我幸而執行過幾年律師職務，習於詭辯，裝成理直氣壯的樣子對柏生說：「報刊稱為精神食糧，那末，大報有如米飯或麵包，有了米飯或麵包，是否還應當有些副食，因之，連大報在言論與報導之外，也還有副刊。我理想中的那張『海報』，即使連稱為副食也不配；那末，就算它是副食以外的香菸吧，戰時既給米糧，供應副食，也並不禁止香菸的製造，如此是否還可援例批准呢？」說到這裡，我見他有些遲疑，索性針對他的苦衷，單刀直入地對他說：「我知道現在紙張供應較難，『海報』如能邀准出版，將永不要求白報紙的配給。」談話至此，柏生也只好點頭應允，而「海報」也終於得以問世了。

儘管「海報」在形式上是附屬與「平報」，但除了利用設備上的房屋與排字，業務上的庶務與發行而外，其他還是完全另行建立。由於沒有配給的報紙，市面上那時又無法買到捲筒紙，先後就添購了四架對開平版機；也為了「平報」編訪人員各有專職無法兼顧，就得另外物色編輯人員專司其事。於是延聘了湯修梅主持輯務，吳崇文編電影版，請名書家馬公愚寫了「海報」的報眉。為「海報」長期撰稿的，可謂人才鼎盛，幾乎網羅了上海所有的健筆，計有王小逸、平襟亞、唐大郎、陳定山、徐卓呆、鄭過宜、蔡夷白、吳綺緣、范煙橋、謝啼紅、朱鳳蔚、陳蝶衣、盧一方、馮蘅、柳絮、沈葦窗諸兄，連以後貴為中共華東地區宣傳部長兼「解放日報」社長的惲逸群，也在因風閣上於煙霞笑傲之餘，為中共作地下工作以外，兼為「海報」撰稿。女作家則有周錬霞、陳小翠、潘柳黛等。

湯修梅這個人，到今天我還在懷念他。他顯得有些迂謹、固執，而且蓬首垢面，不修邊幅，又染有很深的煙癖，但不能否認他是編輯小型報的能手，版面編得既活潑而又美觀，一掃過去呆滯的編排方法，「海報」能有那麼多作家，他們不以一張小型報而有所鄙棄，也應該完全歸功於他的拉攏之力。但他也不是沒有弱點的，因為有嗜好，經濟方面就常常陷於左支右絀之境，而不時來向我有所要索，雖然我已儘量設法使他滿足，但無厭之求，當然有時也會使他失望，也許煙癮發作時會變得歇斯底里，他會用不遜的語言來與我爭吵，但一吵完，又回上他的桌子，像完全忘記了剛才不愉快的爭論，伏案埋頭，一字一句地如常繼續工作。我相信他的愛護「海報」，還遠在我之上，前後五年之間，我們之間，始終精誠合作，從未有過真正的芥蒂。

為「海報」撰稿的同文，每一位都有他的才華，有他特出的筆調，使「海報」的內容，愈來愈精彩生動，從上海起，沿京滬、滬杭兩路的各大城市，銷路飛躍進展，因為那時非但限用電力，銷路超過了四架印刷機所能負荷的能力，「平報」地位偪促，已無餘地安裝新機，對各地的需要，只有以限制份數來作為應付。在許多同文中，有幾位的作品，特別受到歡迎。如王小逸，他的外表，儼然是一位三家村的學究，而上筆之輕靈，尤其寫男女之私，生香活色，而且他的才華又是多方面的，有一次我點題請他寫四個中篇小說，每一篇要分別仿效中國著名小說「三國」、「紅樓」、「水滸」及「西廂」的筆法，竟然寫得相當神似，這就不能不令人折服了。

假如一份刊物的內容，因要表示風格而過分嚴肅，即會流於枯燥，變成懨懨無生氣，尤其在小品文字中，要力求俏皮、輕鬆或尖刻，毫無顧忌地言所欲言，才會吸引讀者。在過去的國內，關於言論的法網，遠較任何地區為寬，對某一人肆意評譏，或報導某事，即偶有失實，一經涉訟，充其量也不過罰款為止。這給予報社以較少的約束。在海報的作者中，罵人最厲害的是平襟亞唐大郎與蔡夷白三人。

襟亞在「海報」上以秋翁為筆名，他在上海，原本開設有一家中央書店，專門翻印舊書，以廉價出售。因他本身是律師，當然就是一枝刀筆，過去他以「網蛛生」的筆名，寫過不少長篇小說，如《人心大變》、《人海潮》等，把上海的「洋場人物」盡情挖苦。他與以「百花同日生」為筆名的張秋蟲，同負盛名。襟亞筆下，罵盡了上海所有的人，包括我也在內。他譏諷我揮霍浪費，也調侃我若干荒唐行徑，他都不假情面，秉筆直書，而修梅則全稿照發，朋友們常常驚訝於在我自己的報章上竟會出現罵我的文章，而我則以為這許多風流罪過，說說何妨？總也一笑置之，而「海報」也的確一直保持著不避嫌怨的這一份風格。

唐大郎罵人是另一種形式，他會直指姓名；可以寫出「我×你的祖宗」那樣的粗言穢語，但我歡喜與他做朋友，因為他正是寫小報的第一長才，且自稱為「江南第一枝筆」，一段很平凡的細節經他一寫，就變得趣味盎然。他無疑是個玩世不恭的「真小人」，譬如說，他沒有唱戲的喉嚨，也沒有演戲的訓練，而居然常常上台票戲，情不自禁時會摟著合演的女伶不放，窮形怪相，引得全場大笑，他會站到台口，用上海話向觀眾大聲說「×伊拉起來，有啥好笑？」尤其他的打油詩真是一絕，捧女人更為擅長，他會借了錢去舞場捧舞女，第二天做出「窮極書生奢亦極，與人揮手鬥黃金！」的詩句來。前幾年他以劉郎筆名為香港某報寫「唱江南」，為政治所束縛，江郎才盡，早已面目全非，不再有絲毫當年唐大郎的韻味了。

他明明知道某人是我知好的朋友，而又故意在「海報」上對他大罵。我還沒有去找他，而他卻先找我來了。一進門就說：「某人是你的朋友，我在你的報上罵了他，你知道為什麼？我需要錢，他有，我窮，我又知道你一定會幫窮朋友的，所以請你告訴他，要我不再罵，就得請他高抬貴手。」我一面要向朋友打躬賠禮，一面只得自解慳囊，以滿足大郎的願望，雖然我吃了兩面耳光，仍舊以為他的真小人行徑，覺得可愛。

不要看大郎一副真小人面孔，但他有他的辦法。在淪陷時期，他為上海市復興銀行的孫曜東賞識，而要他辦了一張小型「光化日報」，勝利以後，又與一班軍統人員搞在一起，迨中共南下，又以夏衍的關係而再辦「亦報」，以後一直在「新民晚報」任職，文化革命以後，久不聞其消息，我為故人憂！

蔡夷白也是一個奇人，他是一個富家子，有豪華的宅第，而偏肯為「海報」長期寫稿，他正如別的同文一樣，是為了興趣，也為了「海報」有較多讀者，而決不是為了稿費。他的文字深入而有含蓄，且富於幽默感，但他的題材是諷世而不是罵人，不滿於當時的現實，但以遊戲的筆墨來表達他心中的憤怒，他罵戶口米，罵防空演習等若干作品，曾傳誦一時。

在淪陷時期，上海產生過不少女作家，其中以自稱「有貴族血液」的張愛玲，人稱「寧波娘姨」的蘇青，「航空母艦」的潘柳黛，與「練師娘」的周練霞為最知名。張愛玲和蘇青與「海報」無關係，潘柳黛在嫁給她的第一任丈夫「熱帶蛇」之前，是「平報」的記者，她在香港出版的《退職夫人自傳》中的白社長，指的就是我。練師娘不能不說有些才氣，書畫詩詞都有相當造詣，姿容也在女作家中最為豔麗。她在一首詞中寫出過「但使兩心相照，無燈無月何妨」的名句，與蘇青把論語中「飲食男女，人之大欲存焉」，改了一個標點，變成為「飲食男，女人之大欲存焉」同樣為人激賞，蕙質蘭心，真所謂妙手偶得之了。

電影界中，總不免有些不足為外人道的醜事，若干明星，在私生活中，也總會有些男女不正當的關係，「海報」在這方面卻與「平報」一樣，作了無情的揭發。因之當時的電影界中人，提起這兩張報都恨得牙癢癢地。曾經發生過這樣一件趣事：忘記了是那一年，汪政權在南京舉行一個慶祝還都幾週年紀念的盛典，所有上海著名的電影明星，包括編導人員在內，都踴躍參加、空群而往。就我的記憶中，不論現在有些已是「前進」的，有些是「忠貞」的，而在那時對汪政權的效忠，也一樣不肯後人，宣傳部借了我在南京設立的一家銀行，宴請眾星，我自然被介紹為這家銀行的主持人。

說來慚愧，那時我還不到四十的年紀，銀行的大廈，又是新蓋的宮殿式的建築，金錢是最具吸引力的，那天我在明星們的心理上，至少會當我是與香港看外埠片商同等的人物，因此多蒙她們與我特別笑語相親。而我卻做了一件大煞風景的事，我向她們自我介紹說：「除了這裡以外，我還擔任著一件最不討你們歡喜的職務，就是『平報』與『海報』的社長。」話未說完，全場竟是一片「呀！呀」聲。有些還向我說：「你太缺德了！『平報』、『海報』上登載的消息，不知讓我們哭了多少次。」今天，我還以當年的焚琴煮鶴為榮，因為我居然曾經能贏得過不少美人的情淚！

有些人以明星們為崇拜的偶像；也有些人以明星們為取樂的玩具，越是大紅大紫，越能顛倒眾生，而值得報紙上記載的，更當然是大紅大紫的明星。在那時有兩位麗質天生，曼妙芳華的美人兒，雖然她們都已明花有主，但依然遊戲人間。「海報」就樂於常常登載她們的風流韻事。「海報」是我獨力創辦的，但因我私人與周佛海有較深的友誼關係，朝夕相見，一天清晨，他來電話要我立刻去看他，意甚急迫，我不知發生了什麼事，一見面他就說：「為什麼『海報』今天又登了×××與×××的事」，實際上我早已知道他為什麼對這兩位明星如此關心，而且我又深知他是一個心直口快的人，但我還想他親口說出箇中的秘密，因此，明知故問道：「為什麼你這樣迴護她們？」他哈哈一笑道：「×××與公博有關係，×××則與我有關係，一大早，她已經來電話向我訴苦了，你又何必使我為難。」但是佛海卻並未說出另一個秘密，與公博有關係的×××，同時還與佛海的兒子幼海有過嫁娶之約呢。

另一位粵籍大明星，卻用另一種方法來對付「海報」。她剛剛獲得了很好的歸宿，與一位有專門技術的名家結了婚。「海報」登了一段消息，說她婚後已懷孕了。本來，結了婚就得行周公之禮，行了周公之禮就得懷孕，更何況她的丈夫是一位專家，這樣一段消息，論理並不影響她的名譽，但因為她曾經拜了當時的「第一夫人」陳璧君為義母，以為有勢可仗，於是小題大做，在上海各報刊登廣告，要「海報」登報道歉，我自然置之不理。不料，她竟然挽出了上海市警察局長蘇成德來向我施加壓力，說如我不登報道歉，將採取法律行動。

我與老蘇本是朋友，很奇怪他何至為了一個女人而對我作出傷害友情的事來？我相信在他的背後，一定還有別人支持。當時輕描淡寫地答覆老蘇說，容我考慮三天後再作答覆。事實上在這三天中，我請朋友另外寫了七八篇有關那位影星的稿，當然揭露的事實，比懷孕要嚴重得多。我取了全部的稿件約老蘇見面，我說：「我在新聞界混了數十年，還不曾有過向人道歉的事，局長大人的吩咐，恕難遵命。而且我也總算做過幾年律師，懂得一切法律，依照法律規定：基於一個意思的連續犯，僅從一重取斷，既然對方如此囂張強硬，我也只好一不做，二不休，另外寫了有關於她的幾篇稿件，預備再行連續發表。誹謗罪最多是罰款，官司即使打輸了，不論要罰多少，你也相信我是負擔得起的。現在我等待你三天內給我答覆。」老蘇怎樣也想不到我會有這樣的態度，幸而三天後沒有得到回音，這事終於不了而了。

當年的電影界，所有幾間大公司如明星、天一、藝華之類，都先後合併消滅了，唯一存在的是「華影」，而由張善琨主其事。我與善琨時有往來，也覺得他很夠朋友，論我與他的交誼，在「海報」上萬無罵他之理，而且我還數度囑咐過編者，避免對善琨有不利的記載。不料有一次我去了南京，半夜接到內人的長途電話，說善琨與他太太童月娟女士去看她，指出「海報」發表了一篇長篇小說，小說中的男主角就是影射善琨的，我仔細一讀，果然如此，雖然我立刻以長途電話通知修梅把稿件腰斬了，但相信當時在善琨心中，仍多少會存有嫌怨。這類的事太多了，對朋友而言，為了「海報」，真稱得上我是罪孽深重。

當年我對影星做過唯有一件好事，是作了一次護花使者。日軍駐上海「登部隊」的陸軍部長川木，那時正勢焰薰天，有一天，我在上海靜安寺路一幢大洋房中宴請所謂海上名流，我忝居末座，團團四桌，每一桌上還請了兩名影星作陪，說老實話，影星們的對我，見了面，因為我手上有一張「海報」，不得不做出敬鬼神而「親」之的那份演技。偶一相遇，也總是刻意周旋。譬如白光那時與李香蘭是竄得最紅的明星，她在國際飯店摩天樓一度獻唱，而如有我在座，她手中的一撮鮮花，總是送來我桌上的。

日本軍人的性格，在平時裝腔作勢，顯出無限威風，但三杯落肚，就獸性暴露。那天的宴會，開始時很正經，很嚴肅，我不理他們說些什麼，儘與同桌的女星們閒談。不料酒過數巡，在座的日本軍人先則得意高歌，繼之狂呼亂叫，一個陸軍報導部長站在四桌中間表演歌唱，一手持著一雙筷，一手擒著一隻面盆，一面擊，一面唱，越唱越瘋狂，就像舞孃們表演脫衣舞那樣，把身上的衣服逐件卸除，終至一絲不掛。鬚眉畢現，羞得在座的影星們個個抬不起頭來，急得要哭。那裡知道「皇軍」自有他們無限的威嚴，八個兵士上來，一人一個把四個桌上影星們的頭扶起，硬要她們注視這一頭剝皮的野獸。到此時，我真認為這對中國女性侮辱太甚，已到了忍無可忍的地步。我霍然起身，拉了座旁的兩位影星，離座退席。一走到門口，兩個日軍卻上前來伸手阻止，我出手一推，昂然而去。才算把她們救離了尷尬的局面。也許我這一個當年的「海報」主人，做了唯一討影星們歡喜的事。

「海報」獲得東南地區廣大讀者的歡迎，給了我精神上無限的鼓勵，但因同文的筆下無情，又不知開罪了多少朋友，也給我添了無數麻煩。朋友還容易取得諒解，但一旦關涉到政治上的牽纏，就不免要焦頭爛額。「海報」在創刊之初，就決定了絕不刊載有關政治的文章，縱談風花雪月，寧

願其卑之無甚高論，意在讓淪陷區的同胞們，於水深火熱之中，苦中作樂，破涕為笑。

但是一切的統治者，在他們的治下，希望事事都成利用的工具，尤其「海報」銷路大，內容又常有譏刺的文章出現，於是引起了日軍的注意。「海報」的第一版，原來專載較有趣味性的社會新聞，內幕新聞與特寫，而日軍當局一再通知我要改登為政治服務的宣傳文章。正因為淪陷區的讀者與我一樣鄙棄政治，才創刊了「海報」，如一有政治性的文章，豈非完全違反了創刊的本旨？但在政治勢力下，更其在生死由人的環境中，一再的遷延，已招致了日軍的愈來愈大的壓力。更不幸的剛於此時在「海報」第四版的一篇「清宮藏寶記」中，登出了「偽滿傀儡溥儀」字樣，在那時，這自然成為天大的罪狀。我知道日本憲兵隊將採取行動，如其沒有大力斡旋，將有不測之禍。我把這一件事告訴了周佛海，佛海雖然是政治上的人物，不過他還處處不脫書生的本色，對「海報」也向來有所偏愛。他聽到了我的話，皺皺眉，沉思了一下說：事不宜遲，今晚你到我家來吃飯，我設法替你疏解。

當晚來客雖不多，除我與主人外，儘是日本軍人，有憲兵隊長與報導部長等人物。席間，佛海在表面上像是一味閒談，他於有意無意談到了他與我的關係，也談到了「海報」的特殊風格，儘管沒有一句請托的話，日本人當然明白了這一次宴客的真意所在。礙於佛海的面子輕易地化險為夷，安然渡過。

「海報」僅有一次出了事，連主編的湯修梅也被日憲所拘捕了，那次卻出盡了我的全力，才不至影響全局。論理，問題卻遠不如前一事的那麼嚴重，而日軍則居然遽施毒手。太平洋戰爭以後，日軍因搜括物資，在淪陷區內收購紗布，有一個紗布商人從跑馬廳邊的國際飯店跳樓斃命，「海報」就據實登載。而日軍卻認為這是破壞收購政策，擾亂民心。日憲直接到跑馬廳路修梅家裡把他拘捕了。這樣不但危及修梅的生命，尤其重要的是他弱不禁風而又有煙癖，將抵受不住長期的羈禁。

我運用了一切辦法，通過佛海，命上海市保安副司令熊劍東向日本憲兵隊疏解，劍東是日本留學生而又與憲兵有著密切關係，形勢才告緩和而終於獲釋，在釋放之前，又請託盛老三把鴉片煙泡公然送給修梅抵癮。

「海報」前後發行了四五年，人們但看到毫無顧忌的笑罵由我，而且銷路驚人，那裡知道所遭逢外來的打擊，有時使我坐臥不安，也不是在這短短的篇幅中所能盡述。一九四五年日軍投降之後，我知道「海報」萬難保存。就把它送給了毛子佩，他借屍還魂改名為「鐵報」，仍以「海報」原來的作家與原有的發行網繼續出版，依然又一紙風行了三年之久，直至國民黨退出大陸為止，才算真正的壽終正寢。

# 餘言

經過四年時間，前後寫了五十多萬字。我感謝讀者對我的同情，鼓勵和原諒；而更難得的是承蒙讀者能相信我筆下所寫的都還不離乎事實。當年汪政權時代的許多舊侶，他們對於那一幕歷史的悲劇，同樣曾身親目擊，雖然每個人所站的角度不同，畢竟對本書也由懷疑而趨於諒解了。

有人說：我這本書只是要為汪先生翻案，也是為了發洩我個人的私忿，結果徒然成為討好了死人而得罪了活人。我不承認這點；我也不管這些。人微言輕的我，沒有力量，而且也不敢妄想對幾乎蓋棺已成定論的汪先生等諸人翻案；甚至在他們生前，恐就不曾有過求諒於後世的意思吧。

當然，本書中有些太率直的內容，或許會使有些人不高興的，而我卻相信他們也終於會對我諒解的。已經抄了家，吃了官司，又戴定了一頂漢奸帽子的人，在劫後餘生的十多年後，再渡著飄零的餘年，才訴出了滿腔哀怨中的一點一滴，書中只提供了事實，而且更儘量地為賢者諱，為活著的人諱，更為位尊者諱，這已經盡了我最大的可能。儘管人們仍會指斥我是滿紙荒唐言的，而在我，則無疑是一把辛酸淚也。有些人也應該回想當年，前塵歷歷，我不是在向壁虛構吧！既曾經逞過一時之快，今天，事過境遷，雖不喜也總應有些哀矜之意吧！

至於在國家存亡絕續之交，犧牲幾個小我，這已是微不足道的事。我認為只要犧牲得值得，也且樂於坦然承受。往事早已成煙，白骨何能復肉？更有何私忿之可言？

那末，我為什麼要寫這一本書呢？既然我生長在這一個時代；而又躬歷了這一幕變局，我應該為歷史作證，我應該向時代交代。無論我的見聞怎樣狹陋；我的文筆怎樣拙劣，既留此未死之身，讓它在掛一漏萬雞零狗碎中把這一段往事留傳下去，供後人的惋惜也罷！供後人的唾罵也罷！

我寫本書的另一目的，我要告訴所有炎黃的子孫，讓他們知道這一群被指為「漢奸」者們，並不如宣傳中想像中那樣地醜惡。陳公博說：「抗戰是對的，和平是不得已。」周佛海也說：「抗戰是為了救國；和平也是為了救國。」所以，我全書中絕沒有非議過抗戰，而且我也不至於為了小我，而昧著良心以左袒「漢奸」。我要以事實來告訴所有炎黃的子孫，假如一國而真有那麼多賣國「漢奸」的話，自將成為中華民族史上永遠洗不清的恥辱；儘管你不曾做過「漢奸」，而民族中會出現數十百萬「漢奸」的話，也就是整個民族的恥辱，任何一個人都不會有例外。現在，讀者們於讀完本書之後，是不是對汪政權中人會感到有些驚奇呢？所有汪政權重要諸人，在生之日，何以敢與敵抗爭？臨命之前，又為什麼會那樣地從容赴死呢？

同時，我更要讓當年與我們作戰的日本人知道，汪政權的這一幕，應該足夠給他們一個很大的教訓了。稍有良心的中國人，不會在威脅利誘下被收買，被壓服的；民族大義，也不會在中國人的心理上輕易消除的。日本有日本的霸道；而中國人自有中國人的權變。他們嘗到過堅韌不屈武裝抗戰的味道，也該嘗夠了曲線的和平抗戰的味道了吧？到今天，日本人是不是已憬然於有五千年文化的中華民族，並不太容易能加以欺凌收買吧？

此外，我迄今還有一個無法解開的疑點：究竟在對外戰爭時，如不幸有部份國土淪陷了，應該只是為了所謂「紀綱」也者而讓人民被殘殺，元氣被蹂躪呢？還是應該有幾個不知死活的人，在人民生死不得之際出來擔當一下？汪政權這一幕過去了，這疑問，還是讓當年處身在淪陷區的人來解答吧！

一九六一年三月　著者金雄白序於香港旅次

【附錄】

# 陳璧君獄中詩詞殘稿

## 懷四兒

映雪囊螢願已賒，
書生本色漫堪誇。
情深太傅過秦論，
志切留侯博浪沙。
動靜久乖禪定味，
推敲難得隔年花。
相逢何事悲搖落，
如此良宵浣月華。（末句一作萬里長空浣物華）
戊子十一月二十三燈下一時半。

## 戊子孟冬和品伯先生出獄留別病後四十餘日初次試筆

推窗零露正瀼瀼，久病支離斷客腸，
放鶴豈期聞碧落，風波未雪又離觴。
人情輕薄秋雲厚，世態崎嶇蜀道康。
寄語行人好珍重，躬耕隨處是南陽。

## 中秋

玉宇無垠限太虛，無端風雨打階除。
窺窗偏有團圓月，旋照愁人夜讀書。
滿耳笙歌聽未真，思君此夜倍相親。
嫦娥底事多嬌懶，才撥重幃又隱身。

## 高陽台　中秋卻寄諸兒

玉宇昏昏，銀河鬱鬱，夜闌微語高牆。
砌影蛩聲，隔簾人自相望。
姮娥不恨聽風雨，恨哀鴻遍野痍傷。
最難禁，山軟梅花，泉冷蒲粱。
吳宮歷歷經行處，痛雁行摧折，
血滿江鄉。一瓣心香，伶傳聊拜空王。
清吟不絕中秋譜，暈星眸，襟袖淋琅。
願兒曹，惻隱沖和，蘊抱深長。

# 汪精衛逝世前對國事遺書——「最後之心情」

## 《作者對於汪精衛過世的說明》

這一篇是汪政權一代的最重要文獻，係汪氏逝世前一月，口授全文，最後由汪夫人陳璧君謄正者。題為「最後之心情」，尚為汪氏在病榻上親筆所寫。汪氏自知病將不起，此文為其對國事最後之遺囑。

文中歷述他對抗戰的態度——自信是為了拯救國家；所以離渝的原因——則是想保全蔣氏；組府的苦衷——為欲與虎謀皮；對甘心附敵者的觀感——稱曰：鷹犬；汪政權最後之立場——應不背「黨必統一，國不可分」之原則；生前的遺恨，為未能目睹東北四省之收復。

汪氏以保全國家命脈搶救陷區人民而不惜自毀其四十年之光榮革命歷史，大仁大勇！固仍為其蚤歲行刺前清攝政王一貫的只知犧牲一己的愛國熱忱之表現也。觀此文，語重心長，沉痛已極，汪氏六年中在寧之全盤心境，悉備於此。

因遵汪氏應於其逝世二十年之歲始可將此文發表之遺意，故為汪氏保存此文者什襲珍藏，從未以此示人。今汪先生逝世二十年矣！多承見貽，爰為刊佈，以供後世為國者之參覽。

著者附誌

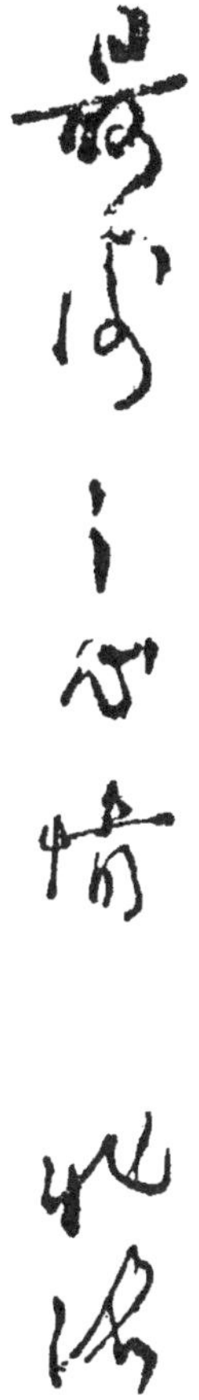


兆銘來日療醫，已逾八月。連日發熱甚劇，六二之齡，或有不測。念銘一生隨國父奔走革命，不遑寧處。晚年目睹鉅變，自謂操危慮深。今國事演變不可知；東亞局勢亦難逆睹，口授此文，並由冰如（謹按：為汪夫人陳璧君字）謄正，交××妥為保存，於國事適當時間，或至銘歿後二十年發表。

中華民國三十三年十月×日　兆銘

兆銘於民國二十七年離渝，迄今六載。當時國際情形，今已大變。我由孤立無援而與英美結為同一陣線，中國前途，忽有一線曙光，此兆銘數年來所切望而慮其不能實現者。回憶民國二十七年時，歐戰局勢，一蹶千里，遠東成日本獨霸之局，各國袖手，以陳舊飛機助我者唯一蘇俄。推求其故，無非欲我苦撐糜爛到底，外以解其東方日本之威脅；陰以弱我國本。為蘇計，實計之得！為中國計，詎能供人犧牲至此，而不自圖保存保全之道？捨忍痛言和莫若！

然自西安事變以還，日本侵逼，有加無已，一般輿論，對日已成一片戰聲。渝府焦心積慮，亦惟以不變應萬變，以謀國府基礎之安全。兆銘之脫渝主和，與虎謀皮，必須截然與渝相反，始能獲得日人之稍加考慮。又必須本黨之中，各方面皆有一二代表人物，而後日人始信吾人有謀和可能，而為淪陷區中人民獲得若干生存條件之保障。即將來戰事敉平，兆銘等負責將陷區交還政府，亦當勝於日人直接卵翼之組織或維持會之倫。兆銘行險僥倖，或不為一時一地之國人所諒，然當時之念國際演變，已至千鈞一髮局面，此時不自謀，將來必有更艱險更不忍見內外夾攻之局勢發生，馴至雖欲自為之謀而不可得。兆銘既負國事責任，不在妄冀其不可能而輕棄或有可能之途徑。年來昭告國人者曰：「說老實話，負責任。」說老實話：則今日中國，由於寇入愈深，經濟瀕破產，仍為國父所云次殖民地位。而戰事蔓延，生民煎熬痛苦，亦瀕於無可忍受之一境。侈言自大自強，徒可勵民氣於一時，不能救戰事擴大未來慘痛之遭遇。如儘早能作結束，我或能苟全於世界變局之外。多樹與國，暫謀小康，只要國人認識現狀，風氣改變，凡事實求是，切忌虛矯，日本亦不能便亡中國，三五十年，吾國仍有翻身之一日也。負責任：則兆銘自民國二十一年就任行政院長，十餘年來，固未嘗不以跳火坑自矢。個人與同志，屢遭誣衊，有壬（唐）、仲鳴（曾）、次高（沈）被戕者數數。今春東來就醫，即因民廿四之一彈，個人生死，早已置之度外。瞻望前途，今日中國之情形，固猶勝於戊戌瓜分之局，亦仍勝於袁氏二十一條之厄。清末不亡，袁氏時亦不亡，今日亦必不亡。兆銘即死，亦何所憾！

國父於民國六年歐戰之際，著中國存亡問題。以為中國未來，當於中日美三國之聯盟求出路。蓋以日人偏狹而重意氣，然國父革命，實有賴於當年日本之若干志士。苟其秉國鈞者能有遠大眼光，知兩國輔車相依之利，對我國之建設加以諒解，東亞前途，尚有可為。美國對中國夙無領土野心，七十年來，中國人民對之向無積憤，可引以為經濟開發振興實業之大助。今日兆銘遙瞻局勢，東亞戰爭，日本必敗，其敗亦即敗於美之海空兩權。日本如能早日覺悟及此，以中國為日美謀和之橋樑，歸還中國東北四省之領土主權，則中國當能為之勉籌化干戈為玉帛之良圖，國父之遠大主張，便能一旦實現。

今兆銘六年以來，僅能與日人談國父之大亞洲主義，尚不能談民初國父之主張，即因日本軍人氣焰高張，而不知亡國斷種之可於俄頃者也。

兆銘竊有慮者，中國目前因中美之聯合，固可站穩，然戰至最後，日軍人橫決之思想，必使我國土糜爛，廬舍盡墟，我仍陷甲辰乙巳日俄戰爭之局面，絲毫無補實際。日本則敗降之辱，勢不能忍，則其極右勢力與極左勢力勢必相激盪而傾於反美之一念，則三十年後遠東局勢，仍有大可慮者也。

兆銘於民主政治，夙具熱忱。民十九擴大會議之後，曾通過憲法，當時張季鸞先生曾草文論之，言政局失敗而憲法成功。余曾告冰如，此為雪中送炭。又憶南華日報在香港創立時，欲對民權主義多作鼓吹，而苦無註冊之保證金，賴當時英國閣揆麥唐弩氏遠電當局云：「汪先生夙倡民主，可免其報繳費」，心常感之。四年前國府還都（按指汪政權之創建），不過苦撐局面，為對日交涉計萬不得已而為之，故仍遙戴林主席。銘尸其位而遍邀南北一時地望與民國以來時局之推移有關係者，參與其事，民主之基，庶幾有豸。然年來以對日主張，不無遭英美不明實情者之猜忌。東亞戰爭爆發後兩年，日本已遭不利，陷區更痛苦彌深，而國府（按指汪政權而言）突對外宣戰，豈不貽笑外邦？不知強弱懸殊之國，萬無同盟可能；有之，則強以我為餌。而悍然行者！實政府在淪陷區內，假以與日本爭主權爭物資之一種權宜手段，對英美實無一兵一矢之加。惟對解除不平等條約與收回租界等事宜，得以因勢利導者，率得行之，此實銘引為快慰之事。上海租界自太平軍與曾李相持時，已為藏垢納污之區，八十年來，以條約束縛，政府苦難措手，今日不惟日本，即英法亦宣言交還，大戰之後，租界終入國府範圍，固不當因日本之成敗而變易也。

對日交涉，銘嘗稱之為與虎謀皮，然仍以為不能不忍痛交涉者，厥有兩方面可得而述：其一、國府目前所在之地區，為淪陷區，其所代表者，為淪陷區之人民，其所交涉之對象，為陷區中鐵蹄蹂躪之敵人，銘交涉有得，無傷於渝方之規復；交涉無成，仍可延緩敵人之進攻。故三十年有句云：「不望為釜望為薪」者，實為此意，所以不惜艱危欲乘其一罅者。其二、民國二十一年淞滬協定時，銘始與對日之役，其後兩任行政院，深知日方對華，並無整個政策，而我之對日，仍有全國立場。日本自維新以後，號稱民主，而天皇制度之下，軍人有帷幄上奏之權。自清末兩次得利，固已睥睨於一時。民初對我大肆橫迫，至華府會議，始解其厄，固已礙於英美之集體壓迫，早欲乘釁而動矣。

九一八初起當時，粵方派陳友仁渡日與幣原外相磋商，稍有成果，而寧方同志，寄望於國聯，斥為賣國。及淞滬長城諸役衄敗後，累次交涉，見日本政出多門，而軍人勢力膨脹，海陸之傾軋，議會制度之破產，軍閥野心之無已境，其前途為失韁野馬，彼國之有識者，早引為隱憂。兆銘離渝與之言和，因已知其交涉之對象，為日政府無力控制之軍人；為淪陷區當地之駐軍；為仰軍人鼻息之外交使節；為跋扈日張之校佐特務，而非其國內一二明大體識大勢之重臣。然以兆銘在國府之關係，與乙巳以來追隨國父四十年之地位，對方即欲探知政府真意，用以為謀我滅我之資，亦不得不以之為交涉對象，而尊重其地位，其情形或差勝於南北之舊官僚（著者按：自係指維新臨時兩政府之人而言），兆銘即可於此覘其國而窺其向。況彼雖政出多門，亦尚有一二老成持重之人，對彼元老重臣，銘固未嘗不以東亞大局危機為憂，以國父「無日本即無中國；無中國亦無日本」之言為戒。即彼跋扈自大無可理喻者，亦必就我各級機關於盡情交涉中，使得稍戢其凶焰，以待其斃。

又日軍閥氣焰雖盛，進退時見逡巡，海陸軍之交詐，時或露其真相於我。然其表現上之尊重天皇與服從命令，仍數十年來並無二致，是見無東京而仍有東京；目無中國而仍不能將中國人之地位完全抹煞。彼樞府既以和平及新政策標榜，駐屯軍亦不能故違，只能拖延圖利。是國府交涉之對象，非其謀國之臣，而為重利之酋，銘仍不至於一著全輸而無以自立。即我或無法延拖改變其初衷，在淪陷區範圍，彼既承認我政府為盟邦，為復興東亞之夥伴，即不能全不顧我民生需要與政府體制，仍可為民生留一線之機，此實國難嚴重非常時期不得已之手段，此兆銘為國之切謀一己犧牲之拙策，屢為二三同志言之者。

蓋中國為弱國，無蹙地千里而可以日形強大之理。蔣為軍人，守土有責，無高唱議和之理，其他利抗戰之局而坐大觀成敗者，亦必於蔣言和之後，造為謠諑，以促使國府之解組混亂，國將不國。非銘脫離渝方，不能無礙於渝局；非深入陷區，無以保存其因戰爭失陷之大部土地；既入陷區，則必外與日人交涉，而內與舊軍閥政客及敵人羽翼下之各政權交涉。即國府過去所打倒者如吳×××（佩孚），所斥如安福餘孽×××輩（似指梁鴻志等），以及日人特殊之鷹犬，東北亡國十餘年之叛將，銘亦必儘量假以詞色，以期對日交涉之無梗。銘蓋自毀其人格，置四十年來為國事奮鬥之歷史於不顧！亦以此為歷史所未有之非常時期，計非出此險局危策，不足以延國脈於一線。幸而有一隙可乘，而國土重光，輯撫流亡，艱難餘生，有識者亦必以兆銘之腐心為可哀，尚暇責銘自謀之不當乎？

是以銘之主張，其基本之見解：為日本必不能亡中國。日本本身之矛盾重重，必不致放棄對國府（汪政權）之利用，及知其不能利用，我已得喘息之機。而中國局面之收拾，則誠為不易，戰後大難，更有甚戰爭之破壞，必有待於日軍之和平撤退而後，政府陸續規復，始得保存元氣，民國二十六年廬山會議時，銘已懷此隱憂，時至今日，而此種跡象，蓋益顯著。苟國人能稍抑其虛憍自滿之心，實事求是，日本能憬然於侵略之無所得，戰局之逆轉，化戾氣為祥和，亦為一念，端在其局勢之最後如何發展耳。

民國三十一年，日本改造社長山本實秀入京，事後語人云：「汪先生無情報」，蓋其時日方之敗局未顯，而戰事已見膠著。山本嘗周行南洋緬甸各佔領區，故作此危語也。然山本此語，余實得聞之。銘離渝六載，在東亞戰事爆發以前，期直接交涉之順利，除公開電報外，未嘗與渝方通訊。於日本以外其他國家，雖有互派使節者，未嘗以之為交涉對象。蓋以日本軍人氣量狹隘，又多疑忌，國府所居地位為變局，其目的為專辦對日本一國之交涉，乃至日駐軍之下一地方之交涉，實不必多事捭闔，啟彼機心。然銘等之真心主張，及交涉之曲折，殊未隱瞞，各國使領亦有進言於我者。銘雖赤手空拳，在此東南諸省範圍內，凡能為國家自主留一線氣脈者，亦無不毅然不顧一切之阻礙主張之，竟行之！蓋以此為我內政範圍，外人不應干涉。

今於此亦可為渝方同志稍述一二俾互知其甘苦者：一為恢復黨之組織與國父遺教之公開講授；一為中央軍校之校訓，以及銘屢次在軍校中及中央幹部學校之演講；一為教科書決不奴化，課內岳武穆文文山之文，照常誦讀，凡銘之講詞以及口號文字，皆曾再三斟酌。如近年言「復興中華，保衛東亞」，乃清末同盟會「驅除韃虜，復興中華」之餘音。「同生共死」，為事變前某文中之成句。至於條約交涉各端，更可謂殫心竭慮，實已盡其檢討對策之能事。且戰事結束，日軍議和撤退，此項條約終成廢紙，固無礙於國家之復興。

目前所疚心者，東北與內蒙之問題，迄未得合理之解決方策耳。然關於東北內蒙，本月與小磯言，同意有改變之餘地。如銘不幸病歿抱憾以終者，未能生見九一八事件之起因東北之收復耳。然在九一八以前，東北地方政府與日本懸案，積有百餘件，懸而未決，地方中央，互相諉責，大禍終啟。今銘在寧六年，明知日方將敗，而仍繼續以之為對象磋商者，則以國事雖有轉機，尚在逆水行舟。而日本在此時，為事變十三年來惟一有憬悟與誠意收拾時局之一時期。中國如謀振奮自強而又一切求之主動者，理當爭取此千載一時之機會，俾其從容退兵，收其實利，一隙之乘，肇端於此。回憶三年前山本之言，蓋亦謂燭見機先，不可以為敵方之新聞界人士而忽視其意也。

華北五省局面，殊形複雜，一年來稍有變動，尚未受中央（指汪政權）之直接控制。然日既已放鬆，我當緊力準備，俾將來國土完整，無意外變化發生。銘於十三年奉國父命先入北京，其後擴大會議偕公博入晉，前年赴東北，頗知北方形勢，應得一與政府及黨關係密切之人主持之。政府（汪政權）應推公博以代主席名義常駐華北。而以京滬地區交佛海負責。在一年內實現重點駐軍計畫，俾渝方將來作接防準備，此意當由冰如商公博以銘名義向中政會提出。

中國自乙未革命失敗，迄今五十年，抗戰軍興，亦已七載，不論國家前途演變如何，我同志當知黨必統一國不可分之主張，不可逞私煽動分裂。其在軍人天職，抗戰為生存，求和尤應有國家觀念，不得擁兵自重，騎牆觀變。對於日本，將來亦當使其明瞭中國抵抗，出於被侵略自衛，並無征服者之心。對於渝方，當使其瞭解和運發生，演化至今，亦仍不失其自信與自重。將來戰後兩國能否自動提攜，互利互賴，仍有賴於日本民族之澈底覺悟，及我政府對日之寬大政策。兆銘最後之主張及最後之心情，期與吾黨各同志及全國同胞為共同之認識與共勉者也。

# 汪政權大事編年表

## 一九三七年

七月七日　蘆溝橋事變發生。
七月廿七日　北京失陷。
八月一日　國軍退出天津。
八月十三日　上海開闢第二戰場，全面抗戰開始，日軍進犯上海、吳淞、江灣等地區。
八月廿一日　中蘇簽訂互不侵犯條約。
九月廿二日　日機開始轟炸南京。
十月廿六日　蔣氏下令撤退上海地區作戰軍隊。
十月廿七日　國軍退出上海市的閘北、江灣。
十月廿八日　國軍再退出大場、真如。
十月三十日　德國駐華大使陶德曼訪外次陳介，調停中日戰事。
十一月三日　德國駐日大使狄克遜訪日外相廣田調停戰事，廣田提出停戰五條件。

十一月五日　陶德曼將日方停戰條件，面呈蔣氏。

十一月五日　日軍在江蘇境的金山衛登陸。

十一月六日　德義日簽訂反共公約。

十一月九日　蔣氏下全軍撤退命令。

十一月十二日　大上海全市陷敵。

十一月廿八日　陶德曼在上海建議，努力進行中日和平。

十一月三十日　謝晉元部國軍一團，退守上海公共租界內光復路四行倉庫，即有名之「四行孤軍」。

十二月二日　外次徐謨陪送陶德曼由滬至京，謁見蔣氏，續談中日和平。蔣氏提出三點：

（一）以日本的建議，作為和談的基礎；

（二）保持華北領土主權的完整；

（三）和談中不得涉及中國與第三國的已成協定。

十二月五日　蔣氏離京飛往漢口。

十二月五日　蘇錫文在上海市浦東區成立傀儡組織「大道市政府」。

十二月六日　蔣氏在漢召開最高國防會議，討論德使調停經過與日方所提停戰條件。會議內容，即汪氏所發表的「舉一個例」。

十二月七日　南京攻防戰開始。

十二月十二日　南京守軍突圍西撤，首都陷落。

十二月十三日　日軍在南京大屠殺，三十萬人殉難。
十二月十四日　北京成立以王克敏為首的「臨時政府」。
十二月十四日　日首相近衛發表中日和平三原則：
一、中國承認偽滿；
二、中日共同防共；
三、中日經濟提攜。
十二月廿六日　陶德曼再謁蔣氏，蔣派宋美齡、孔祥熙代見，調停失敗。
十二月三十日　附日的上海「市民協會」主要份子南市水電公司經理陸伯鴻被暗殺。
十二月卅一日　上海「市民協會」又一主要份子米業領袖顧馨一寓所被投擲手榴彈。

## 一九三八年

一月十六日　日近衛內閣發表宣言，永不以國民政府為中日和談的對象。
二月　六　日　上海社會日報主筆蔡釣徒之首級，發現高懸在法租界薛華立路之電竿木上。
二月二十日　上海商會會長虞洽卿接到附有子彈的恐嚇信。
三月十八日　南京成立以梁鴻志為首的「維新政府」。
五　月　一　日　上海南京路有人投擲炸彈，傷十人。

五月二十日　日軍攻佔徐州。

五月廿六日　日外相宇垣發表聲明，希望早日結束中日戰爭。

六月廿一日　李鴻章之孫李國傑被殺殞命。

九月十九日　「維新政府」外交部長陳籙在滬寓被殺。

十月廿一日　日軍攻佔廣州。

十月廿五日　日軍又攻佔武漢。

十一月三日　日近衛內閣發表第二次對華聲明，提出建立「東亞新秩序」口號。

十一月十三日　長沙實行焦土政策。

十二月六日　國民政府代理宣傳部長周佛海離渝飛往昆明。

十二月十八日　汪氏由重慶飛往昆明。

十二月十九日　汪氏由昆明飛往河內。

十二月廿二日　日首相近衛第三次發表「調整中日邦交根本方針之聲明」，提出善鄰友好、共同防共、經濟提攜三原則。

十二月廿六日　蔣氏在紀念周上宣布說：「汪先生請假四個月，出國養病，希望早日回來，共商大計。」

十二月廿九日　汪氏在河內發表「豔電」，響應近衛聲明。

同年(日期待考)　前內閣總理唐紹儀、「維新政府」綏靖部長周鳳歧、上海滬江大學校長劉湛恩先後被暗殺。

## 一九三九年

一月一日　重慶中央黨部宣布開除汪氏黨籍。
一月八日　汪氏發表以「舉一個例」為題的國防最高會議第五十四次常務委員會議紀錄。會議中顯示當局對和戰之真意所在。
一月廿六日　吳佩孚發表「和平救國通電」。
二月十一日　吳佩孚在開封成立綏靖委員會，自任委員長。
二月廿一日　高宗武抵日，在長崎登陸，與日接洽和平條件。
三月十八日　香港日本總領事田尻將日方停戰條件交高宗武。
三月廿一日　軍統特務在河內高朗街二十七號向汪氏行刺，曾仲鳴遇難，其夫人方君璧重傷。
四月廿五日　汪氏由河南轉赴海防，乘日輪「北光丸」由越赴滬。
五月六日　汪氏抵滬，暫住虹口重光堂。
六月二日　汪氏飛赴日與日首相平沼會談。
渝府下令通緝汪精衛氏。
六月廿四日　汪氏赴天津分別與王克敏、吳佩孚會見。
八月九日　汪氏由上海飛廣州，陳公博由港往見，力勸汪氏以發表國是主張為止，勿另組政府，貽人口實。

八月廿八日　汪氏在上海極司斐爾路七十六號召開國民黨第六次全國代表大會，通過改組國民黨，選舉中央委員，並以「和平、反共、建國」為政治綱領。

九月一日　歐戰正式爆發。

九月十九日　汪氏飛南京，與梁鴻志、王克敏會見。

九月廿一日　「維新」、「臨時」兩組織發表聯合宣言，願在汪氏領導下，成立新中央政府。

十月一日　日本在華派遣軍總司令西尾發表宣言，贊成汪氏領導之和平運動。

十一月廿三日　上海高等法院第二分院刑庭庭長郁達夫之兄郁華被刺殞命。

十二月四日　吳佩孚病逝。

## 一九四〇年

一月廿二日　汪氏等一行赴青島，與「臨時」、「維新」兩組織及蒙古代表，舉行聯席會議，會期五天。

三月十三日　陳公博由港抵滬。

三月二十日　南京召開中央政治會議，通過青島會議議案。

三月三十日　汪政權以國民政府還都名義正式成立，「臨時」、「維新」兩組織宣告結束，日政府發表「回應國民政府還都」聲明。

七月十八日　英首相邱吉爾聲明封鎖抗戰區唯一國際通道的滇緬公路。

八月一日　上海英國駐軍開始撤退，租界防務交美軍接管。

八月十四日　上海「三大亨」之一的張嘯林，被其私人保鏢開槍擊斃。

十月十一日　「上海市長」傅筱庵被其家僕以菜刀殺死。

十一月廿六日　日政府發表宣言，承認汪政權。

十一月三十日　汪政權與日簽訂「中日調整國交條約」。

## 一九四一年

二月廿二日　軍統特務人員向上海「中央儲備銀行」投擲炸彈，有一人被炸死。

三月廿二日　汪政權特務組織「七十六號」為實施報復，將極司斐爾路中行別業之中國銀行住宿職員一百廿八人全部拘走，後其中三人被處死。同時赴白賽仲路中國農民銀行宿舍，將行員十二人全數槍殺。

三月廿五日　「七十六號」又分別在逸園跑狗場及愛文義路之中央銀行辦事處與中國農民銀行內，放置定時炸彈，中央銀行死傷多人。

四月十三日　蘇日締結中立條約。

四月廿四日　羈留在上海膠州路的「四行孤軍」營，團長謝晉元被部下士兵刺死。

六月十四日　汪氏率周佛海飛東京，與日首相近衛會談，並發表聯合公報。

七月一日　德意兩國宣布承認汪政權。

十二月八日　太平洋戰爭爆發。

## 一九四二年

二月二日　汪政權接收上海租界內法院。

二月四日　日軍在大亞灣登陸。

二月四日　「七十六號」行動隊者之一的吳四寶被毒斃。

三月一日　偽滿慶祝成立十週年紀念。

四月一日　汪氏派陳公博為訪日特使。

五月二日　汪氏飛長春與溥儀作歷史性會見。

五月七日　日派軍用機送吳開先至廣州灣，日小林少將送行。

五月廿七日　汪政權宣布法幣對「中儲券」之兌換率為二對一。

九月一日　中國、交通兩國家銀行，在滬復業。

十月十日　英美宣布廢止在華治外法權。
十一月廿五日　日駐華派遣軍總司令部作戰課長辻政信，赴奉化祭蔣母墓。
十二月十九日　汪氏飛東京與日商參戰問題。汪氏提出
（一）收回各地租界；
（二）統一華北政權；
（三）恢復國旗原狀的三項條件。

## 一九四三年

一月五日　汪政權發佈聲明，不限制人民向銀行提取存款。陳公博、周佛海，褚民誼廣播，決不抽取壯丁。
一月九日　南京中央政治會議通過參戰案。
一月十八日　義大利聲明放棄在華租界。
二月五日　汪政權宣布取消附於國旗上的黃色三角標記。
二月八日　統一華北政權，改組華北政務委員會，並任命朱深繼王揖唐為該會委員長。
二月九日　華北地區廢五色旗重懸青天白日旗。

二月九日　汪政權宣布參戰。

二月十三日　法國聲明放棄在華租界。

二月十三日　日首相東條來華，抵達南京，作親善訪問。

三月十四日　汪政權與日本簽訂「日本交還專管租界條款」，定期將蘇州、杭州、天津、漢口、沙市、福州、廈門、重慶之日租界交還中國。

三月三十日　日本交還在華租界，蘇州、杭州、北平等地舉行盛大慶祝。

四月一日　日本宣布停止使用軍用票。

四月十三日　蘇日簽訂中立友好條約。

七月十日　同盟軍在西西里島登陸。

七月廿五日　義大利獨裁者墨索里尼下台。

七月三十日　法國交還上海租界。

八月一日　林森逝世。

八月一日　收回上海公共租界。

八月九日　汪政權宣布以黃金強制收買紗布。

九月八日　義大利投降。

九月九日　李士群被毒殺。

十月廿二日　汪氏飛東京。

十月三十日　汪政權與日政府發表聯合宣言，廢棄以前所訂的「中日基本條約」，改訂

十一月五日　「中日同盟條約」，聲明全面和平實現之日，日本分期撤兵，並願放棄北京條約中的在華駐兵權。

十一月廿七日　日本召開「大東亞會議」，參加的除汪氏外，有緬、泰、菲、印，各國首長。

十二月十九日　林柏生主持之青少年運動，在上海等地發動「煙、賭、舞」之除三害運動。

汪氏在南京日本陸軍病院將留存在體內之子彈取出。

## 一九四四年

二月七日　耿嘉基以不願受日人凌辱、吞槍自殺。

三月三日　汪氏飛名古屋帝大附屬病院就醫，職務交陳公博、周佛海代理。

三月十五日　因米糧貪污案的江蘇糧食管理局長后大椿、糧食部水產局長胡政因貪污罪被槍決。

四月二十日　日軍佔領鄭州，繼占新鄭、氾水、滎陽各地。

五月一日　許昌失守。

五月廿五日　洛陽陷落。

六月六日　盟軍在諾曼第登陸。

六月十日　長沙又失守。

七月十八日　東條內閣倒台，小磯國昭組閣。

八月八日　衡陽被陷，第十軍軍長方先覺被俘。

十一月十日　汪氏於下午四時二十分逝世。

十一月十二日　汪氏遺體由「海鶼號」專機運回南京。

十一月廿二日　蔣介石、羅斯福、邱吉爾在開羅舉行會議。

十一月廿七日　開羅會議發表公告，聲明日本必須無條件投降。

十二月二日　日軍進至貴州獨山。

十二月廿七日　陳公博繼任汪政權代理主席，周佛海兼任上海市長。

## 一九四五年

二月八日　王蔭泰繼任華北政務委員會委員長。

三月九日　日軍解除上海法軍及警察武裝。

四月一日　美軍在沖繩登陸。

四月五日　蘇聯宣布中止「蘇日中立條約」。同日小磯內閣倒台，由鈴木貫太郎繼任。

四月十二日　美總統羅斯福逝世。

五月八日　德國無條件投降，經五年八個月零六天的歐戰，乃告結束。

七月廿七日　中、英、美三國發表波茨坦宣言。

八月六日　美機向日本廣島投擲第一枚原子彈。

八月八日　蘇聯向日本宣戰。

八月九日　美機向日本長崎投擲第二枚原子彈。

八月十日　日廣播接受波茨坦宣言。

八月十五日　日皇下詔，無條件投降。

八月十六日　陳公博下令正式解散政權，並電蔣氏，日軍決在南京、上海、杭州、徐州四地集中，待命繳械。

八月十七日　蕭叔宣被特工周鎬部槍殺，陳群仰毒自盡。陳公博、周佛海間發生誤會，一度有武裝對峙局面。

八月廿一日　日派遣軍副參謀總長今井武夫飛芷江洽降。

八月廿五日　陳公博留函呈蔣氏，在混亂局面下，暫時赴日待命。偕林柏生、陳君慧等一行八人，飛往日本京都。

八月廿八日　首批美軍降落東京近郊厚木機場，實行佔領。

九月二日　日政府在橫濱附近海面美艦「密蘇里號」上簽立投降書。

九月九日　日本在南京簽立投降書。

十月三日　陳公博被遞解回京。

## 一九四六年

四月十五日　陳璧君在蘇州高等法院就鞫。

六月三日　陳公博在蘇州殉義。

六月廿一日　梁鴻志被判死刑。

八月廿三日　褚民誼在蘇州監獄執行槍決。

九月廿八日　重慶公佈以中儲券二百作一，兌換法幣。

十一月九日　梁鴻志在滬獄殉難。

# 汪政權的開場與收場(下)【經典新版】

作者：朱子家
發行人：陳曉林
出版所：風雲時代出版股份有限公司
地址：10576台北市民生東路五段178號7樓之3
電話：(02) 2756-0949
傳真：(02) 2765-3799
執行主編：朱墨菲
美術設計：吳宗潔
行銷企劃：林安莉
業務總監：張瑋鳳

初版日期：2020年11月
ISBN：978-986-352-900-2

風雲書網：http://www.eastbooks.com.tw
官方部落格：http://eastbooks.pixnet.net/blog
Facebook：http://www.facebook.com/h7560949
E-mail：h7560949@ms15.hinet.net
劃撥帳號：12043291
戶名：風雲時代出版股份有限公司

風雲發行所：33373桃園市龜山區公西村2鄰復興街304巷96號
電話：(03) 318-1378
傳真：(03) 318-1378
法律顧問：永然法律事務所 李永然律師
北辰著作權事務所 蕭雄淋律師

行政院新聞局局版台業字第3595號 營利事業統一編號22759935


**定價：380元**



國家圖書館出版品預行編目資料

汪政權的開場與收場 / 朱子家著. -- 經典新版. -- 臺北市：風雲時代, 2020.10　冊；　公分

ISBN 978-986-352-900-2 (下冊：平裝).--
1.汪精衛 2.傳記 3.中華民國史

628.594　　109013699